T0294190

Christophe André

Y no te olvides de ser feliz

Abecedario de psicología positiva

Traducción del francés de Miguel Portillo

editorial Kairós

Sumario

F de Familia

G de Gratitud

H de Hedonismo

Montaña – Montesquieu – Moral – Morir en cinco años – Moscú – Mostacho – Muerte – Muerte de la felicidad – «¡Mueve el culo!»

Introducción: «¡Llame al jefe!»

Hasta ese momento todo había ido bien, todo era normal: llegamos al final de nuestra comida de trabajo, en un pequeño restaurante parisino, con un amigo extrovertido, un poco bullicioso y muy resuelto, pero al que yo apreciaba mucho. Habíamos comido bien, en un marco agradable, con un servicio rápido y sonriente. Impecable. Y mira por donde, nuestro amigo interrumpe nuestra charla, arruga el ceño y llama al camarero. Este, un poco inquieto, intenta averiguar qué ocurre, pero mi amigo no deja de repetir: «¡Llame al jefe, por favor!». El camarero obedece, cabizbajo y perplejo. Yo pregunto: «¿Qué es lo que ocurre, colega? ¿Qué es lo que está mal?». Mi amigo no me contesta, sino que anuncia de manera enigmática: «Nada, nada. Ya verás», con un aire satisfecho que no acaba de convencerme.

El camarero regresa con el jefe, que ha salido de su cocina: «¿Algún problema, señores?». Y mi amigo contesta con una enorme sonrisa: «¡Ninguno en absoluto, jefe! ¡Quería felicitarle en persona! ¡La comida estaba deliciosa y el servicio, perfecto!». Desconcertados durante un instante (al parecer nunca les había sucedido nada igual), jefe y camarero aceptan finalmente el comentario con una sonrisa y un placer manifiesto. Charlamos con ellos unos instantes acerca de que los clientes, en efecto, no llaman al jefe más que para quejarse, nunca para felicitarle.

Acababa de descubrir la psicología positiva.

¿Psicología negativa?

Hasta entonces, yo hacía psicología negativa, en mi trabajo y en mi vida. Suscribía la visión de Jules Renard:[1] «No se es feliz: nuestra felicidad es el silencio de la infelicidad».

Como joven psiquiatra, tenía una visión simple de mi oficio: curar a las personas enfermas y recuperarlas para que pudieran reanudar el curso de su existencia; con la esperanza de no volver a verlas, o al menos no demasiado pronto. Como joven humano, no era yo precisamente un superdotado de la felicidad, aunque la vida pudiera parecerme interesante y, a veces, alegre. Como no existía nada positivo en el transcurso de mis días, me contentaba con lo negativo, incluso con algo de humor, al estilo de Woody Allen, cuando dijo: «Me gustaría terminar con un mensaje de esperanza, ¡pero no tengo! ¿Les servirían dos de desesperanza?». En pocas palabras: «La psicología no tenía ninguna gracia y la vida, bien poca».

Luego, poco a poco, fui abriendo los ojos, acerca de mi oficio y de mi vida.

No te voy a contar mi vida aquí, ya hablo bastante de mí mismo en este libro (de mí como representante común de la especie humano, y no como ser particular, diferente o extraordinario). No obstante, para mí la psicología positiva ha cambiado muchas cosas, para bien, claro está. He comprendido que mi trabajo de médico psiquiatra no consiste únicamente en reparar lo que está estropeado en el espíritu y la mente de mis pacientes (psicología *negativa*), sino también en ayudarles a desarrollar lo que funciona bien en ellos, o que fácilmente pudiera ir mejor, a fin de que puedan ser más felices y saborear la existencia (psicología *positiva*). No solo porque les quiero, sino también porque sé, porque ahora sabemos, que la felicidad es una herramientas excelente que previene la aparición de sufrimientos mentales o de sus recaídas (y como en psiquiatría se recae mucho, también hay sitio para trabajar en la felicidad). No es posible seguir considerando la psicoterapia como un trámite que consiste en decir: «Hábleme de sus problemas, una y otra vez, y luego ya veremos qué podemos hacer...». No es posible seguir esperando a que la gente caiga y recaiga enferma para tratarla y retratarla. Por eso necesitamos la psicología positiva. Y tiene que ser realmente psicología positiva, nada de sucedáneos ni de engaños...

«¡No piense! ¡Positivice!»
Lo que no es psicología positiva...

Cuando era un joven psiquiatra, recuerdo que mis mayores les decían a sus pacientes deprimidos, una vez curados: «Bien, todo va bien ahora, olvídese de todo eso, positivice y aproveche la vida». Y por desgracia a menudo, unos meses o años después, los pacientes recaían.

Desde entonces hemos comprendido que la depresión es una enfermedad que tiende a la recurrencia, como el cáncer con las metástasis. Cuidado: una tendencia no es una certeza. Lo que ese término significa es que en ausencia de esfuerzos o de cambios en la manera de vivir, si continuamos viviendo igual que antes, nuestros sufrimientos *tenderán* a repetirse. Por eso, en la actualidad, nos interesamos por la prevención de las recaídas: ya no decimos a nuestros pacientes que se olviden, sino que modifiquen su manera de vivir, su manera de pensar. No necesariamente nos esforzamos en darles seguridad («ya está, se ha acabado, no volverá»), sino en abrirles los ojos («puede volver a suceder»), a la vez que les ofrecemos esperanza («pero son muchas las cosas que puede hacer para evitarlo»). Les decimos: «piense en ello», pero no para asustarles, sino para motivarlos a que se ocupen de ellos mismos. Y les proporcionamos un programa preciso y nada de buenos consejos generales: ¡este es el trabajo de la psicología positiva!

Es cierto que cuando uno está curado, no hay que pensar demasiado en lo que podría ir mal (en lo que puede ayudarnos la psicoterapia), sino en pensar mejor lo que podría sentarnos bien (ese es el papel de la psicología positiva).

Por tanto, la psicología positiva no consiste en ofrecer unos vagos consejos generales: «¡Tómese la vida con calma!», o en animar a «positivizar». Tampoco es una pantalla para no ver los problemas, incitando al paciente a dirigir su atención únicamente hacia los aspectos felices o alegres de su vida, arriesgándose a olvidar que la adversidad y la desdicha también forman parte integral de esta misma vida. No es una visión quimérica de la existencia, que consistiría en esperar que la vida fuese suave con nosotros, o en esforzarnos en verla así, contra viento y marea.

Se trata, desde luego, de algo más ambicioso, más complicado y más sutil que todo eso...

¿Qué es la psicología positiva?

Pues simplemente es el estudio de lo que funciona bien en la mente del ser humano, el estudio de las capacidades mentales y emocionales que nos ayudan a disfrutar de la vida, a resolver los problemas y superar la adversidad, o al menos a sobrevivir a ella. Es trabajar en el cultivo de nuestro optimismo, confianza, gratitud, etcétera, a fin de comprender cómo esas valiosas capacidades pue-

den existir y perdurar en nuestras mentes, y sobre todo enseñárse-
lo a quien lo necesite. En mi caso, que soy médico, veo, claro está,
el interés que tiene para mis pacientes: ayudar a los deprimidos
a deprimirse menos, a los ansiosos a angustiarse menos, no solo
reduciendo sus síntomas, sino ayudándolos también a dirigir su
atención hacia todos los aspectos felices de sus vidas, algo *que no
pueden hacer* cuando están en la fase aguda de su enfermedad, y
que *no saben hacer* cuando están mejor. Y de manera más amplia,
además de las personas vulnerables, todos los seres humanos pueden, claro está, aprender a llevar a cabo mejor su «labor como seres humanos». El primer objetivo de esa labor es el bienestar y la
felicidad, que uno debe cultivar para sí mismo y para transmitir a
los demás. De ello se desprenderán numerosos beneficios, que son
de interés, más allá del mundo de la sanidad, para todas las instituciones que en la actualidad están convencidas –y con razón– de
que las personas que se sienten bien interiormente darán lo mejor
de ellas mismas, tanto si están en situación de aprender (en la escuela), de producir (en la empresa) o de dirigir con valor y generosidad (en la política). [2]

La psicología positiva reposa sobre tres conceptos: es una convicción, una ciencia y una práctica.

Una convicción, en primer lugar: vivir es una oportunidad, que
a menudo malbaratamos, por falta de inteligencia. Pero no de la
inteligencia que sirve para resolver operaciones matemáticas o
problemas complejos, sino la inteligencia de la felicidad, que consiste en ver la vida tal cual es, en su conjunto, con sus lados buenos
y malos, y de aceptar lo que llegue. Esa inteligencia no implica la
adquisición de nuevos conocimientos, sino abandonar viejas certidumbres, barrer frente a la puerta de la mente para abrir paso a
la felicidad que, como todo el mundo sabe, reside en las cosas simples. Como escribió Simone Weil: «La inteligencia no tiene nada
que encontrar, sino que despejar». [3]

Una ciencia, a continuación: lo que diferencia a la psicología positiva de los buenos consejos o de los métodos más antiguos (a veces pertinentes en sus intuiciones), es la búsqueda de validación científica. No solo de los buenos sentimientos, sino también de los buenos argumentos: los estudios clínicos (¿qué es lo que funciona y lo que no?), la biología, la neuroimagen, etcétera. En su investigación metódica y rigurosa de lo que puede reportarnos más bienestar, la psicología positiva reencuentra y confirma muy a menudo los conceptos y convicciones de la filosofía antigua acerca de la felicidad: para griegos y romanos, la búsqueda inteligente y ciudadana de la felicidad era un objetivo valorado y legítimo, y suponía un trabajo regular en uno mismo.

Una práctica, finalmente: saberlo, y los conceptos no bastan. Nunca. Para progresar, hay que practicar.

Cinco reglas para la práctica de la psicología positiva

Existen numerosos trabajos y muchos manuales relativos a la psicología positiva, pero todos insisten en los siguientes puntos, que podrían considerarse cardinales.

1. Lo importante es *lo que hago* y no *lo que sé.*
Desde hace más de dos milenios, tanto en Oriente como en Occidente, los sabios comunican a los seres humanos los mismos mensajes: para vivir feliz basta con apreciar el instante presente, mantener la cercanía con la naturaleza, respetar a los demás seres humanos, llevar una vida simple y sobria, reaccionar con lentitud en la ira, etcétera. Son tan evidentes que a veces a esos consejos son calificados de «perogrulladas». No obstante, por muy perogrulladas que sean, esas recomendaciones nos dicen algo: sabemos y sentimos muy bien que son acertadas. Todo

el mundo escucha a los sabios, todo el mundo los admira, todo el mundo los aprueba. Pero después, todos se alejan, nadie se pone a trabajar y todo continúa como antes. Como mucho, se hace la prueba a medias, para luego dejar de insistir, porque resulta que es más difícil de lo previsto, porque no se obtienen resultados instantáneos, o porque es un fastidio; y se acaba dejándolo correr. Y si el sabio, un poco irritado, nos persigue y nos agarra de la manga, nosotros le decimos: «Sí, sí. Lo sé, lo sé...». ¡Claro que lo sabemos! ¡Incluso un niño sabe lo que le hace feliz y lo que hace que la vida sea bella! Pero no acabamos de darnos cuenta de que la dificultad no radica en el saber, sino en su aplicación, sobre todo si debe ser regular y prolongada. No se percibe que lo importante no radica en lo *que sé*, sino en *lo que hago*. ¿Tal vez sea por eso por lo que los franceses nos llevamos tan mal con la psicología positiva? ¿Será porque preferimos reírnos sarcásticamente antes que probar, o porque valoramos demasiado el intelecto y poco la práctica? Preferimos ser los pensadores y comentaristas de la felicidad en lugar de sus artesanos y practicantes.

2. ¿Sin sudor no hay felicidad?

Comprendemos perfectamente que para tener más aguante, más fuerza, más flexibilidad, hemos de hacer esfuerzos regulares. Sabemos muy bien que no basta con decir: «Vaya, a partir de ahora, intentaré tener más aguante, fuerza o flexibilidad», y quererlo, sino que deberemos esforzarnos corriendo, haciendo musculación, yoga o gimnasia. Regularmente. Eso lo tenemos claro, y no obstante, continuamos razonando de ese modo respecto a nuestras resoluciones psíquicas: «Esta vez va en serio, estoy motivado(a), y probaré a estresarme menos, a aprovechar más la vida, a refunfuñar menos, a saborear mejor los buenos momentos en lugar de contaminarlos con mis preocupaciones, etcétera». ¡Pues no! ¡No funciona así! En este caso, igual que con tener más aguante o musculación, no basta con quererlo: hay que entrenarse. Este «entrenamiento de la mente» corresponde a todos los ejercicios de psicología positiva, que no hay que percibir como artilugios graciosos, sino como una creación y una activación regular de los circuitos cerebrales que movilizan las emociones positivas.

Reconozco de buen grado que la fórmula «Sin sudor no hay felicidad» es un poco radical. La vida nos ofrece algunas alegrías como oportunidades inesperadas e inmerecidas; en todo caso, sin esfuerzo. Pero confiar en esas gracias caídas del cielo tiene dos inconvenientes: 1) no son tan frecuentes, y 2) podemos desaprovecharlas y ni siquiera llegar a percibirlas si nuestra mente se retrae ante las preocupaciones y «las cosas que hay que hacer». Por ello, un poco de hiel nos reportará mucha más felicidad. A este respecto, un amigo me dijo: «Pero Christophe, eso de la felicidad y el sudor, ¿no se parece un poco a una pareja que se esfuerza por amarse? ¿No tiene el verdadero amor nada que ver con esfuerzo, igual que la verdadera felicidad?». Sí, chaval, salvo que... ¡También el amor requiere sus esfuerzos! No tanto para suscitar el amor, sino para permitirle durar, profundizar, evolucionar, seguir vivo y seguir siendo interesante a lo largo de una vida en pareja. Sin ello, a pesar de que el amor esté presente al principio, necesitará de más carburante a lo largo del recorrido.[4] Lo mismo ocurre con la felicidad: nuestros esfuerzos no nos servirán tanto para convocarla o para hacer que aparezca *ex nihilo*, como para ayudarnos a atraparla al vuelo cuando pase, para disfrutarla mejor. Y para mantenerla viva y presente a lo largo de nuestra existencia.

Hay estudios que han demostrado que esos esfuerzos solo sirven para acrecentar la felicidad cuando se aplican a estrategias eficaces: cuantos más esfuerzos se hacen, más resultados se obtienen. Con una condición: ¡que los esfuerzos sean buenos![5] La psicología positiva se dedica a saber cuáles son.

3. Perseverar.

Los ejercicios de psicología positiva no proporcionan una sensación de felicidad instantánea. O al menos, raramente. Se contentan con preparar y facilitar esas sensaciones, con hacer que estemos más atentos a las situaciones más agradables, más sensibles a las cosas buenas y a los buenos momentos de la vida. Los cambios son, pues, progresivos, como ocurre en todo aprendizaje. Eso también lo sabemos todos: cuando se aprende algo por primera vez, sabemos que nos hará falta un tiempo para obtener resultados tangibles. Lo sabemos y lo aceptamos en todos los aprendizajes: piano o inglés, acuarela o petanca... Para todos, excepto para los ligados al bienestar psicológico. Nos gustaría que eso funcionase de inmediato. Y como no es el caso, solemos decirnos: «He probado, pero no funciona». Y llegamos a la conclusión de que el método es ineficaz, o que no es para nosotros. A menudo aparecen artículos satíricos sobre ese tema en la prensa, burlas en los platós de televisión: «Lo hemos probado todo para ser felices, y... ¿sabe qué?, es falso, ¡no somos más felices!». ¿Qué diríamos de alguien que nos contase: «He cogido el violín, el frotado las cuerdas con el arco, y no solo no ha salido nada hermoso, sino que hacía un ruido horrible. ¡El violín es una tontería!».

4. La cuerda y los hilos.

Los ejercicios de psicología positiva obedecen a lo que denomino la lógica de la cuerda: una cuerda está compuesta por multitud de hilos; cada uno de ellos por sí mismo es demasiado fino como para levantar cualquier peso. Pero trenzados entre sí, se transforman en una cuerda, capaz de levantar o de remolcar pesos importantes (como levantar la tapa de la desdicha, aunque sea muy pesada). El entrenamiento de la mente relativo a la psicología positiva obedece a este modelo: un solo tipo de esfuerzo, de ejercicios, no basta para cambiar nuestras costumbres mentales. No solo debemos repetirlos, como ya hemos visto, sino también acumularlos y multiplicarlos. Asociados, representarán una fuerza de cambio importante. Sucede lo mismo que con la alimentación: aunque no comamos más que alimentos beneficiosos para nuestra salud, hará falta un régimen variado y equilibrado. Aunque las frutas sean buenas para la salud, comer únicamente frutas acabará creándonos un problema. Existe una gran variedad de ejercicios de psicología, que corresponden a la muy amplia variedad de las cualidades que hemos de cultivar para tener una vida feliz.

5. Un lugar para la desdicha.

La psicología positiva no tiene por objeto evitarnos por completo el ser desdichados; sería poco realista. Su objeto es ayudarnos a no serlo inútilmente, o demasiado tiempo, pues la adversidad y la desdicha forman parte del destino humano y todas las tradiciones, orientales y occidentales, nunca han dejado de recordárnoslo: la desdicha es la sombra indisociable de la luz de la felicidad. Por ello, la psicología positiva se interesa también por la resiliencia, los medios con los que afrontar el sufrimiento, no solo evitando o limitando las ocasiones de sufrir, cada vez que sea posible, sino también echando mano de los recursos mentales presentes en cada uno de nosotros. Por otra parte, existe una interesante paradoja en nuestro mundo actual, al menos en su parte rica y occidentalizada: cuanto más intenta la sociedad protegernos de la desdicha, a través de numerosas seguridades y ayudas, la evolución de las prácticas psicoterapéuticas (y no solamente en la psicología positiva) reintegra cada vez más el discurso clásico de los estoicos acerca de la necesidad de aceptar que en nuestras vidas aparecerán sucesos contrarios, y la importancia de prepararse, en lugar de soñar con no tener que afrontarlos nunca.

Hacia una felicidad lúcida

Está claro que la felicidad, individual y colectiva, es el gran objetivo de la psicología positiva. Pero también está claro que la felicidad no debe servir como pantalla para hacernos olvidar la adversidad. Más bien debe servirnos como combustible para ayudarnos a afrontarla, como señaló Claudel: «La felicidad no es el objeto, sino el medio de la vida». La felicidad es el medio para soportar la cara sombría de la vida. Sin ella, la existencia nos parecería una sucesión de fastidios y preocupaciones, y a veces de dramas. Que es lo que es. Por fortuna, no *solo* es eso: también es una sucesión de alegrías y descubrimientos, que nos ayudan a atravesar la adversidad y nos motivan a continuar, pase lo que pase.

Así pues, es inútil lanzarnos a la búsqueda de una felicidad hidropónica y fuera de temporada, como esas frutas siniestras forzadas a crecer en invernaderos y sin tierra. La única felicidad que vale es la que se enraíza en las estaciones de nuestra vida: deteriorada, irregular, imprevisible, pero al fin y al cabo deliciosa, con una historia que la llena de contenido y sabor.

Sin embargo, aceptar la desdicha no es desearla, quererla ni soportarla. Es simplemente reconocer su presencia sombría, saber que estará ahí, regularmente, en todas las épocas de nuestra vida, en forma de pequeños y ligeros toques (las «sombras en el cuadro» de nuestros instantes felices) o mediante violentas tormentas (las horas más sombrías de nuestra existencia). También es reconocer que lo que hoy parece una desdicha, tal vez mañana o pasado mañana lo consideraremos como un accidente doloroso, pero que cambió favorablemente el curso de nuestra vida. ¿Es necesario buscar inmediatamente un significado, positivo o negativo, buscar una coherencia, en todo lo que nos sucede? ¿O habría que aceptarlo, con una sonrisa en los labios y el espíritu abierto al misterio, como sugiere el poeta Christian Bobin? Bobin el clarividente, que nos dice en este sentido: «También comprendí con mucha rapidez que la verdadera ayuda no se parece nunca a lo que imaginamos. Recibimos una bofetada por aquí, nos ofrecen un ramo de lilas por allá, y siempre es el mismo ángel distribuyendo sus favores. La vida es luminosa de tan incomprensible».[6]

Eso es: bofetadas y lilas aparecen en el programa de las páginas que vienen a continuación.

> ¿Y el ángel?
> El ángel, está aquí, detrás de ti.
> Justo por encima de tu hombro.
> Como de costumbre.

A de Ahora

El presente es una de las claves de la felicidad.

Abecedario La idea de hacer esta obra se me ocurrió (en parte) al contemplar mi despacho: el espectáculo de un alegre desorden. Está, claro, repleto de libros y de revistas científicas. Y también de todo tipo de objetos: un banquito de meditación, plantas verdes, iconos, imágenes de la Virgen o del Buda, chismes para rascarse la cabeza... Una pared cubierta de dibujos infantiles, realizados por mis hijas, mis sobrinos o ahijados, o incluso de otros niños. Cuadros ofrecidos por amigos, un póster de los All Blacks, un retrato de Martin Luther King, un Freud de peluche, un banderín del estadio tolosano. Para mí, todo eso es fuente de alegría y de gratitud hacia la vida. Es un conjunto heterogéneo, pero así es la felicidad también: un amontonamiento de momentos y de experiencias aparentemente tan heteróclitos como estos objetos.

De ahí la idea de este libro, como una compilación de historias y reflexiones que giran alrededor de la búsqueda de la vida feliz, en su versión moderna y científica, denominada «psicología positiva». Esta recopilación sin otro orden aparente que el alfabético permite comunicar mejor, tal vez, la compleja e imprevisible esencia de la felicidad. Mejor recordar la naturaleza de su búsqueda: pedacitos de felicidad recogidos aquí y allá, dispersos, cuya repetición señala la sensación de una vida feliz. De vez en cuando, se manifiesta en nosotros el sentimiento de que todos esos instantes tienen un sentido y una coherencia. No es algo que dure, claro; por fortuna, pues entonces sería bastante más serio y aburrido. Enseguida regresamos a la dispersión, es decir, a la vida. Pero esa revelación fugitiva es maravillosa y motivadora.

¿Este libro es un abecedario o un diccionario? A primera vista, los dos se parecen, por su orden alfabético. Excepto en que el abecedario de los escolares tenía por objeto enseñarles a leer. Espero que a lo largo de las páginas de este *Abecedario de psicología positiva*, y a medida que vayas leyendo de manera un tanto aleatoria, sientas que algo más de claridad va abriéndose camino en tu mente acerca de lo que puede convertir tu vida en más feliz. Estoy convencido de que la felicidad puede aprenderse. Primero porque son muchos los trabajos que así lo demuestran.[1] Luego, porque lo he visto en mí mismo. En materia de felicidad, como iremos viendo, existen superdotados: yo no lo soy. Más bien soy de esos alumnos normales, a los que interesa la materia y que por ello se esfuerzan. Esos esfuerzos siempre reportan resultados. No es que nos conviertan obligatoriamente en virtuosos siempre luminosos, sino en seres humanos claramente más felices que si no hubieran hecho ningún esfuerzo y dejado que la vida se encargase de su felicidad, mandando a su encuentro sucesos y personas, que deberían tomar o dejar.

Este abecedario no tendrá mucha utilidad para los superdotados, y los desengañados no sentirán su necesidad, pero... ¡tal vez interese a todos los demás!

Abismos «El pasado es un abismo sin fondo que se traga todas las cosas pasajeras; y el futuro es otro abismo que nos resulta insondable; el uno se escurre continuamente en el otro; el futuro se descarga en el pasado pasando por el presente; estamos situados entre esos dos abismos, y así lo sentimos, pues percibimos el transcurrir del futuro en el pasado; esta sensación crea el presente por encima del abismo.»

Esta frase de Pierre Nicole, teólogo jansenista, me impresionó mucho la primera vez que la leí (fue en un libro de Pascal Quignard, titulado adecuadamente *Abîmes*). Y continúa estremeciéndome en cada relectura, por su música, su misterio y su enseñanza, recordándome ese abismo sobre el cual se construyen nuestras frágiles vidas, y el paso incesante del tiempo. ¡Qué pavor! ¿Y qué hacer después, pasado ese momento de pavor? Respirar, sonreír. Aceptar el dolor y el temor. Aceptar la loca fragilidad del presente. Aceptar que sea así, continuar contemplando regularmente el abismo, que se nos recuerda sin cesar, ese abismo encarnado por un movimiento incesante e inexorable, en el que el presente no es más que «el paso del futuro en el pasado». Y luego observar también todo el resto: la vida está ahí. Respirar, sonreír, una y otra vez. Algunos amigos me han dicho: «No empieces tu abecedario con palabras negativas». Pero no se trata de los amigos, lo que ocurre es que los lectores no son idiotas, saben que la desdicha nunca está muy lejos de la felicidad. Y eso permite recordar esa evidencia: frente a ciertos temores, sentimos la necesidad de la felicidad. También sus límites: ello no impide la presencia de esos abismos. Pero sobre todo su necesidad: solo la felicidad puede arrancarnos de su contemplación, invitándonos a contemplar otras cosas igualmente fascinantes: la vida, el amor, la belleza...

Abstinencia   En su *Diccionario del diablo*, el escritor americano Ambrose Bierce definió así al abstemio: «Persona de carácter débil, que cede a la tentación de negarse un placer». Son muchos los abstemios de la felicidad, que creen que la felicidad acabará por ablandarles definitivamente. Así que lo dejan para más tarde, y prefieren continuar avanzando, trabajando, sin dejar de currar ni sufrir. Como mucho, sueñan con la felicidad. Se consideran fuer-

tes, pero tal vez son unos débiles: tienen miedo de soltar y de abandonarse.

Abuelo Uno de mis amigos se ha convertido en abuelo. No es
una persona muy comunicativa, lo vive sobriamente, sin grandes declaraciones, pero le complace. Durante las vacaciones de
Todos los Santos, pasamos algunos días juntos en una gran casa
de vacaciones llena de gente, entre ellas su hija y su nieta. Una tarde
en que la casa estaba tranquila, pues casi todos se habían ido de paseo, nos quedamos él y yo a solas. Yo, para leer y él, para ocuparse
de su nieta. Yo estaba en un extremo de una habitación grande y
él en el otro. Se olvidó completamente de mí. En un momento dado,
inmerso en mi libro, oí que hacía ruidos extraños, tiernos gruñi-
ditos. Levanté la cabeza discretamente: el que emitía esos sonidos
primitivos era mi colega mientras le daba el biberón, para hablar
con el bebé, con los ojos plenos de felicidad, y una sonrisa en la co-
misura de los labios. ¿Cómo explicarlo? Ese breve instante me emocionó más que todos los grandes discursos posibles sobre la felicidad
de ser abuelo. Ese amor paleolítico que salía del fondo de su gargan-
ta y de la noche de los tiempos me emocionó hasta las lágrimas.

Abundancia ¿El «demasiado» acaba matando la capacidad para
disfrutar de la felicidad? ¿Demasiadas facilidades, demasiada suerte, demasiada protección, demasiado amor? ¿Los hijos mimados
acaban siendo menos felices? Es posible, en parte, corren el riesgo
de resultarles indiferente. *Nos* arriesgamos a sentirnos indiferentes, ya que es de todos nosotros de quien hablo: de nosotros, occidentales del siglo XXI, que por el momento somos unos privilegiados con respecto a otros muchos habitantes del planeta; pues la
mayoría tenemos acceso al agua, a los alimentos, a cuidados, a
la cultura, etcétera. Abundancia y permanencia representan dos
factores de adormecimiento (no de supresión, por fortuna) de nues-

tras capacidades para la felicidad. La explicación se denomina *habituación hedonista*: cuando una fuente de felicidad está siempre presente, acaba por perder su poder de alegría sobre nosotros. Dos soluciones para compensar esta habituación: la adversidad (que nos recuerda todo el valor de la felicidad) o el hacerse consciente (lo que nos empuja a mantener los ojos abiertos, incluso cuando todo va bien). Si fuésemos sabios, la segunda nos bastaría para disfrutar de nuestras alegrías sencillas; pero a menudo la primera es la que nos abre los ojos a la fuerza.

Aburrimiento Los miércoles suelo trabajar en casa: no puedo practicar la psiquiatría a tiempo completo, pues pierdo poco a poco mis capacidades y mi placer de escuchar. Por eso trabajar en casa los miércoles está bien, porque hay niños; pero es complicado, también precisamente porque están los niños. Un miércoles que trabajaba en el despacho, una de mis hijas daba vueltas por casa, tras agotar su cuota de tiempo de tele y ordenador, y sin tener una hermana o amiga a mano. Como la puerta del despacho está cerrada, no se atreve a entrar, por miedo a que refunfuñe. Y tiene razón, ¡suelo refunfuñar si me interrumpen mientras trabajo! La oigo dar vueltas por el pasillo, y después un ruido de papel: acaba de deslizar bajo mi puerta un mensaje de socorro: «Papá, me aburro, ayúdame porfa (*sic*)». Me río a carcajadas y me dispongo a abrir la puerta tras la que ella me espera también sonriente, segura de la piedad que su triste suerte me inspirará. En ese momento ya no lo recuerdo, pero seguro que ya hemos hablado del aburrimiento: nuestros hijos, más sobreestimulados que nosotros a nuestra edad, lo soportan todavía peor que nosotros.

Y no obstante, el aburrimiento en pequeñas dosis desempeña un importante papel en nuestros equilibrios interiores, empujándonos a la introspección y pudiendo alimentar posteriormente nuestra creatividad. El aburrimiento es, pues, un estado de ánimo útil. Debe incitarnos tanto a repensar nuestro modo de vida (¿no existen bastantes movimientos y cambios?) como nuestra manera de percibir el mundo (pasamos por alto tantas cosas interesantes a nuestro alrededor por falta de atención y profundidad...).

Aceptación Todo empieza con la aceptación, con decir sí a la vida, sí a las preocupaciones. ¿A las preocupaciones también? Sí, a las preocupaciones también. ¿Mientras la desdicha nos da en plena cara y la felicidad se esconde? Sí, también entonces. Hay que decir que sí.

La aceptación no es disfrutar con lo que nos hace sufrir, sino simplemente constatar que está ahí. No es decir: «Está bien», sino decir: «Está ahí». Después, inmediatamente después: «¿Qué puedo hacer?». Y aceptar que en ese «¿Qué puedo hacer?» figuran todo tipo de posibilidades: cambiar la situación o cambiar mi reacción, moverse o esperar. Muy a menudo creemos que la rebelión del «no» («no, no es posible; no, quiero luchar») es superior a la fuerza tranquila del «sí». A veces es justo así, pero no siempre. Y la secuencia más potente es sin duda la alianza de ambos: «Sí, es así, lo acepto, lo veo, está ahí; pero no, no puedo permitir que las cosas vayan así». Bonitas palabras, ¿pero qué ocurre en la práctica?

En la práctica, la aceptación consiste en decir sí en tu mente a alguien que no está de acuerdo con nosotros; no a sus argumentos («sí, tiene razón»), sino sí a la existencia de sus argumentos y de su desacuerdo («sí, me doy perfecta cuenta de que no está de acuerdo») y continuar escuchando, para comprender mejor, en lugar de contradecir. Es decir sí al fracaso, sin por ello someterse a él. Decir sí a la adversidad, pues ahí está, pero no darse por vencido. La aceptación es tomarse el tiempo para examinar lo que sucede, el tiempo para respirar, comprender y sentir antes de ver qué se puede hacer. No se trata de poner la aceptación *en el lugar* de la acción, sino de poner la aceptación *antes de elegir* la acción adecuada. La verdadera elección. Sin aceptación tendríamos reacciones impulsivas, que siempre nos conducirían al mismo lugar de la misma manera. ¿La relación con la felicidad? Muy sencillo: la aceptación nos libera de las luchas vanas. Luchas sobre el terreno, agotadoras y a veces inútiles, precisamente cuando soltar sería a veces preferible; luchas en nuestra mente, cuando nuestras cavilaciones, las que se oponen a la realidad («¡no es posible!», «¡no puede ser cierto!», «¡tiene que ser un sueño!»), nos agotan interiormente.

Acrasia Debilidad de la voluntad, que hace que no lleguemos a actuar según nuestros valores e intenciones. Encolerizarnos cuando habíamos decidido permanecer tranquilos; actuar de manera egoísta cuando sabemos que la generosidad es la única manera de que vivamos todos juntos en este mundo; quejarse cuando sabemos que no servirá de nada, etcétera. ¿Por qué entonces? Pascal nos sugiere que está en nuestra naturaleza: «El ser humano no es ni ángel ni bestia, y la desdicha quiere que quien se haga el ángel acabe haciendo el bestia». La psicología habla del déficit de autocontrol: nunca es fácil dominar un comportamiento que no hayamos aprendido en nuestra primera infancia, numerosas veces observado en muchos otros y personalmente practicado. En la psicología positiva, la acrasia nos parece una dificultad normal y previsible, al menos en los comportamientos que desarrollaremos en la edad adulta, si no los hemos adquirido en la infancia: una vez que decidimos cambiar, es cuestión de circuitos cerebrales, de reflejos y prácticas repetidas; una cuestión de duración, de mantener la cabeza, todo un período durante el que no hay que juzgarse según los resultados obtenidos. Que cueste no significa que sea imposible, humana o personalmente, sino tan solo que es difícil.

Acusar Cuando sufrimos disgustos y decepciones, por poco que se añada una pizca de frustración y de cólera, no percibimos las contrariedades como problemas normales de una vida normal, sino como anomalías en una vida desagradable. Y nos gustaría buscar culpables, a nuestro alrededor o en nosotros. Esto es lo que nos recuerda en este sentido el sabio Epicteto: «Acusar a los demás de las propias desdichas es de ignorantes; no acusarse más que a sí mismo es lo que hace un hombre que empieza a instruirse; y no acusarse uno mismo ni a los demás, es lo que hace un hombre ya instruido».[2] Ganaremos mucho tiempo, energía y felicidad si aprendemos a no tratar de acusar o juzgar al responsable: uno mismo, los demás o a esta perra vida. Hay que ver qué es lo que hay que arreglar para que eso no vuelva a suceder, actuar en función de eso, y pasar a otra cosa. El tiempo malversado en la cólera y en las cavilaciones es tiempo perdido para la felicidad. Y además, la vida es corta, ¡añadiría Epicteto!

Admirar Una emoción positiva caracterizada por el placer de descubrir o contemplar algo o a alguien cuyas cualidades nos sobrepasan y nos alegran. La admiración es más fácil si esas cualidades no nos aplastan, no nos amenazan. Se puede admirar a una persona o uno de sus comportamientos, admirar una obra de arte o un paisaje, a un animal o una planta. Cuando se admira, uno se siente feliz de descubrir algo hermoso o bueno. ¿Por qué resulta tan agradable? Porque nos sentimos interesados, agradecidos, regocijados y enriquecidos por la vida y el encuentro con el objeto de nuestra admiración.

La incapacidad de admirar puede estar relacionada con la estrechez de miras: ¿admirar a un ser humano? Bah, si buscas bien ¡seguro que acabas encontrando algún defecto! ¿Admirar un paisaje, un animal, un monumento? Sí, claro, por qué no, ¿pero qué utilidad tiene? Bueno, pasemos a otra cosa, a cosas serias: como criticar, por ejemplo...

Otro origen de la incapacidad para admirar reside en nuestras inseguridades psicológicas personales: cuando no se tiene confianza en uno mismo, admirar resulta doloroso. Admirar, en especial admirar a los demás, es subestimarse. Entonces se piensa, automáticamente: «Yo carezco de esa cualidad que admiro en esa persona», y: «Por lo tanto, soy inferior». La subestimación de uno mismo puede así convertirse en un obstáculo para la admiración tranquila, es decir, para una admiración que no implique desvalorizarse uno mismo, ni idealizar a los demás. No obstante, aprender a admirar sin desvalorizarse es un ejercicio muy bueno, para la felicidad y la propia autoestima.

Por eso, en los programas de psicología positiva se recomiendan ejercicios de admiración: ¡durante una semana, cada día, hay que entrenarse en admirar! Siguiendo dos principios fundamentales.

El primero es admirar con el corazón, no solamente con la mente. No basta con advertir mentalmente que alguna cosa o alguien es admirable: es necesario detenerse un instante, observarlo, tomarse el tiempo para comprender lo que admiramos y sentir el placer de contemplarlo. Eso requiere algunos minutos: tan solo detenerse para admirar. Detenerse físicamente, en el caso de un paisaje o un objeto (en lugar de pasar de largo, tras habernos fijado simplemente en que era bonito). Detenerse mentalmente, en el caso de un ser humano (es inútil meterse bajo su nariz con una sonrisa beata para que el ejercicio sea eficaz, hay que tomarse el tiempo de soñar con él).

El segundo principio consiste en refinar la mirada admirativa: conseguir que no se vea enganchada y desencadenada únicamente por lo visible y excepcional, sino también por todo lo que es discreto e invisible para la mirada apresurada, y que merece no obstante admiración. Bajar el umbral de lo que suscita mi admiración contribuye a multiplicar las ocasiones de sentirme feliz.

Adversidad Forma parte de la vida. ¿Contribuye a hacernos más felices? Es decir, ¿somos más inteligentes con la felicidad? ¿Más lúcidos acerca de su importancia? Desde luego que sí.

La adversidad nos ayuda a reconsiderar la manera en que conducimos nuestras existencias: lo hace al alejarnos de la felicidad, lo cual nos permite verla mejor. La adversidad (enfermedad, sufrimiento, angustia, tanto por nosotros como por nuestros seres queridos) nos abre los ojos a lo que realmente tiene importancia y sobre lo que concentrarnos. En un momento dado de mi vida en el que tenía preocupaciones, un amigo cristiano me escribió lo siguiente: «Tú sabes que yo te encomiendo al Señor, cada día en mi meditación ignaciana. Una tarde me vino esta afirmación, extraída del Libro de Job (36, 15): "Con la opresión, él salva al oprimido y le abre el oído por medio de la aflicción"».

¿Mediante la desdicha le abre el oído? Y le obliga a escuchar mejor su corazón: ¿hacia dónde se dirige mi felicidad? ¿Estoy siguiendo el buen camino?

Durante las crisis y la adversidad solemos darnos cuenta de que malgastamos nuestra vida, nuestro tiempo y nuestras energías en objetivos materiales, en lugar de consagrar una parte más grande a lo que importa: la felicidad y el amor.

Diversos estudios lo han confirmado de manera clara: pequeñas dosis de adversidad hacen a los seres humanos más sólidos y felices, mientras que las adversidades mayores o los entornos sobreprotegidos los tornan más frágiles o menos aptos para la felicidad. Pero no hay que entretenerse, pues otros estudios, llevados a cabo sobre las «lecciones» de la adversidad, muestran lo siguiente de una manera insoslayable:[3] la adversidad no nos sirve más que si se actúa de inmediato para cambiar nuestra vida. Al cabo de algunos meses pasa a ser un mal recuerdo, pero ya no es una fuente de inspiración ni de motivación para un cambio existencial.[4] No tardes demasiado en cambiar tu vida después de que la adversidad te haya abierto los ojos sobre lo esencial, si no se volverán a cerrar con mucha rapidez.

Agradecimientos de Marco Aurelio En su campamento militar, en el país de los cuados, a orillas del río Granua, el emperador Marco Aurelio se sentó una noche a su mesa de trabajo y empezó a redactar sus *Meditaciones* con largas páginas de agradecimientos, conmovedoras, que desgranan la lista de lo que los demás le han dado:

> «Aprendí de mi abuelo Vero, el buen carácter y la serenidad... De mi madre, el respeto a los dioses... De Rústico, el haber concebido la idea de la necesidad de enderezar y cuidar mi carácter... De Sexto, la benevolencia, el ejemplo de una casa gobernada patriarcalmente, el proyecto de vivir conforme a la naturaleza; la dignidad sin afectación; el atender a los amigos con solicitud... De Alejandro el gramático, la aversión a criticar; el no reprender con injuria... De los dioses, el tener buenos abuelos...».

Lejos de resultar fastidiosa, esta lista es apasionante y conmovedora, pues es sincera. Perfila el retrato de un hombre preocupado por ser bueno y justo, esboza la lista de todos los esfuerzos que han llevado a cabo los seres humanos, en todo tiempo y lugar, para llegar a ser más humanos. Es un ejercicio de dignidad y humildad, sin parangón, que yo sepa, en la literatura.

Agravamiento debido a la felicidad Ya conocemos la opinión vertida por Flaubert en una carta a su amigo Alfred Le Poitevin: «Felicidad: ¿has pensado en cuántas lágrimas ha hecho verter esa horrible palabra? Sin esa palabra dormiríamos más tranquilos y viviríamos a gusto».

¿Querer ser feliz puede hacernos desgraciados, como piensan y afirman algunos? No está claro. Es más bien la exhortación exterior: «¡Lo tienes todo para ser feliz!». Y todavía más, apropiarse de esa exhortación y repetírsela: «¡Y no obstante, lo tengo todo para ser feliz!», sin producir ni esfuerzos ni acciones. La catástrofe está asegurada. Por el contrario, meterse en faena, para aprender tranquila y modestamente a saborear mejor la existencia, no reportará problemas, salvo si se está deprimido; en este caso, será necesaria la ayuda de un médico.[5]

Un estudio[6] ha mostrado que hacer apología de la felicidad puede hacer más desgraciadas a algunas personas: se hizo leer a los participantes un artículo donde se presentaban los resultados de una pretendida investigación psicológica. En un caso, los resultados indicaban que la mayoría de las personas prefieren a las personas felices que a las tristes, y que sienten preferencia por aquellas que nunca se sienten melancólicas, o que no lo expresan. La otra mitad de los participantes leyó un artículo con las conclusiones opuestas, que afirmaba que las personas tristes son tan apreciadas como las felices, y que es importante sentir y expresar las emociones, aunque sean negativas. A continuación se pidió a los participantes que recordasen una situación en el curso de la cual hubieran sentido una emoción desagradable, como depresión, ansiedad o estrés. Para finalizar, los investigadores evaluaron el humor de los participantes justo después de todo eso.

Claro está, tras haber tenido que rememorar un suceso muy triste, los participantes se sentían más bien deprimidos. Pero el resultado más sorprendente es que cuando se piensa que no se está adaptado a sentirse triste, lo cierto es que se está. En efecto, los resultados mostraron que tras haberse puesto tristes, los participantes que leyeron el artículo indicando que la mayoría de las personas preferían a las felices, estaban mucho más tristes que las que habían leído el artículo que estipulaba que se podía sentir y expresar la propia tristeza.

La presión social respecto a la felicidad parece pues condenar a quienes sienten tristeza. Se sienten culpables de no ser como los

otros, pues quienes los rodean dan la impresión de estar bien có-
modos, e implícitamente transmiten el mensaje de que la felicidad
debe ser la norma y que la tristeza constituye una debilidad. ¿Será
esta una de las explicaciones al hecho de que las tasas de suicidio
sean asombrosamente elevadas en países en que la mayoría de la
población se siente y afirma sentirse más bien feliz, como en Dinamarca?[7] El efecto del contraste entre sufrimientos particulares
y felicidad colectiva sería, pues, insoportable...

   ¿Qué hacer, entonces? Tal vez lo primero sería no exponerse a
consejos acerca de la felicidad cuando se siente uno desgraciado,
sino más bien ocuparse en tratar de comprender, y luego de dige-
rir, la propia tristeza, y de aliviarla emprendiendo una acción. En
cuanto al entorno, no deberían incordiar a las personas desgraciadas ofreciéndoles lecciones sobre la felicidad. Quizá proponerles
ir a pasear o ver una película bien elegida (¡ni cómica ni siniestra!).

Ahora El presente es una de las claves de la felicidad. Cuando somos desgraciados, nos interesa vivir *únicamente* las desgracias de
hoy: es inútil pensar además en las del mañana, el tiempo que pudieran durar, si aumentarán o degradarán. Y cuando somos felices, nos interesa no olvidarnos de vivir plenamente las alegrías del
ahora. Interés, pues, en mimar cada uno de nuestros días con amor
y respeto.

Aire de felicidad en el área de la autopista Algunas imágenes, algunos rostros, que han cruzado de manera fortuita nuestras vidas, nos persiguen durante años. Recuerdo, en el momento
de escribir estas líneas, el rostro de una mujer en silla de ruedas,
en un área de descanso de una autopista, un día, al volver de las
vacaciones. Un sol pálido y frágil brillaba todo lo que podía en un
cielo ventoso otoñal. Un hombre, su marido sin duda, empujaba la
silla de la mujer, con un aire tranquilo y poco expresivo. Pero el

rostro de la mujer en su silla de ruedas resplandecía: sonreía al mirar frente a ella, a su alrededor. Tenía un aire tan intensamente contento, a pesar de su problema, que me quedé mirándola: estaba yo abandonándome tontamente a un cierto malhumor, inútil y sin verdadero fundamento, relacionado con el cansancio del viaje y al imaginar los embotellamientos del anochecer, pues habíamos salido un poco tarde. ¿Cómo explicarlo? Cruzarme con ella me sentó bien. Su aspecto feliz no me culpabilizó, sino que me motivó. En ese instante, no me dije: «No tienes derecho a estar de malas pulgas por nada mientras otros no lo están cuando tendrían buenas razones para ello», sino más bien: «Haz lo que quieras, chico, pero, francamente, te estás poniendo un poco cretino, con ese careto y ese cerebro enfurruñados. ¿En qué te beneficia? Trata más bien de hacer como esa mujer, y de rendir homenaje a su valor e inteligencia: sonríe y disfruta de lo que vives...». Ese día funcionó, como sucede ahora a menudo, tras un cierto tiempo.

Es uno de los progresos de los que me siento orgulloso: no siempre consigo secretar espontánea y constantemente buen humor, pero cuando me abandono al malhumor inútil (y el malhumor suele ser inútil), no tengo que esforzarme mucho para recuperarme y abrir los ojos. Ese día fue la sonrisa de esa mujer; podría haber sido un rincón de cielo azul percibido entre las nubes, o un chiste malo de una de mis hijas. En eso consiste este tipo de progreso: en una receptividad a las pequeñas alegrías del mundo. No solo a cruzarse con ellas, sino también a abrirse y dejarlas entrar en nosotros.

Alcohol Entiendo perfectamente por qué el alcohol ha conocido un destino tan formidable entre los seres humanos. Cuando bebemos, nuestra visión del mundo cambia y se dirige hacia la felicidad: uno se siente calmado; nuestros tormentos resultan ser menos graves de lo imaginado; siguen estando ahí, pero nos damos cuenta de que sobreviviremos; nos sentimos más cercanos a los demás, sentimos en nuestro cuerpo qué es la fraternidad humana; nos sentimos vinculados a todo el mundo. Cuando llegamos a ese punto hay que dejar de beber para saborear y preguntarse: ¿Qué me sucede? ¿Cómo es que este mundo que me pesaba tanto ha podido repentinamente convertirse en algo tan amistoso? Nada ha cambiado a mi alrededor, pero mi sensación no es la misma. ¿No se tratará todo del color del cristal con el que se perciben las cosas? Entonces, la conclusión es fácil: debo poder lograr esta capacidad de ver la vida con una mirada sosegada y alegre sin tener que pasar obligatoriamente por el alcohol. Debo poder sentir esas experiencias de paz y de fraternidad sin tener necesariamente que beber. Aprender a emborracharme sin otra sustancia que la felicidad de vivir y de estar aquí.

Alegría Forma atlética y enérgica de la felicidad. La alegría es física, intensa y breve, aunque pueda ir seguida de un montón de estados de ánimo agradables. Es también menos intelectual, menos reflexiva que la felicidad. A menudo se manifiesta como reacción a un suceso que representa una ruptura de la continuidad de nuestra existencia (un suceso «feliz»). Ahí donde la felicidad emerge con más facilidad de la continuidad y de lo ordinario, cuando nos damos cuenta de que lo ordinario está desde luego habitado por la gracia. No es nada fácil saber permitirse la alegría; para ello hace falta una pequeña dosis de extroversión. Pues si el dolor puede vivirse en la discreción, la alegría nos desborda, como para ser percibida y compartida. Por ello los introvertidos prefieren la felicidad, allí donde los extrovertidos celebran las virtudes de la alegría. Es casi un test de personalidad...

Aleluya Esta palabra de alabanza de la religión cristiana procede, por supuesto, del hebreo («gloria a Dios»). Los creyentes lo cantan o lo dicen para agradecer a Dios que les haya ayudado, protegido, o solo por permitirles existir. Me da la impresión de que no se trata únicamente de una palabra de fe, sino también de inteligencia vital, que celebra la oportunidad que todos tenemos de ser en lugar de no ser. ¿Qué palabra laica podría sustituir a la muy cristiana *aleluya*?

Alimentación ¿Influye lo que comemos en nuestro equilibrio interior?

Está, desde luego, la manera de comer: es desaconsejable comer a todo correr (pues los alimentos no son entonces predigeridos por la saliva o la masticación), o haciendo otras cosas al mismo tiempo, como escuchar la radio, mirar la tele, leer, telefonear; al comer así, no saboreamos los alimentos y, sobre todo, no percibimos las señales de saciedad, por lo que comemos demasiado. Comer con plena consciencia nos reportará todo tipo de pequeñas y sencillas alegrías relacionadas con el hecho de saborear.[8]

Pero aquí hablamos de lo que comemos, de la propia naturaleza de nuestros alimentos. Numerosos estudios muestran que, a grandes trazos, disminuir el consumo de carne y de azúcar y aumentar el de frutas y verduras, mejora casi todas las variables de la salud, así como las psíquicas.[9] Otros trabajos parecen indicar que tomar un suplemento de omega-3 tiende a hacernos menos ansiosos,[10] beneficia a los pacientes deprimidos,[11] y que la supresión de los azúcares rápidos es beneficiosa para los niños hiperactivos.[12] Todavía disponemos de pocos datos en materia de fomento del bienestar psíquico a través de la alimentación. Es probable que lo que es bueno para el cuerpo (menos carne y azúcar, más fruta y verduras) también lo sea para el cerebro. Como este último necesita lípidos, no hay que limitar su consumo de grasas, sino evitar las que son de origen animal (mantequilla) y auspiciar los aceites vegetales. En cuanto al resto, carecemos de certidumbres, aunque resulte evidente que se trata de un campo de investigaciones futuras.[13]

Alivio El alivio es un placer ligado a la interrupción de lo desagradable. Casi una felicidad, por efecto rebote, si el disgusto era muy intenso. Alivio del enfermo que ve disminuir o desaparecer su dolor gracias a un medicamento salvador o a un médico consolador. Alivio por haber escapado a un peligro o a un problema. Existe una sabiduría y un buen uso del alivio: está ligado a lo desagradable (que acaba de interrumpirse) y a lo agradable (que empieza).

Este es un pequeño ejercicio de musculación mental para saborear mejor esa sensación: tras cada irritación, mantener la atención concentrada en el presente; observar la tentación de empezar a refunfuñar acerca del pasado; sonreírle y regresar al presente; mantenerse firme durante el ejercicio el tiempo suficiente, como al mantener una postura de yoga. Cuando se termina el ejercicio, cuando se ha saboreado suficientemente el presente y la gracia del alivio, entonces podemos permitir que la mente regrese al problema, si es que hay uno, para intentar solucionarlo, es decir, a fin de ver qué hacer para evitarlo en el futuro.

Algunos ejemplos de irritación-alivio, de dificultad creciente, para darte ideas y practicar, son: has estado a punto de perder el tren, pero finalmente lo cazaste al vuelo; has perdido mucho tiempo en los embotellamientos, pero finalmente has llegado a casa; has sudado tinta para montar ese mueble que compraste desmontado, pero finalmente lo has armado; te has fracturado el puño, te dolía mucho, pero finalmente te han puesto la escayola y ya no te duele; estás enfadado con un familiar y no os habláis, pero finalmente volvéis a hacerlo (aunque en el fondo nada se haya arreglado); etcétera.

Altriste Prestar servicio a los demás nos hace más felices, y ser más felices nos empuja a prestar servicio a los demás. Lo mismo les sucede a aquellos a los que prestamos servicio: eso les hace algo más felices (o un poco menos desgraciados) y les prepara para dirigirse con algo más de facilidad hacia los demás y a ayudarlos; y así es como se transmiten las buenas vibraciones del altruismo. Existen vínculos indisociables y recíprocos entre altruismo y felicidad. Sin duda, por eso la mayoría de las tradiciones filosóficas y religiosas insisten tanto en el hecho de que la compasión debe ser sostenida por la alegría, para no hacer sufrir a la persona altruista (pues eso acabaría agotando su altruismo). Por ello debemos ser altruistas y no *altristes*: el altruismo está interesado en ser feliz, en no perder la alegría de ayudar. Debe estar basado en el afecto hacia los otros seres humanos, en un deseo sincero y feliz de ayudar a los demás; en prestar servicio y estar contento al hacerlo. Los siniestros dan lecciones de moral, los alegres las ponen en práctica sin discursos. Superioridad de la acción sobre la cavilación, y de la alegría sobre la tristeza...

Altruismo Es preocuparse por la felicidad ajena, interesarse y consagrarse al prójimo sin esperar reconocimiento ni contrapartida.

Algunas mentes apesadumbradas pretenden que el altruismo no es más que egoísmo disfrazado: ayudo a los demás pues a cambio recibo bienestar y placer, es decir recompensa y reconocimiento, por parte de la persona ayudada (que un día me pagará con la misma moneda, o al menos eso espero) y de la sociedad (que me admirará). No cabe duda de que ese caso existe, pero no abunda mucho; y tal vez se confunden las motivaciones y las consecuencias. Que el altruismo provoca admiración y reconocimiento es algo evidente. Pero que esa sea la única razón de su existencia me parece más bien la excepción que la regla. Los estudios de psicología positiva y evolutiva actuales van también en ese sentido.[14] Los estudios demuestran asimismo que la práctica de gestos altruistas aumenta lentamente la felicidad de quienes los realizan.

¿Mediante qué mecanismos? Múltiples, sin duda: el placer de los agradecimientos (me encanta detenerme para dejar pasar a los viandantes en los pasos de peatones sin semáforos; de ese modo, a menudo me gano sonrisas o pequeños gestos de agradecimiento con las manos); el placer de haber sido agradable. Y sin duda, una sensación más difusa y más profunda: la alegría de haber convertido el mundo en un lugar mejor o un poco menos malo, la impresión de haber sembrado una pequeña semilla de dulzura, tal vez de haber motivado a la otra persona a ser a su vez un poco más gentil y altruista. La sensación oscura y potente de haber cumplido con el propio deber de ser humano y de haber contaminado al mundo con el virus salvador del altruismo.[15]

Amigos Lo dicen todos los estudios: tener amigos, verlos, para reír, hacer, consolarse y distraerse, representa uno de los ingredientes de la felicidad. «Amigos en todo momento, sin los que no puedo vivir», escribió Apollinaire.[16] En psicología hablamos de *vínculo social*, que comprende amigos, familia, compañeros, conocidos y vecinos; en pocas palabras, todos los seres humanos con los que se mantienen relaciones, más o menos armoniosas y benévolas, y que se perciben como fuentes de emociones agradables (que van desde la sonrisa al cruzarse, a las palabras reconfortantes de una amiga de la infancia). Por mi parte, tengo muchos amigos, personas cercanas, que sé que me quieren y a los que yo quiero, que sé que estamos dispuestos a ofrecernos rápidamente ayuda mutua en caso de necesidad. Pero no los veo a menudo, no tan a menudo como me gustaría, porque viven lejos, porque estamos muy ocupados, porque soy un solitario; un solitario social, pero un solitario. Aunque saber que existen me calienta el corazón; y me procura felicidad.

Amor Antaño, yo cantaba y tocaba el acordeón en un grupo de amigos. Nos gustaba interpretar una canción de Édith Piaf, *La goualante du pauvre Jean*, que habla del ascenso y caída de un hombre falto de amor, y el estribillo decía: «En la vida no hay más que una moral / Tanto si eres rico como si no tienes un duro / Sin amor no se es nada de nada». Recuerdo que esa última frase se me quedó en la mente durante semanas: a veces me parecía falsa (se puede ser feliz sin estar enamorado) y a veces verdadera (hay que recibir regularmente una u otra forma de amor para sentirse feliz).

El verdadero problema es, sin lugar a dudas, el de la definición de qué es el amor, esa historia enorme; el amor que vuelve feliz, no es la fase de la pasión, el *enamoramiento*. Eso es algo aparte, como el efecto de una droga o del alcohol. Eso no te hace feliz, te vuelve loco; loco de felicidad. Lo que denominamos amor a largo plazo es toda forma de vínculo afectuoso en el que uno se siente bien, en el que se da y se recibe, sin llevar la cuenta, en el que se está dispuesto a sufrir y a perdonar. El amor es con toda seguridad uno de los grandes alimentos de la felicidad. Y, como ocurre con todo alimento, nos hemos vuelto dependientes, lo cual puede angustiarnos: ¿y si me dejasen de querer? Cómo puede uno angustiarse diciéndose: ¿y si mi cuerpo dejase de respirar y mi corazón de latir? Somos así, estamos construidos a base de múltiples dependencias, es decir, a base de múltiples fuentes de sufrimiento, y de felicidad.

Angustiados en la alegría Un día leí en casa de Bobin[17] esta frase que me llamó la atención y activó mi mente: «Atormentados en la alegría más que en la pena». Por mi parte, comprendo perfectamente que pueda estarse atormentado en la alegría, algo que les cuesta comprender a esos optimistas acérrimos que conozco, cuando les hablo de este tipo de sensación. La comprendo porque evoca en mí todas las inquietudes de la felicidad: «¡Se acabará! ¿Cómo?

¿Cuándo? ¿Vendrá a continuación una desdicha, como para hacerme pagar el alquiler de esta felicidad?», etcétera. Siendo, como soy yo, un infradotado para la felicidad (no soy más que un alumno estudioso) estoy expuesto a esos tormentos. Me da igual. Los prefiero a la melancolía del pesimismo cínico y resignado. ¡Prefiero estar atormentado en la alegría que carecer de alegría!

Angustias existenciales «Desde que el hombre sabe que es mortal, le resulta difícil relajarse por completo», escribió Woody Allen. Las angustias existenciales, como tantos momentos de consciencia de que un día enfermaremos, sufriremos y moriremos, no son ideas delirantes (como la certeza de que un día los extraterrestres se me llevarán), son ideas realistas, y lo que anuncian acabará cumpliéndose, más tarde o más temprano. Para algunos, esta certeza es un obstáculo definitivo en relación a la felicidad: sea filosófica («¿Para qué sirve ser feliz? Es una tontería porque ya sé cómo acabará todo»), sea psiquiátrica («Sé que me enveneno la vida, pero no puedo impedir que me acosen esos miedos»). Y, para otros, esas certezas acerca de una vida transitoria y dolorosa representan por el contrario una motivación suplementaria: «Ya que vamos a morir, ya que vamos a sufrir, como todos los que amamos, disfrutemos con todas nuestras fuerzas el tiempo que nos quede de vida». Aceptar que somos mortales y contemplar de manera regular esta perspectiva para convertirnos en mortales felices y alegres: no hay otra receta.

Animales Cuando todo les va bien, ¿están simplemente contentos o se sienten plenamente felices? ¿Mantienen una percepción animal de su bienestar: satisfacción de tener el estómago lleno, de sentirse seguros, de estar junto a otros animales benevolentes? Los propietarios de animales pretenden que sí, que saben leer la felicidad en los ojos y el cuerpo de su perro o de su gato. Evidentemente, es difícil saberlo con seguridad. Lo que sí sabemos es que los animales de compañía hacen que sus propietarios se sientan algo más felices:[18] les aseguran una presencia, muy preciada para muchas personas que están solas. Es una presencia cariñosa, estable, tranquilizadora y expresiva por parte de los perros, esos maestros del amor incondicional. Una presencia elegante, pero más distante en lo tocante a los gatos, que dispensan sus caricias con menos prodigalidad, pero cuyo lado imprevisible hace que sus favores resulten más agradables. Los perros dan a su dueño la impresión de quererle para siempre ocurra lo que ocurra. Los gatos le muestran que ellos le han elegido y adoptado. En ambos casos, procuran con regularidad pequeñas dosis de felicidad.

Ansiedad Nuestra ansiedad es un obstáculo para nuestra felicidad. No la torna imposible: al contrario que las personas deprimidas, las ansiosas sienten emociones positivas y pueden ser felices. No obstante, la ansiedad no deja de ser una traba, por al menos tres razones.

En primer lugar, la ansiedad concentra nuestra mente en los problemas. Es su papel, prevenirnos de los posibles peligros. La pega radica en que, de repente, no podemos dirigir nuestra atención a nada más que a los problemas (pues siempre hay bastantes en todos los órdenes de la vida como para llenarnos la cabeza permanentemente). Tener la mente «cansada» es una expresión perfectamente explícita: nuestro pequeño cerebro ya está ocupado con grandes preocupaciones, y carece de sitio para nada más, en especial para las alegrías furtivas (una alegría muy intensa y espectacular podría desviarnos, pero no una pequeña alegría discreta).

Además, la ansiedad nos empuja al perfeccionismo y a lo que se denomina la inquietud de la felicidad: «¿Soy suficientemente feliz? ¿Tanto como los demás? ¿Tanto como debería ser?».

Y finalmente, a veces nos susurra al oído: «Sí, siento algo de felicidad, pero... ¿durará? ¿No será peor que antes cuando esa felicidad cese?». Es la lógica de los pesimistas, que prefieren no abandonarse a la felicidad, para no sufrir su reflujo...

Ansioso y feliz En general, la mayoría de los seres humanos son bastante felices y no ansiosos. A la vez. No comprender que esta asociación es perfectamente posible, e incluso inevitable, ¡es no comprender la psicología positiva!

La ansiedad es la consciencia dolorosa de la realidad, y la felicidad es la consciencia alegre. En ambos casos, permanecemos en la realidad. La ansiedad nos dice: «Sí, es una alegría existir, pero hay que pagar el alquiler, a base de preocupaciones y adversidades». Y la felicidad nos murmura: «Sí, las preocupaciones y adversidades no están nunca lejos, pero en cualquier caso, ¡qué oportunidad representa la existencia!». Como sabemos que ambas tienen razón, no dejamos de dudar. Y nuestra mente se inclina hacia una u otra de estas percepciones de la realidad. Hasta el día en que comprendemos que no existe más que una realidad única, que está hecha de momentos felices y de los otros, desgraciados o dolorosos.

La realidad, nos enseña el filósofo Clément Rosset, es lo que resiste a las ilusiones y a las quimeras.[21] A menudo se critica la felicidad con el pretexto de que no es más que una ilusión, pues la desgracia existe y la muerte siempre acaba ganando. Eso es no entender nada. También existen ilusiones y quimeras en la desesperación y el negativismo. Y solo la alegría lúcida, que acepta la adversidad y la felicidad, es una alegría real. Esa es la razón por la que somos ansiosos y felices.

Antaño Esa extraña sensación de los buenos viejos tiempos... Los estudios muestran que en general se embellece el pasado, al menos cuando no se está deprimido.[19] Nuestra mente procede, de manera automática e inconsciente, a una selección de buenos recuerdos, a una reescritura del pasado en el sentido de una armonía y una coherencia que no fueron tan evidentes cuando vivimos esos instantes. Una vez más, la naturaleza humana está bien hecha, porque todo funciona, cuando ningún sufrimiento del pasado o del presente aparece para estropearnos nuestra bonita mecánica mental...

Esta capacidad puede ser objeto de un pequeño ejercicio: ¿cómo podría ese instante perfecto que estoy viviendo emerger en mi recuerdo, al cabo de 20 años, bajo la forma de un bonito recuerdo? Mi memoria efectuará simplemente un trabajo de limpieza y simplificación e irá a lo esencial: «¡Nada de cortarse! ¿Estuvo bien o no estuvo bien?». Entonces, aunque a menudo vivimos el presente bajo la fórmula «No está mal, pero...», nuestra memoria quiere saber una sola cosa: «¿Lo meto en la caja *agradable* o *desagradable*?». Esta simplificación no es forzosamente una deformación. Somos nosotros los que a menudo deformamos momentos más bien agradables, por nuestra insatisfacción, nuestro perfeccionismo, nuestras expectativas demasiado elevadas o nuestra incapacidad de disfrutar porque estamos enganchados a nuestras preocupaciones. Volvamos al ejercicio: ¿qué quedará en 20 años de ese instante en que refunfuñas, en el que echas pestes por muy poca cosa? ¿El recuerdo de un instante en el que tenías razones para refunfuñar? ¿O bien el de un momento que habría podido hacerte feliz, pero que has contaminado con tus quejas y tus insatisfacciones?

Antes y después Existen dos emociones positivas ligadas a la felicidad, cuyas denominaciones técnicas son: los «afectos positivos que preceden a la consecución de un objetivo», y los «afectos positivos que siguen a la consecución de un objetivo». Todo ello depende de dos circuitos cerebrales diferentes. Y el primero es más potente que el segundo, por razones de supervivencia de nuestra especie: es más importante estar motivado para alcanzar un objetivo que disfrutarlo. La evolución tan solo se interesa por la supervivencia de la especie, no por la felicidad de los individuos que la componen. Esa es la razón por la que desde una perspectiva biológica estamos potentemente equipados para buscar la felicidad: «La felicidad está en buscarla», escribió Jules Renard. Por el contrario, estamos bastante peor programados para saborearla, como nos recuerda Shakespeare: «El alma de la felicidad muere en el disfrute». [22] Bien, pues todo esto son las predisposiciones. A continuación, podemos, claro está, liberarnos de ellas. No porque estemos biológicamente programados para sacudir a alguien si nos coge nuestro plátano o nuestra merienda significa que no podamos controlarnos: es lo que se denomina la educación (a nivel individual) y la civilización (a nivel colectivo).

Antidepresivos Desgraciadamente no son «píldoras de la felicidad». Y digo «desgraciadamente» de manera deliberada y consciente. En según qué momentos, me gustaría poder ofrecer a algunos de mis pacientes, especialmente maltratados por la vida, la posibilidad de ingerirlos y saborearlos. Pero no funciona así. Los antidepresivos no te hacen más feliz, no hacen que nuestro cerebro sintetice buen humor, sino que más bien reducen la intensidad de nuestros dolores morales, como un analgésico reduce la intensidad de nuestros dolores físicos. Y eso ya es mucho, porque funciona (aunque no todos los pacientes responden a los antidepresivos). No obstante, los antidepresivos funcionan y, en algunos pacientes, pueden tener un efecto sorprendente: pueden proporcionar una especie de aptitud para disfrutar mejor la vida,[20] que va más allá de la disminución o desaparición de las emociones negativas (depresivas o ansiosas, pues la mayoría de los antidepresivos también disminuyen, y netamente, la ansiedad). Como si esta suspensión de los dolores del alma permitiese ver por fin, y mucho mejor que antes, la luz de la felicidad.

De repente, algunos pacientes –a pesar de eventuales efectos secundarios, a pesar de la molestia simbólica de «depender de una pastilla»– no quieren o no pueden detener este tratamiento que, al aliviar sus dolores, los hace más fáciles de combatir, y que les permite observar y disfrutar de las cosas bellas de la vida. Entonces nos piden consejo: «¿Qué hacer? ¿Continuar con ellos toda la vida o aceptar el riesgo de parar, de intentar informarse sobre otros métodos?». Claro que sí, ambas cosas son posibles: continuar es más fácil (ingerir un comprimido solo cuesta unos pocos segundos), informarse es más interesante y más satisfactorio (pero requiere de años). Nosotros siempre intentamos proponer y privilegiar la segunda vía, pero cuando las personas han sufrido mucho en el pasado con sus dolores morales, cuando las sentimos frágiles y expuestas, entonces preferimos saber que están sosegados y aptos de cara a la felicidad con un medicamento, antes que deprimidos e incapaces sin él. Más vale avanzar con muletas que permanecer inmóvil sin ellas.

Antimodelos En la vida tenemos modelos, a los que nos esforzamos en parecernos, pero también antimodelos: tan inspiradores y motivadores como los primeros, a los que intentamos más bien *no* parecernos. Son muchos los que corren tras la felicidad porque sus padres fueron desgraciados, porque los vieron echar a perder la vida, y que han sentido hasta qué punto eso no les ha ayudado en su búsqueda de felicidad. No hacer como papá, no hacer como mamá, representa ya unas primeras referencias, y modelos de los que intentaremos apartarnos por todos los medios; y en general, a lo largo de nuestras vidas, comprendemos hasta qué punto tendemos a regresar insidiosamente hacia lo que hemos vivido, observado y, de manera inconsciente, deducido a su lado. No es que la tarea de no hacer lo mismo que ellos sea imposible, sino que es de larga duración y son de ese tipo de esfuerzos que tendremos que mantener toda la vida.

Pero también existen antimodelos de papel. Para mí, Cioran es uno de ellos. Todos sus aforismos, repletos de negrura y pesimismo, ejercen sobre mí, extrañamente, un efecto estimulante («¡Ah, sí, qué bien! ¡Al trabajo, a la felicidad, corriendo!»), porque son inteligentes, brillantes y a menudo exactos. Y precisamente porque la vida suele ser tal y como la describe Cioran, me parece una razón suplementaria para no abandonarse a la desesperación. Por otra parte, eso es lo que al parecer hacía él mismo: la mayoría de las personas que tenía cerca lo describen como un hombre de trato agradable, con mucho humor, al que le encantaba charlar, reír y caminar por el campo. Sus escritos le servían de exutorio, pero no le disuadieron finalmente de dejar de amar la vida.

Siento gratitud hacia Cioran, por mostrarme a su manera el camino hacia la felicidad: basta con partir en dirección contraria. Y también siento gratitud hacia todos mis antimodelos, por las mismas razones.

A pesar de Una de mis paciente me decía un día: «Nunca se es feliz más que *a pesar de* alguna cosa: feliz a pesar de su pasado, a pesar del presente, a pesar de la desdicha que le rodea, a pesar de todo...». No supe qué contestarle (era en la época en que pensaba que debía tener respuesta para todo, y así no dejar a mis pacientes desamparados). Poco después, al volver a casa, encontré una respuesta posible: tal vez esas alegrías son tan bellas, conmovedoras y potentes precisamente porque son «a pesar de». Hoy, no sé si contestaría eso. Me da la impresión de que más bien diría: toda nuestra vida es «a pesar de» alguna cosa, y la felicidad no escapa a esa regla. Por eso la amamos y la necesitamos.

Apertura de mente La felicidad nos abre la mente, el sufrimiento la cierra.

Eso ha sido demostrado de manera elegante por numerosos trabajos.[23] Por ejemplo, tras haber inducido en voluntarios distintas emociones positivas o negativas, se les pide pasar un test: frente a tres figuras compuestas de formas geométricas, cuadradas o triangulares, deben considerar que la de arriba es la «figura de referencia» y decir cuál de las dos de abajo (a la izquierda o a la derecha) se le parece más. El esquema de la página siguiente presenta algunas secuencias del test: ¡realiza el ejercicio antes de leer lo que sigue a continuación!

Se observa que cada una de las dos opciones de respuesta está justificada: para juzgar el parecido entre las figuras geométricas, nos podemos basar tanto en su forma general (disposición en triángulo o en cuadrado), como en sus componentes individuales (también en este caso triángulos o cuadrados).

Los resultados muestran que los voluntarios en los que se indujeron emociones positivas suelen elegir la figura de abajo que presenta el mismo parecido *general* con la figura de referencia: en el ejemplo, 1a, es decir, la de abajo a la izquierda.

Por el contrario, los voluntarios en los que se indujeron emociones negativas solían elegir una figura que no representaba la misma forma global que la de referencia, sino la que presenta los mismos detalles en sus componentes; así pues, en el ejemplo 1a consideraron que la figura de abajo a la derecha se aproximaba más a la de arriba, pues estaba también compuesta de cuadrados.

¿Por qué esas diferencias?

Debido al papel específico de las emociones positivas y negativas: el papel de las emociones positivas es abrir nuestra mente a la búsqueda de recursos, liberándola de tener que concentrarse en los problemas; nos ayudan así a no polarizarnos en los detalles, sino a tomar distancia y considerar las cosas en su conjunto. El papel de las emociones negativas es inverso: se activan cuando nos enfrentamos a dificultades, y nos incitan a examinar estas con atención y

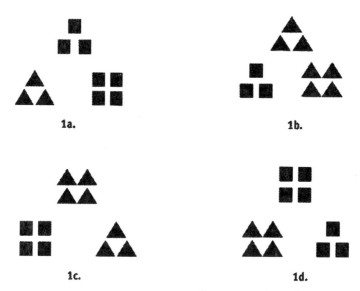

Cómo nuestras emociones nos llevan a ver el mundo.[24]

en los detalles (observemos que ese mecanismo puede ayudarnos a hallar soluciones, ¡pero también a cavilar!).

Lo que esos trabajos han demostrado asimismo es que la apertura ligada a la inducción de emociones positivas nos vuelve, gracias a la toma de distancia, más creativos y receptivos a las ideas nuevas, a las soluciones originales o poco habituales para nuestros problemas, ampliando nuestro repertorio de respuestas frente a los problemas.[25]

Por todo ello podemos concluir que necesitamos ambos repertorios emocionales, el positivo y el negativo. Para sobrevivir hemos de prestar atención a los detalles a fin de afrontar los problemas, y tomar distancia a fin de encontrar soluciones novedosas. En esta óptica adaptativa, lo más importante es sin duda mostrar flexibilidad, y pasar de un registro emocional al otro, dependiendo de las necesidades del entorno, en lugar de en función de automatismos estereotipados: ni desconfianza obsesiva ni despreocupación superficial, ¡sino realismo adaptado y flexible!

Aplausos En primer lugar, deshagamos el mito de los aplausos y las risas forzadas de la televisión. Ya sabemos cómo sucede: un «regidor» se encarga de ello, animando al público antes de la entrada de las estrellas. Ficticio y, por tanto, nada interesante, aunque te ponga sin duda de buen humor, al menos durante algunos minutos.

Pero no se trata de eso; es de otros aplausos de los que quiero hablar. Un verano, participé, junto con otros psicoterapeutas, en un cursillo de meditación en las montañas suizas. Aprendimos muchas cosas útiles e interesantes, y vivimos, como siempre, un montón de instantes sorprendentes. El enfoque de trabajo era el de la plena consciencia, que anima –entre otras cosas– a sentir la experiencia vivida en lugar de discutir sobre ella. Así que permanecíamos callados mucho tiempo, para penetrar mejor, siempre que era posible, en esa experiencia. Como, por ejemplo, en la de escuchar a uno de nuestros colegas, pianista de talento, interpretar para nosotros algunos fragmentos de su composición mientras permanecíamos sentados, sobre nuestros banquitos o cojines de meditación, con los ojos cerrados, instalados en la plena consciencia. Durante cada fragmento aceptábamos plenamente la música, y plenamente todo lo que ella inducía en nosotros. Y, tras cada fragmento, permanecíamos en silencio en esa experiencia, en la estela de la música, en lugar de aplaudir.

Me gustan mucho ese tipo de trastornos de las costumbres y los automatismos. Permanecer en silencio observando lo que sucede en nosotros tras un fragmento sería lo lógico, por respeto hacia la música y su intérprete. Imagínatelo. En lugar de esos aplausos automáticos, como en la tele o tras los debates, para manifestar que se está aquí, y bien aquí: un gran silencio concentrado. Y, no obstante, cinco minutos después del último fragmento, ¡soltarse para agradecer y celebrar!

Aprender ¿Aprender a ser felices? Para muchas personas, eso revela ingenuidad, utopía o engaño. Personalmente, esa idea no me ha llamado la atención nunca; sin duda, porque yo tenía necesidad de aprender a ser feliz y porque suelo estar dispuesto a reconocer mis carencias en la materia. También porque me encanta aprender y porque siempre he progresado de ese modo. Tengo la impresión de carecer de dones fuera de lo común, en ningún campo, y que todo me ha llegado a través del esfuerzo o la experiencia.

En principio, la felicidad es una emoción (que a continuación enriquecemos y ampliamos), y tiene que ver con el cuerpo, como todas las emociones. En esta cuestión, su aprendizaje obedece a las mismas reglas que el ejercicio físico: si deseamos contar con más aguante, fuerza o flexibilidad, sabemos perfectamente que no nos bastará con *quererlo*, sino que debemos entrenarnos. Y no obstante, en el mundo de las emociones nos convertimos en unos ilusos: pensamos (o tenemos la vaga esperanza) que si decidimos encolerizarnos menos, estresarnos menos o disfrutar más de la vida, con eso bastará. ¡Desde luego que no! Pasa lo mismo que con el aguante, la fuerza o la flexibilidad: es necesario practicar con regularidad ciertos ejercicios para aumentar nuestras capacidades de albergar, amplificar y saborear sensaciones emocionales positivas.

Arcadia Cuando era un colegial y alumno del instituto, estudiaba griego, que me chiflaba. Me chiflaba imaginar esa Grecia antigua cuyos autores descifraba yo laboriosamente. Y también me gustaba mucho soñar con la Arcadia y su vida tan tranquila: esa región de Grecia, de montañas y pueblecitos, fue cantada por los poetas griegos y latinos como el país de la felicidad idealizada, durante la Edad de Oro, poblada de pastores que vivían en armonía con la naturaleza. Una célebre locución latina, *Et in Arcadia ego*, hace referencia a ello: «Y yo también he vivido en Arcadia.» Una pintura de Poussin muestra a un grupo de pastores descubriendo una tumba donde aparecen inscritas estas palabras. Aunque nuestras vidas hayan sido bellas, como pudieran haberlo sido en la Arcadia de antaño, acaban con la muerte. Todo paraíso terrestre no es más que transitorio. Tiene gracia; en otra época pensar en eso me habría helado la sangre. Pero ahora no: a fuerza de reflexionar y de meditar sobre Arcadia, ya no me dan ganas de huir de la idea de la muerte, sino más bien de correr tras la vida.

Armisticio Alice, de seis años, que se interesa de cerca por la actualidad, pero que mezcla tal vez un poco los conceptos, se dirige a sus padres y hermanos, reunidos a la mesa esa tarde del 11 de noviembre: «¿Sabéis por qué las personas han desfilado y han hecho huelga hoy? ¡Pues porque ha firmado el fin de la primera guerra mundial!». Todos los años, cuando llegan las celebraciones y honras dirigidas a los muertos de la gran guerra, pienso en la alegría de regusto amargo de los supervivientes, al volver a sus hogares al cabo de cuatro años de carnicerías. Alegría de seguir todavía con vida, de reencontrar a sus familiares, de poder escuchar el canto de los pájaros en lugar de los cañonazos, de dormir en una cama en lugar de en la mugre de las trincheras. Pero con toda la tristeza de haber visto la muerte, la carnicería y el absurdo, toda la culpabilidad de ser uno que pudo volver mientras que otros se quedaron allí para siempre. Pienso en todo eso al mirar a esos ancianos, a esos viejos combatientes de otras guerras distintas de la primera, que desfilan con el aire grave, con sus medallas y banderas. ¿Cómo lograron volver a ser felices tras el horror?

Armonía La armonía señala una relación entre las partes y el todo de un objeto que desemboca en un resultado favorable: bonito, agradable, fructífero. Los momentos felices son momentos de armonía: entre pasado y presente, entre nosotros y los demás, y entre todos los elementos de nuestra vida. Incluso en esos momentos extraños en que la felicidad procede de la desgracia, puede existir armonía entre el sufrimiento y la sensación de que eso iba a llegar y que eso mismo –tal vez– nos liberará, nos elevará. La armonía también son esos instantes en que nos invade la sensación de que la felicidad no solo está en nosotros, sino también alrededor.

Asia A veces tengo la impresión de que Asia desempeña en la actualidad, en lo tocante a la sabiduría, el mismo papel que desempeñó Arcadia en la Antigüedad para la felicidad: un lugar mítico en el que imaginamos que los seres humanos cuentan con virtudes superiores a las nuestras. Inexacto pero delicioso.

Ataraxia ¿Es la felicidad la ausencia de problemas y sufrimientos? No siempre basta con eso: no ser desgraciado no significa ser feliz. No siempre es necesario; a veces podemos ser felices a pesar del sufrimiento y los tormentos de nuestra vida o de una enfermedad.[26] Pero, muy a menudo, hemos de mitigar nuestros dolores para abrirnos a la felicidad. Es la primera etapa, la que hizo escribir a Jules Renard: «No se es feliz: nuestra alegría es el silencio de la desgracia».[27] Para los filósofos de la Antigüedad, la ataraxia, el sosiego de las pasiones, era buena cosa. No significaba indiferencia o pasividad, tampoco apatía. Era el fruto de un trabajo de liberación interior: deshacerse de las dependencias respecto a los apegos inútiles y los arrebatos tóxicos. En cierto sentido era una especie de mantillo fértil en el que esperar a ver crecer las flores de la felicidad.

Atención Para Daniel Kahneman, el único psicólogo que ha recibido el premio Nobel (aunque fue en Economía) y especialista en psicología positiva, «la atención es la clave de todo».[28] Dicho de otra manera, dominar los movimientos de nuestra atención (¿prestamos más atención a los aspectos buenos o a los malos de nuestra existencia, y somos conscientes de esos movimientos de la atención?) representa una ayuda considerable para nuestro bienestar subjetivo.

Prestar atención a lo que se está haciendo, ¿es una fuente de felicidad? Sí. Cuando se evalúa en voluntarios su nivel de bienestar en el momento, efectuando durante varias semanas pequeños muestreos emocionales,[29] se observan numerosos resultados perturbadores. En primer lugar, cuando más vagabundea nuestra mente, menos felices somos: la dispersión mental es fatal para la felicidad. A continuación, uno de los mejores indicadores de emociones positivas no es tanto la naturaleza de la actividad practicada como el grado de atención con el que se practica: concentrarse en el trabajo, por ejemplo, hace más feliz que practicar actividades de ocio pensando en otra cosa. Aprender a estabilizar la atención (por ejemplo, mediante ejercicios de meditación) es, pues, una de las vías de acceso a más bienestar.

Autocontrol Un día estaba en mi despacho, ocupado en trabajos de escritura: mi próximo libro, artículos y prefacios. Me gusta escribir, pero hay días en que me resulta más difícil que otros. Y ese era el caso aquella mañana; me costaba estabilizar mi atención, encontrar inspiración. Frente a esas dificultades, siento en mí los primeros impulsos de querer dejar el trabajo. Hace algunos años, eso podía tomar la forma de una siestecita rápida, de bajar a la cocina para comer una fruta o de un instante hojeando revistas o libros recientemente recibidos. Todo eso con el pretexto de airear las ideas antes de volver al trabajo. Hoy siento las mismas y otras tentaciones nuevas: si mi trabajo flojea, quiero mirar los correos electrónicos llegados entre tanto, leer enseguida los SMS, contestar cuando mi teléfono suena (en lugar de dejarlo sonar y llamar a todo el mundo al final de la jornada), navegar por internet. Todas esas interrupciones no son en sí mismas graves, pero si no me pusiera un poco serio, ¡no escribiría gran cosa en todo el día!

En el momento en que estoy empezando a soñar despierto con todo eso, oigo que llaman a la puerta del despacho, es mi segunda hija. Ella también trabaja en casa, aunque se dedica a preparar la selectividad. Tiene algo que preguntarme:

—Papá, ¿puedes guardarme el móvil?

—¿¡Guardarte el móvil!?

—Sí, quiero dártelo para que lo guardes en tu despacho.

—Vale, pero... ¿por qué?

—Porque si lo tengo cerca de mí no consigo ponerme a trabajar, es más fuerte que yo, contesto a todas las llamadas y a todos los SMS. Y si me aburro, tengo ganas de llamar o de enviar...

¡De repente me siento menos solo en mi combate y mis esfuerzos de autocontrol!

El autocontrol no es un término de nuestro lenguaje cotidiano, pero su realidad nos resulta familiar; y su práctica indispensable. Es lo que nos convierte en los pilotos de nuestra cotidianidad, lo que nos hace capaces, como marineros, de navegar y de mantener la cabeza alta bajo todo tipo de vientos, favorables o contrarios. Sin él, no haríamos más que reaccionar a nuestras emociones e impulsos, a las presiones y modificaciones del entorno; sin distancia ni discernimiento. Y no obstante, en algunos casos tiene la clave. Con el autocontrol somos capaces de responder a todo lo que nos sobreviene, inteligentemente, en función de nuestras elecciones, decisiones e ideales de vida.

El autocontrol es, pues, un conjunto de aptitudes, que demuestra ser muy valioso en numerosos campos de nuestra existencia: salud, relaciones sociales, desarrollo escolar y profesional, en pocas palabras, en todo lo que puede contribuir a aumentar nuestra felicidad.

Las capacidades de autocontrol sin duda han tenido una importancia capital en la vida de los seres humanos, pero parecen estar cobrando más importancia en la actualidad: nuestros entornos modernos son apasionantes y ricos, pero también pueden ser los más desestabilizadores que hayamos conocido, ¡pues nos exponen permanentemente a la tentación! Las sociedades materialistas, las nuestras, han conseguido llevar al punto más alto la incitación a «ofrecerse un homenaje», «comprar hoy y pagar mañana», y a otros gloriosos eslóganes que incitan a obedecer los impulsos, sobre todo aquellos manipulados por una publicidad y un márketing perfectamente al corriente de los datos más recientes de la ciencia. La lucha entre ciudadanos y empresas se encuentra a ese nivel desigual. Y cultivar el autocontrol contribuye a reequilibrar esa confrontación entre nuestras libertades individuales y las desestabilizadoras incitaciones organizadas a escala industrial.

El autocontrol es la capacidad de resistir un impulso que implica un placer inmediato (es decir, concreto), pero que sacrifica una alegría ulterior (es decir, virtual): consumir azúcar siendo diabético (a cambio de un poco de placer se recorta la propia esperanza de vida y las opciones de disfrutar precisamente de instantes de felicidad), consumir alcohol cuando se va a conducir a continuación, fumar cuando se sabe que no es bueno, distraerse cuando hay que trabajar. La falta de autocontrol hace que a menudo se sacrifique la felicidad de mañana por el placer de hoy. El autocontrol es necesario para la felicidad a la larga; es lo que nos permite no sacrificar lo importante ante lo fácil e inmediato.

Autoestima La autoestima es buena para nuestra felicidad. Nos permite sobre todo no autoagredirnos, no infligirnos autocríticas repetidas y desproporcionadas. También es lo que nos permite considerar digno acercarnos a los demás y ser amado por ellos. Por otra parte, es en estos aspectos –respeto por uno mismo, vínculos con los demás– donde la autoestima tiene un impacto más claro.[30] En cuanto al desempeño y el éxito, sus beneficios resultan menos palpables, y dependen de otros muchos factores.

¿Autor admirable? Me desconcierto cuando tengo la impresión de que mis lectores me toman por un sabio. Por una parte, es normal: cuando te gusta un autor se tiende a idealizarlo, a imaginar que es un ser humano distinto de los demás, tan delicado y empático en su vivir cotidiano como en sus libros. No quisiera generalizar, pues no conozco a todos los escritores del mundo pero, en lo que a mí me concierne, no funciona de esa manera. Sobre esa cuestión escribía Christian Bobin muy acertadamente: «El hombre del que se habla cuando se habla de mis libros no existe».[31] Claro está, los escritores no son perfectos. Incluso aquellos que, como yo, escriben sobre meditación, se ponen nerviosos; incluso los que escriben poesías magníficas y etéreas también se interesan en cómo poder pagar sus impuestos. Los escritores hacen los mismos esfuerzos que los lectores por progresar y acercarse a su ideal. Tal vez, en ciertos campos, hayan avanzado un poco. Tal vez realicen grandes esfuerzos, de los que sienten necesidad de hablar en sus escritos. La admiración o la estima no deben cegarnos. Es este un gran principio de la psicología positiva: la estrecha mezcla entre lo luminoso y lo tenebroso, entre lo conseguido y lo imperfecto. Es lo que convierte a la vida –y a la psicología– en algo tan interesante...

Autorreparación La mayoría de los estudios muestran que cuando nos vemos enfrentados a adversidades graves, la mayoría de nosotros podemos apañárnoslas sin secuelas y que solo una minoría desarrolla síntomas postraumáticos.[32] De hecho, nuestra mente dispone, al igual que el cuerpo, de notables facultades de autorreparación, que escapan en gran parte a nuestra atención.

Vivir es actuar, establecer relaciones con los demás, observar el cielo, comer, distraerse: cuanto más nos orientamos hacia la vida, y menos hacia nosotros mismos, hacia las pruebas dolorosas que acabamos de atravesar, más oportunidades concedemos a esas capacidades de autorreparación para que realicen tranquilamente su labor. Por eso darle vueltas al pasado es lo peor que se puede hacer cuando se han vivido momentos difíciles (es como rascarse una herida, impidiendo que cicatrice). Liberarse de ello es lo mejor que podemos hacer. Cuidado, liberarse del pasado no es olvidarlo ni borrarlo, sino no dejarle ejercer su influencia sobre nosotros.

¿Difícil? Sí, es difícil. Pero no se trata de aspirar a un control absoluto: «¡Que no pase ni una cavilación más!». Más bien se trata de un control perseverante: cada vez que veo que estoy a punto de darle vueltas a algo, regresar al presente, a la acción, a la observación de la realidad en lugar de a la cavilación de esa virtualidad tramposa, que son los dolores del pasado y los temores sobre el futuro.

Todas las alegrías, incluso microscópicas, efímeras, incompletas e imperfectas, me curarán de estas heridas de la existencia. Por ello, cuanto más me entrene en disfrutar de la existencia en momentos sosegados, más fácil me resultará hacerlo en períodos de tormenta, o tras la tormenta, frente a todos los estragos y las obras de reconstrucción que me esperan. Y, en esos momentos, no buscaré sentirme feliz, sino simplemente exponerme al sol de la felicidad, a la espera de que poco a poco me caliente y recupere la buena cara.

La vida es reparadora; la vida feliz todavía lo es más.

Avería El otro día presenté un taller para terapeutas sobre el tema de la psicología positiva. Reflexionábamos sobre ejemplos de esos momentos de la vida en que estamos inmersos en el estrés, pero que, al cabo de algunos días o meses, dan la impresión de no haber sido tan graves. Resulta muy útil reflexionar con regularidad sobre ese tipo de instantes, donde llevamos mucho trajín de combates emocionales –rabias, aflicciones, enfados– a causa de acontecimientos con poco peso en el transcurso de nuestra existencia. En pocas palabras, cada uno –y ese era el ejercicio– pensaba en ejemplos concretos. Uno de mis colegas levantó la mano para contarnos su historia. Aquí la presento, tal y como la recuerdo, y espero no falsearla mucho...

«Estaba de vacaciones en un sitio precioso en el sur de Francia, iba por una carretera totalmente desierta, y mi coche se averió. En esa época no había móviles, ni ninguna manera de poder ponerse en contacto con los servicios de reparación de los seguros ni talleres. Así que tuve que recorrer siete u ocho kilómetros a pie hasta el pueblo más cercano. Los hice echando pestes. Lo más curioso es que ahora, cuando vuelvo a repasar ese momento, lo que más recuerdo no es el estrés, sino la belleza del paisaje que recorrí durante una hora.»

Ese relato siempre me ha encantado: cuando el estrés nos inunda, oculta y tapa todo lo que está bien o es hermoso en una situación. Y solo cuando se retrocede en el tiempo puede lo bello y bueno reaparecer. Está muy bien darse cuenta y saborearlo, al menos a posteriori. Pero evidentemente, poder hacerlo en caliente, decirse: «Muy bien, tío, es hiperirritante, pero fíjate, está bien. ¿Y qué haces ahora, montas en cólera durante una hora o caminas tranquilamente admirándolo?», es exactamente lo que se busca en psicología positiva. No solo limitar el estrés (es el trabajo, necesario, que se lleva a cabo en psicoterapia), sino también cultivar de manera regular nuestras capacidades de admirar, de disfrutar, de extraer lo positivo de lo negativo. Esa es la ambición de la psicología positiva: conceder todavía más espacio a las emociones positivas, para que obstaculicen el aumento de las negativas.

¿Cómo? ¿Una pregunta al fondo de la sala? ¿Para mí? ¿Si también me he puesto nervioso en esa situación? ¡Desde luego! ¿Por qué crees si no que me apasiona la psicología positiva?

Awe (sobrecogimiento) Sucede en el monte Sainte Odile, un monasterio de Alsacia, al final de una tarde de invierno. Acabo de dar un curso a graduados universitarios de Medicina, «Meditación y neurociencia», en Estrasburgo, el primero de su género en Francia. Aunque es un hecho muy raro, ligado a la materia, la enseñanza se ofrece en modalidad residencial: los estudiantes han pasado toda la semana en el monasterio del monte Sainte Odile, donde los cursos se han alternado con ejercicios de meditación. Ahora, tras esta primera semana, todos se han marchado, tan solo se han quedado los organizadores y profesores.

Aprovecho para ir a caminar solo por el caminito que rodea el monasterio, en medio de un bosque de abetos. Los edificios están encaramados en lo alto de un monte, perdido entre bosques. Ese día, como suele ocurrir en invierno, todo aparece cubierto de nieve. El cielo está sombrío, oscurecido por enormes nubes y el ocaso del día. Camino lentamente, escuchando con deleite ese increíble sonido de la nieve, crujiendo bajo cada uno de mis pasos. A veces, una brecha en el bosque abre el horizonte a la mirada: más montes, cubiertos por otros abetos nevados. De vez en cuando, levanto la cabeza y percibo la masa sombría y secular del monasterio. Un sentimiento extraño. Generalmente agradable, pero eso no es felicidad. Demasiado gris en el cielo, demasiada severidad en el frío. Estoy asombrado y contento de encontrarme allí, algo intimidado e impresionado por la belleza rugosa de la naturaleza y de los edificios, por su larga historia.

En francés no existe una palabra para describir ese estado de ánimo. En inglés está la palabra *awe*, que describe el respeto admirativo mezclado con un poco de temor y de intimidación. De alguna manera es la emoción de la trascendencia: lo que vemos y vivimos sobrepasa nuestro marco mental habitual, y nuestras palabras e inteligencia son impotentes para calibrar su importancia, para captar su complejidad y significado.

Admiramos, nos sentimos sobrepasados por algo mucho más grande que nosotros, un poco temible también. Pero nos sentimos contentos de verlo, de observarlo, de disfrutarlo. Nos sentimos muy pequeños. Y el sabor particular de esta sensación es que no es una alegría o una felicidad centradas en nosotros mismos, sino en lo que vemos, adivinamos o imaginamos, y que nos impresiona, y que admiramos en silencio, con el hálito y la palabra cortados.

Después, llegan lentamente los fantasmas.

Recuerdo que en esos sombríos bosques se produjo un famoso accidente de avión en 1992: 87 víctimas de golpe en estos montes negros y helados. Me parece escuchar las almas de los muertos, allí desde entonces, revoloteando por entre las ramas de los grandes abetos, observándome con sus ojos impasibles.

Continúo con la sensación de *awe* (sobrecogimiento), pero ahora siento compasión por todas esas vidas aplastadas y detenidas en seco una tarde de enero de 1992, casi a la misma hora en que estoy caminando. Mi respiración hace cada vez más ruido en este silencio. El corazón me palpita, en los oídos. ¿Estoy caminando con demasiada rapidez?

Me detengo. Me tomo el tiempo de sentir el aire fresco que alimenta mi respiración, esa sensación increíble e inimitable del aire de nieve. Me parece escuchar la respiración de la montaña, que también respira, sofocada por el pesado manto de nieve. Silencio habitado.

Estando muy presente en mi cuerpo, dejo revolotear mis imágenes mentales como les plazca: el monasterio, la tumba de santa Odile en la penumbra de una cripta, el curso universitario, los rostros de los estudiantes y mis conversaciones con ellos, el avión que se estrella y las vidas que se extinguen.

Como siempre, me siento conmovido por este misterio de los estados de ánimo: ¿cómo se puede estar a la vez apaciguado y dolorido? ¿Feliz de estar vivo y entristecido por los hechos de la vida? Aplastado por algo más grande que nosotros y, no obstante, deseoso de continuar observando lo que va a suceder; consciente, no obstante, de que nuestra vida cuenta.

Dentro de algunos instantes, mi cuerpo reemprenderá la marcha, me reuniré con mis amigos allí, en lo alto, en el monasterio, charlaremos y nos marcharemos para volver a tomar nuestros coches, trenes o aviones. No se habrá resuelto ninguno de los enigmas presentados durante mi caminata, pero me habré sentido atravesado por el hálito de la vida, y eso me habrá encogido un instante el corazón, con fuerza, antes de tornarlo más ligero.

Impresión de haber sido un pájaro, atrapado un instante por un gigante invisible, sostenido en su mano, para luego ser soltado y devuelto al cielo. Nada comprendido, no acabado de ver. Algo infinitamente grande e infinitamente fuerte existe, que a veces nos atrapa y nos suelta (en general).

Es hermoso y espantoso.

Da ganas de seguir viviendo, amando y sonriendo con dulzura.

Awe...

B de Benevolencia

Ofrece una mirada benevolente al mundo:
escucha y sonríe; tómate tu tiempo,
todo tu tiempo, para juzgar; luego, actúa.

Bach y Mozart Bach y Mozart nos hacen felices, pero cada uno a su manera. Por su regularidad y su inteligencia matemática, la música de Bach suscita en nosotros sosiego y gratitud, activa un impulso tranquilo hacia lo divino, da ganas de rezar, de mirar al cielo y de creer en Dios. Por su júbilo y su elegancia, la de Mozart activa en nosotros la alegría, el deseo de salir, de sonreír y de vivir, de recorrer el mundo y hallarlo hermoso.

Balanza hedonista Está el blanco y está el negro, los momentos de alegría y los de desdicha. Y, a fin de cuentas, nuestro cerebro mete todo ello en los dos platillos de una balanza. ¿Cuál es la medida adecuada, el equilibrio correcto para que nuestra vida sea bella? Al parecer tenemos necesidad de dos a tres veces más emociones positivas que negativas para sentirnos bien.[1] Es inútil, pues, positivizar todo o inquietarse por nuestras cóleras o tristezas. Pero, por el contrario, es importante asegurarse de que sean limitadas, compensadas, flanqueadas por suficientes momentos de alegría, momentos felices.

Beatitud La beatitud es ese estado de «felicidad verdadera que Dios concede al hombre fiel a su voluntad».[2] A menudo se la ridiculiza: ser beato es estar reducido a la pasividad admirativa e ingenua, a no ser muy operativo en este mundo. No podemos buscar la beatitud en sí misma, no es de este mundo. Podemos intentar merecerla. Y tal vez degustar un poco de su sabor, en algunos momentos perfectos de armonía en nuestra vida. La felicidad como un anticipo de beatitud...

Beatitudes En su Sermón de la montaña, Jesús enunció sus célebres «Beatitudes»: bienaventurados los pobres de espíritu, los mansos, los que lloran, los que tienen hambre y sed de justicia, los misericordiosos, los que tienen puro su corazón, los pacíficos, los perseguidos... «Alegraos entonces y regocijaos, porque es muy grande la recompensa que os aguarda en los cielos.» Jesús se dirige a los desgraciados y a los virtuosos, y les promete la felicidad eterna del Reino. Los primeros recibirán la felicidad como consuelo a su sufrimiento, pues Dios es bueno y misericordioso. Los segundos como una recompensa a su virtud, pues Dios, al parecer, desea que podamos saborear un anticipo de felicidad en este mundo. Si no, ¿por qué fomentaría la virtud, que proporciona felicidad a uno mismo y a los demás?

Bello Es la historia del nacimiento de un sentido, el de la belleza de la naturaleza. Sucedió un verano, durante unas vacaciones en los Alpes. Realizábamos una pequeña excursión con unos primos. Una de mis hijas, la más deportista, nos acompañaba con dos de sus amigas. Tras la marcha de aproximación por el bosque, llegamos a un vasto circo natural, antes de iniciar el ascenso hacia una bonita cumbre, de fácil acceso (el Grand Morgon, para los entendidos), pero de una belleza mágica. La siento conmovida por el lugar, y me parece que es la primera vez que me dice espontáneamente, sin que yo hubiera dicho nada antes: «Papá, es increíble, ¡qué bello! ¡Es tan hermoso que parece que estemos en una película, en *El señor de los anillos*!».

Después, una vez expresado con palabras ese momento de maravillamiento estético, se pone a saltar, loca de alegría, seguida por sus amigas, todas ellas emitiendo grititos agudos, como caballitos en una pradera alpina. Otra manera, más física, de decir que es bello.

Ese sentimiento se complicará durante el ascenso hacia la cumbre, un poco empinada y larga, que irá acompañado de recriminaciones, pero no es nada grave. He asistido a un nacimiento, al nacimiento de un sentido: el sentido de lo bello. En cualquier caso, de la capacidad de conmoverse, de disfrutar y decirlo. Una bonita jornada...

Benevolencia   El ver el bien en los demás y también desearles su bien. Es posar sobre el mundo una mirada amistosa; no perder de vista nunca lo que los seres humanos tienen de bueno, de frágil, de conmovedor. No limitarse a lo que irrita o decepciona, sino ir más allá. La benevolencia es la mirada que traspasa el caparazón de los malos modos y las costumbres perjudiciales, de las defensas y provocaciones, para ir al corazón de los otros y de su fragilidad. Despeja los atavíos del sufrimiento o de las creencias con las que se revisten los seres humanos para parecer fuertes o astutos. La benevolencia es una decisión existencial: la de adelantarse hacia la vida con el deseo de ver sus lados buenos. No *solo* sus lados buenos, sino *primero* sus lados buenos.

La benevolencia es la mejor base para conocer el mundo y a sus habitantes. Siempre se empieza con la benevolencia; luego uno se informa. La benevolencia no impide el sentido crítico. Pero la idea es que sea la primera, a diferencia de lo que hacen los gruñones, que siempre empiezan con una mirada crítica y malévola. Cuidado: la benevolencia no es tolerancia ante lo que nos molesta. No tiene que ver con la neutralidad, sino con la generosidad; ni con la retirada, sino con el avance.

Ejercicios de benevolencia: para desarrollarla empieza con lo que te irrita poco, en días en que estés de buen humor. Luego aumenta la dificultad. La cima será la benevolencia incluso cuando estés muy irritado y no muy en forma. Personalmente, yo nunca he llegado; me contento entonces con el silencio y la escucha.

Bicicleta Pasó el otro día, durante un desplazamiento por París, en bici. Al principio todo iba bien: un coche se detiene para darme prioridad en un cruce de calle. Con el conductor sonriendo, además. Le hago un saludo de reconocimiento, pues su gesto me pareció simpático. Yo tenía la prioridad, pero le bastaba con acelerar en lugar de frenar para dejarme con un palmo de narices... Cinco minutos después, en un pasaje un poco estrecho, llegó otro coche por detrás y, en lugar de esperar tranquilamente hasta que la calle se ensanche, me adelanta, circulando demasiado deprisa y demasiado cerca: si me desvío mínimamente, choca conmigo. «¡So capullo!», me digo para mí...

Luego, al continuar pedaleando, me doy cuenta, evidentemente, de que mi nivel de activación emocional es bastante más intenso en esta segunda aventura que en la primera. Y que, si no hago nada mentalmente, ese recuerdo será memorizado de manera más firme. Es normal, mi supervivencia estaba en juego. Pero incluso si me quedo con una simple memoria emocional, mi opinión de los automovilistas será parcial: en lugar de considerar el 50/50, mitad simpáticos y mitad no simpáticos, almacenaré automatismos del género: todos peligrosos con las bicis.

Entonces vuelvo a pensar en el tipo simpático que me dejó pasar, en todos los neutros que ni me han aplastado ni han tocado la bocina cuando me colaba entre ellos (yo también debo ponerles de los nervios). A fin de reajustar un poco mi visión del mundo, y también para calmarme y beneficiarme, lo reconozco...

Bienestar Es un dato animal, corporal, que se desencadena cuando no duele nada, cuando se tiene la barriga llena, cuando se está en un lugar agradable y cómodo, cuando uno se siente seguro, rodeado de congéneres benevolentes. ¡No está nada mal! A los animales suele bastarles. Pero no siempre a los seres humanos, que pueden elegir dos caminos. Ya sea cuantitativo, intentando aumentar o prolongar más ese bienestar, lanzándose a una búsqueda externa de placeres continuamente renovados, siempre más numerosos. O cualitativo, adoptando un enfoque interior: tomar consciencia de ese bienestar y trascenderlo en felicidad. Esta experiencia se tornará así más significativa, más notable; también es probable que se memorice de forma más profunda (donde el simple bienestar se borra y suele olvidarse). Aquí solo hay que hacer un ejercicio, uno de los grandes ejercicios de la psicología positiva: disfrutar y hacerse consciente de los instantes de bienestar. ¿De todos? Tal vez no, en la vida hay otros objetivos aparte de la felicidad, pero cuantos más, mejor.

Bienestar subjetivo La denominación científica de la felicidad, en la mayoría de los trabajos. El término de «felicidad» es demasiado manifiesto, a ojos de los investigadores, a causa de las connotaciones filosóficas y religiosas, de ahí lo de «bienestar subjetivo», mucho menos sexy, pero sin historias previas, y por ello susceptible de dar pie a menos debates...

Buen humor Es el estado de ánimo de la felicidad, su calderilla. Los billetes de banco son los momentos de felicidad. Y el cheque de la lotería, con tantos ceros que ni siquiera se puede decir la cifra, es la felicidad con mayúsculas: más vale soñarla que contar demasiado con ella.

Buenas acciones Los *boy scouts* se comprometen a llevar a cabo buenas acciones. De una lista que he encontrado,[3] y que incluía 100,

presento una selección de B.A., para realizar sobre todo en los cam-
pamentos: ayudar a uno más pequeño a llevar los bidones de agua,
ocuparse de alguien que esté deprimido, recibir con una sonrisa a
quien viene a pedir un favor (otro más), reconciliar a dos personas
a raíz de una disputa, destacar las cualidades de alguien que acaba de ser criticado, aflojar durante la marcha para quedarse con el
que está cansado, agradecer con una sonrisa a quienes nos niegan
la hospitalidad, compartir la cantimplora de agua, aun a riesgo de
que nos la devuelvan vacía, cerrar la cerca de una campa o de un
prado que se haya quedado abierta, retirar los cardos que se hayan
enganchado al pelo de un perro, prestar nuestras cosas con una
sonrisa, hacer un favor antes de que nos lo pidan, apartar de la carretera un caracol (un erizo) que podría ser aplastado, volver a colgar las prendas que se hayan caído de la cuerda de la colada, calmar
a quien esté demasiado nervioso, impedir una trampa al jugar, sa-
ludar a las personas con las que nos crucemos en una población,
recoger los hilos tirados entre la hierba, recoger del suelo los cris-
tales que podrían representar un peligro, recoger un trocito de
papel de aluminio en la hierba, ocuparse de recoger un papel que
hemos visto cerca de un matorral, presentarse voluntario para ir a
reconocer un camino, cuando se duda en un cruce, cortar la hie-
dra que ahoga a un árbol, compartir la merienda con alguien que
no nos gusta especialmente, compartir un poco de lo que hemos
comprado con la paga, rellenar una cantimplora (o un bidón) pe-
dida prestada antes de devolverla, interponerse para proteger a un
pequeño, reorientar una discusión que pinta mal...

Bien, uno puede pensar lo que quiera sobre el escultismo, pero,
de todas maneras, si todos hiciésemos eso en la vida cotidiana, el
ambiente en la Tierra mejoraría muchísimo.

Buenos sentimientos Toda la crítica sistemática contra la literatura edificante, la preocupación por la moral denigrada bajo el

término de «moralina», me irrita sobremanera. El júbilo metódico que se utiliza para liquidar los «buenos sentimientos» me horripila. Bajo el pretexto de discutir lo que sería políticamente correcto, de repente se hace lo intelectualmente correcto, pues todavía resulta *chic*, al menos en Francia, criticar la felicidad en lugar de respetarla. Y siempre utilizando los mismos procedimientos: deformar para rechazar. Transformar las recomendaciones hechas a quienes están interesados en una «dictadura de la felicidad». Transformar consejos simples en su formulación (pero difíciles en su aplicación) en «recetas débiles». Y además, eso debe hacerme cosquillas en tanto terapeuta: mi experiencia es que es más fácil abrir los ojos a alguien que chapotea demasiado en los buenos sentimientos, que convertir en benevolente a un derrotista. En ese sentido, la moralina me parece una droga, de la que es más fácil liberarse que del cinismo.

Bufanda Hace poco participé en un coloquio organizado acerca de las crisis contemporáneas. Se titulaba: «¿Qué razones esperar?», y yo estaba invitado a participar en una mesa redonda titulada: «¿Cómo luchar contra la morosidad?». En el tren me encontré con otro de los invitados a esa mesa redonda, un amigo especialista en gestión empresarial, pero un gran promotor del optimismo en la empresa.[4] Nada más bajar del TGV,* estábamos charlando en el pasillo subterráneo que nos conduciría al vestíbulo de la estación, cuando me di cuenta de que él continuaba hablándome sin estar realmente presente, rebuscando con discreción en su bolsa.

—¿Has perdido algo?

—Sí, mi bufanda, creo que la he olvidado en el tren...

Ay, no es lo mejor que puede sucederte, ¡sobre todo si el tren en cuestión es un TGV que continuará su camino hacia no sé donde!

* TGV: abreviación de *Train à Grande Vitesse*, el AVE francés. *(N. del T.)*

Le propongo, sin creérmelo demasiado, probar suerte y volver corriendo para ver si el tren continúa en el andén o si ya se ha marchado.

—Tienes razón –me dice-, ¡siempre hay que intentarlo!

Y se lanza corriendo en dirección contraria entre el raudal de pasajeros mientras yo le guardo la bolsa. Mientras tanto, me digo que las probabilidades son escasas. Pero, no obstante, hemos venido para hablar del optimismo: ¡no sería adecuado que nos comportásemos como pesimistas resignados a la desaparición de la bufanda sin mover un dedo! Él sigue sin aparecer al cabo de pocos minutos, con el pasillo ya prácticamente vacío. De repente, cambio de temor: ya no temo que el TGV se haya marchado incluso antes de que hubiera podido recuperar la bufanda, sino que se haya marchado con él subido al tren... Pero no, ahí viene, sonriendo con su bonita bufanda roja recuperada *in extremis*. Me alegro por él, y por mis teorías: el optimismo; es preferible intentarlo que resignarse. Y tal vez funcione. Me encanta verificarlo en la vida real, en situaciones sin importancia.

«¡Búscate la vida para ser feliz!» ¡Es cierto! Hay veces en que uno querría sacudir a ciertas personas que se quejan de que no es fácil ser feliz. Es cierto, pero siempre se puede conseguir, afirman otras. Por mi parte, yo no oso jamás decir eso: como médico de almas, sé hasta qué punto es complicado, pero me alegra que otros, porque quizás gozan de más facilidades o de menos obligaciones que yo, osen decirlo. Por eso esa fórmula, «¡Búscate la vida para ser feliz!», que era el título (¡excelente!) de un libro del padre Jaouen,[5] jesuita lleno de energía, me pone contento. No emana de un egoísta o de un inconsciente, sino de un hombre que ayuda a los demás a ser felices, a su manera, un poco ruda.

C de Cementerio

El lugar ideal para reflexionar
sobre la felicidad
(no con motivo del entierro de un familiar, claro).
Un sitio tranquilo, solitario, con la presencia
del tiempo que pasa y el anuncio de nuestra futura
desaparición.

Caballitos Son como una metáfora de la vida. Algunos niños son felices otros, inquietos. Algunos se pelean por la borla, otros ni lo intentan. Los hay que incluso, si el encargado del tiovivo les deja caer la borla entre las manos, no intentan atraparla, de tan sorprendidos e inmersos como están en el ruido, las luces, el vértigo, y los gritos de los padres y de los otros niños. El tiovivo proporciona a unos excitación y a otros, satisfacción; a algunos –los que se concentran en conducir su vehículo– les ofrece una felicidad concentrada; para otros, en cambio, ¡es tener que pasar por un mal momento!

Calígula En el imaginario colectivo, Calígula es un emperador romano demente, pervertido y violento, al que su guardia pretoriana acabó matando a causa de sus delirios asesinos. Lo que suele ignorarse es que los principios de su reinado fueron muy buenos y que fue muy popular antes de caer en la locura que rodea su nombre. ¿Qué ocurrió? Algunos aluden a la borrachera de poder. Albert Camus, en la pieza que le consagró, expone otra hipótesis. La clave de la locura que arrollaría a Calígula residía tal vez en el dolor de un duelo que no aceptó:

CALÍGULA: ¡Cuántas complicaciones por la muerte de una mujer! Pero no es eso. Creo recordar, es cierto, que hace unos días murió una mujer a quien yo amaba. Pero ¿qué es el amor? Poca cosa. Esa muerte no significa nada, te lo juro; solo es la señal de una verdad que me hace necesaria la luna. Es una verdad muy simple y muy clara, un poco tonta, pero difícil de descubrir y pesada de llevar.

HELICÓN: ¿Y cuál es esa verdad, Cayo?

CALÍGULA (apartado, en tono neutro): Los hombres mueren y no son felices.

Calígula acaba de perder a su hermana y amante incestuosa, y su dolor le arrastrará a una cólera destructora de todo lo que se parezca a la felicidad. Y también nosotros, cada vez que nos desborda el sufrimiento, nos encontramos, como él, frente al abismo que nos tienta a detestar el mundo.

Cambiar, la posibilidad ¿Es posible progresar en materia de aptitud para el bienestar? Durante mucho tiempo se ha considerado que no era evidente, y que existía un nivel medio hacia el que teníamos una inevitable tendencia a regresar, para bien (tras grandes disgustos) o para mal (tras sucesos maravillosos). Sigue siendo así, pero la novedad es que hoy se considera que es posible elevar ese nivel medio de felicidad: puntualmente, tras sucesos favorables, o de manera más duradera, como consecuencia de esfuerzos adaptados. Buenas noticias, pues, estamos menos predestinados por nuestro pasado, nuestros genes y nuestras costumbres de lo que se creía. Una noticia menos buena: también puede funcionar en el otro sentido, y nuestra felicidad media puede disminuir si nos pasamos el tiempo cavilando, gruñendo y concentrándonos en los lados malos de nuestra existencia. ¡Permanezcamos atentos y mantengámonos así!

Cambiar, las etapas El escritor estadounidense Mark Twain dijo: «Uno no se desembaraza de una costumbre tirándola por la ventana; hay que bajar las escaleras escalón tras escalón». De hecho, nuestra decisión de ser más felices no basta nunca. Necesitamos un programa por etapas, como en cualquier otro aprendizaje. Piensa en tus esfuerzos por ser más feliz como los que necesitas para hacer *footing* o gimnasia: algunos días tienes ganas de ir, pero si nos obligamos, al regresar, uno se siente en general mejor por haberlo hecho. En todo caso, mejor que si no se hubiese hecho...

Campanas En la mañana de este domingo primaveral suenan todas las campanas; el sol ya está alto en el cielo, el aire empieza a templarse. Mis amigos están a punto de venir a comer y nos instalaremos en el jardín, se oirán los gritos de los niños y los zumbidos de las abejas. Sensorialidad de la felicidad. Las campanas, porque he nacido en un país cristiano; su sonido ha acompañado toda mi infancia y el resto de mi vida. De repente, me pregunto ¿cómo será para los musulmanes? ¿La llamada del almuédano, una mañana de primavera, les proporcionará tanta alegría y recuerdos de felicidad?

Campos de exterminio Nada más alejado de nuestro tema, pues se trata de la cima del horror y la desdicha. Pero hay historiadores que se han interesado por la manera en que los prisioneros pudieron vivir y afrontar ese horror y esa desdicha absoluta, y que los supervivientes han contado.

Para mí, es imposible dirigir cualquier forma de reflexión y teorización acerca de lo que es la felicidad sin haber estudiado sus escritos. En esa literatura abundante, conmovedora y perturbadora, hay varias cosas que me han sorprendido. En primer lugar, el hecho de que las mujeres hayan, en proporción, sobrevivido mucho mejor que los hombres.[1] Una de las explicaciones más convincentes es que se mostraron mucho más solidarias entre ellas, mientras que a menudo los hombres se ignoraban o se enfrentaban los unos a los otros. El vínculo social es una de las causas más potentes de emociones positivas; aunque también supone consecuencias materiales (cuidarse mutuamente en el trabajo, en la alimentación), su impacto psicológico ha contribuido en gran manera a que las mujeres sobreviviesen mejor en los campos. No sé si es legítimo o indecente hablar, pues, de felicidad, pero el consuelo aportado por ese calor humano en el seno del infierno fue sin duda de un valor incalculable.

Otro fenómeno asombroso que plantea esa literatura de los campos es el de la persistencia de experiencias estéticas o intelectuales: relatos de emoción frente a una puesta de sol,[2] en lecturas de poesía, en cantos o en la música,[3] que emocionan a los prisioneros, o al menos a algunos de entre ellos, y no obligatoriamente a artistas o intelectuales. Aquí no se trata directamente de felicidad, sino de una emoción positiva, la elevación, que sentimos cuando la grandeza o la belleza nos hacen salir de nuestra simple condición humana. Cuando la elevación nos toca en nuestra vida ordinaria, es una experiencia conmovedora. Cuando se manifiesta en el corazón de personas en peligro de muerte y de deshumanización, como en los campos de exterminio, es un fenómeno conmovedor. Y tal vez salvador.

Cantar bajo la ducha (y en otras partes) Mi primo Marc canta de buen grado bajo su ducha. Cuando vamos de vacaciones juntos, es un buen sistema para saber, aun de lejos, que el baño está ocupado. Y también es una buena manera de sonreír y atrapar al vuelo algunas moleculitas de felicidad expulsadas por sus alegres pulmones. Oír que alguien canta sienta bien. Un primo que canta ópera bajo la ducha, un niño que canta solo para él mismo en su rinconcito, una canción que sale por una ventana una mañana de un domingo primaveral: tantas pequeñas alegrías. No hay ninguna necesidad de que la canción hable de la felicidad. Existen al-

gunas muy famosas y divertidas, como la lección de vida cantada por el oso Balú a Mowgli en la versión en dibujos animados de
El libro de la selva: «Hace falta poco para ser feliz». La mayoría sugiere que hay que superar las preocupaciones y desgracias para
poder acceder a la felicidad (como el éxito norteamericano *Don't
worry, be happy*). Y algunas recuerdan que la desdicha nunca está
lejos, como la canción de Charles Trenet, *Je chante*, que pocas personas saben que acaba en un suicidio:

> *Cordel,*
> *me has salvado de la vida,*
> *Cordel,*
> *que seas por ello bendecido,*
> *pues gracias a ti he entregado el espíritu,*
> *me he colgado esta noche.*
> *Y a continuación...*
> *¡Canto!*
> *Canto mañana y noche,*
> *canto*
> *por los caminos.*
> *Frecuento las granjas y los castillos,*
> *un fantasma que canta, parece gracioso.*
> *Me acuesto,*
> *entre las flores de los taludes,*
> *las moscas no me pican.*
> *Soy feliz, qué bien, nunca tengo hambre,*
> *feliz, ¡y por fin libre!*

A pesar de todo, sigue siendo una de las más bellas canciones acerca de la felicidad escritas en francés, y una de las más fuertes, precisamente gracias a ese recuerdo de lo trágico en lo dichoso.

Carro o la vida verdadera Un día, durante unas vacaciones de esquí, voy a hacer la compra a un pequeño supermercado del lugar. Me toca a mí encontrar con qué alimentar a veinte personas. Empiezo a llenar mi carro y luego, tras realizar algunas compras, lo dejo un momento solo, para inspeccionar otra sección. Y cuando regreso, con la leche o el aceite en los brazos, el carro ya no está allí. Busco un poco en el pasillo vecino... ha desparecido. ¡Vaya! ¿Qué interés tiene robar un carro de supermercado? Me digo que he debido dejarlo en otro sitio; así que vuelvo a buscar. Y de repente veo mis primeras compras tiradas sobre las zanahorias: alguien lo ha vaciado y luego se ha llevado mi carro. Eso me ha hecho pasar un cuarto de hora fatal. En primer lugar, me ha irritado, claro: me he dejado robar una moneda de un euro, y además he tenido que regresar al aparcamiento para buscar otro carro. En realidad, me siento sobre todo triste: el mundo ha cambiado.

A mi alrededor ha dejado de haber gente de vacaciones y tranquilos aldeanos, convirtiéndose todos ellos en culpables potenciales: maleducados, deshonestos, marranos perezosos e incívicos. Al menos uno, pero la reducida humanidad del supermercado está contaminada. Ese microdelito me ha dejado muy trastornado: clientes que llenarán sus carros de alimentos para luego pasar por caja, pero que roban tranquilamente, en un abrir y cerrar de ojos, el carrito de otro.

No me gusta tener que enfrentarme a eso: me pone triste, y eso hace que gaste energía psíquica para calmarme, relativizar y decirme que no es tan malo, que existen cosas inmensamente peores, que eso siempre ha pasado, esas pequeñas incorrecciones, y que quien lo ha hecho tal vez me ayudaría si yo estuviese metido en un lío. En pocas palabras, todo un trabajo este el de pacificarme la cabeza. Para regresar de la emoción secundaria (la cólera) a la emoción primaria (la tristeza), para luego acunarla a fin de que se sosiegue.

Eso no quita para que no pierda de vista mi nuevo carrito. Y dirijo una mirada policial cada vez que me cruzo con un «sospechoso»: ¿una sonrisa demasiado amplia? ¿Una mirada huidiza? ¿Malos modales? Vaya, vaya, ¿no será este el que...?

Moraleja de la historia: he tenido suerte, como de costumbre. Solo he perdido cinco minutos y un euro. Y por ese modesto precio he tenido derecho a un pequeño recordatorio acerca de estas dos realidades: 1) las cochinadas forman parte de la vida, y 2) soy como todo el mundo, y una tontería a punto está de embarcarme en estados de ánimo desproporcionados, por muy psiquiatra que sea.

Venga, amigo mío, al curro...

Carta de gratitud La gratitud es una potente herramienta de felicidad. Primero se trata de sentirla con regularidad: eso le sienta bien a uno mismo. Luego hay que tomarse el tiempo de expresarla de vez en cuando: eso beneficia a los demás, ¡y también a uno mismo! El ejercicio de la «carta de gratitud» consiste, pues, en redactar una carta bastante detallada dirigida a alguien que nos haya ayudado o beneficiado (familiar, enseñante, amigo, compañero, médico) y enviarla. ¿Por qué una carta en lugar de una declaración cara a cara (pues existe una variante: la «visita de gratitud», que consiste en ir a ver a la persona en cuestión y decirle o leerle el contenido de la carta)? Las dos opciones son perfectas, pero la carta presenta tres ventajas: en primer lugar, nos obliga a tomarnos el tiempo de reflexionar, de profundizar y sentir todo el alcance y la intensidad de nuestra gratitud; luego, puede ser leída por el destinatario con tranquilidad, sin que se sienta obligado a contestarnos, ni a agradecernos nada ni a ocultar sus lágrimas, y, finalmente, podrá releerla cuando lo desees; ¿es posible imaginar un regalo mejor? Pero en la práctica, la carta desencadena casi siempre la visita. Es muy raro que alguien a quien le has escrito una carta de gratitud no desee encontrarse contigo, agradecértela y expresarte a su vez... ¡su gratitud!

Casandra Hija de Príamo, rey de Troya, Casandra era muy hermosa. Recibió del dios Apolo el don de predecir el futuro. No fue a cambio de nada, y, como ella rechazó sus ventajas, Apolo se vengó condenándola a no ser nunca creída. Casandra pasó así su vida prediciendo los horrores y desgracias que iban a caer sobre ella y su familia, pero nadie la escuchó y, por ello, las desgracias llegaron. La leyenda añade que todo el mundo tendía a evitarla... No es de extrañar: los pesimistas cansan y hacen huir a quienes tienen alrededor, que acaban haciéndoles el vacío. Tratemos, no obstante, de escucharlos (tal vez tengan razón), y luego de encuadrarlos (son pesados y se hacen daño a sí mismos).

Castaña Una soleada mañana de septiembre, hacia las 8:30. La luz es todavía baja y rasante, acaricia los castaños, cuyas hojas empiezan a enrojecer; la mezcla de verde y castaño es espléndida. Respiro esa belleza con todas mis fuerzas, en esta callecita anónima y un poco fea, donde tengo una reunión administrativa que me fastidia.

De repente, mientras camino despistado, mi pie golpea una hermosa castaña, brillante, que acaba de salir de su envoltura nada más caer del árbol, y que inicia una carrerita alocada de giros imprevistos, debidos a su forma, que no es redonda. Y de repente, como una magdalena de Proust, acuden a mí los otoños de mi infancia. En esa época, yo daba patadas a las castañas de manera deliberada, intentando llevarlas derechas, sobre la acera, camino del colegio. Si lo conseguía, buen augurio: no tendría que salir a la pizarra, ganaría a las canicas y me sucederían todas las cosas buenas de la vida de un escolar. Si se caían de la acera: malo, malo... Todo reapareció: el olor de los pasillos de la escuela, desiertos durante todo el verano; la sonoridad de las paredes donde rebotaban los gritos de los alumnos; la disposición de los percheros; la elección de un nuevo pupitre, de un lugar nuevo donde pasar el año; la emoción del encuentro con nuevos maestros o maestras, con nuevos libros, con nuevas materias. El universo del retorno de vacaciones del pasado explota con cada rebote de la loca carrera de la castaña. Dejo de andar, maravillado. Ganas de dar otra patada a la castaña, para comprobar si todo volverá a empezar. Pero no, más vale no saberlo (¿y si no volviese a funcionar?). Mejor recordar esos pocos segundos.

Causalidades En psicología, el término «causalidades» remite a las atribuciones que realizamos frente a los rasgos de carácter: «Es pesimista *porque* sus padres lo eran», o a los acontecimientos: «No he podido disfrutar de la velada: me sentía poco cómodo *porque* no había más que gente con más títulos y más cultivada que yo». La búsqueda de los *porqués* es a veces interesante pero a menudo está llena de trampas. No es más que una de las dos dimensiones de la búsqueda de mejoría: 1) «¿Por qué soy así?», y... «¿Qué hacer para cambiar?». No pasemos demasiado tiempo preguntándonos por qué no somos capaces de ser más felices. También buscamos cómo serlo más.

Cebras «¿Por qué las cebras no tienen úlceras?», nos plantea un libro que hace unos años tuvo un enorme éxito en Estados Unidos.[4] La pregunta es más importante de lo que parece: imagina por un instante que te transformas en cebra... Tu vida estaría constantemente amenazada, pues en la sabana, donde vivirías, representarías una de las piezas favoritas de los grandes carnívoros. Los leones tratarían de cazarte regularmente. Te escaparías muy a menudo, ¡pero vaya vida! Es probable que tu memoria estuviese repleta de momentos aterradores, de pesadillas de persecuciones en las que habrías estado a dos pasos de ser atrapado, que te despertarían todas las noches. Y sentirías grandes angustias al tener que ir a beber al estanque: ¿y si los leones (o más bien las leonas, ya que son ellas las que se lo curran) estuviesen emboscados en una esquina?

En definitiva, que si las cebras tuviesen el mismo cerebro que nosotros, probablemente tendrían muchas úlceras, pues no solo les preocuparían las persecuciones de los leones, sino el antes y el después de dichas persecuciones. Es decir, toda su vida. Por fortuna para ellas, sus cerebros no funcionan como los nuestros, y las cebras no tienen úlceras porque viven en el instante presente. Cuando están en peligro, se estresan a tope. Luego, una vez pasado el peligro, no se estresan más y disfrutan lo que tienen que disfrutar. Nos interesaría parecernos más a menudo a las cebras...

Ceder ¿Hasta dónde ceder –en nombre de la felicidad y del bienestar– sin que acabe convirtiéndose en cobardía? ¿No enfadarse con un amigo cuando no tiene razón? ¿No recriminar a un maleducado que se cuela delante de todo el mundo en una cola? ¿Dónde acaba la sabiduría y empieza la renuncia? ¿Proteger el propio confort no es renunciar a veces al bien público? No tengo una respuesta que sirva para todas las situaciones y todas las relaciones, sino la certeza de que a veces hay que sacrificar ese confort para ir a la guerra; pero hacerlo solamente tras sosegar la cólera.

Cementerio Lugar ideal para reflexionar sobre la felicidad (no en el entierro de un familiar, claro). Un sitio tranquilo, solitario, con la presencia del tiempo que pasa y el anuncio de nuestra futura desaparición: la relatividad de todas las cosas; todos los ingredientes para ayudarnos a comprender hasta qué punto nuestra vida en este mundo es una oportunidad apasionante, a la espera del resto. Evidentemente, este tipo de ejercicio es para practicarlo solo los días en que estamos de buen humor, y sin dramas en nuestras vidas. Uno se entrena siempre mejor en tiempos serenos.

Cerebro Evidentemente, en materia de bienestar,[5] casi todo sucede en nuestro cerebro. Todo el resto del cuerpo también cuenta

–el corazón, el vientre, la piel–, pero la gran plataforma, el puesto de control, la estación término, el centro vital, es el cerebro. Gracias a lo que podría denominarse pomposamente la «ciencia de la felicidad», gracias a la neuroimagen, a la neurobiología, etcétera, se empieza a saber lo que pasa en nuestro cráneo cuando somos felices o desgraciados, qué ritmos eléctricos se modifican en qué lugares, qué zonas empiezan a consumir un exceso de oxígeno, qué otras zonas se ponen a dormir, etcétera. Hay personas a las que inquieta ver que nuestros pequeños secretos biológicos son cada vez más transparentes a las exploraciones científicas. A mí, ni me molesta ni me preocupa. Por el contrario, me tranquiliza: el saber que nuestros esfuerzos, tranquilos y repetidos, pueden modificar lentamente, y en el buen sentido, nuestro funcionamiento cerebral tan bien, si no mejor, que los medicamentos o las drogas, ¡me hace feliz!

Certezas antipsicología positiva Pueden ser radicales: «No funcionan. Esos rollos de la felicidad no son más que tonterías y bobadas». Relativas: «En todo caso, no funcionan para mí». O transitorias: «En este momento estoy de malas pulgas y oír hablar de la felicidad me irrita». ¡Solo me hacen gracia las dos últimas!

Ciencia Estudiar la felicidad de manera científica, ¿no es una manera de quitarle el encanto? No lo creo. Y en ese aspecto comparto la opinión del neurobiólogo Antonio Damasio: «Al descubrir los secretos de la mente, la percibimos como el conjunto de fenómenos biológicos más elaborados de la naturaleza, y ya no como un misterio insondable. Sin embargo, la mente sobrevivirá a la explicación de su naturaleza, igual que el perfume de la rosa continúa embriagando, aunque se conozca su estructura molecular».[6] Del mismo modo, la lectura científica propuesta por la psicología positiva no impide que la felicidad mantenga su sabor y su poesía.

Cioran Qué extraño me parece que la lectura de Cioran me resulte necesaria. Ese hombre, que sus familiares describían como alguien alegre y lleno de humor, estaba fascinado por lo sombrío, igual que Paul Valéry lo estuvo por la inteligencia. Por ejemplo: «Vivo únicamente porque puedo morir cuando quiera: sin la *idea* del suicidio, hace tiempo que me hubiera matado», [7] o: «El espermatozoide es un bandido en estado puro». Me he preguntado durante mucho tiempo por qué me gustaba tanto este autor, sombrío y pesimista como nadie, a mí que me atrae sobre todo la búsqueda de la felicidad. Durante mucho tiempo creí que la razón era que le hablaba a mi fondo triste y depresivo. O también porque representaba un contramodelo: más allá de un cierto umbral y de una cierta repetitividad, tristeza y pesimismo dejan de ser contagiosos, es lo que se denomina el efecto de *saciedad*, por el que los «demasiado», incluso de lo que gusta, provocan su «bloqueo». Recuerdo que antaño se intentaba a veces curar de esa manera las dependencias del tabaco: se pedía a los fumadores que fumasen varios cigarrillos seguidos, sin descanso, hasta la náusea. El pesimismo en dosis elevadas provoca tal vez un efecto de saciedad, pasando a ser estimulante. Quizá también proporcione ganas de ligereza y felicidad, y demuestra su necesidad absoluta para soportar la vida. Cioran también me gusta porque nos revela nuestros errores y exageraciones, con una sabiduría agria, y porque sabe despejar las trampas de nuestro pensamiento: «La ansiedad o el fanatismo de lo peor». Christian Bobin me abrió los ojos un día: «En realidad, libera el campo de la esperanza real porque elimina todas las embriagueces fáciles [...]. Mediante una escobilla, quita toda la escoria de los consuelos fáciles, y para mí es a partir de ese trabajo cuando empieza la verdadera palabra. Él hizo el trabajo del invierno: retiró las ramas muertas. Eso se denomina preparar la primavera».[8] Eso es exactamente: me gusta Cioran porque barre y despeja ante nosotros el camino de la felicidad.

Cisne En un coloquio, un día escuché a una conferenciante, que era empresaria en el sector del lujo, realizar una bonita comparación: explicó que, en su oficio, siempre debía dar la impresión de que todo era simple, fácil y armonioso. Pero en realidad requería mucho trabajo de fondo, imperceptible e invisible para los observadores. Comparó ese trabajo al nadar del cisne: avanza con facilidad y elegancia, pero bajo la superficie, sus patitas palmeadas se agitan con energía... ¿Cuántos esfuerzos, pasados y presentes, tras las aparentes facilidades que admiramos en los demás? ¿O que tal vez los otros admiran en nosotros? ¿Cuántos esfuerzos también consagrados a apartar de nosotros pensamientos dolorosos o amargos, resentimientos inútiles? ¿Cuántos esfuerzos para apartar las nubes y abrir un hueco en el cielo para el sol?

Coherencia ¿Cómo pueden ser felices los mentirosos, mitómanos, pervertidos, disimuladores, violentos y otras personas con problemas y que crean problemas? No pueden serlo. Pueden sentir placer, alivio, satisfacción, pero no felicidad. Les faltará siempre esa sensación de estar en paz con el mundo, de haber hecho, o de poder hacer, el bien a su alrededor. Siempre me ha costado creer en los canallas felices.

Colonoscopia y regla pico-final Sí, ya lo sé, una colonoscopia no evoca precisamente la psicología positiva, pero ya lo entenderás...

Se trata de una investigación científica realizada en la década de 1990,[9] en una época en que las colonoscopias solían llevarse a cabo sin anestesia, y eran exámenes bastante dolorosos (se introducía un tubo por el ano del paciente para explorar el tubo digestivo). Los 154 que participaban en el estudio debían evaluar su grado de dolor todos los minutos (de 0: nada de dolor, a 10: insoportable). Dos ejemplos de resultados, obtenidos de dos pacientes diferentes, A y B, figuran en las curvas de la gráfica. Algunas colonoscopias eran breves (cuatro minutos), otras largas (más de una hora). Al final del examen, una mirada a las curvas permitía juzgar la «cantidad de dolor» experimentada: cuanto más importante era la superficie bajo la curva, más había sufrido el paciente momento a momento. No obstante, cuando se les expuso el tema de su sufrimiento total, su juicio valorativo subjetivo no tenía nada que ver con esos datos objetivos. Su autoevaluación del dolor sufrido estaba, de hecho, vinculado a dos fenómenos precisos: el peor momento de dolor sentido (el «pico» doloroso), y el dolor experimentado al final del examen, lo que más tarde se denominaría la regla «pico-final». Así, volviendo a nuestras dos curvas, el paciente A, para quien el examen ha sido breve, y la cantidad de dolor total menor, mantendrá un recuerdo mucho peor que el paciente B, para quien la colonoscopia fue más larga y dolorosa; pero, para él, el dolor del final del examen había vuelto a disminuir tras un momento a niveles soportables, mientras que para el paciente A, la colonoscopia cesó tras el peor pico doloroso.

Estos trabajos, y todos los asociados, interesan desde luego a los gastroenterólogos o a los especialistas del dolor. Cuando sufrimos, un final apaciguado suavizará el recuerdo de nuestro sufrimiento. Sin duda, es el principio de los partos: como todo acaba de maravilla, la mayoría de las mujeres están dispuestas a repetir. En realidad, funcionamos de ese modo toda nuestra vida. Tenemos una fuerte tendencia a juzgar la tonalidad agradable o desagradable de los acontecimientos de la vida en función de la regla pico-final. Los recuerdos de veinte años de matrimonio feliz pueden así verse arruinados por un año de divorcio conflictivo. La ley pico-final es aplicable a todos los momentos de nuestra existencia. Por ello se ha podido demostrar que si se pedía a voluntarios que evaluasen sus vacaciones día a día mediante evaluaciones cotidianas, el resultado final en la distancia estaba poco influido por la realidad de

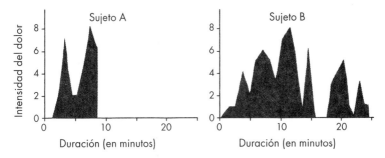

El recuerdo de una experiencia dolorosa no depende de la cantidad total de dolor sufrido (superficie bajo las curvas), sino de la intensidad del dolor final. Aquí, el recuerdo de la colonoscopia será peor para el sujeto A que para el sujeto B.[10]

esas evaluaciones en tiempo real, y más por los mejores momentos de las vacaciones y su final.[11] Y es esta evaluación la que guió el deseo de los veraneantes de reprogramar el mismo tipo de vacaciones para el siguiente año.

Moraleja: somos capaces, inconscientemente, de embellecer el recuerdo de períodos monótonos si podemos extraer uno o dos grandes momentos, sobre todo hacia el final. Y podemos recordar períodos difíciles sin agobiarnos demasiado si nuestro dolor no ha alcanzado picos, sobre todo hacia el final. El final feliz hollywoodense, ¡está bien considerado!

Comparaciones En psicología positiva, las comparaciones se consideran puro veneno para el bienestar. A menudo se dice que existen tres comparaciones para arruinarte la felicidad: comparar lo que estoy viviendo ahora con la mejor vivencia en mi vida pasada; con lo que viven personas más afortunadas que yo; con lo que soñaba. Tras este triple trabajo, existen muchas opciones de que te sientas menos feliz que al principio.

Recuerdo a uno de mis pacientes con el que hablé de ello, y que me explicaba así su visión de las cosas: «Durante mucho tiempo me resultaba muy fácil sentir envidia de la felicidad ajena, me parecía que eso me arrebataba algo, como si la cantidad de felicidad en este mundo estuviese limitada, parecido a lo que sucede con el dinero. De repente, la felicidad que sentían mis vecinos significaba menos para mí. Después comprendí que si continuaba así, me condenaba a la desdicha y a la insatisfacción. Poco a poco fui realizando el esfuerzo de no volver a compararme con nadie, de compararme únicamente conmigo mismo: ¿has hecho progresos o no? Y a alegrarme de la felicidad ajena. Primero por razones egoístas, después de todo, ¡resulta más agradable hablar con la gente cuando esta es feliz! Después por razones altruistas: ¿qué sentido tiene desearle desgracias?».

Los trabajos disponibles[12] muestran que las personas felices comparan menos su suerte con la de otros. Y también que se alegran de lo bueno que les ocurre a los demás. Los budistas lo denominan «amor altruista». ¡Ahora se descubre que cultivar «buenos pensamientos» hace mucho bien a quienes los tienen!

Compasión Es mostrarse sensible y atento al sufrimiento ajeno, y desear que disminuya o se interrumpa. Esta sensibilidad y ese deseo son, desde luego, previos a las acciones de ayuda y apoyo frente a los dolores y miserias con las que nos cruzamos regularmente.

En principio, puede parecer que la compasión nos aleja de la felicidad, o que la interrumpe si estaba presente en nuestras vidas porque es una forma de sufrimiento: sufrimos al ver sufrir a los demás. Es cierto. ¿Pero quién podría imaginar que la felicidad pudiera ser permanente en este mundo? Evidentemente, nadie. La felicidad, por el contrario, está implicada en la compasión: al volvernos más abiertos a lo que nos rodea, e incluso permitir que nos demos cuenta de lo que no funciona. Y al proporcionarnos la energía para so-

correr a quien lo necesita. Y también podemos ir más lejos: la felicidad se refuerza a través de la práctica de la compasión; esta nos
enseña a ver el mundo tal cual es, y no como quisiéramos. Nos enseña que es posible dirigirse hacia el sufrimiento sin renunciar
a ser felices. Reviste nuestra empatía natural (esa capacidad innata en los seres humanos que permite sentir las emociones ajenas)
con los valores culturales de la psicología positiva (compartir la felicidad, utilizarla como motor).

Comprar Para sentir un alivio, embriagarse, reconfortarse. Para
ser un poco más felices o un poco menos desdichados. Para no pensar demasiado en lo que hay de complicado en nuestras existencias.
Para acceder a un mundo que se sabe falso y simplificado, pero
que se espera fácil y cómodo. Para no pensar en la desdicha o en
lo vacía que está nuestra vida en ese momento. El dispendio para
des-pensar...

   Pero claro, consumir no nos hace más felices. En todo caso, consumir puede ser una trampa. Como en el chiste del hombre que busca sus llaves bajo la farola, y que dice que las busca ahí, aunque las
perdió en otro sitio, porque ahí es donde hay luz: una solución fácil.
Comprar cualquier cosa nos procura placer. Sí, es cierto, el uso de
ese objeto puede procurarnos felicidad a posteriori. O decepción.
O tal vez indiferencia. El hecho de comprar es, sin duda, la acción
que más se ha simplificado en las sociedades de consumo: comprar
con un clic del ratón, con un «clac» de la tarjeta de crédito, comprar incluso con dinero que no se tiene (al comprar a crédito),
comprar sin salir de casa, en cualquier momento del día y de la
noche. ¿Qué otra acción es más fácil en nuestras sociedades? Frente a toda esa facilidad ficticia, la felicidad reside, pues, por una vez,
en la no simplicidad, en reflexionar antes de comprar: «¿Lo necesito realmente? ¿O simplemente estoy a punto de comprar un consuelo fácil para no sé qué oscura carencia que hay en mí?».

Consciencia La felicidad es el bienestar del que nos hacemos conscientes. El bienestar es tener el estómago lleno, estar caliente, seguro, rodeado de congéneres tranquilos y benevolentes... Se puede sentir bienestar tanto si se es un cerdo, un cordero, un pavo o un ser humano. ¡El bienestar ya es muy interesante! Pero los seres humanos pueden sentir algo más intenso que se denomina felicidad. Gracias a sus capacidades de consciencia reflexiva, pueden decirse: «Lo que estoy viviendo es una suerte, una gracia; en este instante mi vida es bella y buena». Al hacerlo trascienden su simple bienestar, convirtiéndolo en una experiencia mucho más intensa, en un momento de felicidad. Es probable que ese cambio de perspectiva provoque que el instante así cristalizado nos resulte todavía más agradable, quedando almacenado en nuestra memoria de forma más profunda. Más adelante pudiera servirnos como recurso cuando los tiempos sean más duros. También podemos pasar por un montón de momentos agradables sin beneficiarnos tanto como podríamos. Si estamos preocupados, es decir, si nuestra mente está ocupada en otra cosa (las preocupaciones, lo que ocurrirá, los pequeños detalles de la situación que nos irritan), no habremos vivido más que bienestar animal (que no está nada mal, después de todo), pero no habremos acabado de inclinarnos hacia la felicidad. Por eso me gusta tanto esta frase de Albert Camus: «Lo que deseo ahora ya no es ser feliz, sino solamente ser consciente».[13]

Consuelo «El objetivo es ser feliz. Solo se consigue lentamente. Es necesaria una aplicación cotidiana. Cuando se llega, falta mucho por hacer: consolar a los demás.» Jules Renard, en su *Journal*,[14] nos recuerda con elegancia que ser felices nos permite: 1) abrirnos a la desdicha de los demás, y 2) disponer de fuerza para ayudarlos. Sin la felicidad, resultaría complicado.

Contagio La felicidad es contagiosa, como todas las emociones, positivas o negativas. Los investigadores han demostrado que frecuentar a personas felices año tras año aumentaría poco a poco nuestra felicidad.[15] ¡Sin duda, el medio más reposado de lograr ser más feliz!

Contento Estar contento parece algo menos intenso y noble que ser feliz. Más ligero, más pueril. Los niños no dicen al cruzarse con alguien: «Ese señor no tiene cara de felicidad», sino: «No parece contento». El contento no tiene el prestigio de la felicidad. Tal vez sea su gran superioridad: estar contento es ser feliz justo en este instante, sin esperar más, sin pedir nada más a la vida. ¿Esforzarse por estar contento con lo que se vive, sin preguntarse demasiado si uno es verdaderamente feliz? Es un programa razonable, sobre todo para los perfeccionistas.

Contrario En su libro *Prisonnier au berceau*, el poeta Christian Bobin cuenta: «Aprendí a conocer todas las cosas a través de su contrario: lo claro por lo sombrío, el canto por el silencio, el amor por la soledad». [16] El filósofo André Comte-Sponville escribe por su parte que la felicidad es «un estado subjetivo, desde luego, relativo, evidentemente, y así puede uno llegar a desafiar hasta la existencia. Pero quien ha conocido la desdicha ya no padece de esa candidez, y sabe, al menos a través de la diferencia, que la felicidad también existe». Todos sabemos que lo contrario de la felicidad (la desdicha) y que la ausencia de felicidad (el vacío existencial) existen. ¿Es necesario experimentarlas personalmente o basta con saber que existen, para que puedan ser fuentes de motivación a la hora de buscar y conservar la felicidad?

Control La felicidad es, a veces, soltar puntualmente y abandonarse a lo que nos ofrece el instante presente. Pero, a la larga, percibir que se controla más o menos el entorno aumenta más nuestro bienestar. Numerosos estudios así lo han demostrado. Por ejemplo, en cierto momento de la vida en que las posibilidades de control disminuyen en general, como en las residencias de jubilados.[17] En una de ellas se propuso a los residentes mejorar su vida diaria poniendo plantas verdes en su habitación y proyectándoles una película en una gran pantalla, una vez a la semana. Se les ofrecía gestionar la situación por ellos mismos (ellos elegirían y regarían sus plantas, y decidirían la programación de cine), o estaba la posibilidad de que se lo hicieran otros (el personal asistencial elegiría las plantas, las regaría y propondría una película). Las diferencias eran muy claras entre ambos grupos, en términos de mejora del bienestar, de la salud y de la mortalidad: iba de lo simple al doble.

Cónyuge Es la persona que más sabe sobre nosotros y nuestras capacidades emocionales. Muchos de nosotros no acabamos de expresar nuestras quejas, estados de ánimo negativos y malhumor; los solemos reservar para nuestros seres queridos. Tratar al cónyuge como si fuese nuestro superior jerárquico sería, pues, a veces, una buena idea. No es posible querer la felicidad de alguien y tratarlo como el cubo de la basura de las emociones negativas.

Cosas serias En la vida hay cosas serias y cosas no serias. Para muchas personas, la psicología no forma parte de las cosas serias. Y la psicología positiva, todavía menos. Hace algún tiempo di una conferencia a los antiguos alumnos de una famosa escuela. Una charla sobre la felicidad. Consciente de que se trataba de un público con un buen nivel científico, insistí en los trabajos de investigación de la psicología positiva. Por los movimientos de sus cabezas y sus reacciones, eso parecía haberlos convencido... Tras la secuencia de preguntas y respuestas, estaba yo a punto de abandonar el estrado cuando el presidente de la sesión, que me había escuchado muy atento, al comenzar a presentar al siguiente orador, un miembro de esta importante escuela, dejó escapar: «Bien, ¡pues gracias al doctor André! Y ahora pasemos a hablar de cosas serias...». ¡Una enorme carcajada grupal sacudió la asamblea! Al menos estaba claro: yo había desempeñado el papel de la bailarina o del bufón; vamos, del *distrayente*. Hace algunos años, ese incidente sin duda me habría ofendido, pero ya no. Incluso me pareció gracioso: ¡siempre es preferible saber exactamente qué lugar ocupamos en el gran espectáculo de la vida!

Cotidianidad Principal fuente de felicidad. Los yacimientos son considerables, la explotación fácil: basta con abrir los ojos y hacerse consciente.

Cotilleos ¿Es buena idea hablar mal de otros entre amigos? No estoy seguro. Lo extraño es el irresistible atractivo que ejerce en la mayoría de nosotros, a menos que seamos santos o sabios. ¿Cómo explicarlo? ¿Cómo es posible que despellejar a los demás en su ausencia, aunque sea con suavidad, pueda representar una actividad divertida y atractiva? En general, se critica con más facilidad a las personas que nos irritan o nos superan (otra manera de irritarnos). Así pues, en los cotilleos existe una forma de castigo inconsciente de quien se critica. Y también un desahogo, un alivio: en la mayor parte de las ocasiones evocamos todo lo que no habíamos osado decirle a la cara. Uno de mis amigos, un sabio, tomó la decisión de dejar de criticar a los ausentes. En cuanto alguien empezaba a hacerlo e intentaba arrastrarlo a la conversación, él se negaba: «O reflexionamos sobre la manera en que se lo podrías decir a la cara, o no me interesa». Me esfuerzo en imitarlo, con resultados irregulares...

Coué Émile Coué, farmacéutico y luego psicoterapeuta, se hizo mundialmente famoso a principios del siglo XX por sus trabajos sobre la autosugestión. Lejos de ser tan simplistas como se pretende a veces, sus observaciones y consejos se fundamentaban simplemente en la importante influencia –hoy ya demostrada– de nuestros contenidos mentales sobre nuestra moral y salud: cuanto más cavilamos pensamientos sombríos, más disminuyen nuestras opciones de estar bien. Simple y justo. Los estudios demuestran que el hecho de escribir, de leer, de comprender frases que nos resultan favorables, que dicen cosas amables o gratificantes sobre nosotros, tiene un impacto en nuestra salud, en nuestras capacidades de autocontrol (fumar menos, beber menos). También es cierto al contrario: a fuerza de escuchar, de boca de los demás o de nuestra vocecita interior, que somos una nulidad, o que no nos recuperaremos de nuestra enfermedad, acabamos creyéndolo... Lo más curioso es que todo el mundo está convencido de que repetirse incansable y mentalmente que uno es una nulidad demuestra ser tóxico, pero también todo el mundo está convencido al contrario, que repetirse en la cabeza que es posible salir adelante no funciona. ¿Tal vez hemos sobrevalorado el método Coué y sus avatares estadounidenses del Pensamiento Positivo Permanente? En todo caso, hoy en día está claro que nos conviene mantener tantos discursos interiores amistosos y *realmente* positivos como nos sea posible.

Creatividad la ratita, la lechuza y el queso[18] Durante mucho tiempo, el estrés ha sido sobrevalorado como herramienta de resultados y de creatividad. De la misma manera que se repetía lo de «hay que sufrir para estar mona», también se pensaba que el precio de los resultados era el sufrimiento. No está tan claro, nos muestran ahora numerosos trabajos de psicología positiva. Como, por ejemplo, ese estudio que consistía en pedir a voluntarios que participasen en un juego en el que debían ayudar a una ratita a salir de un laberinto. A la mitad de ellos les impulsaba una motivación positiva: ayudar a la ratita a salir para que pudiera saborear un delicioso trozo de queso (acercarse a una pequeña alegría). A la otra mitad la empujaba una motivación negativa: ayudar a la ratita a salir para poder escapar de una lechuza que sobrevolaba el laberinto y que acabaría devorándola si tardaba demasiado (alejarse de una enorme desgracia). La prueba era fácil, y todos los voluntarios encontraron la salida con rapidez. Luego se les hizo pasar unos tests de creatividad. Y ahí se observó que los voluntarios que ayudaron a la ratita a encontrar el queso (motivaciones y emociones positivas) encontraban dos veces más soluciones a las preguntas difíciles que los que ayudaron a la ratita a huir de la lechuza (motivaciones y emociones negativas).

Moraleja: el estado de ánimo en el que hacemos algo cuenta mucho. Los dos grupos de voluntarios habían realizado exactamente la misma tarea, pero no con el mismo ánimo. Del mismo modo, según actuemos de manera distendida o crispada, no nos encontraremos en el mismo estado durante y después de nuestras actividades. Las emociones y motivaciones positivas nos abrirán la mente a la novedad y la creatividad, ocurriendo lo contrario con las negativas.

Crisis Siempre me sorprende cuando me preguntan por el lado «desenfadado» de mis libros sobre la felicidad o la serenidad, en este período de crisis económica mundial. La serenidad, el equilibrio interior, la felicidad no están hechos para separarnos del mundo, para aislarnos, ¡para incitarnos a replegarnos sobre nosotros mismos! La serenidad no es inmovilidad ni retirada. ¡Es precisamente lo contrario! Poder estabilizarnos interiormente, no olvidarnos de disfrutar de lo que hay de disfrutable en los detalles de la vida cotidiana, nos ayuda incluso más a comprometernos en las acciones necesarias para cambiar el mundo, pero en unas acciones serenas, cuando sea posible. Y aunque no sean serenas, aunque haga falta pelear, sacudir, e incluso si hay que hacer acopio de todas las fuerzas para que «esto se mueva», luego habrá que serenarse, para poder respirar y preparar acciones ulteriores. ¡Comprometámonos también en esos esfuerzos de sosiego con todas nuestras fuerzas¡ Lo necesitamos todo: la energía para lanzarnos, la serenidad para recuperarnos y el deseo de felicidad para sentir también la necesidad de reconstruir.

Crisis de la mitad de la vida La crisis de los cuarenta, en definitiva. Es cuando uno se da cuenta de que tal vez nos quede menos tiempo por delante que por detrás, menos tiempo de vida que el que ya hemos vivido. Entonces, uno empieza a reflexionar de modo distinto sobre la existencia y la felicidad. Se tiene menos necesidad de sacrificar el presente al futuro, y todavía menos de decirse: «Hoy lo paso mal, pero mañana lo aprovecharé». En general, la crisis de la mitad de la vida nos torna un poco más clarividentes con respecto a la felicidad: se empieza a comprender que es ahora o nunca. Por eso numerosos estudios[19] demuestran dos puntos fundamentales: en primer lugar, que para la mayoría de los seres humanos, al menos occidentales, el nivel de bienestar percibido alcanza su nivel más bajo entre los 40-50 años de edad. Además, que las «salidas de la crisis» de la mitad de la vida, con la distancia, no se pasan mal: se describen pocos casos de depresión o de regresión (querer negar la propia edad a todo precio y revivir una nueva juventud), pero, por el contrario, se observa un aumento de las capacidades de ser feliz, y sobre todo de satisfacción con la existencia. Después de los 70 años, las cosas vuelven a complicarse otra vez un poco, con la llegada de nuevas dificultades que hay que superar: defunciones regulares por todas partes, enfermedades incapacitadoras, etcétera. Eso no significa que la felicidad se torne imposible, sino que necesita algo más de esfuerzos y de atención.

Evolución de la sensación de bienestar en el curso de la vida.

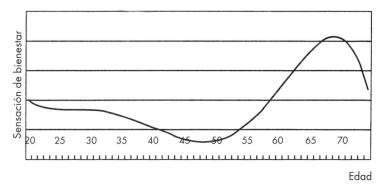

Edad

Lectura: por término medio, un individuo es sensiblemente menos feliz entre los 45-50 años que en la veintena, y netamente más feliz alrededor de los 65 años.
Campo: Francia metropolitana.
Origen: *Eurobaromètres 1975-2000.*

Críticas a la felicidad Tienen múltiples causas: esnobismo (la felicidad es para los paletos), intelectualismo (la felicidad es para los tarugos), etcétera. Lo que resulta históricamente interesante es que las críticas sobre la felicidad llegaron por su democratización. Hasta las revoluciones francesa y norteamericana, la felicidad era objeto de respeto; los filósofos consideraban con atención su naturaleza y los medios con los que acceder a ella. Después, cuando los revolucionarios del siglo XVIII decretaron que el pueblo tenía derecho a la felicidad, y no solo los pudientes, todo cambió. Un poco como una playa, antaño reservada a los privilegiados, que fue invadida por el populacho. Las críticas de la felicidad emergen a partir del siglo XIX. Siempre es bueno escuchar las críticas, incluso las antipáticas y las realizadas con mala fe. La más convincente de las críticas contra la felicidad tal vez emane de quienes consideran que puede ser un engaño o un obstáculo en el camino hacia la verdad. Sería una especie de valor inferior, una especie de premio de consolación apenas revestido de un poco de metafísica. Es decir, la felicidad en pantuflas. Como un estado que evitaría todo tipo de curiosidad por otra cosa excepto por ella misma. A primera vista es una idiotez. ¿Y a segunda? Es falso. Todos los estudios muestran, al contrario, que la felicidad tiene tendencia a insuflarnos energía e interés por el mundo cercano.

¿Cuándo soy verdaderamente yo mismo? ¿En mis momentos felices? ¿Me siento más yo mismo en los momentos felices? ¿Es para mí un revelador de todo aquello a lo que aspiro y con lo que me identifico?

¿O bien mi revelador es la desdicha? ¿Me siento más cercano a mí mismo cuando cavilo, me pongo nervioso y me angustio?

Es posible no responder a este tipo de preguntas y decirse que, en definitiva, felicidad y desdicha son los reveladores de los múltiples rostros que existen en nosotros. Lo cual no deja de ser verdad.

Pero eso podemos darlo por descontado, pues la siguiente pregunta sería: ¿cuál de esos rostros prefiero? ¿En cuál de esos estados estoy dispuesto a pasar el resto de mi vida?

Cuatro reglas para vivir Soy buen público para las reglas de sabiduría, a menudo me complacen y me conmueven. Mi primera reacción es la de apreciarlas antes que criticarlas. Sin duda porque me doy cuenta de que en materia de sabiduría soy un novato (y lo seré siempre). En todo caso, el otro día, una amiga me envió por internet uno de esos diaporamas, que probablemente ya habrás recibido, con bellas fotos de sabios de la India, acompañados de hermosas palabras. En esta ocasión me proponían seguir cuatro principios de sabiduría. Los siguientes:

• «Cada persona que conozcas es la buena». Nadie llega a tu vida por casualidad...

• «No importa lo que suceda, es lo único que podía suceder.» Todo lo que te sucede está bien, incluso si hiere tu ego, tu lógica o tu voluntad.

• «Cada momento es el buen momento.» Nada te sucede demasiado pronto o demasiado tarde, sino justamente cuando hacía falta, aunque te moleste. Acepta lo que suceda.

• «Lo que ha acabado ha acabado.» No lamentes nada, suelta el pasado (no lo olvides, pero suéltalo) y avanza.

Tiene gracia cómo esas potentes evidencias, a veces falsas o inaplicables, pueden llegar cuando menos a conmoverme y hacerme reflexionar sobre mi vida. En todas las ocasiones en las que actuar según esos principios podría haberme evitado muchos sufrimientos y tiempo perdido. Por eso no puedo considerar perogrulladas –como las consideran algunos– esos grandes consejos existenciales. Las perogrulladas no existen: es nuestro hálito vital y nuestra curiosidad los que están bajos, nosotros los pretenciosos o indiferentes; o tal vez se trate simplemente de que estamos de mal humor o cansados.

Cucarachas, cerezas y sesgos de negatividad Un ejemplo famoso de psicología experimental: una sola cucaracha basta para convertir una taza de hermosas cerezas en algo repulsivo; pero una preciosa cereza no basta para hacer atractiva una taza de cucarachas.[20] Una de las buenas razones de practicar la psicología positiva es que, si no lo hacemos, caeremos víctimas de los *sesgos de negatividad*. ¿Por qué lo negativo es en general más fuerte que lo positivo? Porque nuestro cerebro está diseñado por la evolución para asegurar nuestra supervivencia.[21] Siempre otorga la prioridad a las malas noticias y, de manera general, a todo lo que pudiera representar un peligro (ataque de depredador). El tratamiento de las «buenas noticias» (posibilidad de encontrar comida, un lugar de reposo, tener un intercambio sexual) pasa a segundo plano. Siempre. Y siempre se concederá prioridad a la supervivencia. No podemos permitirnos pasar junto a un depredador o a una amenaza que pudiera poner nuestra vida en peligro. Primero la supervivencia, pues, y luego la calidad de vida. Por eso nos resulta más fácil y rápido sentir emociones negativas que positivas. Por eso las primeras tienden a durar más, y a marcarnos más que las segundas (recordar los peligros es más vital que recordar los buenos momentos). Por eso ahora que no vivimos ya en plena selva junto a depredadores, ¡debemos trabajar para reequilibrar todo eso!

Cuerda y cadena Todos los esfuerzos de la psicología positiva son como las hebras de una cuerda. Aisladas, ninguna es capaz de levantar un peso muy pesado sin romperse. Ninguna basta por sí sola. Asociadas entre sí, proveen por el contrario una cuerda sólida. A veces más que una cadena, que no es más fuerte que el más débil de sus eslabones. Y cuanto más pesado sea el peso de la adversidad, más numerosos y combinados deberán ser los esfuerzos.

Cuerpo Hay que dar felicidad al cuerpo. El bienestar de nuestra mente está ligado al del cuerpo. Por eso, caminar, moverse, recibir masajes y tener relaciones sexuales son ocasiones de bienestar. Si los vivimos con consciencia, esos placeres se transformarán en ocasiones de felicidad. También está, simplemente, la sensación de la vida que corre y palpita en nosotros. Si somos conscientes de ello de manera regular, de esta suerte de vivir, se convierte en una fuente de felicidad. Funciona en ambos sentidos; cuando nos sentimos felices, si prestamos atención a la manera en que se traduce en nuestro cuerpo, se puede tocar casi con el dedo lo que representa la expresión «hálito vital»: el cuerpo está contento, ligero y dispuesto a la acción.

Culpabilidad Incluso las sensaciones emocionales negativas tienen su interés. La culpabilidad, por ejemplo. A menudo se critica la «culpabilidad judeocristiana». ¡Pero imagina un mundo sin culpabilidad! Un mundo en que las cochinadas hechas a los demás fuesen absolutamente indoloras no llevaría aparejada ningún tipo de incomodidad, ningún remordimiento, ningún replanteamiento. Sin estados de ánimo se abusaría de los débiles. El mundo no sería un lugar muy agradable en el que vivir. La culpabilidad nos empuja a reflexionar sobre el sufrimiento que pudiéramos haber infligido, voluntariamente o no, a otros. Y a preguntarnos si lo hubiéramos podido evitar y cómo evitarlo la próxima vez. Varios estudios han demostrado que en dosis moderadas, la culpabilidad es beneficiosa: está sobre todo asociada a la empatía, al deseo de no hacer daño, a la capacidad de resolver conflictos. También se ha demostrado que, en general, sentir fácilmente culpabilidad hace líderes mejores,[22] disponiéndonos a escuchar mejor, a menos agresividad inútil, a una sensación de responsabilidad hacia los demás.

Culpable de ser feliz ¡Qué extraña la sensación de culpabilidad por sentirse feliz! ¿Qué ocurre en nuestras cabezas entonces? Generalmente, lo que nos molesta es la consciencia de que hay otros que son desdichados al mismo tiempo. Ahora bien, la felicidad no es un juego de suma cero, es como el amor: ilimitada. Ser feliz no merma las posibilidades de felicidad a los demás, ni les añade desdicha (salvo en caso de ostentación poco delicada).

Curar La curación parece siempre un milagro: curarse de una enfermedad, de una herida, de una fractura. ¡Qué suerte tenemos de contar con un cuerpo que muy a menudo sabe repararse a sí mismo! Y qué suerte igualmente pertenecer a la especie humana, que ha inventado la medicina, para ayudar a nuestro cuerpo, ¡cuando sus capacidades de autocuración quedan sobrepasadas!

Jules Renard decía que nuestras enfermedades son los «ensayos de la muerte». Al envejecer, sentía llegar la suya. Curarse parece normal cuando se es joven; y se convierte cada vez con mayor claridad en una bendición a medida que se cumplen años. Cada enfermedad es un aviso de nuestra fragilidad y de que la muerte nos llegará un día. «Ensayos de la muerte...» Sí, y cada curación es la experiencia de un instante en que la muerte nos suelta, tras ese ensayo, porque hemos tenido suerte, o porque Dios así lo ha querido, para los creyentes. Cada curación debería empujarnos a dar las gracias. A quien sea: Dios o la vida. A alegrarnos, más tiempo y más profundamente de lo que lo hacemos normalmente. ¿Puede regresar la enfermedad? ¿Existe riesgo de recaída? Vale, ¿y entonces? ¿Alegrarnos acelerará esa recaída o esa reaparición? ¡Pues claro que no! De existir un efecto, sería precisamente el contrario: las emociones agradables nos ayudarán a luchar mejor contra nuestras enfermedades.

Curiosidad Estado de ánimo agradable relacionado con el acercamiento a algo desconocido. Sin duda, una fuente de emociones positivas. Y también una de sus consecuencias, siempre en esta lógica de apertura al mundo que favorecen, y también de entusiasmo. En parte, es una historia de temperamento y, en parte, una historia del estado emocional, ligado a la apertura, a la disponibilidad. Nada mata con más seguridad la curiosidad que el hecho de estar triste, presionado e inquieto. En esos momentos, lo que queremos es seguir con nuestras costumbres y lugares comunes. Y nos privamos de los descubrimientos y las desestabilizaciones de la curiosidad, que es la que nos permite una ampliación de nuestro mundo conocido y, por tanto, un aumento de nuestra alegría de vivir, de conocer y experimentar. Sin ella, nada de maravillamientos. ¡Sería una pena!

D de Don

Da y no guardes más que una cosa:
la felicidad de haber dado.

Dar Lo que no das, lo pierdes. Excesivo pero útil: en el momento de elegir entre ciertos gestos, la buena elección no es obligatoriamente la que uno cree. ¿Guardar esa botella de vino para mí, o dársela a un amigo que está de paso, que se emocionará al beberla y pensar en nuestra historia común? Dar, pues, para complacer, para reforzar los vínculos, para expresar afecto. Pero también para entrenarse a no apegarse, para ir hacia lo esencial, hacia la reducción de las contingencias materiales, que nos tranquilizan. Un combate que nunca hay que descuidar; en mi caso, por ejemplo, que siempre tiendo a sentirme ansioso por el futuro y percibirlo como algo amenazador, lleno de carencias: ¿me faltará mañana lo que doy hoy? Pero si me tomo la molestia de plantearme esa pregunta, habré hecho la mitad del trabajo. Me gustaría que la mayoría de las cosas que tengo pudieran darse sin apenas peligro. ¡Lo único que me falta es hacerlo todavía más a menudo!

Dar las gracias Nuestros antepasados daban las gracias con mucha más facilidad que nosotros. Para ellos, disponer de alimentos, vivir en paz, tener buena salud, o simplemente vivir, revelaba una gran suerte, o más bien benevolencia divina. Por ejemplo, para los cristianos, todas las comidas venían precedidas de una corta oración llamada «Benedicite»; la palabra procede del latín y significa «bendecir». Nuestra vida es menos dura en la actualidad, pero, no obstante, sigue siendo posible maravillarse de nuestra suerte de estar vivos y dar unas gracias laicas: detenerse, respirar, hacerse consciente, sonreír, agradecer a quien queramos por la suerte de habernos podido conocer.

Dar pena Me sucedía ya de muy pequeño: el miedo de dar pena a la gente. Cuidado, no miedo normal, la preocupación de no hacer daño siendo malo, maleducado y agresivo. No, el temor excesivo, avasallador, inadecuado, por ejemplo: la vergüenza de no comprar nada al tendero que me observaba pasar, tras su puesto, solitario y sin clientes; o el de no haber dado todo mi dinero al mendigo. No estoy solo en esa preocupación excesiva por los demás. Jules Renard, en su *Journal*, cuenta la siguiente anécdota con fecha del 15 de agosto de 1898: «Pregunto en el Lion d'Or: "¿A qué hora se come? –A las 11:00–. Bien. Voy a dar una vuelta por la ciudad". Ya he comido en otro hotel y no me atrevo a pasar por el Lion d'Or. Tal vez me siguen esperando. "Vendrá a cenar", se dirán. ¿Me enviarán al comisario de la ciudad?, etcétera. Ansias estúpidas». Gracias al bueno de Jules, me siento menos solo, pero el otro día me volvió a pasar. En el tren, me sentí invadido por un oscuro apuro porque no le compré nada a un hombre que pasó con su carrito de bocadillos y bebidas por el compartimento. Antes de subir al TGV, otro apuro al no comprar nada al viejo vendedor de periódicos del andén. Es curioso cómo eso me vuelve a suceder en algunos momentos, esa hipersensibilidad ante el desamparo eventual de los demás. Nunca he comprendido verdaderamente por qué en ciertos momentos consigo desconectar y por qué en otros me desborda. En realidad, creo que nunca he querido desembarazarme realmente de esa sensación. Me da la impresión de que perdería un poco de humanidad.

Deberes de la felicidad La felicidad es una riqueza, y como todas las riquezas, impone ciertos deberes. Deber de pudor: no ofender a las personas desgraciadas con nuestra felicidad. Deber de compartir: aprovechar la energía que nos proporciona la felicidad para dedicarse a los demás, y ofrecerles escucha, afecto, ayuda. Y sobre todo, sobre todo, deber en reserva: nada de consejos sobre la felicidad, salvo si nos son explícitamente requeridos. No hay nada más irritante que un profesor de felicidad que viene a darnos una lección que no hemos solicitado y que somos, al menos en este momento de nuestra vida, incapaces de escuchar o aplicar.

Deberes y deleites A menudo, como soy psiquiatra, me llaman para ayudar en momentos difíciles. Estoy hablando de mi vida privada, no de mi trabajo en el hospital, donde mi labor es justamente responder a esas llamadas lo mejor que pueda. Hablo de llamadas de amigos, de amigos de amigos, de hijos de amigos, de primos, etcétera. Eso supone mucha gente. Divorcios, paro, depresión, todas las miserias humanas corrientes que dejan dolorido y desamparado hacen que sea solicitado para dispensar consejos y consuelo. A menudo es algo que me pesa: tras regresar de una jornada de consultas, la idea de llamar a tal amigo que me ha dejado un mensaje porque se preocupa por su hija, o de tal otro en pleno divorcio, me hace suspirar. Me gustaría estar tranquilo, disfrutar de mi familia, de mi fin de semana, de mis vacaciones y dejar de ser un asistente, al que se llama más a menudo que a los otros porque su trabajo es ayudar. Suspiro, me digo que no tengo ganas, pero que es necesario que llame. Como es un ser cercano el que sufre y en tanto ser humano y psiquiatra, debo hacerlo. Es así. Pero no me gusta ayudar con el corazón irritado y contrariado. Entonces me tomo un pequeño descanso para rehacerme: es tu deber como ser humano. Has puesto límites que tus relaciones conocen (no puedes hacerlo por la Tierra entera, no por los primos ni los amigos de los vecinos, por ejemplo). Pero fuera de esos límites, debes hacerlo. De buen grado. Alégrate, alégrate de que todo te vaya bastante bien para poder ayudar a los demás; alégrate de esa confianza que te demuestran; alégrate de poder ayudar. Y cuando termino, cuando he ayudado lo mejor posible, siempre me siento feliz.

Hay una hermosa frase de Jean-Jacques Rousseau que dice que podemos ser virtuosos «por deber o por deleite».[1] La práctica de la virtud (altruismo, generosidad, bondad, franqueza, coraje, tenacidad...) puede ser fruto de una lucha, y así es como se la suele percibir. Pero también puede ser la expresión espontánea de un ideal, por poco que nos hayamos tomado la molestia de mantenerla viva en nosotros; y ocupado de nosotros, también (se ayuda menos si uno va mal). La psicología positiva recuerda con fuerza y argumentos ambos puntos: todas las virtudes están en nosotros, en potencia, desde el nacimiento, y ponerlas en práctica nos hace felices. Esas son las *delicias*. Pero debemos cultivarlas, voluntariamente, pues si no, se atrofiarán. Esos son los *deberes*.

Decidir ser feliz Decidir ser feliz es como decidir ir a dar un paseo, ponerse los zapatos y esperar que se pongan a andar solos. Está bien, es una primera etapa (es cierto que es preferible a soñar vagamente con un paseo mientras se está repantigado en el sofá), pero eso no bastará. Uno debe ponerse en marcha él mismo. La felicidad se facilita, se encuentra, incluso se trabaja. Pero no se convoca. La decisión de ser feliz no es más que la decisión de hacer esfuerzos regulares para llegar a serlo más a menudo.

Dedicatoria Me sucedió durante una pequeña gira por las librerías en Francia, para conocer a mis lectores, tras el lanzamiento de una de mis obras. Me gusta mucho conocer a mis lectores y charlar un instante con ellos. Y aunque el encuentro sea breve, claro, intento invertir tanta presencia y sinceridad como sea posible. Eso permite un montón de pequeños encuentros y charlas, siempre agradables e interesantes, en ocasiones conmovedoras y apasionantes. Y en un momento u otro siempre sucede algo intenso, un salirse de lo que es habitual o resulta previsible.

En esa ocasión charlaba con una mujer un poco rara pero muy amable. Después de contarme lo sola que se sentía en ocasiones, me pidió que les dedicase el libro a su hija y a ella. Yo asentí, preguntándole un poco acerca de la hija, si le gusta la psicología y demás. Al cabo de unos instantes, a fuerza de preguntar, me explicó que la hija había muerto hacía tiempo, que eso la había vuelto loca de pena y que esta dedicatoria sería una manera de mantener su recuerdo vivo, a su lado. Me quedé petrificado, sin saber qué decir ni qué hacer, aparte de asentir con la cabeza, y repetir: «Lo siento muchísimo, lo siento muchísimo». La mujer no tenía un aire descompuesto, estaba contenta por la dedicatoria y nuestra conversación, como si estuviese un poco ausente, con el rostro tranquilamente doloroso y los pensamientos distintos de las personas cuya vida no será nunca igual que la de otras, las que nunca han perdido un hijo. Después se fue, con el libro bajo el brazo y su hija en su cabeza y en el corazón. Yo continué firmando dedicatorias, vagamente perturbado, dulcemente emocionado. Contento de haberla conocido, con la esperanza de que mi libro la ayude. Y en ese tipo de estado de ánimo tan particular, que nos convierte en seres humanos, no soy ni feliz ni desdichado, o tal vez sea ambas cosas al mismo tiempo.

Defectos ajenos Algunos a veces me sorprenden muchísimo: los que yo no tengo. Los otros los respeto muy bien: yo poseo los mismos, soy un experto. Sé cómo se manifiestan, conozco sus máscaras y maneras, a veces renuentes a manifestarse. Los defectos ajenos, cuando estoy de buen humor, me inspiran benevolencia y compasión. Y porque estoy en lucha constante con ellos, sé hasta qué punto se trata de una obra vasta, que dura a menudo toda la vida. Es raro que se suprima por completo un defecto; aunque es frecuente poder atenuar considerablemente su influencia en nuestra vida, esforzándonos un poco. A veces me digo que la persona que tengo enfrente, que me irrita, tal vez se encuentre inmersa en una de esas obras. Y recuerdo que sería mejor que, en lugar de refunfuñar sobre ella, me pusiese yo mismo manos a la obra.

«Deja que entre el sol» Cuando se tiene un cerebro ansioso, uno no siempre se da cuenta de que vive en un flujo mental continuo de problemas por resolver. Navegamos por nuestra existencia sobre ese caudal de preocupaciones. Me doy cuenta mientras escribo estas líneas: parto para una última semana de escritura antes de entregar el manuscrito de este libro. Todo va bien, me dirijo a un lugar que me inspira, solo (me encanta) y pienso que dispondré del tiempo suficiente para perfilar mi trabajo. Pero, de repente, me doy cuenta de que mi mente está poblada únicamente por pensamientos grises: hacer la compra al llegar, encontrar una conexión a internet para las búsquedas bibliográficas que todavía no he terminado, solucionar algunos asuntos por teléfono a lo largo de la semana, etcétera. Vale, vale, lo harás, pero... ¿no podrías tomarte algunos instantes para disfrutar un poco? ¿No podrías abrir un poco las ventanas de tu mente para dejar entrar el sol durante algunos minutos? Ya te ocuparás de los problemas cuando llegues; por el momento los has identificado, los conoces, y puedes ocuparte de disfrutar también lo bueno de lo que estás viviendo, pues dispondrás de tiempo para librarte a una de tus ocupaciones preferidas: escribir. Vaya, por fin lo he comprendido, me he autoconvencido. Siento la cabeza aliviada, respiro, miro fuera, con la mente abierta. Y disfruto tranquilamente durante algunos instantes, me tomo el tiempo de contemplar las oportunidades de este momento de mi existencia. El cielo está gris, pero me da igual. Es bonito a pesar de ello, y yo estoy vivo.

Delteil Joseph Delteil, ¡es mi escritor olvidado favorito! Un sabio malicioso y feliz. Fue el preferido del París mundano y literario de los años 30, antes de decidir retirarse, en plena gloria, a su tebaida cerca de Montpellier, un antiguo telar llamado La Massane. Vivió feliz y sencillamente hasta el fin de sus días: «Frente a mi casa de campo, he inscrito la fórmula sagrada de Confucio: vivir de poco». Mal vestido, con una boina sobre la cabeza y a menudo en zuecos, Delteil era el cantor de la naturaleza y del hálito vital, el celebrante de una «felicidad paleolítica». Este es un extracto de su delicioso *François d'Assise*: «Era ya el primer otoño, pues hay tres: el otoño del esplendor, el otoño del despojo y el otoño del silencio. ¡Adiós, adiós, adiós! cantaban por todas partes las plantas y los vientos, los campos archi-maduros, los prados doradillos. Adiós, cestos, las vendimias ya están hechas. Las cosechas en el granero, las almas en el redil...». Leerle me alegra, me eleva, me cura.

¿Demasiada felicidad? ¿Se puede ser demasiado feliz? No, ocurre como con la salud: no se puede tener «demasiada» buena salud. Esta doble imposibilidad radica en una sencilla razón: tanto la felicidad como la salud son dos estados frágiles y transitorios, que no dependen de nosotros. Por el contrario, es posible hablar demasiado de la propia felicidad, mostrarla demasiado, apegarse demasiado a ella. Son tres errores perjudiciales: los dos primeros de cara a los demás, cuando estos son desdichados; el tercero, para con nosotros mismos, cuando aparecen las desgracias.

Demasiado feliz Se trata de una de mis pacientes, a la que aprecio (de hecho, si me pongo a pensar en ello, ¡quiero mucho a todos mis pacientes!) y a la que acompaño desde hace mucho. Su vida no ha sido fácil, pero siempre se ha esforzado mucho, ha hecho lo que hacía falta hacer para mantenerse a flote, y liberarse de las cadenas de su pasado. Como es inteligente, motivada y peleona, lo consiguió y, al cabo de algunos años, por fin, le parece que su vida se ha vuelto feliz, que la suma de sus felicidades es superior a la de sus desdichas. Se siente feliz, no todos los días, no todo el tiempo, pero sí en general. Le parece (y con razón) que su vida se ha convertido en una vida feliz. Pero... no está acostumbrada. Hemos tenido que trabajar bastante acerca de esa cuestión en nuestras conversaciones, pues de vez en cuando se le renuevan miedos procedentes del pasado: miedo de que todo eso no dure, y que regresen las desdichas. La sensación extraña que tiene es que todo eso le sea «arrebatado». Por quién y por qué es algo que ignora, pero así es...

El otro día, estaba en su tren suburbano, de vuelta de su trabajo, para encontrarse con su compañero y su casa (dos grandes novedades en su vida, que para ella simbolizan el hecho de que por fin es «normal, como todo el mundo» y que tiene derecho a una vida de alegrías sencillas). Su mente vagabundeaba por esas pequeñas cosas que la hacen feliz, y de repente, ¡patapún! Otra vez el pensamiento: «Esto no durará, no puede durar, vas a pagarlo, te lo quitarán todo...». Siente de nuevo ese pinchazo en el corazón y en las tripas, ese malestar indeseable que sabe muy bien que es absurdo. Empieza a respirar, a tranquilizarse, a acordarse de nuestras conversaciones al respecto, cuando de repente, arrancándola del mundo virtual de la lucha contra sus inquietudes, resuena la voz de la realidad, adoptando la forma de la del revisor del tren: «Señoras, caballeros, buenos días. Billetes, por favor...». Ella rebusca entre sus cosas buscando su tarjeta de transportes. ¡Vaya! No lleva el bolso de siempre, y se ha dejado la tarjeta en casa. A pesar de sus explicaciones, le multan y le quitan 45 euros. *¡Dura lex, sed lex!* Y extrañamente, se siente aliviada. Un poco irritada ante la intransigencia de los revisores, pero sobre todo aliviada: «Pues ya ves. Tenías miedo de demasiada felicidad, ¡y ya ves la que te ha caído! No te preocupes, la vida se encargará de hacerte pagar el peaje, como ahora. No has de temer grandes catástrofes, sino solo prever pequeñas preocupaciones. Tal vez tu felicidad te será retirada un día, como le puede suceder a cualquier ser humano. Pero, mientras tanto, disfruta. ¡Y prepara cambio para los peajes de la adversidad!».

En lugar de temer perder la felicidad, disfrutémosla, y ¡llenémonos de su fuerza para atravesar nuestras pequeñas contrariedades con una sonrisa!

Demasiado tarde No me gusta que mis pacientes me digan: «¡Ah, qué pena que no me diesen este medicamento, esta psicoterapia, este diagnóstico (etc.) antes! Me habría ahorrado años de sufrimiento». Cuando eso ocurre, me inclino hacia ellos, con el rostro muy serio de alguien que acaba de escuchar algo grave, y les pido que me repitan lo que acaban de decir. En general se sorprenden, porque normalmente, cuando se dice eso a los demás («demasiado tarde, qué lástima»), lo que sucede es que a la gente le da igual o les consuela («pero de ninguna manera, no es demasiado tarde»). Pero aquí (¡están en la consulta de un psiquiatra!) se les pide que repitan. Entonces me repiten la queja; a menudo atenuándola un poco. «Muy bien, contesto yo, pero... ¿entonces qué va a hacer si es demasiado tarde?» Entonces empiezan a entender y a reírse. Sí, «demasiado tarde» forma parte de esos truismos inútiles y tóxicos sobre la felicidad que me gusta desalojar de la mente de mis pacientes. Pero en lugar de decirles «más vale tarde que nunca» (eso ya lo he hecho un montón de veces), los pongo a trabajar. Como sé que rara vez nos liberamos de nuestras preocupaciones mediante la inteligencia, sino más bien a través de la experiencia, les hago llevar a cabo un pequeño experimento: pillarles metiendo la mano en el saco del truismo tóxico y aprovechar para examinarlo con más atención.

Democracia La democracia es buena para la felicidad, así lo afirman numerosos estudios de psicología positiva.[2] En primer lugar como tal: poder sentirse libre de expresar la propia opinión y tener la sensación de que cuenta, facilita la felicidad. Por ejemplo, los cantones suizos donde existe el mayor número de «votaciones», también son aquellos en que los habitantes se sienten más felices.[3] La democracia es asimismo beneficiosa para la felicidad por los valores que transmite y los sentimientos que permite expresar: las percepciones y observaciones cotidianas de justicia, igualdad y confianza entre los individuos desempeñan un importante papel en la sensación de ser feliz en el seno de un país determinado. También es verdad respecto a un pequeño nivel de desigualdades y diferencias de rentas, y por una solidaridad perceptible en lo cotidiano (ayuda mutua entre vecinos, entre desconocidos en lugares públicos). Es lo que, por ejemplo, les faltó a los ciudadanos de ciertos países del Este durante su transición hacia la democracia: esta empezó acompañada de desigualdades crecientes y de una destrucción del tejido de las solidaridades tradicionales, de donde procede una paradójica nostalgia de los buenos viejos tiempos de la dictadura del pueblo.

Los dirigentes políticos deberían inspirarse más en esos trabajos. No para *imponer* a sus ciudadanos una forma determinada de felicidad (dejaría de ser democracia para ser dictadura), sino para crear las condiciones. Es lo que presintieron los revolucionarios norteamericanos al proclamar en su Declaración de Independencia de 1776 que los tres derechos inalienables de todo ser humano eran el derecho a la vida, a la libertad y a la *consecución* de la felicidad. No el *derecho* a la felicidad, sino a su consecución. Insisto porque me parece visionario e inteligente. El papel de los políticos es crear un entorno que permita que cada uno se ocupe de su propia felicidad. Al otro lado del Atlántico, y unos años más tarde, Saint-Just escribiría en 1794, en su informe a la Convención: «La felicidad es una idea nueva en Europa». Sería de ese siglo XVIII acabándose y en plena ebullición de donde brotaría la democratización de la felicidad, antaño reservada a las élites lo suficientemente ricas y cultivadas para permitírsela; la felicidad se ha convertido en una búsqueda legítima y accesible para todos. Eso provocó irritación y esnobismo en los pudientes del siglo XIX (de ahí la tradición crítica de la felicidad, tan arraigada entre nosotros), pero nos da igual, ¿a que sí?

Democracia y ducha caliente   Contra la habituación hedonista, existe un ejercicio que denomino «democracia y ducha caliente» y que a veces propongo en psicología positiva; de vez en cuando, al tomar una ducha de agua caliente, alegrarse de esa comodidad (y no esperar a que se estropee el calentador para gemir); de vez en cuando, al leer los periódicos, alegrarse de vivir en una democracia (no tener que preocuparse de ser despertado a las 5:00 de la mañana por la policía política; poder votar por quien nos plazca y decir libremente lo que se piensa en la vía pública). Le había hablado de ello a una amiga. Poco después, al regresar de una misión humanitaria en África, me escribió un correo electrónico que tituló: «Dictadura y ducha fría». Aquí está:

> «Espero que estés bien y que estés aguantando a pesar de tu "temporada" cargada. Acabo de volver después de pasar diez días en la República Democrática del Congo. Desde entonces, trato de encontrar un sentido a todas esas situaciones injustas y atroces que he presenciado, intento aceptar la manera en que funciona el mundo y separarme de mis pensamientos de rebelión y tristeza. Me hará falta todavía mucha práctica para aceptar todo eso, imagino. Qué duro resulta, al regresar de la misión, apreciar –sin culpabilizarse– todo lo que tenemos aquí (y que despilfarramos o que no aprovechamos lo suficiente). ¿Para cuándo la democracia y la ducha caliente para todos? Abrazos».

Siempre la misma pregunta: ¿cómo permitirse la felicidad en medio de la desdicha? Y siempre la misma respuesta: no culpabilizarse por las alegrías de las que disfrutamos, sino: 1) no malgastarlas, y 2) extraer fuerzas para ayudar a los que están muy muy lejos. Como hace mi amiga.

Dependencia Ser feliz es ser dependiente. Philippe Delerm incluso dice: «Ser feliz es perder a alguien».[4] ¿Dependencia del amor, dependencia de la felicidad? Como la dependencia a la respiración o la comida: normal porque son necesidades fundamentales de todo ser humano.

Dependencia del humor Término técnico, pero noción importante y útil. Cada estado emocional está asociado a lo que los investigadores en psicología de las emociones denominan un «programa de comportamiento», es decir, que cada emoción va acompañada por tendencias específicas de la acción, automáticas, programadas para desencadenarse cuando aparece la emoción. En el caso de la tristeza, estas tendencias de acción empujan al repliegue y la inmovilidad, para ahorrar energías y reflexionar (serían, pues, tendencias a la inhibición de la acción). En cuanto a la inquietud, se trataría de comportamientos de prudencia, de vigilancia del entorno, a fin de escrutar en busca de peligros. En la cólera, manifestación de intimidación y hostilidad. En el asco, el retroceso. Esas tendencias son automatismos, lo que podríamos denominar un «primer movimiento» desencadenado por la emoción. Se adaptan al medio natural: nos ayudaron antaño a afrontar amenazas o peligros físicos, pero están menos adaptadas al medio cultural, frente a peligros simbólicos o virtuales.

Es lo que sucede con el movimiento natural del cuerpo hacia la agresividad, contenido en la cólera: en un animal sirve para intimidar a adversarios y parejas; en el ser humano complica a veces las situaciones en las que la diplomacia conseguiría más que los ladridos. La inhibición de la acción que induce la tristeza puede ayudar a un animal a rehacerse y recuperar las fuerzas, el tiempo de dejar que pase, como se deja pasar una tormenta (los animales no cavilan acerca de su disgusto). Pero en los seres humanos, esta inhibición de la acción puede incluso agravar el talante triste (es lo que les ocurre a los deprimidos: cuanto menos hacen, más se deprimen).

Por eso, reparar en esta dependencia del humor y sus programas de comportamiento, así como obstaculizarlos, pudiera tal vez ser una buena idea. O al menos intentar probarla. Por ejemplo, ir a caminar cuando la depresión nos da la impresión de estar muy cansados. Tras una caminata de una hora, resulta que la fatiga y la depre siguen ahí; pero tras 20 días en que nos hemos obligado a una hora de marcha cotidiana, ambas han retrocedido.[5] Cuando tenemos dificultades en un trabajo, la dependencia al humor consiste en obedecer la reacción emocional y a abandonar, o a «que nos dé el aire» dando una vuelta por Facebook o la bandeja de entrada del correo. Pero no siempre es buena idea... No es que no haya que escuchar nunca las reacciones emocionales, sino más bien que es necesario verificar si en ciertos momentos no las escuchamos demasiado. Al contrario tampoco estaría bien (no dejar nunca un trabajo antes de encontrar la solución), pero a lo que hay que apuntar es a la flexibilidad y el discernimiento: escuchar mis reacciones, ver hacia dónde me empujan, y decidir si voy o no.

Tal vez hayas notado que hasta ahora no he hablado más que de la dependencia del humor de nuestros comportamientos con respecto a las emociones negativas. Sucede lo mismo con las emociones positivas: la alegría y la felicidad nos empujan a comportamientos espontáneos de cercanía y exploración, de confianza en nosotros mismos y en los demás, de expresión de nuestro bienestar. Suele ser menos problemático, pero a veces no puede adaptarse, en entornos hostiles o malévolos, o frente a personas desdichadas. Así pues, también en este caso hace falta un poco de discernimiento y de autocontrol: «¿Es este comportamiento hacia el que me siento empujado por mi humor el mejor en este momento concreto?».

Depresión Existen muchas maneras de hablar de la depresión. En la enfermedad depresiva deja de haber deseo y placer. Tampoco hay ninguna aptitud para la felicidad. De golpe, la vida aparece en toda su brutalidad, como una sucesión ininterrumpida de molestias, pruebas y sufrimientos. Lo que en cierta manera ya es. Por fortuna, no solo es eso: entre todos esos momentos dolorosos, existen oasis de felicidad. Ahora bien, la depresión no nos permite alcanzarlos ni saborearlos. Y el único tema lógico, cuando se está bastante deprimido y cuando se piensa (erróneamente pero con mucha intensidad) que nada puede mejorar, la única preocupación es dejar de vivir ese infierno: las ideas suicidas están casi siempre presentes en los deprimidos, en diversos grados. De ahí la profunda verdad de la frase de Claudel en su *Journal*: «La felicidad no es el objetivo, sino el medio de la vida». No vivimos, o al menos no solamente, *para* ser felices, sino también y sobre todo *porque*, al menos de vez en cuando, nos permite serlo. Los momentos de felicidad que la vida nos ofrece y que sabemos aceptar son como para un coche pasar por una gasolinera: se llena a fin de poder continuar camino.

¿Derecho a la desdicha? Absurdo, pero necesario para tranquilizar las angustias de la dictadura de la felicidad: sí, sí, puedes ser desgraciado, no te preocupes, ¡está permitido! No te meterán en la cárcel si pones mala cara, ni si te quejas constantemente. Serás tú mismo el que te metas...

¿Derecho a la felicidad? ¿Qué estamos reclamando exactamente cuando reivindicamos, para nosotros o para los demás, derechos (al trabajo, a la vivienda, a la felicidad)? Desde luego no que nos los sirvan ya cocinados, sino que nos permitan acceder mediante nuestros esfuerzos. Un derecho no es una deuda, sino una posibilidad que se reclama. En ese sentido, todo ciudadano tiene derecho a la felicidad, o más bien a las condiciones de vida que le permitan crearla.

Descarga El otro día debía descargar unos documentos de internet. Un poco atropellado, con muchas cosas pendientes, y la descarga no acababa... ¡Ufff! ¡Qué lento! Me irrito, sin darme cuenta. Y de repente, me digo: ¿Cómo que qué lento! No, no es lento, solo unos pocos minutos para recuperar tantos datos. Eres tú el impaciente. ¿Y tus grandes discursos sobre el instante presente? ¿Y los pacientes con los que trabajas en eso? Por ahí te equivocas, ¿no crees? Respira, tío, relaja esos hombros crispados. Cierra un poco los ojos. ¡Y sonríe, burro! ¿A que así es mejor?

Descartes y su hija Disponemos de una palabra para designar a los niños que han perdido a uno de sus padres: huérfanos. Pero no existe para los padres que han perdido un hijo. En 1640, René Descartes vio morir a su hija Francine, de apenas cinco años de edad. Sintió una pena inmensa.[6] Solemos imaginarlo como un frío racionalista, pero escribió un bello tratado sobre las pasiones del alma, su última obra, publicada en 1649. Murió un año más tarde. Algunos consideran ese tratado como su obra más importante, y revela claramente que el filósofo de la razón respeta las pasiones: «La Filosofía que yo cultivo no es tan bárbara ni arisca que rechace el uso de las pasiones. Al contrario, es en ello en lo que invierto toda la dulzura y la felicidad de esta vida».[7] ¿La muerte de su hija querida le había quebrantado hasta tal punto que hizo evolucionar su doctrina?

Descuidar la felicidad Me parece haber comprendido por qué algunos seres humanos no se esfuerzan en pos de la felicidad. No es porque la desprecien o infravaloren su importancia, sino que piensan que se pueden arreglar sin ella. Para ellos, de lo que deben ocuparse es de las preocupaciones. Las alegrías llegarán si tienen que llegar. Si no, qué se le va a hacer, pero... ¡primero las preocupaciones! Es un error, claro está. Las alegrías, la felicidad, pueden efectivamente arreglárselas por sí mismas, sin nuestros esfuerzos. Pero entonces, ¡no nos quejemos tanto de que no somos felices! Seríamos como un jardinero quejándose de un jardín del que nunca se ocupa.

Desdicha La inevitable sombra de la felicidad. En nuestras oraciones es inútil pedir no ser alcanzado por la desdicha, es imposible. Vale más la pena pedir sufrir únicamente desdichas ordinarias, y ser capaz de atravesarlas, para renacer a continuación a la felicidad. Eso bastará.

Desear la felicidad de los demás La felicidad de los demás debe alegrarnos. Si no es así, es que hay algo muy importante, fundamental, que no hemos comprendido. Es fácil hacerlo con las personas que queremos: nos alegramos de buena gana de la felicidad de quienes amamos. Más allá de este pequeño círculo pueden existir la indiferencia o la envidia. Si nos molesta la felicidad ajena, al menos debemos recordar egoístamente lo siguiente: cuanta más felicidad haya sobre la Tierra, más bella será nuestra vida; cuanta más felicidad, menos violencia y sufrimientos.

Deseos La felicidad no siempre está ligada a la satisfacción de nuestros deseos. A veces, nos cae encima cuando no habíamos pedido nada, buscado nada, esperado nada. Tal vez, ni siquiera la satisfacción de nuestros deseos nos colme: es la felicidad triste del niño mimado, que apenas colmado, vuelve a irse en busca de otro objeto, presa de la comezón crónica y horrible de la insatisfacción. Cuando desear nos proporciona más felicidad que disfrutar, es que todavía nos queda trabajo por hacer sobre la felicidad.

Desesperación   Cuando me harto de todo, me gusta volver a pensar en este proverbio yidis: «Jamás sucumbas a la desesperación, ¡pues no cumple sus promesas!». ¿Es tal vez lo que se denomina la energía de la desesperación? Empezar dejándola invadirnos, permitir romper los diques, imaginar que vamos a abandonar este mundo y sus sufrimientos. Empezar a ascender al cielo en nuestra imaginación. Observarlo todo con una mirada tranquila y desapegada. ¡Qué bonita vista desde arriba! Y lo pequeñas que de repente nos van pareciendo nuestras preocupaciones. Finalmente, ¡podemos volver a bajar! Ya veremos cómo saldremos de esta. Siempre habrá una solución. Como decía no me acuerdo ya quién: «Todo se arregla, incluso mal...». El filósofo André Comte-Sponville va todavía más lejos: considera que mientras existe esperanza, no puede haber felicidad.[8] Llega de sopetón cuando se ha dejado de esperar, para pasar simplemente a disfrutar. No me parece verdad al cien por cien: esperar el futuro también nos puede procurar felicidad, pero no debe disuadirnos de saborear el presente. Lo que por el contrario sí que me parece verdad es que, si hubiera que elegir, a la fuerza, que nuestra mente no fuese capaz más que de una de las dos, más valdría elegir la opción de *disfrutar* que la de *esperar*. Nuestro cerebro, por fortuna, sabe por naturaleza hacer ambas cosas; depende de nosotros entrenarnos regularmente.

Desfile   Se trata de un recuerdo antiguo. La escena pasó hace unos 15 años. Ese día –era un mediodía de entresemana–, iba por la calle principal de nuestra población en las afueras de París. De repente, vi llegar un cortejo infantil, discurriendo por el centro de la calzada, precedido de dos policías municipales bonachones que les abrían paso. Era martes de carnaval, los escolares iban todos disfrazados por el carnaval y sin duda se dirigían al gimnasio cercano para celebrar una fiesta.

Divertido y enternecido, me detuve para observar su paso: algunos iban alegres y excitados, otros un poco perplejos, es decir, inquietos al estar andando por el medio de la calle (un sitio por el que no se circula jamás cuando se es un niño de parvulario) bajo las miradas de algunos padres y paseantes. El espectáculo era una monada, pero también resultaba un poco triste: esos niños desfilando sin público, o casi, agitando sus banderolas sin que casi nadie los mirara. Nunca me he sentido muy cómodo con los desfiles, por lo general me inquietan o me entristecen. Y siempre siento pena cuando presencio un espectáculo sin espectadores. ¡Pero no iba a poner cara de congoja a su paso! Entonces, para animarlos, me quedé allí aplaudiendo y saludando, mostrándome como un curioso contento, tratando de animarlos.

Y vi que en el medio de esa pequeña tropa iba mi hija mayor, que por entonces tendría cuatro o cinco años. ¡Me había olvidado de que podría estar allí! Observo su rostro: un poco inquieto mirando la escena desde el interior, un tanto incrédula y preocupada. No me ha visto. La llamo, me ve y una sonrisa le ilumina el rostro; me saluda, me enseña a sus amigas y compañeros, agita un poco más la banderola, aliviada de haber tal vez encontrado un sentido a ese extraño desfile. Después, el pequeño cortejo se aleja, y veo a mi hija que se vuelve una o dos veces, para decirme adiós con la mano.

Adiós, hija mi de mi corazón, adiós...

Un extraño sentimiento de fragilidad acerca de la vida humana me inunda con suavidad la mente. Esos niños llevados hacia un espectáculo del que no comprenden gran cosa, frente a la indiferencia de los transeúntes, me recuerdan durante un instante la imagen de toda la humanidad: frágil, huérfana, perdida. Debía tener yo un día triste.

Ese recuerdo tiene hoy en día para mí el regusto como de un sueño. ¿Te has fijado en que algunos sueños permanecen en nuestro recuerdo al cabo de los años? Creo que lo recuerdo como un sueño porque entonces sentía estados de ánimo complejos e intensos, porque la escena era un poco extraña e inhabitual, y porque mi tristeza del momento me tornaba archirreceptivo a los pequeños desajustes de un espectáculo supuestamente alegre.

Siempre existen pequeños desgarros en el bello hábito de las fiestas. Se dice que es para que entre la luz. Algunos días, esa luz es sombría, pero me gusta. Me gusta que ese recuerdo sea portador de una dulce tristeza. Me recuerda nuestra fragilidad: la de mi hija, la mía y la del género humano.

Despertar Momento sensible en el que abandonamos el sueño para afrontar o disfrutar la vida. A veces no sentimos un estado emocional particular. En ocasiones, nada más abrir los ojos, las angustias nos saltan a la yugular. A veces, se trata de alegría. En todos los casos, es interesante tomarse un poco de tiempo antes de levantarse, el tiempo de disfrutar de seguir con vida (durante nuestro sueño han muerto miles de seres humanos), y el tiempo, si sufrimos, de expandir nuestra mente alrededor del sufrimiento, para no empezar la jornada con el alma en un puño. Otra actividad recomendada al despertarse: nada de pantallas ni de información, sino movimientos gimnásticos suaves, o una pequeña meditación sentada de algunos minutos, concentrada en el instante presente y la consciencia del estado del cuerpo.

Detener el cerebro La felicidad tal vez sea no pensar en nada, en particular cuando uno desea dormir. Recuerdo una noche, con mi hija pequeña, en el momento en que fui a darle un abrazo antes de dormir y durante el que hablamos un instante, como tanto nos gusta hacer:

—Papá, me parece que me va a costar dormirme, estoy demasiado nerviosa.

—No me digas. ¿Hay algo que no marcha bien, te preocupa algo?

—No, no, pero tengo muchas cosas en la cabeza. ¿Sabes cómo se hace para dejar de pensar?

—¡Vaya! Dejar de pensar es difícil. ¿Piensas en cosas que te inquietan?

—No, ya te lo he dicho, ¡deja de hacerte el psiquiatra, papá! Es que no puedo parar el cerebro para dormir. Dime cómo se hace.

—Pues a menudo, lo que ayuda es no intentar dormir, no decirse: «Tengo que dormirme, tengo que dormirme», sino más bien relajarse. Por ejemplo, sintiéndote respirar, prestando atención al aire que entra por la nariz, que desciende a los pulmones y que luego vuelve a salir, un poco más templado. Sintiendo cómo el pecho y el vientre se hinchan y se deshinchan, suavemente... ¿Sientes todo eso?

—Sí, sí.

Pasa un instante.

—Lo siento, pero no funciona. ¿No sabes nada mejor?

—¿Sabes? El sueño no puede ordenarse, solo esperar a que llegue, tratando de no ponerse demasiado nervioso por querer dormir ya, ahora mismo.

—Bueno, vale. Déjalo. Ráscame un poco la espalda, por favor...

Lo hice y se durmió.

Moraleja: para detener la mente no hace falta necesariamente un psiquiatra, tal vez baste con un buen rascado de espalda.

Dictadura de la felicidad   A algunos intelectuales les gustaría denunciar una dictadura de la felicidad, que estaría causando estragos en la actualidad. Habríamos pasado del derecho a la felicidad al deber de la felicidad, y seríamos la primera sociedad desgraciada al no poder ser feliz.[9] Me siento un tanto incómodo con ese discurso. Me parece que no tiene que ver con la felicidad en particular, sino con todas las dimensiones de nuestra vida: el desempeño profesional, sexual, parental, conyugal, la salud, etcétera. Numerosas imposiciones internas han sustituido en la actualidad a otras externas de ayer (la mirada normativa y coercitiva de la familia, de los vecinos, de la sociedad, sobre nuestra manera de vivir, de vestirnos, etcétera). La felicidad forma parte, pero ni más ni menos que el resto.

A mí me irritaba bastante la dictadura –o la moda– de la desdicha, que reinó extrañamente en los años 70, cuando había que estar de mal humor, poner cara de serio y preocupado por las desgracias del mundo, para ser digno de crédito y parecer sensato.

Dinamarca Dinamarca está a menudo a la cabeza de los países cuyos habitantes se sienten más felices. Así que un verano llevé a toda la familia de vacaciones, para intentar comprender el secreto de los daneses… Leí un poco antes del viaje, y sabía que, entre los elementos que explicaban el contento de los ciudadanos de ese país, figuraban sobre todo la diferencia relativamente pequeña entre los ingresos de los más ricos y los más pobres, el compartir valores culturales e identitarios fuertes y un Estado de bienestar todavía en buen estado.[10] Y luego he visto vivir a los daneses en su vida cotidiana, y mi conclusión, más prosaica, es la siguiente: a mi regreso me he comprado una bici, como mucho pescado y hablo sobre todo con los vecinos del barrio. Eso es lo que he hecho…

Dinero «El dinero no hace la felicidad», decía uno de los personajes de una obra de Feydeau. Y Jules Renard apuntó en su *Journal*: «Si el dinero no hace la felicidad, ¡devuélvelo!». La relación entre el dinero y la felicidad es (vaya) real: en una sociedad dada, los ricos son por término medio más felices que los pobres. Sin embargo, esta relación no es lineal (como se puede constatar en la curva del gráfico): es logarítmica, para ser más preciso.

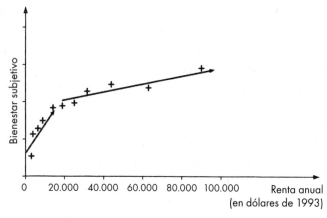

Relación entre renta y bienestar psicológico.[11]

Dicho de otro modo, el dinero aumenta enormemente la felicidad para los muy pobres, pues les permite satisfacer las necesidades humanas fundamentales (alimento, cobijo y seguridad). Después, para los más ricos, su papel se debilita. Lógico: 20.000 euros de más por año son decisivos para un sintecho, y anecdóticos para un director general. Más allá de un cierto umbral de riqueza (el que asegura una vida digna y sosegada, en un país dado), el dinero deja de representar el factor de felicidad más potente. Algunos eligen continuar consagrando lo esencial de su tiempo y energía a ganar más y siempre más dinero. Eso aumenta su felicidad, porque les permite adquirir nuevos bienes, sentirse más protegidos frente a un eventual revés de la fortuna, o bien simplemente porque disfrutan con la sensación de poder, de éxito y control que les procura el hecho de enriquecerse. No obstante, una vez que adquirimos lo esencial, una vez traspasado el punto de inflexión de la curva, existe otro medio, más potente que el dinero, para ser más feliz: disponer del tiempo para vivir y disfrutar de lo que ya se posee.

Distracciones y dispersiones   Nuestra época es estupenda en ciertos aspectos y tóxica en otros. Entre sus defectos figura la dependencia de la distracción, dependencia que crea en nosotros, llenando nuestro espacio mental de innumerables posibilidades informativas, de distracción, invadiendo nuestro espacio físico de pantallas ante las que basta con instalarse y dejarse capturar durante horas. No hay nada que pensar, solo reaccionar. No es bueno para nuestras capacidades de felicidad: los datos disponibles demuestran que la inestabilidad de la atención y su dispersión aumentan las emociones negativas. Esto es lo que decía Gustave Thibon, labrador convertido en pensador: «Los filósofos de la Edad Media atribuían la esterilidad de las prostitutas a los combates que libraban los múltiples embriones concebidos cada día a través del contacto con sus clientes y que se destruían entre ellos en función de su número. Lo cual, *mutatis mutandis*, es aplicable maravillosamente a nuestro estilo de civilización donde el ser humano, solicitado en todos los sentidos por nuevas distracciones, ha dejado de tener la capacidad y el tiempo de permitir que madure en él lo que sea, de manera que cada vez es más corta la distancia, en su espíritu y en su alma, entre la concepción y el aborto...».[12] Si no reflexionamos sobre nuestra felicidad, si nos contentamos con saltar sobre las promesas de felicidad que agita ante nosotros la sociedad de consumo en la que vivimos, si dejamos nuestro cerebro sin cultivar, entonces no seremos felices.

Dolor   Un colega neurólogo durante un congreso: «¿Saben cuáles son los dolores que se soportan mejor? ¡Los de los demás!». Risas en la sala, y después el orador continúa, pero por mi parte es como si hubiera terminado, ya no le escucho. En mi cabeza ya no está. ¡Qué cierto es lo que ha dicho! Los médicos no deberían olvidarlo nunca. Esa frase debería estar grabada sobre la entrada de cada servicio. Y me pongo a pensar en los últimos pacientes cuyo dolor tal vez haya subestimado. Pero tampoco habría que olvidarlo cuando se es humano. Nos lo recuerda Christian Bobin: «Sea quien sea la persona a la que mires, has de saber que ya ha atravesado el infierno varias veces». [13] Esas personas con las que hablamos son seres que sufren en una u otra parte de su vida o de su pasado. No hay que olvidarlo nunca.

Dolor de muelas Cuando se tiene dolor de muelas, la felicidad nos da igual. O en cualquier caso, sería no tener dolor de muelas. El dolor extremo cierra totalmente nuestra consciencia a todo lo que no sea el cese del dolor. Cuando era pequeño recuerdo haber tenido dolor de muelas muy a menudo: demasiados caramelos y poca limpieza. Los padres de la época eran menos vigilantes que en la actualidad. El otro día charlaba de esto con un amigo dentista que me decía que ahora no veía bocas tan devastadas como antaño. El dolor de muelas era para nosotros y nuestros antepasados, no para nuestros hijos, por fortuna. Pero pueden encontrarse rastros de esa época por ejemplo en la canción de Brassens, «Le Testament»:

> *He abandonado la vida sin rencor,*
> *nunca más me dolerán las muelas:*
> *y he aquí que estoy en la fosa común,*
> *la fosa común del tiempo.*

Duelo y consuelo Estoy con un amigo que acaba de perder a su compañera. Está muy mal, tiene los ojos anegados en lágrimas, deja a menudo de hablar y tiene el pecho bloqueado por los sollozos. En estos momentos, tengo la impresión de estar escuchando cómo se le parte el corazón, como el ruido de un cubito de hielo que cruje en el agua demasiado caliente de la tristeza. Me avergüenzo de tener esta absurda idea en este momento: «Pero ¿por qué te enrollas con esa historia de cubitos cuando tu colega está fatal? Y además, el cubito va del frío al calor, mientras que tu amigo está a punto de quedarse helado de angustia». Después me digo que no, que tal vez es el mismo ruido que el cubito, porque se trata del mismo fenómeno: el frío terrible de su corazón se calienta un poquitín al hablar con un amigo. Y por eso cruje. O tal vez es que padezco alucinaciones auditivas acerca del crujir de su corazón. Debilitado por la tristeza, ni siquiera se ha dado cuenta de que yo había abandonado la situación durante unos segundos. Comprendo que solo puedo estar ahí, que cualquier palabra de consuelo no encontrará un eco, que es demasiado pronto. Lo contemplo y le sonrío con ternura y compasión. Deposito mi mano sobre la suya. Vuelve a llorar. Respiro y me esfuerzo por enviarle todo mi afecto, a través de mis pensamientos, mis emociones, por contagio, por telepatía. Tengo la impresión de que si abro la boca no diré más que tonterías, palabras que no hallarán un receptor. Pero no nos vamos a pasar el día allí, los dos, llorando. Entonces, antes de consolarle, le pido que me hable de él, de lo que pasa por su cabeza y en su cuerpo, de la manera en que pasa los días. Volvemos a la realidad, una realidad dolorosa, pero que puede evocarse. Luego, poco a poco, le ofrezco consejos: «Ya sé que ninguna de mis palabras te consolará, porque ahora eres inconsolable. Solo quiero pedirte que continúes viviendo cada instante, uno tras otro. Cada vez que las enormes olas del pesar vayan a sumergirte, respira, llora, mantente apartado para dejarlas romper y recupera el aliento. Luego vuelve a hacer, a caminar, trabajar, vuelve a todo lo que requiere la participación de tu cuerpo y, sobre todo, de tu cerebro. Eso es todo, no tienes que hacer más esfuerzo que ese».

Más adelante, cuando volvamos a vernos, con suavidad, le pediré que empiece a pensar en su compañera viva, y no solo muerta; que escriba en un cuaderno todos los recuerdos de momentos felices pasados juntos. Que la celebre en vida, no que la llore en su muerte. Me contará los sueños increíbles por los que pasa, con ella, que viene a hablarle casi todas las noches. Yo le explicaré cómo, tras la muerte de mi mejor amigo, estuve hablando con él durante años; cada vez que vivía un momento feliz, me dirigía a él para decirle: «Fíjate, tío, todo esto también es para ti». Y cómo me hacía sentir bien saberlo o imaginarlo, flotando sobre mi hombro, disfrutando la vida y riendo conmigo. Nada nos consuela, toda muerte nos deja inconsolables. La felicidad no nos está prohibida, pero nunca volverá a tener el mismo sabor. Será transformada, como nosotros. Podemos continuar viviendo con nuestros muertos; vivir con ellos y también un poco por ellos. Y pasan cosas chocantes, que los poetas describen mucho mejor que los psicólogos. El amigo Bobin, por ejemplo: «Mi padre, muerto hace ya trece años, no deja de crecer, de ocupar cada vez más sitio en mi vida. Este crecimiento de la gente tras su muerte es muy extraño. [...] Como la pepita de oro encontrada en el fondo del tamiz, lo que queda de una persona es resplandeciente. Inalterable a partir de ahora. Mientras que antes nuestra visión podía oscurecerse por toda una serie de razones, siempre malas (hostilidades, rencores, etc.), ahora, reconocemos lo más profundo y lo mejor de la persona».[14]

Dulzura   La dulzura no es blandura ni debilidad. Se puede ser suave y dispuesto, suave y fuerte (como lo somos con nuestros hijos, y a sus ojos). Es una intención de hacer el mundo más habitable, un antídoto a la violencia que rezuma, tarde o temprano, todas las formas de desdicha. La dulzura, hacia uno mismo o hacia los demás –no hay que establecer diferencias–, es acordarse de que todos somos niños frágiles, tras las certezas de las que hacemos gala y nuestros pechos inflados.

Recuerdo que un día impartía una formación para colegas, un taller práctico sobre alguna técnica psicoterapéutica... He olvidado el tema exacto de mi intervención, pero recuerdo muy bien un instante de esa jornada: en un momento dado, durante el que los participantes realizaban un ejercicio entre ellos, me sentí cansado, como ocurre a menudo cuando se imparten talleres. Los talleres son agotadores porque hay que estar todo el tiempo muy atento: cuando se habla, pero también durante las pausas, pues siempre hay varios participantes que llegan para hacerte preguntas; a la hora de comer ocurre lo mismo. Bien, pues eso, que estaba cansado, y estuve ocupándome de observar las interacciones de los participantes tras la presentación del taller, y me puse a reflexionar. Hubiera sido mejor que me concediese un momento de verdadero descanso, de no hacer nada. No obstante –y ese es el tipo de detalles mediante los que calibro mis progresos–, me dirigí espontáneamente hacia la ventana de la habitación para observar el cielo y, en ese momento, escuché una vocecita interior que me murmuraba: «Sé dulce contigo mismo». Respiré, sonreí y comprendí que, en ese instante preciso, lo mejor que podía hacer era concederme esa pausa que todo en mí reclamaba, salvo mi superego de conductor de talleres perfeccionista. Comprendí que no solo me sentaría bien, sino que los alumnos también se beneficiarían. Al final del ejercicio, regresaría con ellos relajado y sosegado, y estaría mejor que si hubiese continuado crispado en mi puesto, menospreciando mis necesidades. No obstante, me había dicho: «Sé dulce contigo mismo», y no: «¡Sé blando!». No había aprovechado para dormitar, sino para restaurarme, para concederme un poco de dulzura, totalmente compatible con las exigencias de lo que tenía que hacer en ese momento.

Hoy, me asombro del tiempo que me ha hecho falta para descubrir que la dulzura hacia uno mismo no es blandura ni complacencia, solo inteligencia. No es grave: estoy muy contento de haberlo comprendido finalmente.

E de Esfuerzos

Para cambiar,
lo importante no es lo que sepas,
sino lo que hagas; eso se llama un esfuerzo.

Ecología y psicología Ocuparme de este mundo como si fuese a vivir siempre: la ecología me lo demanda. Pero no olvidar nunca que puedo abandonarlo y morir mañana mismo: la psicología me lo aconseja.

Eficacia y felicidad No soy un gran fan de los trabajos de investigación que demuestran que el bienestar de los asalariados y de los equipos son rentables para las empresas y, en general, en el mundo del trabajo (prefiero que se motive la felicidad con otros argumentos). Y no obstante, lo es.[1] Por ejemplo, un interesante estudio demostró que los equipos que trabajan en un buen clima de armonía eran más productivos que los equipos conflictivos o pasivos. Los investigadores filmaron la manera en que se desarrollaron las reuniones, para registrar el número de interacciones positivas (calurosas, constructivas, de colaboración) o negativas (tensas, pasivas, conflictivas). La relación que llevaba a los mejores desempeños (cifrados y evaluados al final del año) era de unas tres interacciones positivas por una negativa. Desde entonces, se acostumbra a llamar a esa relación óptima el *ratio Losada*, en honor al investigador que realizó el estudio.[2] Otros estudios han mostrado que las interacciones positivas en el seno de un grupo también facilitan la expresión de opiniones distintas de las de la mayoría;[3] eso es muy valioso, pues una opinión diferente se arriesga a ser percibida como simplemente molesta y a ser rechazada en un grupo estresado o de mal humor, y como interesante y digna de ser escuchada en un grupo positivo y cálido. Y se sabe que, para evolucionar, los grupos deben escuchar las opiniones marginales; no seguirlas obligatoriamente, pero siempre escucharlas...

Egoísmo El egoísmo cierra la puerta a la desdicha de los demás, pero al hacerlo, también cierra la puerta de la felicidad. Pues no hay más que una puerta, la que se abre al mundo. Al principio, se cree que cerrando esa puerta se impedirá que los demás entren a arrebatarnos nuestra felicidad o a arruinárnosla mediante el espectáculo o el relato de sus sufrimientos. Queremos guardar nuestra felicidad para nosotros, y nuestros parientes, en última instancia. En realidad, esa puerta que cerramos es la puerta del repliegue sobre nosotros mismos, y es la puerta que pudiera abrirnos a todas las felicidades del mundo. No tardaremos en asfixiarnos. El egoísmo es vivir en una casa con las contraventanas siempre cerradas: no veremos la lluvia, sentiremos menos el frío, pero no podremos admirar el sol.

¿Egoísmo inevitable? Algunas personas, cuando se les habla de altruismo, dicen que también es importante, a veces, ser egoísta, pensar en uno mismo. Desde luego... Pero el egoísmo no es tanto el «yo también», que es normal y legítimo; o el «yo primero», que es comprensible, a fin de cuentas, entre los inquietos, entre quienes han padecido una falta de felicidad. Se trata más bien del «todo para mí», ¡que es desde luego más problemático!

Ejercicio físico Un importante número de trabajos confirma que la salud del cuerpo facilita la de la mente. La actividad física regular aumenta ligeramente la tendencia a sentir un humor positivo. También aumenta la resistencia emocional a los sucesos estresantes, incluso en personas frágiles, que hayan sufrido por ejemplo episodios depresivos.[4] ¡Todos nuestros servicios de psiquiatría deberían estar equipados con un gimnasio!

El extraño señor que no hacía nada de nada Sucedió el otro día, en un tren, al regresar de una conferencia. Al otro lado del pasillo había un hombre que tenía un comportamiento extraño. Me ha intrigado desde que el tren abandonó la estación. Le observo por el rabillo del ojo para ver si para y se comporta como todo el mundo, pero no, continúa con su extraño comportamiento. El resto de pasajeros hacen algo: la mayoría mira sus pantallas, algunos hablan por teléfono y otros duermen. Y él, el no hace nada.

Me ha costado unos instantes comprender de dónde venía mi incomodidad al observarlo, pues el hombre tenía un aspecto totalmente normal: su mirada, su ropa no tenían nada de raro. Pero eso era precisamente: no hacía nada. Unas veces miraba por la ventana, otras observa a la gente que subía al vagón o que andaba por él. Quiero precisar que observaba a la gente de manera adaptada, sin excesiva insistencia, pero con el aire interesado del biólogo que escruta las idas y venidas de los animales de su especie favorita, con atención y discreción. Un poco como yo mismo lo observaba, como si fuera una especie en peligro de extinción: ¡alguien que no hace nada! Nada más que mirar cómo se mueve el mundo alrededor... Yo, que estaba dispuesto a imaginarlo un poco loco, ahora lo considero un sabio. Mi mente vagabundea un instante por esta extraña experiencia: considerar raro a un ser humano porque no hace nada. ¡Qué vidas tan curiosas las nuestras! ¡Y qué sociedad! En un momento dado, está a punto de decepcionarme: tras una hora de viaje, saca un móvil, que empieza a manipular. Lo observo con severidad, mientras me digo que le he puesto los laureles demasiado pronto. Pero no, se contenta con dedicarle una mirada distraída y luego lo devuelve al bolsillo, y continúa con su contemplación del hermoso paisaje que pasa por la ventanilla, y que nadie mira.

De repente, me pongo a mirarlo yo también, y noto que me sienta bien dejar un poco la pantalla de mi ordenador, y todos los escritos que he de redactar a todo correr, pues me estoy retrasando en la entrega. Todo eso solo es urgente. Lo importante está aquí, ante mis ojos, en este vagón y en los paisajes que van desfilando...

Elación y elevación El término «elación», que está en desuso en francés, proviene del latín *elatio*: «elevación, transporte del alma». La elación se desencadena frente a algo a lo que atribuimos un valor moral. La psicología positiva se interesa mucho en ello, pero utiliza más bien el término moderno de *elevación*. Sentimos la exaltación cuando presenciamos gestos conmovedores, en particular gestos de ayuda mutua o de generosidad. En nosotros sucede algo que difiere de la admiración y que ha sido estudiado con precisión: en primer lugar, se pasan vídeos que provocan elación a unos voluntarios (ver a desconocidos realizar buenas acciones) o bien de admiración (ver a deportistas lograr gestas increíbles); a continuación, a la semana siguiente, se pide a los voluntarios que permanezcan concentrados sobre la elación o la admiración, según el grupo al que pertenecen (manteniendo un pequeño diario donde apuntan los sucesos que su jornada les suscita). Después se exploran los resultados de este entrenamiento de admiración o elevación. Invitados a analizar lo que sucede en ellos, los voluntarios del grupo de admiración describían con más facilidad comezón o escalofríos, se sentían energetizados, dinamizados (como si presenciar actos admirables suscitase en ellos las ganas de imitarlos; y esta es sin duda, y de paso, una de las funciones de la admiración). Los voluntarios del grupo de elación no informaron de esos signos de activación fisiológica, sino que más bien apuntaban a que en su pecho, a la altura del corazón, sucedía otra cosa. Y de hecho, se pudo demostrar que la elación estimula el nervio vago, cuya función es activar el sistema parasimpático, inductor de sosiego, y no de excitación. El parasimpático también se activa cuando se siente gratitud,[5] lo que puso a los investigadores que estudiaban la elación tras la pista del amor: hicieron visionar, a jóvenes mamás en período de lactancia, vídeos que suscitaban elación, y se dieron cuenta de que a raíz de ello experimentaron una subida de leche más grande (medida por un tampón de algodón situado en su sujetador) que las mamás jóvenes del grupo testimonial. La elación está, pues, probablemente asociada a la producción de oxitocina, que a veces se llama la hormona del amor o de la confianza (se secreta en esas dos emociones), y que a fin de cuentas es una hormona que crea vínculo. La sensación de la elación nos es, por tanto, muy valiosa para reforzar nuestra sensación de vínculo con los otros seres humanos.

Elección Nuestra sociedad de consumo y de abundancia tiende a hacernos creer que disponer del mayor número de elecciones posibles es buen asunto. Pero no estoy tan seguro, y en todo caso no siempre ni en todas las esferas.[6] La elección entre 15 marcas de aceites de oliva, 20 modelos de coches, 30 destinos de vacaciones, etcétera, no es tan buena cosa. ¿Recuerdas tu último movimiento de rechazo frente a una carta de restaurante con decenas de platos? Esta plétora de elecciones tiene dos inconvenientes: inocularnos microestresantes inútiles, y hacernos gastar energía psíquica para nada. Se ha demostrado que los consumidores perfeccionistas («realizar la mejor elección») estaban más estresados y eran menos felices que los relativistas[7] («bueno, pues no me voy a romper la cabeza, esto parece que está bien, me lo quedo, no tengo ganas de pasarme dos horas buscando...»). Sin duda, sucede lo mismo en nuestras vidas que en los lineales del supermercado. No confundamos profusión y libertad, y todavía menos profusión y felicidad...

Electricidad Se trata de una escenita a la que asistí el otro día. Una señora mayor, cuando empezaba a llover, pasa con su carrito de la compra delante de un edificio, donde no parece que viva. Se dirige gentilmente a dos electricistas que llevan a cabo una reparación ante la puerta: «Cuidado, señores, es peligroso andar con la electricidad cuando llueve. ¡Anden con cuidado!». Los dos electricistas sonrieron educadamente: «Gracias, señora, estamos acostumbrados...». A pocos metros se encontraba su furgoneta, con todos los logos que demostraban que su empresa está efectivamente especializada en instalaciones eléctricas. ¿Cómo decirlo? Esta gentileza gratuita –y un poco ingenua– de la anciana hacia los dos desconocidos me ha conmovido y reconfortado. Y me gusta que me conmuevan y reconforten...

Elegir ser feliz ¿Es posible decir cosas como: elijo la felicidad? Algunos momentos de la vida no lo permiten, no hay otra elección que seguir con la lucha por la supervivencia. Pero el resto del tiempo es posible elegir velarla y estar al tanto de las condiciones de su eclosión. Elegir facilitarla.

Embellecer el pasado Es el mecanismo que funciona en la nostalgia: se contempla el pasado con ternura y se procede inconscientemente a realizar algunos embellecimientos, algunos retoques. Maravilloso y agradable, finalmente, a condición de utilizarlo para saborear la felicidad de haber vivido todo eso, y no para compararlo con el presente. Si no, arma temible de insatisfacción masiva.

Emociones Son, de alguna manera, en su manifestación espontánea, el termómetro de la felicidad. Emociones agradables: nos acercamos más a la felicidad. Emociones desagradables: nos alejamos.

Emociones negativas El problema de las emociones negativas no es su existencia, sino... ¡su tendencia a la expansión! Su tendencia a enraizarse y a suscitar programas de comportamiento específicos que las cronificarán: la cólera empuja a la agresión contra los demás; la tristeza, al repliegue; la inquietud, a concentrarse en los problemas, etcétera, y cada uno de esos programas es autoamplificador. Las emociones negativas tienen un papel y una función, que debe respetarse sin someterse a ellas por completo, para que dejen un poco de lugar a las emociones positivas.

Emociones positivas Cuando era un joven psiquiatra y no hacía más que ocuparme de las enfermedades declaradas, me daba la impresión de que las emociones negativas eran más numerosas, más variadas, más potentes y, por decirlo de alguna manera, más interesantes. Desde que soy un viejo psiquiatra y he tenido la oportunidad de poder trabajar en la prevención de enfermedades, en lugar de esperar a que se declaren o reaparezcan, he cambiado de opinión. He descubierto que el mundo de las emociones positivas es más rico de lo que se creía en principio. Si se profundiza en los detalles, son incluso más numerosas y variadas que las negativas: alegría, serenidad, nobleza, elevación, admiración, confianza, alivio, buen humor, ternura...

Emo-diversidad Nuestra sensación general de una vida feliz está relacionada con la frecuencia más que con la intensidad de nuestros estados de ánimo agradables. Pero sin duda, también con su diversidad. No funcionar más que según un tipo de emoción positiva sería como no comer más que un tipo de alimento, o no cultivar más que una especie de trigo o de tomate. Las alegrías cen-

tradas sobre uno mismo o centradas en los demás, agitadas o serenas, de descubrimiento o de costumbre; la emo-diversidad también
es útil y necesaria para la felicidad como la biodiversidad lo es para
la naturaleza.

Empatía La empatía es una capacidad innata del ser humano y de
numerosos animales, que consiste en ser capaz, automáticamente, sin esfuerzos particulares ni complicados, de sentir en qué estado emocional se encuentran las personas que nos rodean: como
somos seres humanos, nuestros cerebros saben leer y descifrar lo
que sienten los otros seres humanos.

La empatía mantiene estrechas relaciones con la felicidad: viene facilitada por el bienestar, que abre nuestra mente al mundo que
nos rodea, en lugar de replegarla sobre sí misma, como hace el sufrimiento. También es la que a veces nos permite beber de la alegría y la felicidad de los demás: frente a alguien que ríe, que sonríe,
aumentan nuestras opciones de contaminarnos de su bienestar.
La empatía es, finalmente, para mí, una forma muy potente y muy
profunda de intuición, que nos aparta de la tentación del egoísmo.
Nos sensibiliza hacia lo que sienten los otros seres humanos, tanto
a la alegría como a la pena; nos recuerda con toda su fuerza biológica que mantenemos una profunda relación con los demás. El
egoísmo es origen de desdicha, como demuestran numerosos estudios.[8] La empatía es una de las aptitudes que nos ha legado la naturaleza para sensibilizarnos más y hacernos más inteligentes y
generosamente felices.

En todas partes Recuerdo a una paciente con tendencias depresivas, a la que sus amigos aconsejaron irse de vacaciones para
cambiar de aires, y a los que les contestó: «Es inútil, ¡soy capaz de
ser desdichada absolutamente en todas partes!».

Encuadre positivo La psicología positiva no es renunciar a encuadrar y pasar a ser un adepto del *laissez faire*. Es preferir enfocar con suavidad pero firmeza.

El otro día, en un coloquio en el que participaba, la persona que hace de «moderador» propone al público que haga preguntas a los oradores. Y como es un moderador experimentado, sabe que, a menudo, algunos piden la palabra, no para hacer preguntas, sino para lanzarse a largos monólogos durante los que exponen su propia visión de lo que acaban de abordar los conferenciantes. Y a menudo, la sala refunfuña, pues de repente, aunque resulte interesante, deja de haber tiempo para el resto de preguntas. La ley es dura, pero es la ley: hay que esforzarse en ser breve. Ese día, el moderador realizó su trabajo con humor, malicia y claridad: «Bien, empecemos, pues, a atender a las preguntas de la sala. Les recuerdo que se trata de hacer una pregunta: algo breve que empieza y acaba con un símbolo de interrogación». Y si recuerdo bien, gracias a él tuvimos derecho a una bonita secuencia de verdaderas preguntas, algunas muy interesantes...

Encuentros Muchos estudios demuestran que los encuentros e interacciones con personas nuevas entrañan numerosos beneficios en términos de bienestar emocional.[9] Uno de los mecanismos probables es que sonreímos más a las personas que no conocemos o que conocemos solo un poco, y que ese sonreír nos sienta bien a su vez. Estos beneficios de las relaciones sociales son lógicos, pero lo más interesante es que, muy a menudo, los subestimamos por adelantado; mientras que todos los datos muestran que, cuando no estamos en forma, los encuentros nos sacan, al menos ligeramente, al menos brevemente, de nuestras cavilaciones melancólicas. Es la eterna cuestión de la anticipación de los beneficios de nuestras acciones cuando estamos mal: en lugar de hacerlo para *ver*, renunciamos porque creemos *saber* que no funcionará. Sacrificamos una tentativa verdadera por una certeza falsa: nunca es buena idea en materia de felicidad.

Enfermedad Complica la felicidad, pero no la impide. La enfermedad, sobre todo la crónica o la mortal, hace que al principio sintamos envidia de la felicidad de los demás que gozan de buena salud y de su inconsciencia sobre ello. Nos intoxica de tristeza y resentimiento. Luego, si somos honestos con nosotros mismos, abrimos los ojos acerca de la inutilidad y lo peligroso de adoptar esa actitud. Solo entonces puede la enfermedad desempeñar el papel de acicate de cara a ser más consciente de la felicidad sencilla de existir, enfermo o no. En ese momento, suelta su presa sobre nuestra mente. ¿Es necesario precisar que hace falta mucho tiempo y trabajo para franquear todas estas etapas cuando la persona enferma es uno mismo?

Entrenar la mente La noción de formar la mente me gusta. Al igual que pueden desarrollarse las capacidades físicas (fuerza, respiración, flexibilidad...), también pueden desarrollarse las capacidades psíquicas (concentración, atención, memoria...) y emocionales (aptitud de saborear el presente, de limitar los ataques de cólera y las inquietudes...). En general, cometemos errores de juicio en cuanto al funcionamiento de nuestra mente, sobre todo en el campo emocional: el primero consiste en creer que no podemos hacer nada (nacimos así), el segundo es creer que basta con la voluntad y la intención (hay que quererlo realmente, y si eso no funciona, es que no lo queríamos bastante). Ambas cosas cuentan, claro está, pero lo más importante es el entrenamiento regular, cultivando algunas sensaciones emocionales positivas, facilitarlas, ampliarlas cuando nos sobrevienen.

Lo raro es que ya somos expertos en materia de formación de la mente, pero en un registro negativo. Al cavilar regularmente pensamientos y emociones negativas (tristeza, resentimiento, pesimismo) ya estamos realizando un entrenamiento: desarrollamos las vías neuronales de la tristeza, del resentimiento y el pesimismo, preparándolas para intervenir con mayor rapidez, más sistemáticamente y de manera más dominadora frente a cualquier suceso de la vida. Nos convertimos en atletas de la negatividad. ¿Es eso lo que queremos? ¿No sería mejor aprender a albergar y cavilar emociones positivas?

Entusiasmo   La escena para una mañana, con una de mis hijas, llena de energía y entusiasmo. Ante mi aspecto dormido, me interpela: «Entonces, papá, ¿te dispones a pasar una jornada maravillosa?». Yo no estoy en buena forma, pero no deseo quejarme, pues no tengo ninguna razón para hacerlo, así que farfullo: «Esto, sí, así debería ser...». Y ella responde: «¡Vaya, qué respuesta más poco entusiasta!».

Nos reímos a carcajadas. Ella se ha dado cuenta de que yo no me llevo muy bien con el entusiasmo, espontáneo o activado voluntariamente. Como mucho, me siento sereno, feliz, confiado, tranquilo, pero rara vez entusiasmado, rara vez en esa excitación alegre frente a la vida y ante cada jornada que se anuncia, y que a menudo sí que veo en mi hija. Y lo que es peor, he desconfiado del entusiasmo durante mucho tiempo: me parecía que era causa de ceguera y decepción. Ahora comprendo que ese deseo inquieto de no disfrutar más que frente a certezas no es tan razonable. Forzarse con suavidad a reírse y hacer payasadas en el desayuno puede hacer que nuestro talante se incline hacia el buen humor. Aprender a cultivar el entusiasmo es valiosísimo para animarse en esos momentos de la vida en los que uno siente que el motor reduce un poco la velocidad. Aprender también a admirarlo en los demás, en lugar de no percibir más que los límites: sí, el entusiasmo no siempre es razonable, pero... ¿qué es siempre razonable?

Envejecer de repente Recuerdo que la primera vez que me trataron de «usted», me hizo gracia. No obstante, estaba preparado y entrenado, pues antes ya me habían llamado «doctor» muchas veces, cuando era estudiante de Medicina y luego interno, y eso me hacía más o menos el mismo efecto. Pero el día en que, por primera vez, me preguntaron si tenía nietos (me hallaba comprando un abono familiar en el museo del Louvre), ¡pues me pareció todavía más gracioso! Después me dije que no pasaba nada: a mi edad, podría, efectivamente, haber tenido nietos. Y por tanto es normal aceptar la edad que va aparejada a esa posibilidad. La vida está bien hecha: nos recuerda tranquilamente lo que olvidaríamos de buena gana, y nos obliga amistosamente a acostumbrarnos.

Envidia La envidia es una sensación desagradable ligada a la constatación de que otros poseen lo que nos falta a nosotros (y quisiéramos tener). Aunque no sea palpable y no se compre (o precisamente por ello), la felicidad es un objeto de envidia. A menudo he observado cómo personas desgraciadas agravan su desdicha a través de la comparación: como la mujer anciana y enferma, llena de resentimiento hacia sus vecinos de la misma edad que ella, más pobres, pero con buena salud; o como los padres de un hijo discapacitado que se quedan destrozados cada vez que se hallan en presencia de otros padres con hijos de la misma edad, pero sin discapacidad... Entonces pensamos que la vida es injusta con nosotros, pero en lugar de consagrar nuestros esfuerzos a tornarla un poco más bella, aumentamos nuestra desdicha envidiando la vida de los demás.

Epicteto Antiguo esclavo de un dueño estúpido, que un día le rompió la pierna para comprobar su estoicismo; liberado al morir este último, se convirtió en una de las grandes figuras de la filosofía de la Antigüedad. Es conocido sobre todo por su visión un poco ruda de la vida feliz, sin duda explicable por su pasado. Epicteto, al igual que el Buda, consideraba que la felicidad estaba inscrita en el mismo corazón de los seres humanos: «Los dioses han creado a los seres humanos para que sean felices; solo son desgraciados por su propia culpa». Pero eso requeriría vigilancia y esfuerzos de discernimiento por su parte a fin de distinguir lo que depende de nosotros (y de nuestros esfuerzos) y lo que no (y que deberíamos aceptar en lugar de cambiar). La lectura de su célebre *Manual*, que transcribe su enseñanza recopilada por sus discípulos, sigue siendo de una sorprendente frescura, casi 2.000 años después de su redacción.

Epicuro El fundador del epicureísmo era, se dice, un hombre agradable y amable, vegetariano y poco dado a los placeres inútiles. Asceta de la felicidad que enseñó que, para acercarse a esta, convenía liberarse de los deseos inútiles: una vez que se disponía de un techo, de alimentos y amigos, no había nada más que buscar. ¿A través de qué misterio de la vida el término «epicúreo» se ha vuelto sinónimo de «vividor»?

Equilibrio emocional ¿Qué es el equilibrio emocional? Desde un punto de vista algebraico, por ejemplo: ¿cuál es la buena proporción entre emociones positivas y negativas? Lo sé, lo sé, el equilibrio no es obligatoriamente la felicidad, y esta última sobreviene a veces, precisamente, a cuenta de instantes de desestabilización. Pero de cualquier manera, estar siempre sumergido en emociones negativas, como les ocurre a ansiosos y deprimidos, no es el camino más simple para sentirse feliz. Se han realizado estudios, que consisten en realizar sondeos emocionales breves: suena un pequeño *bip* en el móvil unas 10 veces al día durante algunas semanas, y en cada ocasión debes mencionar tu tonalidad emocional en ese momento, agradable o desagradable. Los datos recogidos en esos estudios muestran que la proporción óptima (la que se observa en las personas que no sufren estrés excesivo, ansiedad y depresión) es de unas tres emociones positivas por una negativa. No se trata, pues, de positivizarlo todo: es posible sentir regularmente emociones negativas, que nos estimulan a adaptarnos, como pueden hacerlo la inquietud, la tristeza, la culpabilidad, la irritabilidad, etcétera. Pero para hablar de equilibrio es necesario que las emociones negativas sean tres veces menos numerosas en nuestra mente que las positivas. ¿Te suena esa relación?

¿Es aburrida la felicidad? Algunas personas tienen la impresión de que la felicidad es aburrida, en comparación con el placer o la excitación. Me parece más bien al contrario, que la felicidad no puede ser aburrida: es demasiado frágil y delicada para eso. Philippe Delerm insiste en la cuestión: «Lo que está amenazado no puede ser aburrido».[10] O entonces, toda la vida es aburrida: uno no se mueve y no se ríe continuamente; las flores son aburridas: siempre están ahí, en el mismo sitio; la naturaleza es aburrida: no parpadea, y no se nos vende.

Esclavo de uno mismo Hace algunos años, un domingo, a última hora de la tarde, una de mis hijas me observaba mientras yo estaba sentado en el suelo cepillando los zapatos.

—¡Pobre papá, pareces un esclavo!

La imagen me hizo reír, y aproveché para quejarme un poco:

—¡Sí, soy un esclavo en esta casa!

Mi hija se rió conmigo, después, nada conmovida por mi estatus de esclavo, se fue a hacer otra cosa. Cuando me quedé solo, reflexioné sobre nuestra conversación y sobre la esclavitud. Comprendo que no soy tanto un esclavo de los demás habitantes de la casa como de mí mismo. De hecho, soy como todo el mundo: el fin de semana debo entregarme a un mínimo de bricolaje y de otras tareas, mientras sueño, claro está, con no tener nada que hacer, descansar y que me sirvan. Frente a mis zapatos polvorientos y embarrados, se me ofrecen dos alternativas: no limpiarlos, y aceptar los zapatos sucios durante todo la semana que viene. Hay cosas peores en la vida. O bien limpiarlos, pero con una sonrisa. Después de todo, limpiar un objeto sucio y embellecerlo no es una tarea tan vana y dolorosa que merezca una sola queja. Dos formas, pues, de escapar de la esclavitud con la que nos cargamos nosotros mismos: no hacer nada o hacerlo con ligereza. ¿Que no siempre es posible? Es cierto: algunas obligaciones son inevitables y penosas, a menudo complicadas y sin posibilidad de iluminarlas mediante una sonrisa interior. Pero reflexionemos un poco: podemos romper muchas de esas cadenas, mucho más a menudo de lo que imaginamos.

Escuela El otro día hablaba con mi amigo Étienne. Aunque sacaba notas brillantes, me confesó que detestaba el regreso a las clases tras el verano. A mí me gustaba: volver a encontrar a los compañeros, descubrir a los nuevos profesores y los libros nuevos, y todo lo que aprenderíamos a comprender. Me gustaba el olor y la sonoridad de los pasillos vacíos durante dos meses, los cielos de otoño y las castañas al sol. Soy un suertudo: siempre quise ir al colegio sin que me obligasen, igual que siempre me ha gustado trabajar. Origen de múltiples alegrías para el cerebro (aprender) y para el corazón (los compañeros y compañeras). Aclaro que no asistí a establecimientos privilegiados, sino a pequeñas escuelas municipales, a colegios e institutos populares. Creo que me dificultad para rebelarme contra la sociedad y preferir más bien comprenderla y cambiarla con suavidad, desde el interior, proviene de esos años de colegio en los que fui feliz.

Esfuerzos y entrenamiento Por fortuna, nuestra mente obedece a las mismas leyes que nuestro cuerpo.

Cuando deseamos ser más flexibles o más fuertes, o desarrollar nuestra respiración con el fin de poder correr durante más tiempo, sabemos que no basta con quererlo, sino que habrá que trabajar asiduamente y entrenarnos para progresar en esos campos: flexibilidad, musculación, carreras a pie...

Lo mismo ocurre cuando aspiramos a estar más tranquilos, a dormir mejor, a sentir menos estrés, menos tristeza, menos irritaciones. Habrá que trabajárselo mediante ejercicios regulares. ¿Cuáles? La plena consciencia está incluida. Hay que parar regularmente de hacer lo que estemos haciendo o de distraernos, para simplemente sentir, existir y observar el eco del mundo en nosotros. También está el diario íntimo, el examen de consciencia, la modificación eficaz y repetida de nuestras maneras de pensar y comportarnos (atreverse a decir lo que pensamos si no lo hacemos nunca, atreverse a pronunciar palabras de afecto o de amor si no las decimos nunca, atreverse a afirmarse si no nos atrevemos nunca, etcétera). Y lo mismo valdrá para el cuerpo, pues no son los conceptos los que nos sienta bien, sino su práctica. Pensar en los alimentos no alimenta, pensar en andar no tranquiliza: hay que comer y caminar. Igualmente, estar más tranquilo y más estable no se obtiene con desear estarlo, sino trabajando. A fin de cuentas, nos cambian nuestros actos: nuestros pensamientos no hacen sino conducirnos hacia ellos.

Esnobismo En general, el esnobismo toma como objetivo la felicidad mucho más que la desdicha. Lógico, no se dispara contra las ambulancias. Pero... ¿por qué disparar contra los bomberos si la felicidad es, como a mí me parece, nuestro antídoto contra los dolores de la existencia?

Esperanza en la resurrección La esperanza es la versión espiritual y religiosa de las expectativas. Es una expectativa mezclada con confianza hacia el propio Dios, lo que la convierte en más fuerte y más frágil que la esperanza laica («espero que no llueva el domingo»). También más emocionante, pues la convocamos en general frente a los momentos graves de nuestra vida, cuando nos sentimos desamparados («espero que mi amiga se recupere»). Para la Iglesia católica, la Esperanza es una de las tres virtudes teologales (junto con Fe y Caridad), la que hace que nos pongamos confiadamente en las manos de Dios, sobre todo en la hora de nuestra muerte. Cada vez que escucho, en la iglesia, durante una misa, al sacerdote evocar a los difuntos «dormidos con la esperanza de la resurrección», se me encoge el pecho. Me emociona la inmensidad y la fragilidad de esa esperanza.

Esperar Esperar consiste en desear que el futuro se ajuste a nuestras necesidades, esperar un futuro mejor. Puede ser una ayuda, pero también representa un peligro doble: si esperar evita que actúe o me disuada de lo que ya está presente, entonces sería mejor no esperar nada, sino vivir y actuar. Un día leí una entrevista concedida por Stephen Hawking, el astrofísico afectado por una grave enfermedad neurológica, en la que contestaba al periodista que se preguntaba acerca de la manera en que mantenía la moral: «Mis esperanzas se han reducido a nada desde que tuve 21 años. Desde entonces, todo lo que sucede es un plus».[11] Eso es lo que también propone el filósofo André Comte-Sponville en su obra, de título sugestivo, *Le Bonheur, désespérément*: dejar de esperar, pero no para desesperar, sino para vivir el presente.

Esquizofrenia y amor Estoy con una joven que me ha pedido visita en Sainte-Anne. Tiene la mirada triste y cansada de las personas que no han tenido suerte en la vida. Pero la sonrisa tranquila de la confianza, de la presencia en el mundo, de la convicción de que la existencia tiene sentido e interés, a pesar de todo. Ha venido a contarme su historia, sin querer realmente pedirme consejo. Solo quiere tener mi opinión. A veces, las personas creen que soy sabio porque he escrito libros. No lo desmiento, ¿para qué? Hago todo lo que está en mi mano, consciente de que la mayor parte del tiempo son mis visitantes los que me alimentan con su sabiduría, que, a menudo, no perciben.

Me cuenta su vida. Y sobre todo su vida en pareja: está casada con un chico que sufre esquizofrenia. No está claro si ya desde el principio de su relación: «Simplemente, no era como los demás». Luego, poco a poco, la enfermedad se instaló y ocupó más sitio en la pareja: una esquizofrenia grave, con delirios, hospitalizaciones y dificultades de todo tipo. La vida no tiene ninguna gracia en los períodos en que está mal, que son frecuentes. Muchas personas le han aconsejado dejarlo, más o menos abiertamente, con más o menos delicadeza. Y entre ellas, bastantes cuidadores, médicos y enfermeras. Ella siempre se ha negado: «Entiéndalo. Yo le quiero. ¿Es que hay que dejar a alguien que amas porque está enfermo?». Hablamos de ello: nadie nos recomendaría abandonar a nuestro cónyuge si tuviese cáncer, esclerosis múltiple o diabetes. Nos parecería poco digno. Entonces, ¿por qué sienten la tentación de hacerlo con la esquizofrenia?

Al cabo de un instante, me hace la pregunta que la preocupa: «¿Cree usted que es masoquismo?». A menudo ha sentido que era el comentario con el que la etiquetaban. Bueno, no. No me parece que se trate de masoquismo, por la forma en que me cuenta su historia. No ama a su hombre porque esté enfermo (al contrario, como está enfermo, le pesa), sino a pesar de su enfermedad. Eso no es masoquismo, sino amor, y honradez y valentía. Y en definitiva, grandeza. No, realmente no siento la necesidad de echar mano del masoquismo para explicar su elección vital, por extraña que parezca vista desde fuera. Lo que siento es más bien admiración.

Le hablo con comprensión, compasión y estima. Cuando nos

despedimos, le estrecho la mano largamente. Luego cierro la puerta, un poco atontado. La impresión es que soy yo el que ha sido recibido en consulta, que yo soy el paciente, ella la terapeuta, y que me ha dado más de lo que yo le he ofrecido. Me repito: «Esa muchacha es fuerte». Está bien admirar. Se pueden admirar cosas hermosas, bellos paisajes, bonitas nubes. Admirar a personas célebres y reconocidas, por sus talentos y fuerza. Pero lo más conmovedor, lo más alentador, es admirar a personas normales y comunes. Sorpresa, interés y luego reconocimiento: uno se alegra, sonríe, está contento de ser un ser humano, de haber vivido ese instante. Nos decimos que eso será una lección de la vida, que nos inspirará. Y hacemos lo que está en nuestra mano.

Estaciones Felicidad en la alternancia de las estaciones. Tras el verano, esperamos con impaciencia la llegada del otoño, los jerséis y el olor de la madera en las chimeneas. Después el retorno de la primavera. Luego las largas veladas de verano en las que el día se eterniza. Esos cambios suaves y su ciclo natural nos gustan: nos gusta la certeza de reencontrar mañana lo que perdemos hoy.

En el cambio de las estaciones están presentes numerosas virtudes que amamos en Occidente; primero la variedad de placeres (y nuestro cerebro adora la variedad, hasta el punto de enfermar en las sociedades del exceso y la superabundancia). Placeres al ver cambiar los colores del cielo y de los árboles; cambiar las flores, la fruta y las verduras que entran en nuestros hogares y que se abren paso en nuestros platos; cambiar la duración del día, la temperatura del aire, que abraza o nos muerde la piel.

Además, las estaciones son cíclicas y siempre regresan. Resulta tranquilizador, como una psicoterapia natural y silenciosa de nuestras angustias existenciales sobre la idea del fin: todo fin va seguido de una reanudación, nos dicen las estaciones. Y todavía lo dicen con más fuerza que el día y la noche, pues sus ciclos son más largos y se hacen desear. Al final del invierno echamos de menos la primavera. Se hacen esperar: en la primavera, júbilo por la luz y presentimiento feliz del calor del verano.

Y también poseen otra virtud: nos enseñan a envejecer. Pues su eterno retorno nos encuentra cambiados. Nos hemos enriquecido (por lo que hemos vivido) y empobrecido (a partir de lo que hemos perdido: amigos e ilusiones). Hemos envejecido y nos damos buena cuenta de ello. Pero la naturaleza nos acepta y nos reconforta igual. Preparación sensible y benevolente a lo que será nuestra desaparición: «Todo continuará sin ti, pero no te preocupes, estaré ahí, estaremos ahí, tú y yo».

Estallido pesimista   La historia sucede un día de consulta en el Sainte-Anne, con una paciente que veo un par de veces al año. La sigue otro psicoterapeuta que yo conozco y con quien ha trabajado muy bien, pero le gustan nuestras consultas de vez en cuando, le dan seguridad.

En general, nuestros encuentros se parecen: ella empieza sumergiéndome en una oleada de propósitos negativos, sobre ella y el mundo que la rodea. Yo aguanto, sonrío sin contradecirla en ese punto, pero centrándola con suavidad («¿así que realmente cree que...», etcétera). Ella no suelta prenda, hace como si no escuchase nada y continúa con su retahíla llena de desdicha y bilis. Efectivamente, de vez en cuando le suceden auténticas desdichas, no se lo inventa, pero nunca me habla, en ese punto, de lo que va bien en su vida.

Después, durante los últimos cinco minutos, baja la guardia, sonríe un poco y relativiza. Me dice que le sienta bien hablar conmigo. Termina nuestra conversación aliviada, sin duda tranquilizada por que yo no haya cedido acerca de lo esencial: que nuestra existencia en este mundo tal vez no sea todo lo buena que podría ser, pero desde luego no es el infierno total. Yo me quedo un poco atontado, pero también aliviado: aliviado de que lleguemos al final, aliviado de que ella se marche en un estado moral mejor del que llegó. Y sé, porque me suele escribir tras las consultas, que nuestras charlas le sientan bien a continuación, en las semanas y meses siguientes.

Me ha costado algunos años comprender que nuestras entrevistas tenían un efecto a posteriori; es cierto que no funcionan de inmediato. A mi paciente le hace falta un tiempo para dar forma en su cabeza a nuestras reuniones, y encontrarse mejor. Al principio, eso me preocupaba, tenía una sensación de impotencia y estaba crispado, dispuesto a mandarla a paseo. Después he comprendido lo que debía hacer para ayudarla: permanecer tranquilo, continuar apreciándola y demostrárselo a pesar de las quejas explosivas y poco gratificantes y hacer tranquilamente mi trabajo. Creer siempre en ella, en sus lados buenos y en su inteligencia sobre la vida.

A menudo, cuando veo su nombre en la lista de citas del día, suspiro («vaya, lo que me espera...»), después sonrío («me alegra tener noticias suyas...»). Finalmente, vuelvo a pensar en la máxima de Pasteur: «Curar quizás, aliviar a menudo, escuchar siempre». Mi mantra de terapeuta para los casos difíciles.

Estiramientos   Recuerdo las clases de Historia en la escuela primaria, donde nos contaron que el rey Luis XI hacía encerrar a sus adversarios y enemigos en jaulas que se denominaban «chiquillas»: no te podías sentar, ni tumbarte ni estar de pie. Solo era posible permanecer en cuclillas, en una postura que impedía toda posibilidad de estirarse por completo. De niño eso me aterraba, esa desdicha absoluta del cuerpo, en la que ese rey terrible y feo mantenía a sus prisioneros durante años, o toda la vida. Tal vez por eso me gusta tanto estirarme: regularmente, al escribir en mi casa o entre dos pacientes en el hospital, me levanto y me estiro con deleite.

Estrellas «Las estrellas. Hay luz en casa de Dios.» Este guiño de Jules Renard[12] nos anima a observar el mundo bajo una nueva luz. Imaginar a Dios en su casa, en el sofá, sumergido en la lectura de un buen libro, me hace gracia y me alegra. Es ingenuo pero reconfortante. En general, guardo ese tipo de pensamientos infantiles para mí, o para mi diario, como el amigo Jules. Me esfuerzo por conocer otros nuevos.

Eternidad Cuando uno se detiene para disfrutar y sentir un instante feliz, se aspira una bocanada de eternidad, se entra en una burbuja atemporal (que no tardará en hacer *plaf* suavemente y que desaparecerá, como una pompa de jabón). Es lo que caracteriza a la fenomenología de la felicidad: la sensación de que el tiempo se detiene, se dilata, que se está en un paréntesis de eternidad. Nuestros momentos de felicidad son como bocanadas de eternidad. El tiempo se suspende. Se parece un poco a la desdicha, que nos hace sentir también algo del orden de la eternidad: cuando nos muele, experimentamos el temor de permanecer eternamente apresados en sus garras.

Eterno regreso A veces nos desanimamos a causa del eterno regreso de nuestros estados de ánimo negativos, de nuestras tendencias a la cólera, al estrés... incluso después de nuestros esfuerzos, incluso después de nuestros triunfos. ¿Y entonces? ¿Es que el eterno retorno de la noche, el viento, la lluvia, el invierno no forma parte del orden natural de las cosas? Y además, en realidad, este eterno retorno en nosotros se produce con matices, con caminos imperceptibles pero reales. Uno observa que la cólera, la tristeza y los miedos retornan, pero durante menos tiempo, con menor intensidad, y que su impacto en nuestros comportamientos es menor. Su influencia sobre nuestras vidas disminuye. Por eso no me gustan los proverbios tipo: «Quien ha bebido, beberá», «la cabra tira al monte», y otros aforismos paralizantes y condenatorios. Los aborrezco, como sin duda hacen todos los psicoterapeutas (pues si todo eso fuese cierto, tendríamos que cerrar el negocio y abandonar a nuestros pacientes a sus sufrimientos). *A veces* demuestran ser ciertos (pero, entonces, todo es a veces cierto): en determinados momentos, en períodos cortos de tiempo, que no permiten visibilizar los cambios. Pero muy a menudo son falsos. Y sobre todo tóxicos, deprimentes y desmotivadores. Y a mí no me gusta lo tóxico, deprimente y desmotivador para nuestras almas. Esos proverbios son los mantras malsanos de nuestras mentes cuando estamos mal: agravan el mal y lo solidifican.

Eudemonismo La capacidad de sentirse feliz en función de la consecución de objetivos que corresponden a los valores personales; ese logro –y su persecución– da sentido a nuestra vida. El eudemonismo aumenta con la edad, mientras que el hedonismo parece disminuir lentamente.[13] La felicidad en general, entre fuentes hedonistas y eudemonistas, permanece constante: la vida está bien hecha.

Euforia En teoría, y en el plano etimológico, euforia significa beneficiarse de un humor agradable; los psiquiatras la oponen a la disforia, un humor defectuoso, *atravesado* (es el sentido del prefijo *dys-*), como nos sentimos cuando estamos ansiosos y deprimidos. Extrañamente, en francés, la palabra euforia designa en la actualidad un exceso de buen humor: una prueba más de que las emociones positivas son algo que nos cuesta. Es cierto que un exceso de humor agradable puede representar un peligro. En la euforia, se rompe el equilibrio emocional: dejamos de contar con el pretil de los pensamientos o emociones negativas para llamar nuestra atención sobre los eventuales problemas que pudieran derivarse de nuestras elecciones o actitudes. No tomar ninguna decisión, ni aceptar ningún compromiso importante porque estamos eufóricos, se parece por otra parte a lo que hacemos cuando estamos disfóricos.

Exasperación «Cuando paso días y días entre textos donde solo se trata de serenidad, contemplación y austeridad, me cogen ganas de salir a la calle y partirle la cara al primero que pase»,[14] ¡nos cuenta Cioran! A mí no son los textos los que me ponen en ese estado, sino los falsos profetas de la calma y el Zen, cuando siento –o cuando sé– que lo hacen ver, que solo dan la imagen, y que en su vida son ávidos y mezquinos. Entonces, no es que tenga ganas de emprenderla con el primero que pase, sino con ellos: de darles una bofetada rectificadora e iconoclasta, de pedirles que dejen de hacerse los listos, y sugerirles que vuelvan a sentarse con su hábito en un monasterio durante algunos años más, para rectificar el tiro.

Éxito Nuestros éxitos no tienen otro objeto que ser olvidados. Darles vueltas perjudica a nuestra felicidad porque halaga e hincha nuestro ego de manera excesiva y falsa. El mejor uso del éxito es la gratitud: agradecérselo a la vida. Y también a todos los seres humanos: tras nuestros esfuerzos hay toda una cadena innumerable de personas que nos han iniciado, animado, guiado y ayudado. Hemos digerido y metabolizado todos sus dones, nos los hemos apropiado. Pero ¿qué sería de nosotros sin ellas?

Éxtasis Es una felicidad o un placer intenso, tan intenso que nos hace salir de nosotros mismos. Los éxtasis más conocidos son los éxtasis sexuales y los éxtasis místicos. Provocan sacudidas físicas o metafísicas. Si consideramos que los éxtasis son formas extremas de felicidad, su misma naturaleza –que es una violenta salida de uno mismo– confirma que el movimiento natural de la felicidad no es centrípeto, del exterior al interior, sino centrífugo, del interior al exterior.

F de Familia

Todas las familias felices se parecen entre sí,
pero cada familia desgraciada
lo es a su manera.

Familia Todos conocemos la célebre frase de León Tolstói, al inicio de su novela *Ana Karenina*: «Todas las familias felices se parecen entre sí, pero cada familia desgraciada lo es a su manera». Durante mucho tiempo me la creí. Primero porque admiro a Tolstói; luego, porque yo también veía las cosas así. La felicidad me parecía ciertamente más agradable como vivencia, pero menos pintoresca para observar, describir y contarla. Pero, de hecho, se trata de una ilusión óptica (perdón, León): igual que la felicidad se saborea (a menudo sin que exista necesidad de decir nada) y que la desgracia se desmenuza (se cavila, se le da vueltas, se gime, nos quejamos...), la segunda da la impresión de ser más rica e interesante. Pero lo único es que es más charlatana.

Hoy que me intereso por la psicología positiva, que me tomo la molestia de desmenuzar las mil y una maneras en que los seres humanos pueden ser felices, estoy convencido de que las emociones y experiencias positivas son tan ricas y diversas como sus primas negativas. Que las familias felices no se parecen más entre sí que las desgraciadas. En tanto médico y psiquiatra, tras haber visto a muchísima gente desgraciada, también he sentido a veces la tentación de decirme: «Todos los seres humanos desgraciados se parecen, pero cada ser humano feliz lo es a su manera». Desde el momento en que nos interesamos por un tema, empezamos a percibir su riqueza, diversidad y sutileza. ¿Se parecen todas las briznas de hierba? ¡No! ¡Estírate en una pradera y cuenta el número de plantas distintas entre eso que denominas «hierbas»! ¡Que todo esto no te disuada de leer al genial Tolstói!

Fantasmas de felicidad   Imaginemos una casa de vacaciones, en la que acabas de pasar un verano muy agitado, lleno de encuentros, de acciones y conversaciones. Y todavía mejor si se trata de una casa que conoces desde hace mucho, con muchos recuerdos acumulados. Espabílate si quieres estar solo durante un rato largo, sobre todo a finales del verano. Pero si tus vacaciones no tienen nada que ver con ninguna casa, entonces no te preocupes: instálate un día de sol y de temperatura templada en un lugar que te guste, más bien bonito, tranquilo, en la naturaleza, donde nadie te moleste. Siéntate y respira. Permite la llegada de recuerdos, fragmentos de conversaciones, murmullos de risas y discusiones. Permite que los fantasmas salgan tranquilamente de las paredes de la casa o de las de tu memoria. Obsérvalos en el desorden, sobre todo sin forzar tus recuerdos, ni querer organizarlos, ni acercarte a ninguno de ellos en particular. Permite simplemente que todas las presencias del pasado ocupen el espacio de tu consciencia. Sigue así bastante tiempo, durante minutos, durante horas. La observación de los fantasmas de la felicidad se parece a la pesca con caña: no se puede forzar la llegada de peces, como tampoco la de los recuerdos. Pero la espera es una delicia, pues es una presencia y no una impaciencia.

¿Para qué nos sirve ese ejercicio? Para nada. Al menos inmediatamente. ¿Tal vez, más adelante y gracias a él, nos sentiremos más humanos, más coherentes, más felices, más ricos por lo que hemos vivido? Quizás.

Fatiga   Solemos quejarnos de fatiga, de cansancio, pero también tiene sus ventajas. Por ejemplo, regula nuestros comportamientos, nos impide ir más allá de nuestras fuerzas. Es una lástima cuando esos comportamientos son útiles: la fatiga de los bomberos o de los pilotos de Canadair por los grandes incendios forestales es un límite en la lucha contra el fuego. Pero es bienvenida cuando esos comportamientos son un peñazo; por ejemplo, cuando alguien se sentía muy feliz y necesitaba cantar a voz en cuello. Eso perforaba los oídos de sus vecinos, pero, al cabo de un instante, el cantante agotado se detenía, y los vecinos podían descansar un poco. Lo preocupante es que hoy en día la tecnología ha venido en nuestro auxilio para limitar nuestra fatiga. Así pues, si alguien se siente muy contento y, en lugar de ponerse a cantar a voz en cuello, pone el volumen de su equipo de música a tope, eso es una preocupación. Como nunca se cansará, las molestias alcanzarán rápidamente un nivel elevado, y los conflictos también. Es evidente que los progresos técnicos requieren de progresos psicológicos. Por desgracia, los primeros van mucho más rápidos que los segundos.

Fe Cuando el poeta Jean Passerat (1534-1602), enseñante titular de la cátedra de Elocuencia en la escuela de Lectores Reales, sintió llegar la muerte, compuso su epitafio, lleno de una confianza tranquila y conmovedora acerca de la expectativa de la resurrección:

> *Aquí dormita Jean Passerat,*
> *esperando que el Ángel le despierte:*
> *y cree que despertará*
> *cuando suene la trompeta.*

Me gustaría tener una confianza tan fuerte como Jean Passerat, cuando me duerma en el Gran Sueño. Eso es lo que se llama la fe del carbonero; vete a saber por qué... A menudo es motivo de burlas como muestra de falta de inteligencia o discernimiento, como hizo Georges Brassens en su canción «Le mécréant»:

Quisiera tener fe, la fe de mi carbonero,
que es feliz como un papa y tonto como un cesto perero.

A pesar de mi afecto y admiración por el bueno de Georges, esas burlas no me impresionan lo más mínimo. No llego a ver a las personas cuya fe es inquebrantable como personas a las que les falte algo (inteligencia). Las veo más bien como personas que tienen algo más que las demás. Y también veo que eso las suele hacer más felices, sin que obligatoriamente las haga menos inteligentes.

Felicidad ajena Alegrarse por la felicidad de los demás es una buena cosa, demuestra que hemos comprendido dos fenómenos importantes. El primero es que la envidia y los celos son sufrimientos inútiles. El segundo es que la felicidad ajena siempre es una buena noticia para nosotros: no nos priva de nada y embellece el mundo. Siempre es un error envidiarla, un error emocional e intelectual. En primer lugar, eso aumenta nuestra desdicha y, luego, es un cálculo equivocado; si los demás son felices, nos beneficia: cuantos más seres humanos sean felices, más agradable será su compañía, convirtiendo este mundo en un lugar más habitable.

Felicidad y deseo El deseo es una comezón; la felicidad, una levitación. No se tiene necesidad de nada más, solo de que continúe. El tiempo de felicidad es el de la desaparición del deseo: en ese momento tenemos todo lo necesario. Aunque ese «todo» no represente gran cosa: un rayo de sol, la risa de un niño, un libro que nos hace inteligentes... En ese instante en el que somos felices, nos basta. La felicidad es, pues, de plenitud («tengo lo que me hace falta») y de sosiego («no necesito nada más»).

Felicidad y placer El placer es una caricia; la felicidad es la conmoción tranquila provocada por esa caricia, cuando nos hacemos consciente de su sentido y su alcance. Caricia agradable del viento estival sobre el rostro: placer. Consciencia de todo lo que significa ese viento (estoy vivo, es verano, hace bueno, tengo un cuerpo): felicidad.

Feliz aniversario Un día que llovía mucho en París, circulaba yo en un *scooter* y evidentemente era un follón: embotellamientos y nerviosismo en todo el mundo, peatones, ciclistas, automovilistas, taxis y otros repartidores... En un momento dado, en un bulevar un poco estrecho, un camión bloquea el paso; colarse es imposible, incluso para un *scooter*. Entonces tomo el carril bici que hay al lado, que ninguna bicicleta está utilizando. Poco a poco y con prudencia, claro está, y solo durante 20 metros, lo juro. En el momento en que driblo al camión, veo a unos 50 metros, en el semáforo en rojo, a un policía que me observa. ¡Vaya! Descubro que son varios, cerca de su furgón de atestados estacionado sobre la acera: esa mañana su misión parece ser, aparentemente, multar a los burros que como yo toman indebidamente el carril bici. Cuando llego al semáforo en rojo, hago como si nada, miro para otro lado, pero mi destino está sellado: el policía me ha visto y me hace señas de que me pare. ¡Mi causa es justa! Intento explicar suavemente que fue por el camión, solo durante 10 metros, que no lo hago nunca, etcétera. Es perder el tiempo: infracción = contravención. Después de todo, es lógico y normal. Así que no me quejo, es inútil. Yo no tengo razón y el tipo solo está haciendo su trabajo.

Bueno, el caso es que nos aproximamos al furgón, me pide los papeles, me pide que espere y entra para llenar sus formularios. Le espero en la acera en compañía de una media docena de otros motociclistas, pillados también en flagrante delito. Me siento irritado, claro está, y empiezo a realizar esfuerzos para calmarme: «Vale, está bien, te han pillado, es la vida, eso te servirá de lección, vaya tontería, todo esto por ganar tres minutos; no te pongas nervioso, pero acuérdate la próxima vez...».

Mientras me concentro en relajarme, observo a mi policía concentrado en su tarea, y de repente le veo levantar la cabeza y hablar con su compañero que está sentado frente a él, le enseña mis papeles, el otro asiente con la cabeza, hablan poniendo cara seria. ¡Uf! ¿Y ahora qué pasará? ¿Es que no tengo el seguro pagado? ¿O quizás se trata de que un bandido ha tomado mi número de matrícula para dar un golpe en *scooter*? En todo caso, hay algo que no encaja. El policía recoge mis papeles y los suyos, se levanta y se acerca: «¿Es hoy su cumpleaños?». No me lo esperaba, así que compongo un vago sí-sí, estoy pasmado. «Muy bien, ¡puede irse! Pero olvídese del carril bici...». Y me devuelve mis papeles, con cara seria, sin sonreír.

Entonces comprendo lo que sucede, y tengo ganas de agradecérselo efusivamente, de darle una palmada en el hombro con una enorme sonrisa, de decirle: «¡Gracias, colega, eso está muy bien! ¡Un gesto así dice mucho!». Pero no lo hago: a mi alrededor, mis congéneres, que están siendo multados no se sentirían encantados por mi suerte, ya que la mayoría de ellos refunfuñan sobre si no sería mejor que la policía se ocupase de delincuentes de verdad en lugar de meterse con quienes no han hecho sino colarse por el hueco... Entiendo por qué el policía se muestra discreto sobre el regalo de cumpleaños que acaba de ofrecerme; así que se lo agradezco discretamente, me voy con mis papeles y le hago un pequeño gesto de despedida con la mano cuando arranco. Me parece verlo sonreír.

Y me marcho contento. No solo porque he escapado a una multa, sino porque ese regalito ofrecido con sobriedad, sin esperar nada a cambio, hace que me sienta contento acerca de la vida y la naturaleza humana.

Fiestas Resulta curioso que pongan tristes a tantas personas. Tal vez porque son obligatorias, porque necesitan, en general, sentirse felices por obligación, en un momento dado, y no obligatoriamente armonizados con sus ritmos personales. Porque el buen humor es un poco obligatorio y a menudo artificial. Porque mezclan a muchos tipos de gente más y menos dotadas para la felicidad: extrovertidos que cargan las tintas demostrando y ampliando su bienestar, e introvertidos a los que les cuesta calentarse. Y, de repente, los últimos tienen tendencia a compararse con los demás, lo cual nunca ha sido buena idea, sintiéndose decepcionados a continuación, porque tienen la impresión de ser menos felices, la impresión de pasar por alto algo que está bien, y todo lo demás. Es cierto que las fiestas, tal como las solemos practicar, son asunto de extrovertidos agitados: cuanta más gente, cuanto más alta la música y más excitación, mejor. Los introvertidos preferirían fiestas tranquilas, pero no existen, o en cualquier caso no se llaman «fiestas». Las alegrías introvertidas se disfrutan a menudo en *petit comité*, con música suave y conversaciones tranquilas; a eso lo llaman «momentos agradables».

Fin del mundo Un día, de regreso de las vacaciones, repasaba la agenda de mi móvil para recordar un poco lo que me esperaba en el trabajo. Y observando las fechas con mirada distraída, fui a parar a una extraña fecha: ¡algo planificado para 2068! Vaya... ¿De qué se tratará? ¡Entonces tendré más de 100 años! Un error, sin duda. Abro y leo: «1 de diciembre de 2068, 18:00 horas: fin del mundo». Muy bien, ahora lo entiendo, es una broma de mis hijas: de vez en cuando me mangan el móvil para gastarme bromas, mensajes falsos, citas falsas, o fotos de muecas estrafalarias. Pero con lo del fin del mundo, ninguna de ellas se ha hecho responsable del tema hasta el momento. Así que nunca se sabe: si tu edad te permite preocuparte por el 2068, entonces te paso la información. No fuera que...

Finitud Cuando estudiaba Medicina, uno de mis mejores amigos, Christian, contaba fenomenal, con un tono docto, sobre todo cuando tenía un público de gente ajena a la medicina, que los seres humanos disponen de una capacidad limitada para disfrutar de las relaciones sexuales. Afirmaba lo siguiente: «Los estudios han demostrado que tras alrededor de 1.250 relaciones sexuales, las capacidades de placer se extinguen. La naturaleza nos ha programado para procrear, ¡y después para olvidarnos de ello y consagrar nuestras energías a otra cosa!». Es totalmente falso, desde luego, pero la broma consistía en observar los rostros inquietos de los comensales, una buena parte de los cuales estaba claramente realizando cálculos mentales: «Veamos, hago el amor una media de tantas veces a la semana... ¿Entonces, cuánto me falta?». En lo esencial, su estratagema funcionaba, pues movilizaba una gran angustia humana: la de la finitud. Cuando se empieza a contar el número de años que nos quedan de vida con buena salud, el número de veranos que todavía podremos caminar por las montañas y dormir en los incómodos refugios, nuestra cabeza debe parecerse a las de los comensales que calculan los orgasmos que les restan disponibles. Es lo que se denomina la crisis de la mediana edad: ese momento en que nos damos cuenta de que tenemos más años detrás de nosotros que delante (al menos años ágiles). Para algunos, eso desemboca en una crisis depresiva; para otros, en una crisis regresiva (intentar rejuvenecer por todos los medios: teñirse el pelo, cambiar de cónyuge, pagarse un *lifting* o comprarse un deportivo). Pero para la mayoría, esta crisis (*krisis* se traduce del griego, según mi viejo diccionario de griego, como «juicio, decisión, elección, debate, crisis, desenlace») desemboca en una toma de consciencia saludable, ligada a esa sensación de finitud: «No debo dejar para mañana mi felicidad, sino vivirla hoy». Esto no puede ser: seré feliz cuando obtenga ese puesto, cuando haya devuelto el crédito, cuando me jubile, etcétera, más bien: puedo empezar a ser feliz *ahora*. Así, la incomodidad de la sensación de finitud nos obliga a reflexionar inteligente y activamente sobre nuestra felicidad, sobre nuestras prioridades existenciales y sobre cómo conducimos nuestras vidas.

Flaubert «Ser estúpido, egoísta y estar bien de salud, he aquí las tres condiciones que se requieren para ser feliz. Pero si os falta la primera, estáis perdidos.» Nada cariñoso en relación a la felicidad, este fragmento de una carta de Flaubert a su amante, Louise Colet, del 13 de agosto de 1846. No obstante, a continuación añade estas palabras: «Existe otra felicidad, sí, otra, la he visto, me la has hecho sentir; me has mostrado sus reflejos iluminados en el aire; he visto irisarse ante mis miradas el bajo de su vestido ondeante. Tiendo las manos para atraparla...». Más romántico y tierno de lo que cabría imaginar, el bueno de Gustave...

Flexibilidad El otro día, a la mesa, una de mis hijas guardaba silencio desde hacía rato. ¡Muy raro! Entonces le pregunto en qué piensa. Y me contesta: «Desde hace un rato os miro como si no os conociese de nada. Y me digo: ¿qué pensarías de ellos al verlos así, si fuese la primera vez que tropiezas con ellos?». Tiene gracia, esos pasitos de lateralidad, esos momentos en los que uno se abstrae de sus automatismos y juicios habituales. Es algo que apasiona a la familia. En un sentido sobre todo autocentrado: nuestros primeros reflejos no son de preguntar lo que, en su lugar, pensaríamos de los otros dando ese paso lateral, sino querer saber lo que piensa de nosotros en ese instante, ¡con su mirada fresca! No exploramos el mundo más que una vez hartos (o tranquilizados) de nosotros mismos... ¿Si alguna vez le he preguntado a mi hija qué pensaba de mí? ¡Claro que sí! ¿Y sabes qué me ha contestado? Que ese día, mal vestido y mal afeitado (era domingo al mediodía) parecía un viejo loco simpático. Me parece muy bien.

¿Flojo o frágil? Se suele citar la frase de Nietzsche: «Lo que no nos mata nos hace más fuertes», para argumentar las virtudes de la adversidad superada. El otro día, una señora a la que recibía en consulta en Sainte-Anne me enseñó que lo contrario a veces es cierto. Después de contarme cómo muchas de las pruebas de su vida la habían gastado y debilitado, acabó diciendo: «En mi caso, lo que no me ha matado me ha tornado más débil». Tenía un poco de razón: las cicatrices psicológicas de lo que había vivido continuaban doliéndole, al cabo de los años. Me parecía que ella había realizado todos los esfuerzos y progresos posibles. De repente, me sentí un poco molesto como para responderle, no quería que pudiera marcharse con esa idea de debilidad inexorable en la cabeza, sin que hablase con ella al respecto. Así que charlamos un momento y nuestra conversación versó sobre la diferencia entre flojedad, debilidad y fragilidad: sinceramente, no me parecía nada débil pero sí extremadamente frágil. En la idea de la debilidad existe un juicio moral que suele molestarme en general y que me molestaba en su caso en particular. Y sobre todo una noción de impotencia al afrontar ciertos sucesos de la vida, que no me parecía que le correspondía: ella afrontaba, pero eso la perjudicaba. Esa mujer no me parecía débil, sino frágil. Personalmente, cuando me siento flojo, eso me desanima y me aparta de la acción. Cuando me siento frágil, eso no me disuade de actuar, pero me empuja más bien a la prudencia y a la consciencia de que debo actuar prudentemente, y sin duda contando con los demás. En definitiva: la fragilidad es una debilidad activa, que no conlleva ningún juicio de valor (y a la que no se reprocha nada).

Flores que caen En el otoño, las hojas muertas se caen de los árboles, y eso nos pone un poco tristes y melancólicos: su muerte anuncia la llegada del frío del invierno, y el acortamiento de los días. En la primavera, también se produce la muerte de las flores de esos mismos árboles. Le resulta más discreta a nuestra mente, pues no viene seguida del frío y del gris invernal, sino que anuncia días hermosos. Entonces, las flores muertas nos conmueven menos que las hojas muertas, las olvidamos con mayor rapidez.

La otra mañana, al salir de mi casa, un ventarrón se llevó por delante una nube de florecillas del cerezo bajo el que pasaba. Fue una hermosura, pero también resultó ligeramente conmovedor, esos centenares de pequeños pétalos rosas que me cayeron encima y se dispersaron alrededor, arrancados de sus ramas, separados los unos de los otros. Eso me hizo pensar en el fin de la infancia: uno no se entristece (bueno, yo un poco, la verdad...) en ese momento en que el niño se convierte en adolescente. No es un final, sino una transformación, no se dirige uno hacia el declive, sino al crecimiento (qué extraño el modo en que esa palabra ha sido abducida por la economía, pues ahora suena rara al utilizarla en otro contexto...). De igual forma, las flores dejan sitio a los frutos, y eso debería ser maravilloso. Y lo es, claro está, pero de todas maneras se produce un pequeño duelo, de tristeza, una bocanada de una melancolía dulce y tolerable. Pues en ese paso de la flor al fruto se da una pérdida de gracia. Y a la vez que disfrutamos de los días hermosos y de los frutos al caer, continuamos albergando la nostalgia de la flor. Bueno, eso digo yo, pero una de estas mañanas, en cuanto haga bueno y la temperatura se temple, en cuanto lleguen las primeras frutas del verano, sé exactamente lo que pasará. Me entusiasmaré ante la idea de redescubrir su sabor y me diré: «¡Qué suerte tienes de estar aquí!».

Flow   Ese término, que significa «flujo» o «raudal», es muy conocido en psicología positiva, gracias a los trabajos de un famoso investigador, a pesar de su nombre, Mihaly Csikszentmihalyi.[1] Fue el primero en demostrar (mediante las técnicas de medición de la felicidad denominadas de «sondeo emocional») que las actividades que procuran emociones agradables se reparten en dos categorías: una, previsible, reagrupa todos los momentos de placer (comer, hacer el amor, etcétera); la otra correspondía a los momentos en que estamos absortos, inmersos en una tarea que requiere toda nuestra atención. Para que esta inmersión nos procure felicidad, hacen falta varios elementos: 1) que la actividad requiera de un compromiso activo (es decir, que no sea una distracción pasiva); 2) que no sea demasiado fácil o repetitiva (es decir, que comporte un cierto grado de dificultad), y 3) que seamos capaces de dominar esa dificultad (pero no demasiado, si no se tornaría demasiado fácil y de golpe nos gratificaría menos). En esos momentos, nuestra atención está totalmente centrada en lo que hacemos, en una especie de flujo de consciencia en el que experimentamos una sensación de control y placer, continuos. Eso sucede en todo tipo de actividades: descendiendo por una pendiente empinada, esquiando, cantando en una coral, entregándose a una actividad creativa (dibujar, escribir, pintar, etcétera), haciendo bricolaje, jardinería, pero también trabajando, cuando disponemos de la oportunidad de ejercer un oficio que nos ofrece instantes posibles de *flow*... Pues, desde luego, ese tipo de experiencias no se manifiestan más que en las condiciones precisas que hemos descrito. Si la dificultad es demasiado grande, no hay *flow*, sino estrés; si es demasiado fácil, tampoco será *flow*, sino aburrimiento.

Fontenelle El filósofo y académico Fontenelle respondió, un día que le preguntaron a través de qué medio había hecho tantos amigos y ningún enemigo: «Por estos dos axiomas: todo es posible, y todo el mundo lleva razón». Me parece a mí una forma prudente de diplomacia, es decir, una espantada y una renuncia a presentar (y sobre todo a emitir) una opinión sobre los demás. También puede verse toda una sabiduría y una filosofía de vida: empezar siempre con la benevolencia y la tolerancia, antes de pretender juzgar y zanjar. No obstante, algunos días pienso como Fontenelle: a menudo, todo es efectivamente posible, ¡y todo el mundo lleva un poco de razón! En todo caso, es una postura existencial que permitió a Bernard Le Bouyer de Fontenelle llegar a centenario, lo que, en su época (murió en 1757), era todo un mérito. ¡Ya os decía que las emociones positivas y la vinculación social eran buenas para la salud!

Forever young La otra noche soñé con mi mejor amigo de juventud, muerto hace 20 años, delante de mí, en un accidente, cuando hacíamos un gran viaje en moto. Estaba allí, frente a mí, totalmente vivo. Y en mi sueño, yo me decía: «Pero no puede ser, estás soñando, está muerto». Entonces le preguntaba: «Pero tú estás muerto, ¿verdad?» Y él me respondía que sí. Pero continuábamos hablando tranquilamente, como si el hecho de que estuviese o no muerto no tuviera más importancia que el sitio donde había estacionado su moto. Me quedé muy perturbado, con estados de ánimo que recuerdo con precisión: alegría inmensa al volver a verlo como estaba antaño, alivio al decirme: «Bueno, la muerte no detiene nada, al fin y al cabo», y la inquietud sorda del momento en que desaparecería de mi sueño. Lo cual acabó haciendo. Una intensa angustia al despertar. Feliz, no obstante, de haberlo encontrado vivito y coleando en un recoveco de mi cerebro. ¿O en otra parte? Algunos sueños emocionan más y alimentan más el alma que muchos viajes.

Fórmulas matemáticas de la felicidad Es un juego, claro está, pero es pedagógico: ¿existen fórmulas matemáticas que permitan comprender mejor la aparición de la felicidad?

Está, por ejemplo, la de Sonia Lyubomirski, uno de los nombres importantes de la psicología positiva:[2]

$$F = N + C + A$$

En la que F = felicidad, N = nivel biológico (influencia de nuestro temperamento y de nuestros genes, pero también el estado actual de nuestro cuerpo, enfermo o saludable), C = condiciones de vida (ciudad o el campo, trabajo pesado o no, democracia o dictadura, aislado o en familia...) y A = actividades voluntarias para aumentar el bienestar (todo lo que propone la psicología positiva). Esta fórmula es, sin lugar a dudas, la más cercana a los datos científicos actuales sobre los componentes de nuestra aptitud para la felicidad.[3]

Paul Seligman, otro nombre importante de la psicología positiva, propone su fórmula de la «felicidad auténtica»:[4]

$$F = P + C + S$$

P = emociones positivas, C = compromiso (capacidad de estar presente en lo que se vive), S = sentido (concedido a lo que se hace, más allá de su carácter agradable o no, en el momento). Esta fórmula intenta conciliar las dos grandes tradiciones de la felicidad, el hedonismo (cogerle gusto a la vida) y el eudemonismo (encontrarle sentido), insistiendo en los esfuerzos por actuar y comprometerse.

Modestamente, yo he propuesto otra fórmula,[5] insistiendo en el papel del hacerse consciente:

$$F = BE \times CS$$

BE = bienestar (sentir placer o una emoción positiva) y CS = consciencia (hacerse consciente, estar presente en lo que sucede, lo que transforma el bienestar, dato casi animal, en la felicidad, una sensación más típicamente humana). Es la más simple de las tres, pero también la más fácil de aplicar en cada instante: no olvidarse de trascender el bienestar, cada vez que llega, en felicidad.

Fragilidad No impide la felicidad. Por el contrario, la hace más necesaria, agudiza la consciencia. A veces tiemblo egoístamente frente a la fragilidad de mi felicidad y la de mis familiares y amigos: basta bien poco para aniquilarla. Vivir un siglo antes o después, 5.000 kilómetros más al sur o al este, etcétera. Veo una razón de más para aplicar el programa de estas páginas: disfrutar, compartir, devolver. Querer y respetar la felicidad y la idea de la felicidad. Son tantos los seres humanos que carecen de esta posibilidad, siendo su único objetivo la supervivencia, no la felicidad... La peor tontería y el peor desprecio sería no ser consciente de todo ello.

Fragmentos de felicidad «El paraíso no está en la tierra, pero hay fragmentos. En la tierra hay un paraíso quebrado» (Jules Renard, «28 de diciembre de 1896», *Diario*). Más vale recoger y admirar los fragmentos que llorar por el paraíso roto.

Francia En la clasificación de los países europeos en términos de la felicidad sentida por sus habitantes, es la última de la clase. No pasa nada, incluso si, en su descargo, ocupa la mejor clase del colegio, donde están los mejores alumnos: Europa Occidental. A pesar de sus malas notas, otros muchos alumnos la envidian. Da la impresión de ser un mal estudiante y de desconfiar de la felicidad, pero, de hecho, atiende a todas las clases, fingiendo dormir. Esa es al menos la manera que más me divierte de ver las cosas, cuando leo la repetición de artículos sobre la depresión nacional y el pesimismo de los franceses: cascarrabias, pero no tan desdichados.

Francis Cabrel La compasión siempre irrumpe en nuestras vidas cuando menos la esperamos.

Me sucedió el otro día, en el tren, al regresar de una conferencia. Un poco cansado, escuchaba música con los auriculares, observando el paisaje. Escuchaba canciones de Francis Cabrel, que me encanta. Y de repente, en un fragmento que cuenta la historia muy sencilla de una mujer paralizada que sueña que camina y que baila,[6] empiezo a sorberme los mocos y luego a llorar. No sé si estaba relacionado con la mezcla de cansancio y felicidad (la conferencia fue bien, humana y pedagógicamente, pues me pareció haber sido de utilidad y compartido bellas emociones con el público), pero, de repente, rompió en mí una enorme ola de compasión. Volví la cabeza hacia la ventana, para que las lágrimas escurriesen discretamente, e incluso empecé a mover los ojos de derecha izquierda, como en terapia EMDR, para acelerar su desaparición. Luego comprendí que estaba comportándome como un idiota (algo que me sucede a menudo con mis emociones). A punto de asesinar una experiencia emocional, cuando nada me obliga a ello: estoy tranquilo, tengo tiempo y es una experiencia importante. Una experiencia de compasión.

Una irrupción de compasión en mi pequeño confort de conferenciante contento de haber hecho bien su labor, de haber hablado bien, de haber prestado un servicio. Bien encarrilado en la vida. Y hete aquí que me veo alcanzado por los sufrimientos ajenos. Mediante la gracia de una canción sencilla y sin patetismo, que no dice casi nada, aparte de esto: que millones de seres humanos son desgraciados al no poder caminar. Y tú, tú caminas. Tranquilamente, todo el tiempo, caminas, corres, saltas. Sin ni siquiera pensar en ello. Piensa en ellos, o mejor, no lo hagas, no «pienses» en ellos: siente compasión por ellos, en tu corazón, en tu cuerpo, no solo con tu cerebro racional. La verdadera compasión, no el pensamiento distraído de la superficie.

De repente, eso no arregla la historia de las lágrimas. Los sollozos aumentan. Oculto un poco mi rostro con la mano para poder continuar llorando. Dejo fluir las lágrimas frente a los campos y bosques que desfilan. Me sorbo la nariz de la manera más suave posible, saco un pañuelo del bolsillo. No intento frenar el movimiento, dejo que la compasión ocupe todo el sitio que desea. Permito que su oleada me alcance, me sacuda, me cubra. Respiro y observo la naturaleza, que me susurra: todo está bien, no te debatas, deja que pase lo que sea. En este momento de tu vida, todo lo que está aquí ocupa el lugar que le corresponde, no te hurtes a ello. Déjate afectar e invadir por la compasión. Deja que te marque con su huella más profunda: en el momento en que sollozas, en ese instante en que te sientes como un tonto sorbemocos, estás simplemente sintiendo una experiencia de humanidad y fraternidad. Permanece con ello, respira con ello. Después, cuando todo eso se retire suavemente de ti, no lo olvides.

Cuando dejen de correr las lágrimas, cuando vuelvas a respirar con normalidad, no te olvides. En ese momento, pondrás en funcionamiento el cerebro. Todo resultará más claro, reflexionarás, actuarás y decidirás qué hacer. No te olvidarás jamás de esos largos minutos donde te has inundado de compasión gracias a una simple canción. Y repensarás todo lo que has hecho, y lo que continuarás haciendo: no refunfuñar cuando busques un aparcamiento y veas que las únicas plazas libres son las de minusválidos, vacías (me da vergüenza confesar que a veces he gruñido por eso, pero...); no volver a dejar la moto en una acera si está en un paso o si un ciego pudiera tropezar (me ha pasado: nunca más). Y pensarás en todo lo que podrías hacer además: estar dispuesto a ayudar a las personas minusválidas cuando te cruces con una, hablar con ella, sonreír, donar más dinero a las asociaciones que se ocupan de ellas. Continúa buscando: seguro que hay más gestos...

Freud A lo largo de *El malestar en la cultura*, Freud desvela claramente la visión tan pesimista que tiene de la felicidad. Estos son algunos extractos:[7]

> Y aún estaríamos por afirmar que el plan de la Creación no incluye el propósito de que el hombre sea feliz. Lo que, en el sentido más estricto, se llama felicidad surge de la satisfacción, casi siempre instantánea, de necesidades acumuladas que han alcanzado elevada tensión, y de acuerdo con esta índole solo puede darse como fenómeno episódico».

Tal como nos ha sido impuesta, la vida nos resulta demasiado pesada, nos depara excesivos sufrimientos, decepciones, empresas imposibles. Para soportarla, no podemos pasarnos sin lenitivos. Los hay quizá de tres especies: distracciones poderosas que nos hacen parecer pequeña nuestra miseria; satisfacciones sustitutivas que la reducen; narcóticos que nos tornan insensibles a ella.

Como sucede a menudo, lo que describe Freud es exacto (la evolución de nuestra especie concede prioridad a las emociones negativas sobre las positivas, a la dificultad de la existencia), pero las generalidades radicales que extrae son discutibles. Freud fue un gran pesimista y, como todos los pesimistas, deseó convencer a su entorno de la exactitud de sus opiniones. En su descargo habría que decir que asistió al suicidio de Europa en la I Guerra Mundial, más tarde con el ascenso del nazismo y el desencadenamiento del antisemitismo justo antes de la Segunda. Se ahorró asistir a lo peor del horror porque murió en 1939, pero era judío en un período de la historia donde, sin duda, no era fácil serlo.

Recuerdo que cuando decidí emprender estudios de Medicina, para convertirme en psiquiatra, fue por leer a Freud, en el curso preuniversitario. Su visión del alma humana me entusiasmó. Su pesimismo me pareció convincente. Estábamos entonces en pleno reinado de la «psicología negativa». Freud, también él, nos aseguró que «el psicoanálisis no sirve para ser feliz; sirve para pasar de un sufrimiento neurótico a una desdicha banal». La sonrisa y el buen humor eran mucho peor vistos que en la actualidad. Era la época, en los años 70 y 80, en la que los intelectuales serios debían poner siempre mala cara, lo que parecía otorgarles legitimidad. Al menos, toda esa negatividad en la que me bañó me permitió mantener un sentimiento de sincera fraternidad con mis pacientes...

Frutas y verduras En sus célebres palabras, el filósofo Alain escribió en 1909: «Igual que la fresa sabe a fresa, la vida sabe a felicidad». Es extraño la manera en que me afectan frutas y verduras: cuando consumo unas buenas, me atraviesa una sensación primitiva de felicidad. De felicidad de que la naturaleza, a la que pertenezco, me permita disfrutar de sus productos. Me siento mucho menos emocionado con un buen plato o un buen pastel. Eso me parece que revela, a la vez, una felicidad animal y una gratitud intuitiva hacia mi Dios creador.

Fuentes de felicidad Existen muchas fuentes que originan nuestra felicidad. Las más potentes son, sin duda, las relaciones sociales, la acción dirigida desde nuestros valores y el contacto con la naturaleza. Existe una infinidad de maneras de dar a conocer y explorar esos campos. Y también es necesario realizar un esfuerzo para apartarse de las falsas felicidades del consumo (comprar cosas inútiles, incluso ropa nueva, dispositivos nuevos; la práctica de actividades vacías: las horas pasadas delante de la televisión o de otras pantallas). A menudo pienso en estas palabras del filósofo Gustave Thibon: «El ser humano tiene sed de verdad, pero ¿busca la fuente o el abrevadero?». ¿Dónde se sitúa la verdad de nuestra felicidad? ¿En las visitas al supermercado o en los paseos por el bosque? ¿En comprar o en dar? ¿Es la posesión o la contemplación?

Fuerzas y debilidades Es uno de los grandes principios de la psicología positiva: «Trabaja tus fuerzas, no solamente tus debilidades». A menudo pensamos que progresar es adquirir cualidades de las que todavía carecemos, o no en cantidad suficiente. También es cultivar las que ya poseemos. Por ejemplo, en el marco de los buenos propósitos como los que se hacen al empezar el año, se recomienda no elegir solamente decisiones relativas a nuestras debilidades (fumar menos, ponernos menos nerviosos, ver menos la televisión o quedarnos menos pegados a las pantallas), sino elegir también las que tienen que ver con nuestros puntos fuertes: preguntarse qué es lo que ya hacemos bien (a menudo me muestro gentil y servicial, me gusta aprender cosas nuevas...) y comprometerme a hacerlo más. Entraña un beneficio doble: primero, eso me proporcionará un poco más de felicidad; luego, ese suplemento de felicidad me aportará la energía necesaria para mantener los propósitos tomados acerca de mis debilidades (porque eso resultará un poco más difícil).

Futuro No recuerdo quién decía (se suele decir que Clemenceau, y es cierto que se trata de un bonito discurso de político): «El futuro no es lo que nos sucederá, sino lo que vamos a hacer». Un ejercicio clásico de psicología positiva («Mi mejor futuro posible») nos ayuda a trabajar en este sentido.[8] Hay que escribir durante 20 minutos en cuatro días consecutivos, y con detalle, lo que te gustaría que tu existencia fuese en algunos años: a qué se parecería tu vida familiar, amistosa, profesional, tus viajes, tu tiempo libre. No hay más reglas que ser sincero: escribir y nada de soñar despierto, 20 minutos y no dos, de manera precisa y detallada, nada de vagas fórmulas generales. Todos estos elementos son importantes para que funcione, es decir, para que: 1) te ayude a estar mejor, y 2) eso facilita también tu compromiso en esos proyectos. ¿Te parece que es demasiado fácil y sencillo? Vale, fácil lo es, pero no «demasiado». ¿Lo has hecho?

G de Gratitud

Te son concedidas todas las alegrías:
por la vida, por lo demás, por un Dios (tal vez).
Por ello, gratitud, que refuerza tu corazón y tu felicidad.

Gastar sin pensar Las incitaciones de nuestra sociedad de consumo a gastar nos empujan a no reflexionar sobre el tema de nuestra felicidad y de lo que nos hace, personalmente, más felices. Nos sugieren confiar en ellas, nos hacen creer que pueden realizar ese trabajo por nosotros, mejor que nosotros y que saben lo que nos hará felices: solo deberemos pagar y consumir. Lo que faltaba: gastar puede entenderse como dejar de pensar.* ¡Dejad de pensar, dejad de reflexionar y pagad, nosotros ya hemos reflexionado en vuestro lugar! Por eso, sin querer ser un aguafiestas, valdría la pena pensar antes de gastar. No solo porque eso nos ahorraría dinero, sino porque nos conducirá hacia felicidades más recias: la compra es a la felicidad lo que el azúcar al estómago. Gusta, pero no alimenta.

Gatos y perros Dicen los estudios[1] que son fuentes de felicidad para sus propietarios. Pueden, pues, ser virtuosos de la felicidad, cada uno en su estilo. Se admira con más facilidad a los gatos, que nos impresionan con sus largas y lánguidas siestas, que les ocupan entre 15 y 18 horas diarias, adoptando posturas de gran relajación.

---

* El título de la entrada en francés es *Dépenser et dé-penser*, «Gastar y des-pensar», ambas con una pronunciación parecida *(N. del T.)*.

Los perros tal vez sean incluso más felices: su afecto incondicional por sus amos es, ciertamente, como el amor incondicional para el animal humano, un potente factor de bienestar para ellos. ¡Que sus lecciones nos iluminen! ¡Seamos con los seres humanos unas veces gatos y otras perros! A veces, en la distancia amable y tal vez en el don incondicional de nosotros mismos. Según las personas, los momentos, nuestro humor, las necesidades de nuestros seres queridos...

Generosidad Dar hace más feliz. A la persona que recibe, desde luego, pero también a la que da. La que aquí nos interesa es la última de ellas. Los estudios son palmarios: dar aumenta la felicidad del que da.

Existen varias maneras de dar. En general, damos con placer, por amor a nuestros hijos, a nuestros familiares, a nuestros amigos. Está bien, pero es fácil. La verdadera generosidad supone dar a quienes no se conoce, o apenas; es decir, a veces a los que no apreciamos nada... Para no complicar la dificultad, no hablaremos aquí más que de la generosidad hacia los desconocidos o poco conocidos. Se ha demostrado que practicando cinco buenas acciones a la semana, durante seis semanas, mejora significativamente nuestro bienestar. Y parece, extrañamente, que reagrupar esas buenas acciones en un solo día de la semana tiene más efecto que si se practica una cada día. De la misma manera, variar los comportamientos altruistas tendría más efecto que practicar siempre los mismos.[2]

Así pues, la recomendación para vuestros ejercicios de generosidad será practicar un día a la semana (y mostrarse lo más generoso posible ese día), durante varias semanas, intentando variar los favores (ofrecer tiempo para ayudar a alguien, dinero a un sintecho, objetos a familiares, afecto a un miembro anciano de la familia, olvidado y aislado...).

«Y el resto de los días, ¿me comporto como un soberano egoísta?» No, claro que no: dirigiendo especialmente nuestra atención a un día en particular, ponemos en funcionamiento automatismos que también nos conducirán a la generosidad el resto de los días, pero de manera menos deliberada y más automática.

En los estudios que recogen los testimonios de personas comprometidas en esos programas, la diversidad de los comportamientos de generosidad es divertida y asombrosa a la vez: junto a los gestos de generosidad hacia la familia o personas con las que uno se cruza, están también los actos totalmente anónimos, como pagar el peaje de la autopista del conductor que viene a continuación, recoger un papel del suelo para echarlo a la papelera, aunque no lo hayamos tirado nosotros. Y para terminar, ese recuerdo de un investigador norteamericano, que cuenta cómo su madre, cada vez que lo veía de mal humor, le soltaba: «Stephen, no pareces contento, ¿por qué no vas a ayudar a alguien?».[3] ¡Un ejercicio excelente!

Gente molesta   «Hay personas tan molestas que te hacen perder un día en cinco minutos», escribió Jules Renard.[4] A lo que el filósofo Epicteto respondería: «Jules, no puedes hacer nada contra la existencia de la gente molesta. Por el contrario, dispones del poder de acortar tu presencia a su lado, y también de no pensar más en ella al cabo de cinco minutos».

Gentileza   Es un ofrecimiento de dulzura y atención dedicado a otra persona. Siempre me ha dejado pasmado la mirada condescendiente o desconfiada que a veces merece la gentileza. A menudo se la supone la expresión de una carencia: si se es gentil y amable, es porque no se puede ser de otra manera, porque se es débil; si se fuese fuerte y poderoso, no habría necesidad de ser gentil. O bien se imagina que oculta algo: la persona gentil espera seguramente algo a cambio. Pero la gentileza puede ser simplemente un ofrecimiento, ¡sin condiciones ni esperar nada a cambio! Se ofrece, y luego ya veremos. Y se continúa, aunque no pase nada. Entonces, no se es gentil para obtener algo a cambio, sino porque sienta bien, a los demás y a uno mismo, y porque eso hace del mundo un lugar más agradable y habitable.

Gratitud La gratitud es disfrutar de lo que se debe a los demás.

Recientemente hemos trabajado con la gratitud en uno de nuestros grupos de pacientes, en el Sainte-Anne. Hemos reflexionado acerca de los distintos niveles posibles en la práctica de la gratitud:

• Sentirla por alguien que nos ha hecho bien intencionadamente (ayuda, un regalo).

• Sentirla por alguien que nos ha hecho bien sin pensar en nosotros personalmente (gratitud hacia el panadero y su buen pan; aunque se lo hayamos comprado. ¿Dónde está el problema?).

• Sentirla por otros seres humanos a los que no conoceremos nunca (gratitud hacia Mozart, Bach, todos los seres humanos que nos han precedido y que nos han legado todo lo que hay de bello en el mundo, a las generaciones de labradores que han trabajado nuestros campos, etcétera).

Al hablar del tema juntos, incluso abordamos momentos como contemplar una puesta de sol, un bello paisaje, un bonito cielo, etcétera. ¿Hay que sentirla por la naturaleza y no por los seres humanos? ¡También! Gratitud hacia nuestros padres y antepasados que nos han permitido estar aquí para verlo. Hacia los seres humanos del pasado y el presente que nos han permitido y nos permiten vivir en un país en paz.

Todas las reflexiones sobre la gratitud nos abren los ojos a esta evidencia: le debemos prácticamente todo a otros seres humanos.

Podemos disfrutar y expresar, siempre que nos sea posible, nuestro reconocimiento.

Al igual que la gentileza, la gratitud no cuesta más que unas pocas palabras que, no obstante, tienen un valor considerable. No hay que temer aceptarla. No hace mucho, mi suegro vino a pasar algunos días a París. En el momento en que se marchaba para tomar el TGV, le ofrecí un pequeño consejo sobre los horarios, que le permitió salir una hora antes, en un tren directo sin transbordo, contrariamente a lo que él había pensado. Nada importante, vamos. Sin embargo, a la mañana siguiente se tomó la molestia de llamarme para darme las gracias: «Christophe, gracias a tu consejo hice un viaje muy agradable, te lo agradecí durante todo el trayecto». Mi primera reacción interior fue darme cuenta de que se trataba de demasiada gratitud por un consejo tan pequeño. Luego me dije que él tenía razón (como de costumbre, en cuestión de psicología de la felicidad es un superdotado). Después de todo, el hecho de que sintiera gratitud embelleció su viaje, y su visión del mundo; y el hecho de que me la expresara me gustó. En conjunto no nos «costó», a él y a mí, más que unas pocas frases. Algunas palabras para mucho placer compartido, sintiéndonos solidarios y amistosamente relacionados.

Entrenarse en gratitud es muy sencillo: 1) anota cada noche, durante digamos toda una semana, tres sucesos agradables de la jornada (unas risas con un conocido, un bonito paseo por la naturaleza, una lectura interesante); 2) descubre cuál de esos sucesos está ligado a otro ser humano (el amigo que me ha hecho reír; las personas que han creado y cuidado el camino que he seguido durante mi paseo, y que no ha caído del cielo; el autor del libro o del artículo, el impresor, el editor), y 3) hacerse consciente y alegrarse de estar vinculado de ese modo, en lo mejor, a tantos seres humanos, conocidos o no. Renueva la experiencia varias veces al año. En los momentos en que la vida es fácil, y luego cuando lo sea menos.

Y cuando te hayas convertido en un experto en gratitud, hazlo también cuando sufras: gratitud, compasión y admiración atenúan el impacto de nuestros dolores. En esos momentos, no soportamos que nadie nos lo recuerde: solo nosotros podemos decidirnos a practicarlas a pesar de todo.

Es posible comprender, a través de esos ejercicios, por qué la gratitud nos sienta bien: nos ayuda a recordar algunos de los buenos momentos de nuestra vida, nos ayuda a hacernos conscientes de que, en general, el hecho de ser un ser humano tiene más ventajas que inconvenientes, etcétera.

Gratinado de calabacines En casa de unos primos que nos han invitado, junto con otros amigos y primos, a su casa de la montaña. Llegamos tarde, por la noche, y la prima que nos ha invitado improvisa amablemente una cena con lo que encuentra en la cocina.

—Vaya, hay un gratinado de calabacines. ¿Alguien quiere? ¿No? Christophe, a ti que te gusta la verdura, ¿quieres un poco? ¿No? Bueno, pues lo tiro ahora mismo a la basura, hace varios días que da vueltas por la nevera...

Me echo a reír y ella tarda unos segundos en comprender por qué, y luego se echa también a reír, un poco avergonzada pero sin más. Es así, mi prima, espontánea y franca a carta cabal, como suele decirse, y también muy amable.

Claro está, su mente no premeditó la secuencia: «1) voy a tirar esto; 2) pero intento colocárselo a alguien, y 3) lo tiraré si nadie lo quiere». Lo más seguro es que fuese así: «1) vaya, queda un poco de gratinado; 2) igual lo quiere alguien; 3) bueno, pues como nadie lo quiere, y eso quiere decir que dará vueltas por la nevera, y 4) pues venga, lo tiro...».

Pero tras la cena, cuando todo el mundo charla junto al fuego, vuelvo a pensar en ese momento: la frontera entre la torpeza y la ofensa es tenue. Si yo no me ofendí, sino que me divirtió, es porque quiero a mi prima y sé que ella también me quiere a mí. Sin esas certezas, la historia del gratinado habría acabado peor. Sea como sea, lo que se denomina contextualización y distancia es indispensable para una buena digestión psicológica de los sucesos de la vida. Por ello, también nos interesa avanzar en la vida del mejor humor posible. Todos los estudios demuestran que es precisamente este buen humor el que más puede ayudarnos a tomar distancia y a proporcionarnos esas capacidades de contextualización; mucho más que el mal humor.

Gruñones desagradables Los gruñones me han irritado durante mucho tiempo. No ser capaz de hacer el mínimo esfuerzo de cortesía y de delicadeza, el esfuerzo de una mirada amistosa y de una sonrisa, ¡al menos! Después se me pasó. He entendido que eso no impedía la existencia de otras cualidades. Luego, a menudo imagino de buena gana que el carácter de ciertos gruñones (no importarles las convenciones sociales, no dejarse impresionar por las reglas sociales) tal vez sea también la expresión de una forma de libertad y que puede que oculte un coraje arisco: ese gruñón que no me saluda tal vez sea el que me salvará la vida en la guerra, el que me esconderá del enemigo. Y quien a continuación rechazará, siempre tan arisco, mis agradecimientos y mi gratitud...

H de Hedonismo

*Una de las dos vías
de acceso a la felicidad.*

Habituación hedonista Nos acostumbramos a la felicidad. Estamos rodeados de un montón de cosas que deberían hacernos felices y que no percibimos. Excepto las que nos apartan, como sugiere la célebre frase del poeta Raymond Radiguet: «Felicidad, no te he reconocido más que por el ruido que hiciste al marcharte».

¡Es que uno se acostumbra a todo, incluso a las cosas buenas y a la felicidad! Cuando nos sobrevienen esas cosas buenas, y luego nos resultan accesibles permanentemente, dejan poco a poco de hacernos felices. Vivir en un país en paz, tener un cónyuge, trabajo, una casa, de qué comer... Todo eso acaba pareciéndonos normal. Es la *habituación hedonista*. En psicología hablamos de habituación para designar la disminución, a veces hasta la extinción, de la respuesta a un estímulo presente de manera repetida y prolongada. Así es como funcionan las terapias del comportamiento para las fobias: al acostumbrarse a afrontar el estímulo que da miedo, en lugar de huir de él, los pacientes observan cómo su reacción va disminuyendo poco a poco. Por desgracia, eso también funciona así para la felicidad: una fuente de felicidad constantemente presente en nuestra vida va perdiendo su potencia. Nos hemos preguntado cómo evitar ese fenómeno de habituación. Podemos decir, sin entrar en detalles, que existen dos medios. El

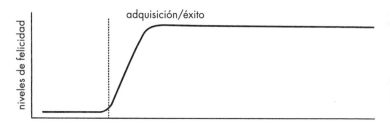

CÓMO NOS IMAGINAMOS LA SATISFACCIÓN
TRAS UNA ADQUISICIÓN/UN ÉXITO

adquisición/éxito

niveles de felicidad

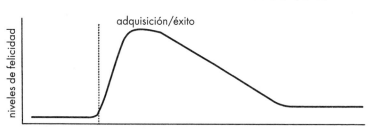

QUÉ SUCEDE EN REALIDAD TRAS UNA ADQUISICIÓN/ÉXITO

adquisición/éxito

niveles de felicidad

La habituación hedonista en dos curvas.[1]

primero es verse de vez en cuando privado de esas «cosas buenas ordinarias» a las que nos habituamos con tanta rapidez: una avería de la electricidad nos hace ser conscientes de la felicidad que ese recurso representa en nuestra vida cotidiana; un alejamiento de nuestra familia nos hace ser conscientes de la felicidad de vivir a su lado; una fractura de la pierna nos muestra hasta qué punto es una maravilla poder andar, etcétera. El segundo es trabajar para tomar consciencia regularmente de nuestra fortuna cotidiana. No dejaré de hablarte de ello a lo largo de las páginas de este libro...

Hablar mal de alguien sin desearle ningún mal Jules Renard, en su *Journal*: «Hay en mí una necesidad casi incesante de hablar mal de los demás, y una gran indiferencia a hacerles daño». Confesión lúcida de un tipo valiente y atormentado por sus ambiciones frustradas –soñó con la fama– y sus limitaciones: le costaba ser feliz. El amigo Jules nunca consiguió sosegar las comezones del presente (frecuentaba demasiado el pequeño mundo literario parisino) ni recuperarse de su pasado (la infancia en la que no conoció la felicidad). No deseaba nada malo a nadie. Por desgracia, hablar mal ¿no es ya, en cierta manera, hacérselo a uno mismo?

Hasta muy pronto No me gusta nada, nada de nada, cuando al final de un mensaje telefónico, en mi contestador, me dicen: «¡Hasta muy pronto!». Me incomoda que me presionen, que me digan con sordina: «Llámame de inmediato, y que sea ya». ¡Me pone incluso agresivo, ya ves! Me empuja a llamar más tarde de lo que hubiera hecho espontáneamente. Lo sé, es una tontería, pero ¡hay que frenar la epidemia de «aceleritis» que se ha apoderado de nuestra sociedad! Para funcionar bien mentalmente, al menos en esta época nuestra, nos conviene más frenar que acelerar.

«Hazlo lo mejor que puedas» El perfeccionismo suele ser una actitud peligrosa. Pero eso no nos impide querer y desear hacer las cosas bien. Lo mejor posible. No es lo mismo. Es la diferencia clásica en la filosofía estoica entre *telos* y *skopos*, entre la intención y el resultado. Invierte todas tus fuerzas en la intención, para hacerlo todo lo bien que puedas, evitando crisparte acerca de la obligada llegada del resultado. Suele ofrecerse el ejemplo del arquero que apunta a una diana: no debe concentrarse en alcanzar el centro de la diana, sino dirigir toda su atención al gesto (concentrarse en la diana y en cada uno de sus movimientos); más que en la perfección del resultado, en la atención al gesto para alcanzarla. Y eso vale para la mayoría de los empeños de nuestra existencia. Y todavía es más cierto en lo tocante a la búsqueda de la felicidad.

Hedonismo Es (junto con el eudemonismo) una de las dos vías de acceso a la felicidad: a través de la búsqueda de la frecuencia y la repetición de momentos felices y agradables.

Hermana generosa Una paciente que sufre en la vida, llena de problemas psiquiátricos. Mucho daño, y muchas dificultades para hacer amigos. Y para mantenerlos. Por fortuna, tiene una hermana que la quiere y que se ocupa de ella lo mejor que puede. La invita a menudo y le presenta a sus conocidos. Entonces, la paciente me lo resume con una frase luminosa: «Mi hermana es muy simpática conmigo, me presta a sus amigos...».

Hierbas y bosques El ejército de hierbas, vigoroso, anónimo y siempre victorioso con el tiempo, se lanza a la conquista del sotobosque, de los senderos. Las catedrales de verde murmuran a los órganos del viento. Caminar sin pensar por el bosque. Es como una perfusión de certeza: la vida vale la pena.

Hijos Tengo tres hijas, que me han empujado hacia la felicidad. Si antes de ser padre me abandonaba con facilidad a mis estados de ánimo gruñones y negativos, desde el día en que acepté la paternidad, extrañamente, me he sentido responsable, entre otras cosas, de no estar triste o ansioso delante de mis hijas. Y no solo de no parecerlo, sino de no serlo, de verdad, interiormente (no es posible mentir a largo plazo a la familia acerca de lo que uno siente). No quería contaminarlas con mis estados de ánimo inútilmente dolorosos, pues me daba perfecta cuenta de que la mayoría no eran «necesarios», en el sentido de que no procedían de sucesos realmente graves, solo de la adversidad normal. Mis hijas son, por tanto, y a la vez, *fuentes* de felicidad, como suele ocurrir, pero también *obstáculos* a la felicidad, y esa mezcla extraña ha funcionado muy bien en mi caso. La mirada y el juicio de quienes nos aman son una ayuda, al menos en cuanto a los defectos que nos toca a nosotros corregir. Para los demás, debemos solicitar su benevolencia.

Hospital y estados de ánimo Hace un tiempo participé en un programa de radio sobre la compasión, con un amigo sacerdote y otro filósofo. En un momento dado, la conversación giró acerca de mi trabajo en el hospital y de la necesidad de compasión en la atención. Y, de repente, vete a saber por qué, pienso en mis estados de ánimo de la mañana a la noche, los días en que trabajo en el hospital. Soy consciente de su diferencia: discretamente preocupado por la mañana, totalmente feliz por la tarde.

No recuerdo haber ido un solo día al hospital con el corazón totalmente ligero, con estados de ánimo alegres. Incluso los días de buen tiempo, los días en buena forma, siempre existe un ligero encogimiento, una muy ligera tensión en mí (que no experimento las mañanas de los días en que no trabajo más que escribiendo o dando clase). Y no obstante, me gusta mi trabajo, al que acudo con interés y, si pudiera elegir, volvería a apostar por practicar la psiquiatría. Sin embargo, como todos los trabajos asistenciales, no es un trabajo anodino; es un trabajo al que acudimos, todas las mañanas, al encuentro del sufrimiento. ¿Cómo tomárselo a la ligera? Y digo totalmente a la ligera, como cuando vas a caminar por el bosque. A veces nuestra mente olvida, porque en nuestro trabajo también hay otras cosas: reuniones, cursos, papeleo, etcétera. Pero nuestro cuerpo no lo olvida y nos recuerda que tenemos cita con el sufrimiento cada vez que vamos a trabajar. Cuando era un joven psiquiatra, recuerdo que había también, en esos estados de ánimos ligeramente dolorosos de antes de empezar las prácticas, en esas sensaciones matinales, un poco de aprensión: «¿Estaré a la altura? ¿Sabré hacer frente a los problemas que me traerán los pacientes?». Esos interrogantes siguen estando presentes en la actualidad, pero ahora me digo simplemente que lo haré lo mejor posible, que prestaré atención, compasión y que ofreceré los mejores consejos posibles; y lo cierto es que no puedo hacer más.

¿Y por la tarde? Por la tarde es sencillo: desde el principio, no hay un solo día en el hospital en el que no salga feliz, con una especie de felicidad grave y lúcida (salvo los días de gran tristeza, cuando le ha sobrevenido una desgracia a un paciente o porque me han contado unas historias terribles). Y esa felicidad no se debe al alivio («uf, se ha acabado») o a la satisfacción («he hecho bien mi trabajo»). No, todo eso puede estar presente, pero hay más. Percibo claramente la diferencia, que sigue estando ahí, entre los estados de ánimo agradables de los días en que he trabajado bien, pero sin asistir (escribiendo o enseñando), y los de mis días de médico. Esos estados de ánimo tienen raíces mucho más profundas. Precisamente, creo, en la compasión, en el hecho de haber dado lo mejor de uno mismo, de haber prestado atención, escucha, afecto, benevolencia. Todos los trabajos de psicología positiva nos lo recuerdan: dar es recibir. Es lo que he intentado dar a mis pacientes, que he anticipado con un poco de aprensión, pero que me han devuelto multiplicado por cien. No veo otra explicación para los estados de ánimo calmados de la tarde, cuando regreso de Sainte-Anne en mi bici, observando el cielo y el Sena, dejando desfilar por mi mente los rostros de los pacientes de la jornada.

Horror y felicidad Mi visión de la felicidad está marcada por mi oficio, que es frecuentar las miserias e intentar aligerarlas. ¿El recuerdo que más me ha estremecido? Un paciente argelino, hospitalizado con depresión grave, que había visto a su hijo degollado ante él a manos de fanáticos islamistas. La misma historia que en

Auschwitz: ¿cómo creer en la felicidad después de eso? No lo sé, pero, en cualquier caso, lo que plantea no es la existencia, la posibilidad y la importancia de la felicidad, sino precisamente la ilusión de que la vida podrá ahorrarnos la desdicha. No nos ahorrarán nada. Y algunos de nosotros viviremos por desgracia el horror absoluto, pero no es razón para renunciar a ser feliz. Solo una razón para comprometerse, cada uno según sus capacidades, a aliviar la desdicha o impedir el horror.

Humor Está más relacionado con el placer que con la felicidad. No recuerdo qué humorista dijo un día que podría sacrificar una relación amistosa por una ocurrencia. Demasiado educado para ser honesto, diría. Igualmente, se puede ser demasiado amable para ser gracioso. Pues en el humor hay, siempre, una forma de mala leche en potencia. Aunque no se *haga* daño, se *ve*, se *piensa*, y después se dice, adoptando la forma de una pirueta hilarante. Y ese daño sienta bien, muy bien, al menos a todos los que se ríen...

I de Ilusión

*No temas las ilusiones
cuando calienten tu corazón
y te empujen a la acción.*

Ilusión Madeleine de Puisieux,[1] mujer de letras del siglo XVIII y amante de Diderot, escribió: «Prefiero un error que me haga feliz que una evidencia que me desespera». Más que «error», término que supone que se tiene la certeza de lo verdadero o falso (algo que raramente ocurre en nuestras vidas), yo prefiero el término «ilusión», esa lectura subjetiva de los hechos, en el sentido que nos conviene. Tal vez, la preocupación por la felicidad, o quizás todavía más, la de no caer en la desdicha, nos empuja a suscribir ilusiones, por poco convincentes que sean. Los ateos («Dios no existe») y los agnósticos («No se puede saber si Dios existe o no») consideran que la fe en un Dios es una ilusión, aunque reconozcan que sienta bien, sobre todo frente a las pruebas de la vida y a la cercanía de la muerte. Como terapeuta, a veces prefiero una ilusión cálida que una verdad dolorosa: si el futuro es incierto, y sobre todo si depende de la moral de la persona, entonces la regla es alentar la esperanza; tal vez resulte ser un error, como la distancia. Sin embargo, tener esperanza, aunque se carezca de certeza, suele hacernos menos desdichados, y también ayuda a implicarse en la acción, es decir, a modificar la situación. Los padres de niños minusválidos necesitan ilusiones plausibles, más que certezas negativas, que interfieran en el horizonte de sus esperanzas. Decir: «Su hijo no hará progresos» puede, ciertamente, liberar a los padres de falsas esperanzas y ayudarlos a aceptar la realidad. Pero decirles: «No se sabe hasta dónde puede procesar» puede motivarlos para continuar estimulándolo, y lograr que realmente avance.

Imágenes y velocidad mentales En la tristeza, nuestra mente produce pocas imágenes mentales pero pasa mucho tiempo ocupada en cada una de ellas, mientras que en la alegría sucede lo contrario: se encuentran muchas imágenes, que cambian con rapidez y movilizan una atención con poca profundidad.[2] La tristeza frena y la alegría acelera. Pero no es cuestión de valencia, positiva o negativa: algunas emociones positivas frenan (la serenidad), mientras que otras, negativas, aceleran (la cólera). Todo depende del papel que desempeñan en nuestra vida: en la alegría, como en la cólera, existe la necesidad o el interés de responder a la aparición de una situación nueva. Estas dos emociones, de valencias opuestas, permiten que esa respuesta llegue pronto. Aunque la serenidad y la tristeza no son respuestas emocionales a un suceso repentino, sino sensaciones progresivas ante una situación global, frenar para reflexionar o sentir suele ser más útil que reaccionar con rapidez. ¿Te parece complicado? Es verdad. Nada es sencillo, y eso es lo que hace que todo sea interesante...

Impotentes y presentes Sorprendente fórmula escuchada un día de labios de un familiar de alguien muy enfermo: «No puedo hacer nada más que estar ahí, a su lado. Soy impotente, pero estoy presente». Magnífico: impotentes y presentes. Estar ahí para ayudar, con nuestra sola presencia, aunque no podamos ofrecer nada concreto. Hacer todo lo posible para que nuestra presencia esté a la altura de nuestra impotencia. Igual de intensa.

Incertidumbre (antes de sucesos agradables) La imprevisibilidad puede aumentar la felicidad: saber que vamos a recibir un regalo, pero ignorar de qué se trata, provoca en general, durante la espera, sobre todo emociones positivas. Y este efecto de incerteza es incluso más potente que la adición a las certezas agradables: en un estudio,[3] se anunciaba a los voluntarios que, para agradecerles su participación, al final iban a recibir un regalo elegido entre los objetos que habían designado con antelación en una lista (una caja de bombones, una máquina de fotos desechable, una taza, una memoria USB, etcétera). Tras su elección, se les dijo que, o bien iban a obtener su objeto preferido (incerteza agradable), o uno de los dos regalos preferidos (doble certeza agradable). A continuación se evaluó la duración de las emociones positivas inducidas por esas buenas noticias: duraron, por supuesto, más entre los estudiantes en la situación de incerteza agradable. ¿Cuál es la explicación? Primero por nuestra tendencia mental a sentirnos atraídos por lo incierto, nuevo e enigmático. Luego porque saber por adelantado lo que nos sobrevendrá o lo que se nos dará, hace que nuestra mente, siempre ella, tenga tendencia, tras alegrarse primero, a considerar el suceso como ya sucedido y «clasificado», y a apartarse de él. Mientras que el hecho de desconocer impide poder pasar fácilmente a otra cosa, y devuelve a la idea agradable de una alegría sorpresa. Eso, de alguna manera, facilita la cavilación positiva.

Conclusión práctica: Es inútil comprar a los hijos la totalidad de los regalos de su carta a los Reyes (y menos todavía anunciarles que los tendrán todos). Les harás más felices manteniendo la sorpresa, incluso anunciándoles que no recibirán más que uno de los regalos pedidos (¡pero asegúrate de que aparezca en la carta!).

Incerteza (tras los sucesos agradables) Cuando algo bueno nos sucede, la incerteza mantiene su poder amplificador: el hecho de no saber por qué o de quién nos llega nos hará felices más tiempo que si todo está claro. Otro ejemplo de estudio al respecto:[4]

a la salida de una biblioteca universitaria, se distribuyen cartas a las que se agrega un billete (verdadero) de un dólar. Unas veces mencionan lo siguiente: «Sociedad de la Sonrisa. Por la promoción de actos de amabilidad. ¡Que tenga un buen día!». Y otras veces son un poco más claras (disminuyendo la sensación de incerteza, pero sin ofrecer más datos factuales para no corromper la comparación): «¿Quién somos nosotros? La Sociedad de la Sonrisa. ¿Por qué hacemos esto? Para promocionar los actos de amabilidad. ¡Que tenga un buen día!». Algunos metros más lejos, las personas que acababan de recibir su billete eran invitadas a participar en un sondeo a propósito de la vida en el campus. Entre las múltiples preguntas, una concernía a su estado emocional presente: los estudiantes que habían recibido el regalo con las explicaciones mínimas se encontraban en un estado más agradable que los que creían saber algo más. Igual que la incerteza *antes*, la incerteza *después* prolonga el placer, y por las mismas razones: mantiene más tiempo el suceso agradable en nuestra mente, facilitando el cuestionamiento positivo.

Conclusión práctica: Si quieres alegrar todavía más a los demás, haz regalos o ten gestos altruistas sin motivaciones claras (nada de con motivo de un aniversario, de un agradecimiento o ninguna otra): «Es porque sí, porque tengo ganas, porque he pensado en ti».

Incerteza y ansiedad La incerteza tiene, pues, el poder de captar nuestra atención, para lo mejor, como se ha descrito antes, y para lo peor, como con la ansiedad. Si la incerteza positiva, en lo relativo a acontecimientos agradables (saber que recibiré un regalo sin saber cuál, o ir de vacaciones sin saber dónde), es agradable, la incerteza negativa (saber que algo malo me sucederá, sin saber cómo, ni cuándo, ni a veces qué) es una de las experiencias más desagradables que existen. Es lo que sucede, por ejemplo, cuando te comunican que han encontrado valores anómalos en tus análisis médicos o una imagen sospechosa en tu radiografía de control. Hay otros análisis en curso, pero es probable que estés a punto de recibir malas noticias. Este tipo de incerteza en relación a sucesos negativos inicia, en general, ciclos de cavilaciones dolorosas. En los grandes ansiosos, esas cavilaciones son permanentes, pues vivir es incierto: no sé lo que pasará mañana, ni en una semana o un año. El futuro me angustia, y por tanto la vida me angustia. Por otra parte, se observa que los pesimistas solucionan el problema a su manera: prefieren una certeza negativa («esto acabará mal») al veneno de la incerteza. En cierto modo consiguen «archivar el asunto» y pasar a otra cosa... De paso, renuncian a ser felices, pero se protegen a su manera de un exceso de desdicha.

Inconvenientes (para ser feliz) ¡Seguro que los hay! El principal, sin duda, es que la felicidad disminuye nuestro sentido crítico, o al menos nuestro deseo de utilizarlo: tendemos a preferir ver el lado bueno de las cosas y la gente. Eso es una buena cosa porque evolucionamos en un entorno normal, donde no existe malevolencia ni deseo de manipularnos. Pero evidentemente, frente a personas o contextos susceptibles de explotarnos, eso nos hace más vulnerables. Se ha demostrado que si previamente estábamos de buen humor, somos más receptivos a los mensajes publicitarios.[5] Las emociones negativas existen, y está bien que sea así, para alertarnos, cuando es necesario, frente a abusos y peligros.

Inducción de emociones Cuando en psicología científica se quiere estudiar las consecuencias de una emoción en los pensamientos o comportamientos de voluntarios, hay que echar mano de lo que se conoce como procedimientos de *inducción emocional*: como la mayoría de los seres humanos no pueden desencadenar las emociones por sí mismos (al menos voluntariamente, pues involuntariamente somos muy a menudo el origen de nuestras preocupaciones, por ejemplo), las posibilidades son muy variadas. Se puede –es fácil y eficaz– hacer que se escuche música, mirar un extracto de una película o incluso leer un relato: esos apoyos bien elegidos pueden hacer que nazca toda una gama de variadas emociones.[6] También es posible (lo cual es todavía más eficaz pero algo más complicado) recurrir a escenificaciones: suscitar el buen o el mal humor anunciando los resultados de tests de CI sin ninguna relación con las respuestas proporcionadas («Oh, vaya, lo siento, los resultados son un poco bajos», *frente a*: «Felicidades, cuenta usted con una inteligencia excepcional»); o incluso hacer ganar con facilidad una pequeña cantidad de dinero o un regalo (o hacerlos perder, cuando la mayoría del resto de voluntarios los ganan y acumulan).

Conclusiones prácticas de esos trabajos de investigación fundamental: 1) para suscitarnos emociones hace falta muy poco, y 2) exponerse a la posibilidad de sentir emociones agradables es, en resumidas cuentas, bastante fácil (ir a ver películas cómicas y escuchar música alegre).

Indulgencia Es la disposición a perdonar generosamente. A veces es una imprudencia, frente a las personas que tienden a abusar de los demás, pero el resto del tiempo es un acto inteligente, que introduce la dulzura en el corazón de todo el mundo.

Indulgencia hacia la mujer Mi último relato de indulgencia sucede en el tren. Estoy sentado frente a una mujer, de unos 70 años, con atuendo «juvenil», a la que he irritado un poco al pedirle que empujase la bolsa que tenía a sus pies, para que yo pudiera acomodar los míos (mis pies). Lo hizo, pero de mala gana. En un momento dado, saca un magnífico modelo de *smartphone*, se pone los auriculares e intenta escuchar música. Aparentemente tiene el volumen muy alto, porque yo también me beneficio de la música que brota de sus auriculares, una especie de música pop muy vigorosa. Juguetea con el móvil para regularlo, y, de repente, una falsa maniobra y el sonido de su desobediente aparato pasa a modo exterior, con el volumen a tope: ¡entonces es todo el vagón el que tiene derecho a la música! Como ella no logra conseguir bajar el sonido, los otros pasajeros se van volviendo a mirarla, poco a poco, con el ceño fruncido. Apiadándome (y también un poco incómodo), le ofrezco mi ayuda: con una gran sonrisa y sin decir nada, tiendo la mano para que me dé el móvil. Soy nulo con los aparatos electrónicos, pero me da la impresión de que lo haré mejor que ella. Un poco avergonzada, me explica que acaba de comprarlo la víspera y que no acaba de saber cómo funciona. Como por un milagro, ¡encuentro el botón del volumen a la primera! Le devuelvo el teléfono, siempre sin decir nada y con una gran sonrisa. Una buena maniobra. Durante el resto del viaje, reconocida o impresionada (bromeo...), me deja todo el espacio entre nosotros para mis pies.

Indulgencia hacia mí mismo La solicito a mis lectores. Al aprestarme a enviar este manuscrito a la editora, me doy cuenta de hasta qué punto sigue siendo imperfecto. Sé muy bien, desde que escribo, que un autor no entrega un libro hasta que estima que este está terminado por completo y pulido, pero cuando ha superado varias veces los plazos comprometidos, o cuando está saturado por el tema, ya no puede añadir nada interesante. Lo sé, pero me sucede en cada ocasión: en el momento de soltar mi trabajo, sus defectos me saltan a la vista. Este abecedario no escapa a la regla. Gracias, lectoras y lectores, por perdonarme. He querido redactar como enseño y cuido, explicando, implicándome, espontáneamente. Pero al hacerlo, sin duda he caído en mis defectos de pedagogo: repeticiones, reiteraciones y obsesiones. Eliminarlas habría, me parece a mí, dejado sin fuerza y frescura mis palabras. Así que las he respetado. Espero que, con su indulgen-

cia, perciban mi preocupación por convencer, en lugar de la negligencia.

Infancia Para nosotros es como un depósito: de recuerdos, costumbres, reflejos y automatismos. De alegrías y tristezas. De lo mejor y de lo peor, pues. Paraíso perdido y fuente de nostalgia, donde se almacenan recuerdos que nos dan confianza y alegría. San
Agustín escribió: «No se intentaría ser feliz si no se hubiera conocido ya la felicidad». Para él, la aspiración a la felicidad implica el
recuerdo de la felicidad. Y como esta aspiración es universal, con-
cluyó que solo Dios puede haberla puesto en el corazón de todos
los seres humanos. Lo que está claro es que haber conocido el sabor de la felicidad facilita luego muchas cosas: sabemos buscarla con seguridad. Sabemos también sentir lo que nos aleja de ella:
un cónyuge tóxico o condiciones de vida insatisfactorias serían
mejor soportadas por personas que hubieran vivido una infancia
feliz, que comprenderían rápidamente que algo no va bien, que
soportarían durante menos tiempo lo insoportable. Sabemos, en
fin, practicarla mejor, pues la felicidad es como una lengua extran-
jera: cuanto más se aprende, más fácil es hablarla con fluidez.

Infierno ¿A qué se parece el Infierno? Sin duda a lo que describió
Jacques Audiberti en su poema «Martyrs»:[7]

> *Bajo mi ropaje de inmundo púrpura,*
> *mi velo de oro siniestro,*
> *soy la reina de este mundo.*
> *Soy la pena sin esperanza.*

La pena sin esperanza, la vida sin esperanza de felicidad: es una
definición de la desdicha. Igual que la definición en menor grado,
pero igualmente realista, de André Comte-Sponville: «Ser feliz no

es estar siempre alegre (que también), ni no estarlo nunca. Es *poder* estarlo, sin que exista ninguna necesidad para ello ni nada decisivo que suceda o cambie». [8] A la entrada del Infierno descrito por Dante, figura la mención: «Oh vosotros los que entráis, abandonad toda esperanza». La esperanza está a veces considerada como una trampa para la felicidad (más vale disfrutar que esperar), pero también es un remedio indispensable frente al sufrimiento y la desdicha.

Inquietud de felicidad   «Ser feliz en el amor es haber sobrepasado la inquietud de la felicidad», escribió Maurice Maeterlinck, escritor olvidado, a pesar de su premio Nobel de Literatura en 1911. [9] ¿De qué inquietud hablamos exactamente? ¿De no encontrarla? ¿De perderla con rapidez? ¿Inquietud de que no resulte tan completa o trastornadora como se imaginó? Esas inquietudes suelen estar ligadas al sentimiento de fragilidad de la felicidad: es inestable, está siempre amenazada. ¿Se pueden franquear esas inquietudes? Los inquietos y pesimistas piensan a veces que es más fácil deshacerse de la búsqueda de la felicidad, como sugiere Houellebecq: «No hay que temerle a la felicidad: pues no existe». [10] Pero también se puede hacer algo mejor (aunque resultará mucho más difícil): al igual que con todas las inquietudes, el arma total es aceptarlas (sí, la felicidad es incierta y frágil; sí, siempre tiene un final) y dedicarse a otra cosa: implicarse en la existencia permite cavilar menos acerca de la felicidad, y eso aumenta nuestras posibilidades de verla emerger de nuevo.

Instante presente   Esta frase de Goethe me gusta mucho: «La mente no mira ni hacia delante ni hacia atrás, solo el presente es nuestra felicidad». [11] Montones de libros han alabado el poder del instante presente. ¿Cómo funciona? Se trata de mentalizar menos y disfrutar más. Vivir y sentir de manera menos cerebral y más animal. Pero entonces, ¿no es eso discrepar con una de las posibles definiciones de la felicidad, que consiste, como ya hemos visto, en ser consciente del propio bienestar? ¿De no solo sentir ese bienestar, sino también de darnos cuenta de hasta qué punto tenemos la oportunidad de disfrutarla? Sí, salvo que seguimos una evolución que los animales no conocen: primero sentir el bienestar (como ellos); después, darle nombre, medir el alcance y el sentido (no como ellos); finalmente, disfrutarlo de nuevo (como ellos). Todo ese viaje interior, realizado en pocos segundos, es una de las posibles explicaciones de la complejidad, riqueza y fragilidad de las felicidades humanas.

Inteligencia Una antigua tradición pretende que la inteligencia, el saber y la lucidez nos apartan de la felicidad, sobreentendiendo que esta revela ilusión y miopía intelectual. Es algo que empieza en la Biblia, con el Eclesiastés: «Quien aumenta su ciencia aumenta su dolor». Y además, todavía en la actualidad, se habla con normalidad del imbécil feliz, y menos del imbécil desdichado. Y no obstante, ambos existen. Y las investigaciones realizadas no han hallado correlaciones entre inteligencia y felicidad, sino en el sentido de capacidades creativas mejoradas por las emociones positivas: la tristeza pringa y frena el cerebro, mientras que la alegría lo estimula y acelera.

Intermitencias Somos visitantes intermitentes de la felicidad, igual que están los llamados trabajadores intermitentes en el mundo del espectáculo francés. Funciona de la siguiente manera: nuestras vidas no nos ofrecen jamás felicidad a chorro continuo, sino oasis de instantes felices separados por travesías del desierto, unas veces monótonas y otras angustiantes. Pero nos equivocaríamos metiéndonos prisa para ir de un oasis a otro, ¡más valdría aprender a admirar el desierto!

Invierno Nos devuelve cada año al asombro infantil, a la magia de caminar por el bosque desnudo y helado, en pleno invierno, mientras te dices que un día, pronto, volverá a ser verde y a hervir con los sonidos de los insectos y los pájaros. Pero es, sin embargo, la esperanza de la primavera la que hace que la belleza del invierno resulte menos aterradora...

Irritaciones No me resulta siempre posible, pero cuando puedo, me siento verdaderamente contento: hablo de la aceptación tranquila de las irritaciones. Las interrupciones del teléfono cuando me estoy esforzando por trabajar en un asunto urgente; la mala fe de un interlocutor cuando se tiene razón (¡como de costumbre); los chismes, cacharros y trastos que se estropean al mismo tiempo; y todo el resto...

Antes, eso me irritaba enormemente, me sacaba de mis casillas. Después he comprendido que era normal, que formaba parte de la vida. Pero cuando las molestias retornaban, yo volvía a ponerme nervioso. Entonces me entrené para aceptarlas: empezando por respirar, sonreír y decirme: «Vale, vale, está bien, ya lo he comprendido, no va a ser como a mí me gustaría...». Porque, de hecho, el problema sigue ahí: las irritaciones impiden que la realidad corresponda exactamente a nuestras expectativas. Y en lugar de abandonar nuestras expectativas y adaptarnos a la realidad, la emprendemos con ella, la odiamos, perdemos los nervios; y si nuestro objetivo era no perder el tiempo, acabamos perdiendo el triple.

A fuerza de entrenamiento, me he dado cuenta de que ahora tardo más tiempo en irritarme. Empiezo aceptando; después me ocupo del verdadero problema, que no son las preocupaciones, sino mi nerviosismo, así que me dedico a tranquilizarme; y luego hago lo que puedo hacer. Eso no siempre funciona, claro. Pero cuando lo logro, me siento contento.

J de Jardinero

*Ser jardinero forma parte de esas «ilusiones cálidas»
que todos necesitamos en algunos momentos.*

Jardinero En los momentos de gran sobrecalentamiento profesional, sueño con ser jardinero. Me imagino tranquilo mientras cavo, rastrillo, planto y podo; rodeado del canto de los pájaros, respirando aire puro. Sin nadie que me presione. Con tiempo por delante para detenerme, sonreír al observar el paso de una nube, el caer una hoja, echar a volar una mariquita. Sé que la vida real de los jardineros no siempre (¿o nunca?) se parece a eso; pero me sienta bien soñarlo un instante. En mi caso, convertirme en jardinero forma parte de esas «ilusiones cálidas» que todos necesitamos en algunos momentos.

Jeremías Uno de los grandes profetas del Antiguo Testamento. Tradicionalmente se le atribuye (tal vez sea un error) el Libro de las Lamentaciones. Jeremías predijo, entre otras cosas, la destrucción de Jerusalén y el exilio en Babilonia, pero sus contemporáneos no le hicieron caso. Sin duda, y como todos los pesimistas, caía mal, y se vio siempre marginado y de mal humor: «Nunca me sentí contento en una reunión de reidores; con ayuda de tu mano me mantuve solo, pues tú me habías llenado de cólera».[1] Por ello, se habla de «jeremiadas» para designar largas sucesiones de lamentaciones, difíciles de soportar... Y el problema es que ni siquiera nos preguntamos si el neo-Jeremías se expresa con razón o sin ella: nos limitamos a observar que estamos un poco hartos de su repaso en voz alta de todo lo que no funciona bien en este mundo. Recordémoslo, si queremos que se oigan nuestras propias quejas y advertencias, sepamos también expresar regularmente nuestras alegrías y admiraciones.

«¡Joder, joder, joder!» El otro día presencié una escena curiosa en el TGV. A unas filas de donde yo estaba, una media hora después de dejar París, oigo una retahíla de juramentos, a intervalos regulares: «¡Joder! ¡No es posible! ¡Joder, joder, joder!». Y eso se alarga, esporádicamente, un ratito. Es un hombre que viste como un joven ejecutivo moderno, sentado solo, que vocifera frente a la pantalla de su ordenador. Todo el vagón mira asombrado («¿Pero qué le ha cogido?»), inquietos («¿Nos va a montar un ataque de nervios en directo?»), o irritados («¿Se va a callar de una vez ese capullo enfadado?»). Después, el tipo se calma solito. Al cabo de un instante, se levanta y va en busca de una cerveza al vagón restaurante. Luego regresa, se la bebe y se duerme.

Me pregunto en qué pesadilla informática había caído. Y qué vida ultraestresante debe llevar, para dejarse ir así en público, delante de todo el mundo. Yo también me irrito lo mío, sobre todo cuando el ordenador me gasta malas pasadas, pero cuando hay gente, me callo, no oso gemir ni gruñir en voz alta. Y si lo hago, es en secreto.

Él pareció asumirlo: muy fuerte en autoafirmación, tal vez un poco menos en gestión del estrés...

Júbilo Etimológicamente, el júbilo es lanzar gritos de alegría. Es una felicidad que desborda nuestro cerebro, igual que la leche desborda el cazo. En general, el júbilo es una alegría ante un éxito difícil de obtener, y que se beneficia por ello de un efecto rebote, que sobreviene tras una larga espera, muchos esfuerzos o grandes dificultades. De ahí su lado explosivo y excesivo. Por ejemplo, un deportista siente júbilo tras una medalla obtenida en las Olimpiadas: sintió a la vez miedo (a no llevársela), y se sintió muy mal (por implicarse tanto). El júbilo supone que se tenía miedo y uno se sentía mal antes de lograr un objetivo en el que se había invertido mucho, tanto que no conseguirlo le habría hecho sentirse muy desgraciado. No es, pues, indispensable aspirar al júbilo si lo que nos interesa es simplemente ser felices. Dejemos lo último a los grandes atletas de la felicidad.

K de Karma

Nada de destino, nada de karma.
No es de tu pasado de lo que eres prisionero.
Solo de tus costumbres.

K En una novela muy famosa del escritor italiano Dino Buzzati, un chico joven, hijo de un capitán de altura es perseguido por un monstruo marino, que lleva el extraño nombre de K, en su primer día de navegación. Tras haber, primero, huido de su destino apartándose de la mar, lo afronta convirtiéndose él mismo en marinero, y se ve perseguido con tenacidad por la bestia durante toda su vida: cada vez que se da la vuelta, la percibe a lo lejos, en la estela de su embarcación. Ya anciano, muy viejo, decide dejar de huir para acabar haciéndole frente, ¡y K le habla! Para decirle que le persigue desde siempre con el fin de devolverle un talismán, que le asegurará el éxito y la felicidad durante toda su vida. No huir de nuestros miedos, sino darnos la vuelta para afrontarlos, puede a veces aumentar nuestra felicidad. El miedo a lo desconocido, a los vínculos, de todo y de nada; liberarse de los miedos es una manera de acercarse a la felicidad. Me hubiera gustado leer un cuento de Buzzati que nos hubiera comentado cómo perseguir a otro monstruo durante toda nuestra vida que en realidad nos aleja de la felicidad. Y esa bestia –el dinero– no se hubiera llamado K, sino $, €, £ o ¥.

Karma express Dogma central de la religión hinduista, según el cual el destino de un ser vivo y consciente viene determinado por la totalidad de sus acciones pasadas, en especial de las realizadas en sus vidas anteriores. Según esta visión, no estamos solo influidos por nuestro pasado personal, sino también por todos nuestros pasados, más allá de nuestra persona. ¡Resulta a la vez desalentador (estamos sobrecargados por todos los líos de nuestras vidas pasadas) y motivador (intentemos aligerar nuestro karma de cara a nuestras vidas futuras)! A su manera, la psicología positiva propone una especie de teoría del karma express: lo que hacemos bien en nuestra vida actual nos hará más felices, no en una existencia posterior, sino en esta misma.

Koan En la escuela Zen Rinzai, se practican los koan, esos enigmas sin solución que los maestros presentan a sus estudiantes. Lo hacen para ayudarles a comprender que, a veces, no es necesario intentar resolver un problema o sintetizar una contradicción, sino más bien dejar que se disuelva en nosotros (a través de la meditación, no de la reflexión) para percibir la futilidad o inutilidad de dar una respuesta. Los koan pueden ser preguntas, anécdotas, afirmaciones. Por ejemplo: ¿cuál es el sonido del aplauso de una sola mano? O bien: busca lo que te falta en lo que tienes. O incluso, relacionado con el tema de este libro: la desdicha está en la felicidad y la felicidad en la desdicha. En Occidente, hablamos a veces de *aporía*, un problema o una pregunta insolubles; por ejemplo, la cuestión de saber ¿qué fue lo primero, el huevo o la gallina? El interés de los koan y otras aporías es animarnos a tolerar la incerteza, sin tener que huir de los problemas ni las contradicciones. Sobre todo en cuestión de felicidad y de vida feliz.

Koan sobre el mal Medita sobre esta frase del filósofo Gustave Thibon: «Visto desde fuera, el mal merece el castigo; visto desde dentro, la piedad». [1] Recuerda el espíritu del Zen: no se trata de resolver un enigma, de saber qué es preferible, el castigo o la piedad, sino de sentir en lo más profundo la complejidad inevitable de toda elección frente al mal.

Krill Moluscos minúsculos que viven en bancos de los mares fríos. Alimento de las ballenas, que nadan con la boca abierta tragando toda el agua que entra. Luego, al cerrarla, dejan que el agua escurra por las barbas, esa especie de escobas que sustituyen a los dientes y les sirven de filtro. Retienen así todo lo comestible en esa agua. Nosotros hacemos lo mismo cuando atravesamos nuestros días sonriendo a la vida: cuando cerramos la boca, nos queda el krill de la felicidad.

L de Lazo

La felicidad está en el lazo.
No lo olvides: estás ligado a toda la humanidad
y sus lágrimas son las tuyas.
Consigue que tu felicidad también sea la suya.

«La cabra tira al monte» Es una frase que no me gusta. Anima a abandonar rápidamente nuestros esfuerzos por cambiar. Cuando decidimos cambiar nuestros automatismos emocionales (refunfuñar menos, quejarnos menos, ver el lado bueno de las cosas, disfrutar de los buenos momentos, expresar nuestras emociones agradables...), nuestra simple voluntad no basta: debemos entrenarnos y practicar regularmente los comportamientos y actitudes pretendidos. No es ni más ni menos complicado que querer correr más deprisa, durante más tiempo, disponer de más fuelle, fuerza y flexibilidad. Sabemos muy bien que no basta con quererlo, sino que debemos entrenar con regularidad: *footing*, yoga, musculación. Lo mismo vale con respecto a nuestros cambios emocionales y psicológicos: solo nos hace progresar la práctica regular,[1] y nos permite mantener nuestros progresos. Si dejamos de correr, nos quedamos sin aliento. Y si dejamos de disfrutar, nos quedamos sin felicidad.

Lacrimógeno Soy buen público para las historias tristes y que hacen llorar. Claro está, como la mayoría de la gente, al menos de los hombres, detesto que me vean derramar una lágrima. En el cine, por ejemplo, cuando me sucede, me esfuerzo por alejarme de la película, por liberarme de la emoción, hago girar los ojos en todas direcciones para que las lágrimas no se acumulen, etcétera. Pero no solo está el cine, también me pasa leyendo historias. Hace algunos años recibí esta.

Se trata de una niña que ha usado, sin pedírselo a sus padres, un bonito papel de regalo para hacer ella misma un paquete, poco antes de Navidad. Sus padres la regañan por esa razón. Ella encaja la regañina sin decir nada. A la mañana siguiente, los padres descubren una cajita torpemente envuelta con el famoso y caro papel de regalo. Avergonzados y conmovidos, lamentan su reacción y abren la caja: está vacía. El padre se irrita: «¡Y a esto le llamas un regalo!». La niña se deshace en lloros, y les dice a los padres: «No está vacía, ¡está llena de besos para vosotros!».

Al llegar a ese punto ya empiezo a emocionarme. La verdad es que la historia va todavía más lejos en materia de género edificante; la resumo: el padre abraza a la niña, rogándole que le perdone por su reacción. Poco después, un accidente siega la vida de la niña. El padre guardó durante mucho tiempo la cajita junto a su cama. Cada vez que le asaltaba la desesperación, la abría, sacaba uno de los besos imaginarios y recordaba el amor que su hija había puesto en ellos.

Es demasiado, tanto en cuestión de lágrimas como de buen gusto. Pero de cualquier manera, no sé para ti, pero para mí ese tipo de historias me pone las ideas en su sitio, y durante una temporada me torna más tranquilo y tolerante frente a las pequeñas irritaciones provocadas por mis hijas.

Lágrimas y recuerdos de lágrimas El lunes 23 de noviembre de 1654, entre «después de las diez y media de la noche hasta media hora después de la media noche», Pascal conoció un misterioso éxtasis, que llamaría su «noche de fuego». Garrapateó algunas líneas sobre un papel y guardó la página cosida en el forro de su chaqueta hasta que murió. Entonces fue cuando se descubrió ese texto, llamado más tarde «Memorial de Blaise Pascal». En él describió una sensación violenta y apaciguadora: «Certeza, certeza, sentimiento, gozo, paz». Luego, un poco más adelante: «Renuncia total y suave». Y entre ambos: «Gozo, gozo, gozo, llantos de gozo». Es uno de los fragmentos más misteriosos de su obra, cuyas últimas líneas son: «Eternamente en gozo por un día de ejercicio en la tierra». Pascal no habla con nadie de ese momento, ni del manuscrito, que no continuó nunca.

Durante mucho tiempo me ha costado comprender cómo era posible llorar de alegría. Quiero decir comprenderlo *visceralmente*. Intelectualmente, más o menos: se puede llorar de alegría tras haber pasado mucho miedo o haber sido muy desdichado, como cuando volvemos a encontrar a alguien a quien se quiere y que se creía desaparecido. Pero visceralmente...

Hasta que hace unos años, en uno de mis aniversarios, una de mis hijas me leyó un poema de Maurice Carême, dedicado a los padres. A mis hijas les sorprendió mucho: «Pero papá, ¿tú lloras?». Creo que era la primera vez que me veían hacerlo. Bueno, debo confesar que estaba muy emocionado y me abandoné a las lágrimas. De otro modo, hubiera hecho enormes esfuerzos por no llorar. En esa situación, solo hice esfuerzos moderados, a fin de no deshacerme en lágrimas, pero no para ocultarlas. Reservé una parte de mi energía para aceptar y disfrutar de mi oportunidad de poder llorar por ese instante de pura felicidad que vivía. Al pensar en ello más tarde, me pregunté si lo que estuvo presente no sería el verdadero sabor de la felicidad: el que se encuentra en nuestras lágrimas de alegría, cuando nos desborda la felicidad y aceptamos dejarnos desbordar por ella, cuando soltamos. Entonces hay motivo para llorar: esos instantes maravillosos no durarán y desaparecerán. Pero eso no obsta para dejar de ser feliz: ahí están y estamos viviéndolos. ¿Lágrimas como la expresión más pura y más lúcida de nuestras grandes felicidades?

Lamentos Recuerdo que, durante un retiro de meditación, nuestro instructor nos hizo hacer una de esas extrañas piruetas que solo los instructores de meditación son capaces de proponer. Nos reunió a todos en un círculo. Luego nos pidió dar un paso adelante. Tras algunos segundos de silencio, nos dijo: «Y ahora, intenten no haber dado ese paso». Nunca me contaron, ni sobre todo viví (es toda la diferencia entre enseñar mediante la palabra y mediante la experiencia) nada tan impresionante sobre la futilidad que existe en sentir ciertos pesares.

Los diccionarios definen el lamento como un «estado de consciencia penoso ligado al pasado, a causa de la desaparición de momentos agradables»; uno se lamenta de su infancia, de las vacaciones, de un amor de juventud... Descartes lo describió así en su *Tratado de las pasiones del alma*: «Del bien pasado proviene el lamento, que es una especie de tristeza». Los vínculos entre los lamentos y la felicidad son numerosos. A menudo la ponen en entredicho, pues nos empujan, a pesar nuestro, a darle vueltas al pasado. La Bruyère, en sus *Caractères*, constataba con cierto pesimismo el mal uso que el ser humano hace de sus lamentos: «El lamento que tienen los seres humanos acerca de la mala utilización del tiempo que han vivido no les lleva siempre a aprovechar mejor el que les resta».

La mayoría de los trabajos llevados a cabo en este campo[2] subrayan que los lamentos son inevitables, y que pueden estar ligados tanto a la acción como a su ausencia: hemos hecho algo que no deberíamos, o, por el contrario, no hemos hecho algo que deberíamos. Pero de tener que elegir, ¡son preferibles los lamentos de acción! Efectivamente, y de manera general, muchos estudios parecen indicar que se sienten sobre todo pesares a corto plazo por lo que se ha hecho (al menos cuando se ha fracasado), más que por lo que no se ha hecho. Los psicólogos evolutivos suponen, por otra parte, que la función de lamentarse es precisamente permitirnos extraer lecciones de nuestros fracasos, incitarnos a ser más prudentes en el futuro antes de lanzarnos de nuevo a una acción incierta. Pero a largo plazo, los que más pesan son los lamentos por no haber actuado; lo que más lamentamos en nuestras vidas suele ser lo que no hemos hecho: «Debería haber seguido estudiando», «debería dedicar más tiempo a mis hijos», «debería haber hablado más con mi padre antes de que muriese».

Lamentos (los más grandes) A propósito de los mayores lamentos expresados por los seres humanos en el ocaso de su vida florece regularmente toda una literatura. Cuando se siente que la muerte se acerca, parece que se está más inclinado a lamentar:[3] no haber tenido una vida de acuerdo a las propias expectativas personales y haber querido siempre agradar a los demás en lugar de a uno mismo; haber trabajado demasiado; no haber expresado los propios sentimientos; no haber mantenido el contacto con los amigos; no haber intentado ser más feliz. Como puede observarse, los «no haber» dominan esta lista: los lamentos de falta de acción, una y otra vez... ¿Y si intentásemos ocuparnos de ello antes de que la muerte se nos aproxime?

Lamentos y poesía Me parece que necesito la poesía y la ciencia a la vez para incitarme a cambiar, y para llevar a cabo con regularidad y perseverancia todos los esfuerzos de psicología positiva de los que hablo en este libro. La ciencia sirve para convencer a mi cerebro (y sin esa etapa no me movería). Y la poesía sirve para motivarme, para proporcionarme a la vez el impulso inicial y los envites posteriores cuando ese desfallece. Lo que me ha ayudado mucho en mi lucha antilamentos (he sido un gran lamentador) han sido, por ejemplo, estos versos de Guillaume Apollinaire, en su poema «À la Santé»:[4]

> *Las horas pasan lentamente*
> *como el desfile de un entierro.*
> *Llorarás la hora en que lloras*
> *que huirá también rápidamente*
> *como pasan todas las horas*

Repetirme, cuando percibo que estoy a punto de dejarme llevar por las lamentaciones «Llorarás la hora en que lloras», tiene en mí el efecto de un mantra que suele ser eficaz. Entonces, todo me ayuda: la bella música del verso, la imagen del poeta; veo a Guillaume Apollinaire disfrutar y sufrir en el París de la década de 1900, y después fallecer de gripe española en 1918. Pienso en él, muerto, y sus palabras pesan bastante más que si el mismo consejo me lo hubiera dado un vivo, en un lenguaje ordinario («¡deja de lloriquear acerca de tu suerte!»). Los seres humanos son realmente bichos raros.

Lazos secretos Me gusta ver los lazos ocultos, invisibles para otros ojos distintos a los míos, que palpitan en todos los objetos que me rodean: ¿qué amigo me regaló esta botella de vino que me apresto a abrir? ¿Y la camiseta que llevo? ¿Ese libro? ¿Esa estatuilla? ¿Qué niños me han dado esos dibujos colgados de la pared? Todos esos objetos me hacen feliz más allá de su uso o su presencia: me murmuran suavemente la multitud de vínculos de afecto en los que me baño, y en los que nos bañamos todos. Presencias invisibles y nutritivas. Perturbadoras también, pues son vertiginosas e invisibles; cuando escribo, está la presencia de mis institutrices y profesores de francés y literatura, la presencia de mi padre, que me ofreció mi primer libro, presencia de todos los autores de todos los tiempos que han alimentado mi reflexión. Haga lo que haga y piense lo que piense, nunca estoy solo. Lo cual es una gracia, un recuerdo y una responsabilidad: aprovechar lo mejor que pueda ese patrimonio de amor e inteligencia que se me ha ofrecido.

Lazos sociales Goethe ha acotado perfectamente la cuestión: «Para mí, el mayor de los suplicios sería estar solo en el paraíso». Por otra parte, el paraíso ha sido desde siempre el lugar donde uno se reencuentra con todos aquellos a los que ama.[5] ¿Porque, de qué nos serviría ver satisfechos todos nuestros deseos si no tenemos a nadie con quien compartir? Nuestras relaciones sociales forman parte de nuestras principales fuentes de bienestar: tanto en duración como en profundidad (la felicidad de estar con quienes se conoce y a quienes se quiere), pero también en la novedad y la superficialidad relativa (el placer de conocer gente nueva). Necesitamos más a los demás de lo que ellos nos necesitan a nosotros. Como señalara La Rochefoucauld: «Quien crea poder encontrar en sí mismo lo necesario para prescindir de los demás, se equivoca y mucho...». A lo que añadió maliciosamente: «Pero quien crea que no se puede prescindir de él, se equivoca todavía más».

Lección «Cuando pierdas, no olvides la lección». No sé de quién es esa frase, pero me esfuerzo para no olvidar nunca su relevancia. Nuestros éxitos nos alegran, nos dan valor, nos tranquilizan y nos serenan; a veces incluso nos hacen felices. Pero son nuestros fracasos los que nos abren los ojos y nos hacen más sabios e inteligentes. Los que nos abren los ojos sobre todo lo que nos oculta el éxito. Como dice un adagio Zen: «Quien alcanza su objetivo se pierde todo lo demás». Ese aumento de sabiduría no sucederá, no funcionará tras nuestros fracasos si no los aceptamos, si no reflexionamos y si no estamos dispuestos a extraer la lección. ¿Qué lección? Tras el disgusto del fracaso, la mordedura de la derrota en el corazón de la autoestima, observar y reflexionar, en lugar de dar vueltas incansablemente a los dolores, pensamientos de injusticia o de mala suerte, hay que mirar más allá. Y más allá, es decir, más tarde («¿qué haré si vuelve a suceder»), pero también variar el discurso («¿cómo reconsiderar todo lo que me ha sucedido con una mirada serena y liberada de toda irritación y de toda ceguera?»).

Es una enseñanza capital, y que debemos dispensarnos a nosotros mismos, pues los oráculos que imparten lecciones nos irritan cuando acabamos de fracasar, aunque tengan razón. Y también hemos de aceptar esa enseñanza: la comprensión intelectual no basta, es necesario recibir la lección profundamente, es decir, en un plano emocional. El trabajo es inmenso, apasionante y casi infinito: ¡son tantas las lecciones que hay que recibir en la vida! No volver a cometer los mismos errores es experiencia. No temblar siempre frente al fracaso, o irritarse frente a la imperfección, es tomar distancia. Y existen otras muchas.

¿Y cuando no se llega a extraer la lección? Bueno, pues hay que aplicar lo mismo: hay veces en las que no se puede salir enriquecido de un fracaso. También esa es una lección...

Legitimidad «Aquel que lleva al papel lo que él sufre se convierte en un autor melancólico; pero se convierte en un autor serio cuando nos explica por qué ha sufrido y por qué ahora descansa en la alegría», nos dijo Nietzsche.[6] Así, la palabra de quienes han atravesado la desdicha y nos hablan de la felicidad es, sin duda, más fuerte y preciosa que nada.

Lentitud Me siento fuerte en la velocidad y feliz en la lentitud. Por eso prefiero la lentitud.

Libertad A menudo, se opone felicidad a libertad: la elección de la primera nos empujaría a renunciar más fácilmente a la segunda. A veces así es: la preocupación por la felicidad puede obstaculizar nuestra libertad, pues implica que respetemos a los demás, que nos pongamos a veces a su servicio, al servicio de su felicidad y no de la nuestra. A veces, la felicidad nos empuja a compromisos, como a no decir nada cuando un amigo nos machaca con sus convicciones políticas, que nosotros desaprobamos (preferimos mantener la amistad que expresarle nuestro desacuerdo). Se trata entonces de la frontera entre conceder y traicionar nuestros valores. Pero lo más normal es que la felicidad aumente nuestra libertad, en particular la interior, ayudándonos a liberarnos de las angustias y obsesiones, de nuestras restricciones psíquicas. La felicidad es una apertura y un aumento de energía que nos sacan del estrecho perímetro de nuestras preocupaciones. La felicidad crea vínculos entre el mundo y nosotros, y derriba numerosas barreras. Si eso no representa un aumento de la libertad, entonces...

Ligereza   Solemos sentir ligereza en nuestros instantes de felicidad.

La ligereza se define como la ausencia de pesadez, de espesura. Nada nos pesa: ni el cuerpo ni la mente; ni nuestra persona ni el entorno. No sentimos trabas, ni pesos. Nada pone freno a nuestras ganas de vivir y de ser felices. La ligereza es, desde luego, lo contrario de la depresión. En la enfermedad depresiva, todo es pesado y espeso, uno se siente bloqueado por sí mismo y su vida; la decisión pendiente más pequeña nos aplasta. Nos sentimos infinitamente pesados, con la impresión de «estar en el fondo del hoyo». La ligereza parece contar únicamente con ventajas, pero como todos los estados de ánimo agradables, también puede tener algunos inconvenientes. Por ejemplo, si se convierte en una especie de actitud existencial ficticia o estereotipada, una pseudofilosofía que consistiría en «tomarse todo a la ligera», podría entonces parecerse mucho a una huida de las responsabilidades y conducir a la inmadurez. Una manera así de atravesar la existencia nos aparta, lentamente pero con seguridad, de la felicidad. Por tanto, la ligereza puede perfectamente ser compatible con el compromiso y la profundidad. *Ligero* también es lo contrario de *pesado*, y no de *profundo*. La ligereza no impide la profundidad: la alegría puede ser ligera en sus manifestaciones y profunda en sus raíces. La ligereza manifiesta simplemente la alegría de sentirse vivo. Esa alegría no nos impide ser asimismo conscientes del carácter efímero de nuestras existencias. Nuestra ligereza es, pues, una manera elegante de no tomarnos demasiado en serio el lado trágico de la condición humana; vivir lúcidos y ligeros, es posible...

Paul Valéry escribió: «Hay que ser ligero como un pájaro y no como la pluma». La ligereza con la que soñamos es la de la pluma: sin esfuerzos, ligada a una naturaleza permanente, pero nos expone a ser juguetes del viento. Hemos de construir la ligereza a la que aspiramos, facilitarla pacientemente, y así podremos echar a volar con más frecuencia.

Limbos de felicidad En la tradición cristiana, la cuestión de los limbos ha sido durante mucho tiempo objeto de debates: designan un lugar que no es el infierno ni el paraíso, donde se encuentran sobre todo las almas de los niños mortinatos, antes de haber podido cometer el menor pecado (y por lo tanto, inmerecedores del infierno), pero que no han sido purificados del pecado original a través del bautismo (y que, por lo tanto, no merecen el paraíso). Nosotros nos encontramos a menudo en limbos de felicidad, en los que no somos ni felices ni desdichados. Algunos consideran que no está mal, como Jules Renard, que escribió en su *Journal*, el 21 de septiembre de 1894: «No se es feliz y nuestro contento es el silencio de la desdicha». Que la desdicha enmudezca no deja de ser apreciable. Pero queda trabajo pendiente. Si no, nos condenamos a esas «existencias de desesperación tranquila» de las que habla Thoreau.[7] ¿Quién se contentaría?

Límites de la psicología positiva   Es evidente que una actitud sistemáticamente positiva plantea problemas en ciertos contextos. Hay estudios que han demostrado que el optimismo puede tener efectos perjudiciales, por ejemplo entre los jugadores patológicos, que están siempre esperando recuperarse, y a los que cuesta dejar de jugar, incluso tras haber perdido, a causa de un sesgo de optimismo sistemático.[8] De la misma manera, perdonar no es siempre una buena idea, en especial cuando se vive con un cónyuge maltratador: es poco eficaz perdonar siempre a alguien que no hace esfuerzos por cambiar.[9] Las tres reglas de oro serían, pues: 1) empezar por lo positivo; 2) evaluar los resultados, y 3) decidir si es buena idea continuar así.

Listón de la felicidad   Durante una charla con un amigo escéptico, exigente y riguroso, que atraviesa un período de suave depresión existencial y que me pregunta cómo practico yo mis ejercicios de psicología positiva, «¿Qué es lo que haces todos los días, o casi todos los días, para tratar de estar bien?», le explico que entre las cosas casi cotidianas que practico está la meditación por la mañana, caminar por el bosque cerca de casa en cuanto puedo, y todas las noches acostarme soñando con tres buenos momentos de la jornada.

«Tres al día –se sorprende–, ¡me parece imposible! ¿Qué es un buen momento para ti?» Entonces le cuento las capturas frescas de mi pesca de felicidades: he visto a un trepador (un pajarillo de los bosques) en mi jardín; he recibido una bonita carta de agradecimiento de un lector; me he dicho que una persona de mi familia, que suele estar mal, estaba bien en ese momento; he observado en diversas ocasiones las nubes pasando por el cielo; no tengo ninguna mala noticia con la que entristecerme o inquietarme. «¡Ah, vale! Ya veo: ¡pones el listón muy bajo! De repente, efectivamente, tus jornadas ordinarias se convierten en felices» Pues bueno, pues sí, amigo mío. No hay necesidad de que me toque la lotería, de comprarme unos zapatos nuevos o de salvarme de la muerte. Por lo general, la vida ordinaria nos ofrece muchas ocasiones con las que gozar. El único esfuerzo que hemos de realizar es el de la atención: apartarnos, al menos un instante, de nuestras preocupaciones. Y dirigirla, al menos un instante, hacia el resto de la vida.

Lobos Un abuelo sioux le explica la vida a su nieto:

—Sabes, en nuestra mente habitan dos lobos que se enfrentan permanentemente. Uno de ellos es negro, es el lobo del odio, de la cólera y del pesimismo; el lobo de la desdicha. El otro es blanco, es el lobo del amor, de la generosidad, del optimismo; el lobo de la felicidad.

—¿Y cuál de ellos acabará ganando? –pregunta el niño.

Según tú, ¿qué crees que respondió el abuelo? Esta es la respuesta del viejo sioux (¡un verdadero sabio!):

—El que gana siempre es aquel que mejor hemos alimentado...

¿A cuál de esos dos lobos que habitan en nosotros le damos más comida cada día, en cada instante de nuestra vida?

Locos «Recuerda que existen dos tipos de locos: los que no saben que van a morir, y los que olvidan que están vivos», nos recuerda el psicoanalista Patrick Declerck. Dicho de otra manera, los dos grandes errores que podemos cometer son los siguientes: no pensar nunca en la desgracia (y por ello no darnos cuenta de hasta qué punto vivir es una suerte), o no pensar más que en uno mismo (e invertir en ello todas las fuerzas, no disponiendo de más para disfrutar de la vida).

Longevidad Las emociones positivas son buenas para la salud y la longevidad.[10] Numerosos trabajos científicos convergen desde hace años en este sentido. Como en todo lo relativo a la salud, es necesario recordar que se trata de tendencias y no de garantías: factores de protección o factores de agravación. El estrés y las emociones negativas repetidas e intensas son en general agravantes; el bienestar y la felicidad son en general mejoradores. Ahora se empiezan a conocer los mecanismos de este efecto de la felicidad en la salud: mejora de nuestras respuestas inmunitarias, disminución de las reacciones inflamatorias, freno al envejecimiento celular. Se trata de un efecto potente, comparable en sentido inverso al del tabaco, también muy potente: eso correspondería según los estudios a varios años de vida, en principio seis o siete (de menos con el tabaco, de más con la felicidad). Todo ello requiere de varias aclaraciones. Primero, que existen otros factores que influyen en nuestra salud: alimentación, ejercicio físico, genética, polución del entorno, etcétera; las emociones forman parte de los factores sobre los que podemos ejercer cierta influencia y, por otra parte, nos proporcionan un beneficio doble: sentir emociones positivas es a la vez agradable y bueno para la salud. Es una buena noticia (un factor a nuestro favor) y también una mala (¿y si no se llega?). Si no se llega, se puede decir que existen otros factores y que también hay otras metas en la vida aparte de la salud y la longevidad: la riqueza, la fama, la dedicación a una causa, etcétera. Finalmente, si fumas, ¡no te olvides de ser feliz, para neutralizar el riesgo al que te expones debido al tabaco!

Lotería Un día, la Lotería del Estado francés me invitó a dar una conferencia de psicología a los ganadores de la lotería: existe en efecto un club muy cerrado de estos ganadores, destinado a ayudarles a sentirse menos solos y a beneficiarse entre sí a partir de sus vivencias respectivas. Como una especie de grupo de apoyo mutuo. Al charlar con estos «felices ganadores», descubrí hasta qué punto lo que desde el exterior parece una bendición es como mínimo una complicación, e incluso una maldición. En efecto, el enriquecimiento brutal provoca bastantes problemas y perturba enormemente los comportamientos, sobre todo en el entorno de los ganadores, que a menudo reclama trozos del pastel en nombre del amor y la amistad. De ahí las desavenencias que hacen sufrir mucho más que el placer que proporciona el dinero. Recuerdo a esa pareja que no podía ver a sus nietos, pues su hijo, a quien habían negado un enésimo préstamo de dinero, se lo había tomado muy mal. De hecho, los pocos estudios realizados en ese sentido confirman que ganar a la lotería no es garantía de felicidad, al contrario de lo que todos pensamos. No es más que un factor facilitador, por poco que vaya acompañado de ciertos esfuerzos.[11] Algunos son los mismos que cuando no se gana: cultivar vínculos de afecto y amistad, dar todo lo posible en lugar de esperar o reclamar. Otros son específicos y relativos a la riqueza material: hacer todo lo posible para limitar los celos y la envidia; es decir, ser discreto, equitativo y con sentido del reparto.

Lucidez La capacidad de ver las cosas tal y como son y no como quisiéramos que fuesen. ¿Por qué la lucidez suele asociarse tan a menudo a la desesperación y al pesimismo, y tan poco a la felicidad? Para mí es un misterio. También lo es para el escritor Éric Chevillard: «¿Por qué nuestra lucidez ilumina tan bien las alcantarillas y nunca la mina de diamantes?».[12] Cierto, la lucidez nos obliga a ver que vamos a morir, que vamos a sufrir, que muchos de nuestros sueños no se realizarán, que el sufrimiento y la injusticia son frecuentes en este mundo, que los inocentes sufren, etcétera. Pero esa misma lucidez también puede abrirnos los ojos a la realidad del amor, de la dulzura, de la bondad, la belleza, la suerte que representa vivir, incluso de manera imperfecta. Existe una lucidez positiva o dichosa, de la que en mi opinión no se habla lo suficiente. Y que tal vez tampoco se cultiva lo suficiente: necesita tanta inteligencia como su versión triste, y sin duda un poco más de voluntad.

M de Mamá

*Me sentí desdichado al imaginar que
ella no alcanzaría un objetivo que no dependía
solo de ella: la maternidad.*

Maestros de la felicidad A lo largo de mi vida he conocido a unos cuantos grandes maestros de la felicidad. Verdaderos, aquellos cuyo ejemplo resiste la observación atenta y prolongada o momentos de vida en común. ¿Cómo reacciona el gran maestro cuando pierde el tren o se le cuelan mientras hace cola? Mi suegro forma parte de esos grandes maestros de la felicidad. Tengo una cantidad impresionante de anécdotas suyas; en cada ocasión, o casi, en que nos vemos, al observarlo o escucharlo, me entero de otras nuevas. Contaré mi favorita...

Hace algunos años, mi suegro estaba solo en su casa del País Vasco, pues su esposa se había marchado a pasar algunos días a casa de una amiga en el extranjero. El caserón en que vivían entonces estaba situado en un lugar magnífico, con una vista·espléndida de los Pirineos desde la terraza situada en la parte de atrás. Mi suegro se ocupaba de su jardín, pero tenía la cabeza en otro sitio. Cuando subía las escaleras de piedra un poco demasiado deprisa pensando en otra cosa, una de sus sandalias tropezó en un escalón y cayó pesadamente al suelo. Un poco aturdido por la violencia de la sacudida, se dio cuenta de que sangraba profusamente de la cabeza, derramando pequeños charcos de sangre con cada movimiento. Todavía aturdido se dirigió hacia el teléfono, pasando por el jardín y no por el interior de casa, para no manchar el suelo con la sangre y disgustar a su esposa (es curioso cómo nuestra mente nos sobrecarga con limitaciones inútiles ¡en los peores momentos!). Los bomberos fueron los primeros en llegar y, muy inquietos por la cantidad de sangre que descubrieron en los alrededores de la casa y que continuaba perdiendo, llamaron al helicóptero del Samu para una evacuación rápida al hospital de Bayona. Una vez allí, todo fue bien: acabó con un buen número de puntos de sutura, exámenes neurológicos... Finalmente, nada grave, ¡menos mal! Al final de la tarde, tras todas esas aventuras, mi suegro nos telefonea a casa, en París, para contarnos todo, y todavía recuerdo la manera en que empezó a contar su peripecia:

—Ah, chicos, me ha sucedido algo increíble este mediodía: he sobrevolado el País Vasco en helicóptero, fue maravilloso, ¡nunca había hecho nada igual en mi vida!

—¿En helicóptero? Pero ¿qué ha pasado?

—Me caí en las escaleras y, de repente, ¡pude hacer ese magnífico *tour* en helicóptero!

—Pero ¿por qué?

—Para llevarme al hospital, había que curarme y hacer pruebas...

—¡¿Al hospital?!

—Sí, al hospital de Bayona. Todo ha salido bien, me ha admirado la rapidez y eficacia de la cura, ¡todos eran encantadores y muy competentes!

Y acabamos enterándonos de toda la aventura, y no solo de los aspectos maravillosos o felices. Finalmente, lo que mi suegro había retenido de todo ello no era la herida, ni el riesgo al que se expuso (si hubiera perdido el conocimiento podría haber muerto a causa de la hemorragia), sino su salvamento y viaje en helicóptero. Y la historia está archivada en su memoria en el apartado «buenos recuerdos». Lo más fascinante es que no hizo ningún esfuerzo para llegar ahí: su cerebro parece ser espontáneamente capaz de extraer el lado bueno de todo lo que le sucede en la vida, o casi. Y no se atribuye ningún mérito ni ningún derecho para aconsejar a nadie que positivice. Por eso no es, en este sentido, un vulgar profesor de la felicidad, sino un auténtico maestro; no explica ni enseña, encarna. Con humildad, pues para redactar este relato sin deformarlo, a ciertos años de distancia del suceso en sí, le he telefoneado en el momento en que redactaba estas líneas. Tras contarme de nuevo la aventura, y haber añadido una nueva y buena razón para alegrarse de ello («toda mi familia y mis amigos se presentaron enseguida, nunca me sentí solo»), me precisó:

—Sabes, Christophe, no siempre soy así. A veces, de vez en cuando, me da la depre.

Bueno... Luego añadió:

—Pero de cualquier manera, cuanto más envejezco, ¡más me maravilla la vida!

Por todas estas razones, lo observo con deleite y curiosidad, fijándome lo mejor que puedo en su manera de hacer...

Mal humor   Tiene más que ver con la cólera que con la tristeza: es una pequeña cólera duradera contra el mundo, los seres humanos, la naturaleza, la vida, cuando las cosas no suceden como se desea. Así que se continúa viviendo y actuando (en lugar de retirarse y replegarse como en la melancolía), pero siendo como una bomba de relojería en medio de los demás. Todo el mundo conoce la frase: «No me sacudas. Estoy lleno de lágrimas».[1] En el caso del mal humor, sería más bien: «No me sacudas. Estoy lleno de hosquedad».

Maledicencia   Sucia costumbre, a veces graciosa o agradable en caliente, que consiste en concentrarse, con algunos congéneres, en los defectos reales o supuestos de personas ausentes. La maledicencia no tiene ningún interés, ni para nuestra felicidad (que disminuye más bien a largo plazo, acostumbrándose de esa manera a rebuscar en la basura de las vidas ajenas), ni para cambiar a las personas concernidas (pues, en teoría, la maledicencia no está hecha para alcanzar sus oídos). Adoptar la costumbre de no hablar mal de nadie: se puede observar y se pueden extraer juicios. Luego se puede decidir: o bien comunicar lo que no está bien a la persona en cuestión, o dejarlo estar para ocuparse de la propia vida y de asuntos más interesantes y divertidos.

Mamá El otro día, charlaba con una niña de 10 años. Muy seria, me anunció que adora a los bebés y que quiere tener tres; ya tiene los nombres en su cabeza. Su mamá me confirma que es su pasión, ocuparse de los bebés con los que se cruza y que, efectivamente, habla muy a menudo de ese proyecto de maternidad. Me digo: «Qué monada, y qué gracia esa vocación tan precoz». Y luego, como ese día estoy un poco melancólico, añado: «La pobre, si por casualidad no puede tener hijos, será de golpe dos veces más desdichada que otra niña para quien ese proyecto se presentase ya de adulta».

Y luego, un poco más tarde, cuando doy un paseo bajo la lluvia y estoy sin duda volviendo a entrar en la melancolía, llega solito otro pensamiento a mi cabeza: «Aunque le suceda eso, que no pueda tener hijos, será sin duda más pilla que tú y saldrá del paso sin necesariamente ponerse a llorar y lamentarse; amando a los hijos de los demás, por ejemplo, o teniendo una bonita vida». Me siento mejor por ella, y en lugar de pensar en nuestra conversación diciéndome: «Siempre y cuando tenga niños», me digo: «Siempre y cuando sea feliz». Y ahí es donde, extrañamente, no dudo que lo será. Una alquimia que me supera se produce en mi cerebro, pero enseguida comprendo lo que ha sucedido: me sentía desdichado al imaginarla no pudiendo alcanzar un objetivo que no solo dependía de ella (la maternidad), mientras que me sentí aliviado cuando imaginé para ella un objetivo a su alcance (la felicidad).

«Mamá, gracias» Un día, en una entrevista concedida por la hija de Françoise Dolto al periódico *Le Monde*, leí una anécdota que me encantó. A una persona que le preguntó un día: «¿No se hartó de estar siempre a la sombra de su madre?», ella contestó: «Tiene gracia, pero siempre me sentí como si yo estuviera en su luz». En lugar de sentirnos a veces aplastados por lo que debemos a los demás, disfrutemos de ello. Es lo que se denomina la gratitud.

Mandela «Siempre supe que en lo más profundo del corazón del hombre residía la misericordia y la generosidad. Nadie nace odiando a otra persona por el color de su piel, de su pasado o de su religión. Las personas deben aprender a odiar, y si pueden aprender a odiar, también podemos enseñarles a amar, pues el amor nace de manera más natural en el corazón del hombre que su contrario. Incluso en los peores momentos de la prisión, cuando mis camaradas y yo estábamos al borde de nuestras fuerzas, siempre percibí una chispa de humanidad en uno de los guardias, durante un segundo tal vez, pero eso bastaba para tranquilizarme y permitirme continuar. La bondad del hombre es una llama que puede ocultarse, pero que jamás puede extinguirse.»[2]

Eso escribió Nelson Mandela, que pasó 27 años en prisión a causa de su lucha activa contra el *apartheid*. Es bueno saber que han existido seres humanos así.

Mansión de la felicidad Jules Renard: «Si se construyese la casa de la felicidad, la habitación más grande sería la sala de espera».[3] A los pesimistas, los tristes y los melancólicos les gusta mucho esta frase. Los más enérgicos entre ellos intentarán incluso hacer su sala de espera ¡lo más agradable posible!

Mantras Este término, que designa una frase mental protectora, viene del sánscrito *manas*, que significa «mente», y de *tra*, que quiere decir «protección»: un mantra es, pues, una fórmula destinada a la protección de la mente. En psicología positiva, se puede uno proteger de la manera en que nos hablamos a nosotros mismos, a veces sin acabar de darnos cuenta. Y cultivar entonces nuestros mantras personales, como pequeños cuchicheos alentadores y amistosos que se murmuran y a los que nos agarramos para no inquietarnos o desanimarnos demasiado.

Una mañana que sufría bajo el asalto de las «cosas pendientes» en mi trabajo y en casa, me agarré a este: «Hazlo lo mejor que puedas, y no te olvides de ser feliz». Después de eso lo adopté y lo activo cada vez que siento que el estrés y el perfeccionismo intentan hacerse con los mandos de mi cerebro. También tengo en cartera: «Más vale andar y respirar que cavilar», para los momentos en que mi mente empieza a girar en bucle sobre problemas insolubles. O también: «No renuncies nunca sin haberlo intentado. Pero si realmente lo has intentado, concédete siempre el derecho a renunciar». La divisa funciona, evidentemente, si es realista, si estamos convencidos de que tiene sentido y relevancia. Y si nos tomamos el tiempo de calmarnos y ponernos en situación de escuchar verdaderamente y de sincronizarnos con su sabiduría.

Mañana La del mañana y la felicidad, es toda una historia. Tal vez la idea de un mañana sea para nosotros una fuente de luz y esperanza para soportar la adversidad: «Hoy es duro, pero mañana será mejor». Pero a menudo, esa esperanza del mañana nos tiende una trampa: se dice que hoy es el momento de los esfuerzos y que mañana será el de la felicidad, porque habremos alcanzado todos nuestros objetivos profesionales, familiares, económicos y demás. Más vale no repetirlo mucho. Pues, a veces, mañana será el día de nuestra muerte, y no el de nuestra felicidad.

Maravilla ¿Qué es maravillarse? Ver algo maravilloso, es decir, excepcional, fuera de lo común. Es posible maravillarse frente a grandes paisajes naturales, una obra de arte excepcional. Y también frente a lo ordinario: una flor, un amanecer, una tormenta, el océano, la naturaleza, el funcionamiento del cuerpo humano. Maravillarse indica en primer lugar un hacerse consciente del descubrimiento inédito de algo excepcional. Este tipo de maravillarse es una de las claves de la felicidad. Lo que la facilita es la disponibilidad mental (no tener la mente absorta constantemente en preocupaciones), la curiosidad (apertura a lo desconocido), lo que en el Zen se denomina la *mente de principiante*; un frescor siempre renovado frente a lo que podríamos considerar que conocemos y dominamos. Muchos poetas están dotados de esta gracia del maravillase, y eso en ellos también entraña dolor, pues el maravillarse descarta también el adormecimiento, a veces cómodo, frente a lo que no querríamos ver. En su hermoso retrato de la poetisa Emily Dickinson, Christian Bobin habla oportunamente de «la abrumadora gracia de no acostumbrarse a nada».[4] Los hipersensibles son también hiperreactivos, y a todo: alegrías y dolores. Maravillados y doloridos.

Marco Aurelio A veces, cuando leemos una obra de filosofía o de psicología, nos interesamos en saber si el autor es digno de crédito: si está a la altura de lo que profesa, si aplica los consejos que dispensa, si es honrado y coherente (son tal vez interrogantes que te plantearás al leer este libro). Yo nunca me hago esa pregunta al leer a Marco Aurelio, emperador romano y filósofo estoico, que escribió: «Venga la muerte cuando venga, siempre me encontrará feliz».[5] Cada página de sus *Pensamientos* está iluminada, en la noche de un Imperio romano inmenso y atacado por todas partes, con la pequeña linterna de un espíritu humano que se esfuerza incansablemente por mejorar.

Martin Luther King Premio Nobel de la Paz en 1964, defensor de la causa de los negros estadounidenses mediante la no violencia, Martin Luther King encarna una figura humana especialmente entrañable por su voluntad de practicar siempre el amor hacia el prójimo, sin renunciar a combatir toda forma de injusticia.

En los años 50 (fue ayer mismo: los comienzos del *rock and roll*...), la segregación racial sigue siendo muy violenta en los Estados Unidos, especialmente en los Estados del sur: los negros deben ceder sus sitios a los blancos en los transportes públicos, les está prohibido utilizar los mismos restaurantes, los mismos aseos, las mismas piscinas... Continúan perpetrándose a diario violencias abiertamente o larvadas contra los miembros de la comunidad afroamericana. Nacido en una familia de la burguesía negra, con una infancia armoniosa y vida familiar feliz, Martin Luther King hubiera podido ajustarse a esas injusticias, y esperar el paso del tren de la historia. También podría haberse rebelado con violencia, como hicieron tantos otros. Pero tuvo el coraje de adiestrarse para el combate, y la inteligencia de hacerlo de manera no violenta: «La razón por la que me prohíbo obedecer a la antigua filosofía que exige "ojo por ojo" es que acaba dejando ciego a todo el mundo».[6] Un arma política al principio, la no violencia alcanzó con Martin Luther King una dimensión psicológica y universal: devino una forma de estar en el mundo, un medio de cambiar la consciencia y el corazón de los seres humanos. King no fue un superhombre: se equivocó y sufrió miedos y dudas, pero fue un hombre sincero y pragmático, capaz de abrir su fe cristiana a los mensajes de Gandhi, siempre preocupado por el alcance moral de cada uno de nuestros actos cotidianos y por la coherencia entre la palabra pública y los comportamientos privados. He aquí su último sermón, pronunciado el 3 de abril de 1968, la víspera de su asesinato: «Poco importa lo que me sucederá, pues he ido a la cima de la montaña. Ya no me inquieto. Al igual que todo el mundo, quisiera vivir mucho... pero ahora eso no me preocupa. Simplemente quiero que se haga la voluntad de Dios. Y él ha sido quien me ha permitido alcanzar la cima de la montaña. He mirado a mi alrededor. Y he visto la Tierra prometida. Es posible que no entre en ella con vosotros... Esta noche me siento feliz. Nada me inquieta. No temo a ningún hombre».

Más tarde «Me ocuparé de mi felicidad más tarde: cuando haya acabado mi trabajo, cuando mis hijos sean mayores, cuando haya pagado el crédito de mi casa, cuando haya por fin ascendido en el trabajo, cuando me jubile.»

Pues vaya...

Materialismo en psicología En filosofía, el materialismo afirma que no existe nada que no esté enraizado en la materia y la realidad: no hay trascendencia, solo distribución de átomos. En psicología, lo que se denomina materialismo es el hecho de situar los valores materiales (poder, dinero, fama) por encima de los valores inmateriales (felicidad, amor, honradez). El materialismo siempre ha existido, pero estaba equilibrado mediante el discurso de las grandes religiones, que regulaban sus apetitos. Hoy flamea, y domina las mentes y las culturas. Ha sido objeto de numerosos estudios, concentrados en los estragos psicológicos inducidos por nuestra moderna sociedad hiperconsumista.[7]

Creer que la adquisición de bienes y servicios es la mejor manera de ser feliz es evidentemente un error mayúsculo. En primer lugar, a título individual, porque todas nuestras compras están sometidas a la habituación hedonista. Luego, a título colectivo, pues el materialismo aviva lo que se denomina el «deseo mimético», la necesidad irresistible de no ser demasiado diferente de los demás, en el caso de las sociedades materialistas, de no estar muy distanciado de ellos en la carrera por la posesión y el exhibicionismo de la posesión (ropa, coches, dispositivos, etcétera). El materialismo empuja, por ejemplo a las clases medias, en su deseo de imitar a los más ricos, a lanzarse a una inútil carrera de lujos o de lo inútil, que las aparta de lo que realmente podría crear su felicidad, pues todos los datos muestran asimismo que trabajar demasiado hace menos feliz. Sobre todo si se sacrifica tiempo con la familia, de amistad y de ocio para ofrecerse bienes materiales no indispensables. Así, la superficie media de los hogares en los Estados Unidos era de 150 m^2 en 1980; en 2007 había ascendido a 215 m^2, es decir, un 45% de aumento, mientras que en el mismo período, los ingresos solo aumentaron un 15%, y el número de personas que vivía en esas mismas casas permanecía estable. También constatar el tamaño y el precio medio de los modelos de barbacoas vendidos en los Estados Unidos: poco a poco se han convertido en inútilmente enormes y caras, por la presión de la publicidad y el mimetismo.[8] Ahora está cada vez más claro que el razonamiento económico consiste en decirse: «No hay nada malo en que los ricos compren relojes de 30.000 euros, coches de 300.000 euros, casas de 3 millones de euros, y que los exhiban. Eso da trabajo a los pobres y hace soñar a las clases medias que ellas también podrán comprárselo; todos trabajarán para ello, es lo que hará girar la economía, y todo el mundo se recuperará»; es pues obsoleto, erróneo y peligroso. Eso provoca que la gente se vuelva simplemente loca y desdichada. Esa intoxicación de compras inútiles e inútilmente renovadas (lo que se denomina la moda) es uno de los grandes peligros para la felicidad de los seres humanos contemporáneos. ¿Para curarse? ¡Comprar menos! ¿Para comprar menos? ¡Exponerse menos a las tentaciones! Sustituir los escaparates por paseos en la naturaleza, y el vagabundeo por los sitios de comercio electrónico, por el bricolaje, la jardinería, la cocina, el deporte, la lectura, etcétera. Resultados garantizados en pocos meses. Aunque la compra y la acumulación han tomado una dimensión tal como fuentes de pequeñas alegrías en muchos de nosotros que su privación no es nada fácil, pero tampoco imposible. Solo hay que cambiar la palabra *servidumbre* por *abstinencia*.

Me gusta... Escuchar reírse juntas a mis hijas. Despertarme una mañana de verano y saber que no tengo nada urgente que hacer, solo cosas importantes y lentas: comer, hablar, mirar, andar, leer, echar la siesta. Observar a mis pacientes aliviados o curados. Estar solo y tranquilo durante varios días sin hablar con nadie, sabiendo al mismo tiempo que todos aquellos a los que amo, lejos, están bien y son felices. Ver a los seres humanos ayudarse mutuamente, o reírse con ganas. Observar el amanecer, la puesta de sol, rebuscar la luna en el cielo, admirar las estrellas, olfatear el olor de la lluvia y el del buen tiempo. Saborear el frescor del valle y la belleza de la cumbre, disfrutar del esfuerzo del ascenso. Andar descalzo sobre la hierba húmeda. Sentirme todavía vivo.

¿Y tú?

Medallas En las Olimpiadas de Barcelona, en 1992, unos investigadores fotografiaron todos los rostros de los medallistas, de oro, plata y bronce. Luego, en cada disciplina, mezclaron los tres rostros y pidieron a voluntarios no interesados en el deporte que los clasificasen por orden de felicidad expresada: en primer lugar, el rostro que parecía el más feliz, y en tercer lugar, el que lo parecía menos. Si nuestra felicidad no dependiera más que de factores externos, los medallistas de oro deberían parecer los más felices, seguidos de los de plata, y luego los de bronce. Pero resultó que aunque los medallistas de oro eran los que presentaban el rostro más feliz (algo lógico, por otra parte), quienes venían justo detrás eran los medallistas de bronce, mientras que los de plata eran los últimos en cuanto a la intensidad de su sonrisa,[9] pues eran los únicos que comparaban en lugar de disfrutar. Por desgracia, a menudo nos vemos atrapados por las comparaciones: como los medallistas de plata, no juzgamos nuestros éxitos en términos absolutos, sino respecto a lo obtenido por los demás, o respecto a lo que esperábamos. Un método estupendo para arruinar la propia felicidad.

Medir la felicidad En general, existen dos maneras de evaluar la felicidad y las emociones positivas que lleva asociadas.

La primera y más difundida, de lejos, consiste en preguntar directamente a las personas lo que sienten, mediante cuestionarios más o menos complicados, apoyándose en la intensidad o las emociones sentidas. Es fiable y lógica; después de todo, ¿quién, sino una persona dada puede saber si se siente o no feliz? El principal inconveniente procede del hecho de que este tipo de recopilación de datos funciona en general de modo retrospectivo: se hace en el momento (por ejemplo, cuando se participa en un experimento de laboratorio), es fiable para evaluar lo que sientes en el instante presente. Por el contrario, si el cuestionario incluye un período de tiempo más largo, o se sitúa a distancia del suceso («¿cuál fue su nivel de bienestar ese día?»), el riesgo de menor fidelidad es mayor: nuestra memoria puede fallar, olvidar o deformar, y el contexto emocional del momento en que rellenamos el cuestionario puede contaminar nuestro recuerdo de las emociones evaluadas, etcétera.

Para limitar ese problema se puso a punto la tecnología denominada *muestrario de experiencias*.[10] Consiste en proceder a lo que podría denominarse «sondeos emocionales»: se pide a voluntarios que mantengan con ellos un dispositivo (en la actualidad, se trata generalmente de aplicaciones cargadas con antelación en el móvil) que suena varias veces al día, aleatoriamente. Cada vez que suena hay que anotar el estado emocional y otros datos. Suele tratarse de la actividad en curso y, a veces, del grado de atención e implicación en esa actividad. Por ejemplo, si participas en una experiencia tal, y tu móvil empieza a vibrar ahora, deberías proporcionar tres datos: 1) cómo te sientes ahora mismo, de -5 (mal, nada contento, infeliz) a +5 (muy bien, muy contento, muy feliz); 2) lo que haces («leo un libro»), y 3) pones atención en lo que estás haciendo o no, de -5 («no, no estoy atento, sino pensando en otra cosa») a +5 («sí, totalmente atento, cautivado»). Al observar los resultados en un número muy grande de personas durante un tiempo suficiente, se pueden descubrir interesantes fenómenos que a menudo les pasan desapercibidos a los interesados. Es el caso, por ejemplo, de ciertas actividades que no proporcionan obligatoriamente un placer elevado en el momento (durante el sondeo), pero que, no obstante, pueden dejar un buen recuerdo: podemos darles sentido a posteriori, o embellecer el recuerdo.[11] Otro ejemplo, del que ya he hablado: cuando nos libramos a actividades en teoría agradables, pierden su capacidad de hacernos sentir emociones positivas si no estamos atentos.[12]

Meditación de plena consciencia y felicidad Las correlaciones entre la plena consciencia y el bienestar subjetivo (ese púdico nombre dado a la felicidad en las investigaciones científicas) han sido descritas y analizadas desde hace mucho tiempo.[13] Así, un entrenamiento en meditación de solo unas pocas semanas modifica la actividad eléctrica del cerebro bajo la forma de un aumento de las emociones positivas en EEG (electroencefalografía).[14] Existen trabajos recientes que continúan explorando esa relación: los participantes en un retiro meditativo de 12 días, llevado a cabo en dos partes espaciadas en tres meses, vieron por ejemplo aumentar claramente sus niveles de bienestar subjetivo con respecto a un grupo de control.[15] Los mecanismos de correlación entre la plena consciencia y la psicología positiva son numerosos y bastante lógicos:

• La plena consciencia aumenta la presencia mental en los momentos agradables de la cotidianidad, a menudo descuidados, pues nuestra atención suele estar centrada en las preocupaciones o simplemente en nuestros objetivos. Estar presentes en nuestra vida nos revelará numerosas fuentes de bienestar ignoradas: tomarse el tiempo de detenerse para respirar, observar el cielo, escuchar a un pájaro, saborear un alimento...

• Ayuda de esta manera a sus practicantes regulares a poner trabas a la habituación hedonista, esa tendencia mental a no saborear las fuentes de bienestar si estas están presentes en nuestra vida de manera permanente. Al animarnos a dirigir una mirada fresca y renovada sobre todas las cosas y detalles de nuestra cotidianidad, la plena consciencia nos ayuda a saborear numerosos instantes anodinos.

• La plena consciencia también me ha demostrado su capacidad de limitar la extensión de las emociones negativas al impedir las cavilaciones; es uno de los principales mecanismos de acción utilizados por su eficacia en la prevención de las recaídas depresivas.[16] Se sabe que a partir de las cavilaciones, el paciente se inflinge una doble pena: la de ampliar su sufrimiento, y la de cerrar su mente a los buenos momentos de la vida (el paciente que cavila sobre sus preocupaciones profesionales durante un fin de semana familiar).

• La plena consciencia ayuda a la regulación emocional automática, mediante múltiples mecanismos,[17] uno de los cuales probablemente sea una mayor capacidad para descubrir prematuramente las modificaciones de sus estados emocionales[18] y poder así ocuparse de manera precoz y adaptada.

• Amplía la concentración atenta. Al invitar a los practicantes a darse cuenta de que, en el sufrimiento o en la acción ordinaria, el movimiento natural de la atención es el de estrecharse y concentrarse, y al centrarse de manera regular en abrir y ampliar esta concentración atenta, la plena consciencia favorece indirectamente la aparición de emociones positivas; se sabe que estas últimas están asociadas a una atención ampliada, más sensible al contexto general que a los detalles.[19]

• Estabiliza la atención. Varios estudios han demostrado que la dispersión de la atención está asociada a una mayor probabilidad de sensaciones emocionales negativas.[20]

• La plena consciencia también modifica la relación con el ego,[21] al desarrollar sobre todo las capacidades de autocompasión.[22]

¡He aquí por qué la psicología positiva se interesa tan de cerca por la meditación de plena consciencia![23]

Melancolía «Es la alegría de estar triste», dijo Victor Hugo. Y Albert Camus escribió: «Volvemos a nosotros mismos. Sentimos nuestro desamparo y nos queremos mejor. Sí, tal vez eso sea la felicidad, el sentimiento que se apiada de nuestra desdicha».[24] Ese sentimiento dulce y que se apiada, que es casi afectuoso, que tenemos por nosotros mismos cuando somos desdichados, es la melancolía. Que es como el alcohol: una copa de vez en cuando nos calma y nos abre la mente; pero cuando abusamos, nos hunde.

Memoria selectiva Lao-tzu, el sabio, dijo: «Aprende a escribir tus heridas en la arena y a grabar tus alegrías en la piedra». ¿Sabes una cosa? Para mí, la palabra más importante de este consejo es «aprende». Podemos aprenderlo y entrenarnos: frente a las penitas (para que al principio resulte más fácil), decirme con suavidad que pasarán, aunque todavía no lo llegue a creer, y aunque eso no llegue a aliviarme, pero decírmelo, al menos, igual que un padre consuela a su hijo. Y frente a todas las alegrías, decirme: «No lo olvides nunca jamás; llénate de esa felicidad, engulle, saborea y acoge esa alegría en cada célula de tu cuerpo».

Mensaje de un amigo El otro día hacía muy bueno y un colega psicólogo me envió un correo para hablar de diversas cuestiones de trabajo que debíamos solventar juntos. Luego, al final de su mensaje, cambia ligeramente el tono y amplía la perspectiva más allá de lo que nos atañe: «Y de todos modos, por el momento lo más importante es que por fin ha llegado el sol. Voy a escardar un poco el jardín mientras Claudine planta sus primeros bulbos. Una tórtola intentará vanamente reproducirse con la veleta de la iglesia, escucharemos a lo lejos el motor de una avioneta turística, y todo será perfecto». Increíble el efecto tranquilizador que esas pocas líneas ejercieron sobre mí. Sonreí, y me incorporé para mirar yo también por la ventana el sol que inspiraba a mi amigo. Todo está bien, y las preocupaciones no son más que preocupaciones. En un instante, ese mensaje ha restablecido lo esencial frente a nuestra mente; estamos vivos y hace bueno.

Mente de principiante El estado de ánimo es la manera en que se acepta lo que se nos propone y lo que vivimos: cómo se juzga y lo que pensamos. No es necesario especificar que el estado de ánimo es capital en la psicología positiva como, por otra parte, en cualquier otra forma de esfuerzo psicológico o psicoterapéutico. Ninguna de las consideraciones o de los consejos propuestos en este libro gozarán de tu aprecio, o mejor dicho, de tu sentido crítico, si tu estado de ánimo no es abierto. No es que tenga que ser obligatoriamente favorable o benevolente, pero sí al menos curioso y honesto; lo que en el Zen se denomina *mente de principiante*. No juzgar antes de experimentar; si no gusta, no renunciar ni criticar el método, sino entrenarse y seguir practicando. La mente de principiante es la frescura y la humildad mezcladas con curiosidad. Es, aunque se sea escéptico, un escepticismo benevolente y participativo.

Mentira Un día recibí una bonita carta de un lector que me contaba una escena familiar, que en su caso, le provocó una conmoción silenciosa e invisible.

Mientras cenaba con sus hijos, el de dos años le pidió que añadiese sal a su plato. Como a él le parece (con razón) que el plato tenía suficiente sal y que los niños comen demasiado salado o demasiado dulce, se limita a simular que lo hace. Su hijo no se da cuenta y se obsequia con un plato que imagina salado por papá, a quien dirige una enorme sonrisa. Mi lector me dice haber sentido en ese momento preciso una profunda tristeza, ligada al sentimiento oscuro pero perturbador de haber traicionado la confianza de su hijo. Intentó contárselo un poco después a su esposa, pero esta no comprendía por qué le daba tanta importancia a un suceso tan leve.

Me gusta ese relato, me gustan esos estados de ánimo, y creo que contienen toda la verdad y la dificultad de nuestra humanidad: tenemos la debilidad de la mentira y la inteligencia de la culpabilidad. La tristeza experimentada por mi lector está muy bien. Es en la etapa siguiente donde todo sucederá: ¿qué hará? Si se embarca en cavilaciones acerca de su incompetencia paternal, la ocasión de progresar se transforma en ocasión de maltratarse y entristecerse todavía más. Si acepta su tristeza como una amiga que llega para decirle con ternura: «Tienes razón, estás en lo cierto; lo que acaba de pasar con tu hijo no es un suceso banal; no es grave, pero no es banal. Tómate tu tiempo, el tiempo de sentir, de reflexionar, respira con todo eso. Respira y sonríe. Luego, más tarde, ya pensarás en lo que le dirás a tu hijo la próxima vez que quiera más sal. Mientras tanto, acepta lo sucedido, acepta lo que has hecho. Lo has hecho por amor, aunque hayas estado torpe, aunque fuese –tal vez– inadecuado. Eso es lo que hay, no lo olvides, pero no te maltrates. Lo has hecho lo mejor que has sabido, y gracias a esa culpabilidad que aceptas, cambiarás poco a poco. La próxima vez lo harás también lo mejor que sepas; y tal vez ese mejor será verdaderamente mejor. O quizá no. Ya lo verás...».

Menú plaisir* Un día, en la estación de Burdeos, al regresar de un encuentro con lectores en una librería, me compré un sándwich para el viaje. Es mi día de suerte, el camarero (Carlos, lo pone escrito en el comprobante de caja) me anuncia que hay una promoción en el combinado de sándwich y bebida: solo 5,50 euros, y se llama «Menú plaisir». Al principio, eso me divierte, ese pequeño juego de palabras. Luego me deja perplejo (sin duda, es el cansancio de la jornada): no es que los alimentos sean malos, pero de ahí a hablar de «placer», incluso de «menú»... Esa devaluación del alcance de las palabras, ligada a su uso abusivo, en el que ni siquiera caemos, de tan acostumbrados como estamos, ¿ha dejado de ser un problema? Esa sucia costumbre de la publicidad y del márketing de prometer y comprometer cada dos por tres los términos de placer, felicidad, serenidad... Me digo a continuación: «Pero tú también haces lo mismo en tus libros, ¡hablas de esos temas!». «Sí –me contesto–, lleno 400 o 500 páginas para explicar el porqué y el cómo. Utilizo esas palabras de manera pensada.» «Vale, ¡pero no dejas de hacerlo!» «Ya... pero no tiene nada que ver.» Demasiado cansado para continuar esa conversación interior, engullo el Menú plaisir y observo el paisaje que empieza a desfilar por la ventana del TGV. Ambas actividades me tranquilizan y frenan el flujo de mis pensamientos. Reflexionaré sobre todo esto más tarde; ahora, es hora de que mi cerebro descanse.

Meteorología ¿Qué influencia tiene el tiempo meteorológico en nuestros estados de ánimo? La mayoría de los estudios científicos

---

* *Menú plaisir*: se mezclan varias cosas en esta expresión. Por una parte significa gastos pequeños que reportan cierto placer, los pequeños placeres de la vida, y la asignación para el mantenimiento del monarca, cuando tal figura existía en Francia. *(N. del T.)*

confirman nuestra intuición: el sol es ligeramente favorable al bienestar. El sol, no la temperatura. Con el buen tiempo se observan menos admisiones en las urgencias psiquiátricas de los hospitales, y más comportamientos altruistas: se responde más a las sonrisas en la calle, se dan más propinas, se recogen más autoestopistas.[25] Otros estudios parecen indicar que los factores meteorológicos pesan generalmente poco en nuestra sensación de satisfacción con la existencia.[26] La explicación es que existen perfiles de personas diferentes: algunos de nosotros somos «meteosensibles» y otros lo son muy poco. Parece que existen cuatro grandes familias humanas frente a las variaciones celestes:[27] los indiferentes al clima, los terófilos (o *summer-lovers*, muy mejorados por el sol y el calor), los terófobos (*summer-haters*, están más bien peor cuando hace demasiado bueno y demasiado calor) y los uranudorófobos (*rain-haters*, a los que la lluvia empeora el humor). ¿De qué nos sirve todo eso, pues no podemos cambiar el tiempo que hace? Para comprender mejor las oscilaciones de nuestro humor, y para actuar en consecuencia: si tenemos la moral por los suelos a causa del tiempo, nos arriesgamos a cavilar acerca de todo el resto de nuestra vida. Comprenderlo nos permite decirnos: «Sí, muy bien, ya sabes por qué estás hecho un gruñón, no añadas más, no juzgues tu vida, haz lo que tengas que hacer, aguarda el retorno del sol, y eso es todo». Eso sin contar que esas influencias, ya lo hemos dicho, son ligeras. Bastará, pues, otro suceso favorable para invertirlas. ¡Un motivo más para concederse pequeños placeres los días en que hace un tiempo tristón!

Metro Un día bajé al metro. Había mucha gente, estaba de pie, frente a la puerta de cristal, atrapado ante mi reflejo. De repente (no había nada mejor que hacer), me observo, verdaderamente: tenía cara de enterrador. Siniestra. Y sin una razón concreta. Sí, es verdad, hacía calor, iba a trabajar, había mucha gente, y casi todos los pasajeros tenían la misma cara de entierro. Pero no obstante, ¿tenía buenas razones para poner una cara tan siniestra? ¡No, ninguna! Todo iba bien en mi vida, sin ninguna preocupación grave ¿Entonces? Nada, solo por dejadez. De repente, pensé en todos los estudios sobre la sonrisa y sus ventajas para uno mismo y los demás. Estiré suavemente mis zigomáticos y creé una pequeña sonrisa en mi rostro. No demasiado grande, para no incomodar o inquietar a mis vecinos. Solo una pequeña sonrisa tranquila, con los ojos en el vacío, la de una persona que piensa en sus vacaciones, o en gentes a las que quiere, o en alguna cosa agradable. Simplemente así, ¡para que me siente bien y para participar un poco en la mejora del ambiente en los vagones del metro! Tal vez no me creas, pero ese instante ha sido para mí un momento fundamental: creo que a partir de entonces me esfuerzo en adoptar, como expresión de base, una ligera sonrisa. Me parece que me sienta bien. Y lo increíble es que de repente ¡un montón de desconocidos me saludan por la calle!

Miedo Todos nuestros miedos eliminan nuestras alegrías. Nos tapan el horizonte. Miedo a fracasar, a faltar, a no ser amado, a caer enfermo, a sufrir, a morir. Los estoicos y los conductistas nos explican que el único medio de desembarazarse, no precisamente de ellos (muchos son irreductibles), sino de la influencia que ejercen sobre nosotros, es afrontarlos: dejar de huirlos o de obedecerlos, darse la vuelta y mirarlos a la cara. Luego ver qué sucede: en general, nada. En todo caso, nada por fuera, porque dentro duele y conmociona mucho... Huimos frente a nuestros miedos como el caballo de su sombra. Nunca podremos alejarnos de ellos. Pero al dejar de huir, dejamos de alimentarlos.

Modelos y contramodelos El aprendizaje por imitación de modelos es uno de los más potentes que existen. Es especialmente cierto en el caso de la felicidad y de la aptitud para pasar por la vida.

De niños, nuestros modelos son nuestros padres, enseñantes y amigos. Sobre todo los padres, desde luego, aunque solo sea por el tiempo pasado con ellos y por su importancia simbólica. Y claro está, lo que aprendemos de ellos sobre la felicidad no proviene de sus recomendaciones, sino de sus comportamientos y reacciones personales. Los modelos no se escuchan, se imitan.

Algunos de nosotros tuvimos la suerte de ver vivir junto a padres felices y pudimos comprender a través de su contacto lo que es una vida feliz, en todos sus detalles, en la manera de disfrutar de los buenos momentos y de afrontar los menos buenos.

Otros han vivido junto a padres a los que les costaba ser felices (porque ellos mismos habrían tenido infancias muy duras, vidas muy duras, etcétera). De niño es difícil comprender los errores de nuestros padres respecto de la felicidad, porque siempre hay una cierta lógica en habituarse a la desdicha. Ese habituarse consiste en una inversión de prioridades; la principal no es buscar y disfrutar de la felicidad, sino sobrevivir en un mundo hostil. Atención y energía giran alrededor de este único objetivo. Al crecer, se entiende que nuestros padres se equivocaron de rumbo, sobre todo porque se descubren otros caminos posibles. Entonces se convierten en contramodelos: continuamos queriéndolos, pero ya no queremos parecernos a ellos.

Modernidad   Jules Renard lo entendió todo: «Demasiado rápido, el automóvil. ¡Tantos paisajes hermosos ante los que no se detiene! Deja lamentos por todas partes».[28] O bien: «No pasará mucho tiempo antes de que el caballo será en la Tierra algo tan raro como una jirafa».[29] También leí, no sé donde, esta observación de un autor estadounidense: «Gracias a nuestras autopistas, ahora es posible atravesar el país de este a oeste sin ver nada». Las opciones que nos ofrece la modernidad amenazan, por su mal uso, nuestra felicidad, pero lo hacen de manera alegre y excitante, es decir, engañosa. Por eso, no nos fiamos.

Momento perfecto Una mañana de otoño, bastante pronto (6:30) en la cocina, desayunábamos mi segunda hija y yo. Fuera está negro. A veces estamos todavía dormidos y la conversación es escueta. Pero a veces, hablamos con firmeza. Hoy sucede así.

—Papá, ¡ayer viví un momento perfecto!

—Vaya, qué guay. ¿Cuándo?

—Pues habíamos salido del instituto con mis amigas y estábamos en un restaurante muy enrollado y nada caro [un día a la semana, como dispone de dos horas, le permitimos no comer en el comedor escolar]. Pues estaba allí, delante de mi plato y, de repente, me sentí como si me saliese del cuerpo y observase lo que me sucedía: estaba allí, caliente y seca mientras fuera llovía y hacía frío; todas mis amigas estaban a mi alrededor, comíamos buenos platos y, además, sonaban canciones de Gainsbourg [su cantante favorito]. ¡Tenía mucha mucha clase!

—¿¡Era una gozada¡?

—Eso es, ¡era pura felicidad! Pero no duró. Después tuvimos que volver a clase, el programa de la tarde era pesado. Pero me hizo gracia sentir ese momento, por dentro y por fuera.

Hablamos entonces un poco de teoría, de la felicidad como toma de consciencia de los instantes agradables de nuestra vida. Aunque no mucho rato, pues el tiempo apremia, hay que vestirse y cepillarse los dientes. Pero me ha llenado de alegría escuchar a mi hija contándome ese pequeño momento de trascendencia de un instante agradable. Disfrutar la felicidad de los demás también es una alegría.

Montaña El pensador cristiano Teilhard de Chardin presenta una imagen de la búsqueda de la felicidad que me gusta mucho, utilizando una palabra deliciosa y anticuada, la de los «excursionistas». Cuando acaban de empezar a trepar por el flanco de la montaña, un primer grupo (los pesimistas cansados) renuncia y regresa al refugio: demasiado agotador, demasiado incierto y, además, ¿por qué sudar para trepar? Un segundo grupo (los alegres vividores) se detienen a mitad de la pendiente; no está nada mal, hay una vista preciosa, ¿por qué no quedarse ahí? Y un tercer grupo, el favorito de Teilhard (él los denomina los «ardientes»), continuará hasta la cima y se sentirá doblemente feliz: por sus esfuerzos y por los resultados. Teilhard enumera estos tres tipos de felicidad: de tranquilidad, de placer y de desarrollo. Y sin duda, siempre navegamos entre los tres.[30]

Montesquieu Así es como se describe en su *Retrato*: «Me despierto por la mañana con una alegría secreta; veo la luz con una especie de rapto; y el resto del día estoy contento. Paso la noche sin despertarme; y al acostarme, una especie de adormecimiento me impide pensar». Los hay realmente con suerte...

Moral El filósofo Chamfort nos dice: «Disfruta y haz disfrutar, sin hacer daño, ni a ti mismo ni a nadie; eso creo que es la moral». En todo caso, la moral mínima de la felicidad: disfrutar sin molestar a nadie. Es posible ir más lejos: disfrutar y hacer disfrutar a los demás. No es tan difícil, y resulta mucho más interesante y mucho más eficaz, incluso para la propia alegría.

Morir en cinco años «¿Qué harías si fueses a morir mañana?» Esta pregunta es un ejercicio muy bueno de psicología positiva; nos incita a preguntarnos qué es verdaderamente importante para nosotros. ¿Con quién querríamos pasar nuestros últimos instantes? ¿A qué actividades nos consagraríamos una última vez? Pero el plazo de un día –de aquí a mañana– es demasiado corto, y por ello provoca afirmaciones poco realistas, al menos poco compatibles con la vida de verdad: si no me queda más que un día, poco importan las pegas e inconvenientes de mis elecciones, no tendría que dar explicaciones a nadie, ni justificarme. ¡Nada de perder el tiempo!

¡Morir en cinco años me parece un plazo mejor! Esa duración nos obliga a un enfoque más profundo de la cuestión de lo que nos importa de verdad. Nos empuja a imaginar y poner en marcha cambios realistas, y no quiméricos. A no abandonarlo todo para lanzarnos a placeres de último minuto, sino a crear, concretamente desde hoy mismo, una vida mejor en lo cotidiano. La misma vida, en suma, que la que vivimos, pero más inteligente, marcada por la revelación de nuestra próxima muerte, no para mañana, sino pasado mañana.

Sí, pensar que dentro de cinco años estaré tal vez muerto, es una buena idea para hacerme más feliz. ¡Al menos si no espero cinco años para ponerme en marcha!

Moscú Un día, di una conferencia sobre la felicidad en Moscú. Sentí a mi auditorio educadamente perplejo. Llega el momento de las preguntas y de relacionarse con el público. Recordaré toda la vida la primera pregunta, que me hizo una mujer: «¿Qué le diría a alguien que quiere suicidarse para impedírselo?». He olvidado lo que contesté, pero no he olvidado mi sorpresa. La primera pregunta que le vino a la mente tras una hora de conferencia sobre la felicidad, ¡fue a propósito del suicidio! La melancolía eslava no es una leyenda.

Mostacho A veces, algunas líneas leídas por azar nos sumergen en un rapto, más allá de lo que el autor hubiera podido imaginar. El otro día, hojeaba un libro americano que animaba a trabajar menos.[31] Inteligente pero irritante: en resumidas cuentas, el autor ex plica que hay que hacer que trabajen otros en nuestro lugar para que lleven a cabo las tareas subalternas menos rentables, y concentrarse en lo lucrativo. Esos razonamientos me resultan incómodos, pero eso es otra historia. En definitiva, al navegar por el libro, que me procuraba estados de ánimo moderados, caí de repente sobre una perla. El autor habla de uno de sus colegas, y dice lo siguiente: «Friedman me gusta mucho, aunque nunca he acabado de entender su decisión de llevar ese mostacho». Es una frase bastante graciosa, que lo dice todo acerca de la necesidad y el interés de no juzgar a los demás por un detalle, o de hacerlo con benevolencia. Solo por eso, me siento feliz por haber leído ese libro.

Muerte «La muerte tiene muchas virtudes, en especial la de despertarnos. Nos devuelve a lo esencial, a lo que nos importa de verdad», nos recuerda Christian Bobin.[32] Lo que nos importa de verdad es la vida, la felicidad, el amor. La muerte cierra para siempre los ojos de una persona y abre los de los demás que están allí, alrededor. La de la felicidad y la muerte es una historia de vínculos indisociables. Es absurdo e inútil teorizar sobre la felicidad, esforzarse con la psicología positiva, si uno no se toma el tiempo de considerar y frecuentar la muerte, o al menos la idea de la muerte. No la idea abstracta, el concepto general, sino la idea concreta y personalizada: nosotros, muertos; los que amamos, muertos. Nadie ha planteado mejor la ecuación que hemos de resolver como seres humanos que Pierre Desproges: «Vivamos felices esperando la muerte». Frente a eso, los pesimistas piensan: «Para qué hacer esfuerzos para ser feliz si acabaremos muriendo». Ante lo cual responden los optimistas: «Precisamente por eso sería una tontería no haber sido feliz antes». Pero la felicidad lúcida, que nos mantiene conectados con el mundo, y que nos abre unos enormes ojos asombrados e incrédulos cuando la desdicha golpea, esa felicidad, debe haberse frotado con un poco de muerte. Y continuar haciéndolo regularmente.

Muerte de la felicidad He dejado un mensaje a un amigo que acaba de perder a un hijo. Me he enterado de la noticia y le pregunto cómo va. Me responde con un correo corto: «Voy como puedo ir, vamos como podemos ir. Trabajo como nunca, es una manera de estar. Mi abuela siempre decía que la felicidad siempre se acaba. Así es. Un abrazo».

Me quedo helado ante sus palabras. La tragedia que acaba de trastornar toda su vida acaba de irrumpir en mi cómoda cotidianidad, y me obliga a detenerme para pensar y sentir.

La felicidad siempre se acaba... Sí, todos lo sabemos, y sería una obviedad repetir esas palabras con calma. Pero ahora, cuando es él quien me las dice, en sus circunstancias, la frase aparece muy cargada y con mucho alcance. Ya no es una obviedad o una banalidad. Ya no se trata de una verdad trágica, ante la cual no podemos hacer otra cosa más que suscribirla. Así que, durante las siguientes semanas, he pensado muy a menudo en este amigo durante mi meditación matinal. No sé si eso le ayuda, pero me parece que debo hacerlo y unirme a él en silencio y en secreto.

«¡Mueve el culo!» En terapia conductual –pero también en la vida–, hay que intentar hacer personalmente lo que se recomienda a los demás. Dar consejos que no se aplicaría uno mismo es... ¡una idea ridícula! El otro día hablaba con uno de mis pacientes, que pasa por un período de depresión suave. Me contó que tenía tendencia a quedarse mucho en casa, a no progresar, a activarse poco, a salir menos, a no moverse. Como ya trabaja desde su casa, ¡en su vida hay poco movimiento, realmente! Y lo que alimenta la depresión, entre otras cosas, es la inmovilidad. Entonces empezamos a reflexionar sobre todo lo que podría intentar de nuevo a hacer, para moverse. Y, de pronto, me doy cuenta de que la situación tiene algo de absurdo: ¡estamos hablando de movernos, mientras mantenemos las nalgas bien hundidas en los sillones! De repente, le anuncio: «¡Hala, venga! Nos llevamos los abrigos y vamos a continuar esta reflexión fuera, ¡vamos a pasear!». Pone cara de sorpresa, pero acepta sonriendo. Ya fuera, vemos que el cielo tiene mala pinta: gris, frío, un poco de calabobos, un tiempo verdaderamente de noviembre, triste. No pasa nada: nos ponemos a andar, primero por los jardines de Sainte-Anne, luego por el parque vecino de Montsouris. Caminamos y hablamos. Y, finalmente, regresamos, tranquilos y contentos por haber caminado y hablado. Mi paciente me dice que le ha sentado bien. Que le ha recordado a los paseos que solía hacer los domingos, cuando recibía las visitas de los amigos. Que le encantan esos paseos. Yo también estoy contento de haber caminado con él bajo ese cielo gris, que de repente ha dejado de ser hostil o una contrariedad, y que ha encontrado su lugar en nuestra jornada, que ha acompañado nuestro paseo. Le pido a mi paciente que camine, como lo hemos hecho, una hora cada día. Le recuerdo que uno de los medios de dejar de cavilar, en lugar de querer impedirlo mentalmente, es salir a caminar. Cuando nos separamos, me entran ganas de volver a verlo pronto, para saber si eso le habrá servido.

N de Naturaleza

Camina por los bosques, por las riberas y las cimas,
admira cada día el cielo y el horizonte.
Cuida esta Tierra: es la tuya, para siempre.
Un día regresarás a ella.

Nada cortés Sucede un domingo por la mañana. Llevo en coche a un amigo procedente del extranjero a casa de otros amigos, en el otro extremo de París. Llueve a cántaros y hemos pedido prestado un coche. De camino, hablamos tranquilamente de la vida, unos momentos muy agradables. Al llegar a una calleja estrecha donde debo dejarle, nos encontramos con un vehículo que nos cierra el paso, con el maletero abierto, las luces de emergencia encendidas. Aparentemente se trata de alguien que descarga maletas o paquetes. Como tenemos tiempo, me detengo también en medio de la calle y continuamos charlando tranquilamente. Bastante tiempo; bien bien cinco minutos. Como era domingo por la mañana, nadie llegó por detrás de nosotros, la calle estaba tranquila. Al cabo de un buen rato, el propietario del vehículo parado sale del edificio y ahí surge el problema.

El tipo pasa a nuestro lado, nos mira de arriba abajo y continúa hacia su coche, arranca tranquilamente y desaparece. Ni una sonrisa, ni un amago de saludo, ni siquiera un «gracias».

Nada.

¡Qué jeta!

Sé muy bien que no hace falta dar esperando recibir, y no porque yo haya sido cortés con él (al no tocar la bocina) debo esperar que lo sea conmigo (agradeciéndomelo), pero no obstante, la situación me irrita bastante. Se lo digo a mi compañero: «¿Has visto a ese tipo? ¡Qué desagradable! ¡Menudo idiota! Nos hace estar de plantón 10 minutos (la cólera me hace multiplicar el tiempo por dos), no tocamos el claxon, nada, nos quedamos tranquilos, ¡y ni siquiera nos da las gracias!». Mi compañero asiente con la cabeza, pero está menos irritado que yo; más sabio sin duda, y también solo es el pasajero, que piensa más bien en el reencuentro con sus otros amigos; no considera esa denegación de gracias como un suceso significativo. Bueno, de todas maneras no tenemos nada más que hacer, así que arranco, llegamos al final de la calle, dejo a mi compañero, nos damos un abrazo y me vuelvo a ir.

En el camino de regreso vuelvo a pensar en mi irritación. Lo que me ha irritado no es la espera, sino el no reconocimiento: me he sentido frustrado por no haber recibido ni siquiera una pequeña señal, si no de agradecimiento, al menos de excusa. Y además, de hecho, he tenido la impresión de que esta historia va más allá de mi pequeño ego ofendido: esta ausencia de un gesto amistoso representa para mí, al menos en ese instante, una ruptura de la armonía del mundo y una amenaza para esa misma armonía. Ruptura de la armonía que experimentaba al charlar con mi amigo. Sin duda pensaba que todos los seres humanos podían ser amigos, conscientes de poder molestar, pero capaces de agradecer. Había olvidado la psicodiversidad: existen egoístas maleducados. Y los misterios de cada destino, que se ocultan tras la apariencia quizás equívoca de los comportamientos: tal vez el tipo acababa de vivir momentos difíciles y odiaba a todo el mundo, tal vez sus padres le habían educado de ese modo, en el desprecio del otro...

Pienso, entonces, en todos esos pequeños gestos de reconocimiento mutuo tan importantes para vivir en armonía. Por ejemplo, y siguiendo en el mismo contexto, todos esos gestos que se hacen en la calle: el peatón que agradece que el coche haya frenado para dejarle pasar por un paso cebra sin semáforo; no está obligado a hacerlo, pero si lo hace, anima al automovilista a repetirlo. El motorista que agradece al conductor de un coche que se aparte para dejarle pasar, etcétera. Me viene a la memoria toda la importancia de esta trama ligera y casi invisible de microgestos de microrreconocimientos. Su ausencia es peligrosa: empuja a confundir la indiferencia o la grosería con el desprecio; y a sentirse furioso o desatendido, cuando habría que sentirse extrañado o entristecido. Vuelvo a pensar en esos fragmentos del *Petit traité des grandes vertus*, de André Comte-Sponville: «La cortesía es una cosa pequeña que da paso a otras más grandes... Los buenos modales preceden a las buenas acciones».

Y me voy calmando lentamente, atento a la calle, lluviosa. Vuelvo a pensar en mi amigo y me digo que así es la vida. Que no es nada grave. Que podría haber ido a hablar tranquilamente con el hombre en cuestión si esa historia fuese verdaderamente tan importante para mí, pero ya es demasiado tarde. Y sé qué me resta por hacer: continuar llevando a cabo esa pequeña labor de relación, de pequeños agradecimientos, pequeños saludos y todo lo demás, en el lugar de todos los que no lo hacen. Y tal vez todos esos maleducados y patanes zafios (en todo caso, todos los que me lo parecen según mi criterio), tal vez ellos hagan otras cosas por el mundo, importantes, que yo no sé hacer, y que ni siquiera percibo.

La lluvia me acompaña con su repiqueteo cantarín. La vida realmente es muy interesantes. Espero que todavía me quede un buen trecho por recorrer: me encanta este mundo.

Naturaleza El contacto con la naturaleza nos hace felices y nos sienta fenomenal, hasta tal punto que en medicina se empieza a hablar de «vitamina V»: siendo V de Verde.[1] La naturaleza representa para la especie humana una fuente vital de salud mental y corporal, y no solo porque nos proporciona alimentos y plantas medicinales. Su simple presencia nos resulta «terapéutica».

Los primeros trabajos modernos en este campo fueron obra del arquitecto e investigador Roger Ulrich, cuyo primer gran artículo, publicado en 1984 en la prestigiosa revista *Science*, abrió el camino a numerosas investigaciones posteriores. En él demostró cómo el hecho de disfrutar de habitaciones con vistas a un parque implicaba una convalecencia más rápida en pacientes hospitalizados por cirugía. Después, ese tipo de datos ha sido muy reproducido y confirmado: estar en contacto con la naturaleza implica beneficios clínicos (aumento del bienestar, disminución de los síntomas relacionados con el estrés) y biológicos (descenso del cortisol sanguíneo, vinculado al estrés, de la presión arterial, del ritmo cardíaco). En las ciudades, los habitantes de los barrios cercanos a espacios verdes (parques y plazas) disfrutan de mejor salud que el resto. Los efectos del verdor son perceptibles incluso cuando la naturaleza está solo encarnada en imágenes o en plantas verdes, pero son más amplios todavía en caso de inmersiones repetidas en la naturaleza «de verdad». Numerosos estudios han demostrado las consecuencias favorables de lo que los japoneses denominan *shinrin-yoku*, que podría traducirse como *baño de bosque* (al igual que existen los baños de sol). Los paseos por el parque también reportan múltiples beneficios biológicos y psicológicos, así como una mejora de las respuestas inmunitarias cuyo efecto persiste alrededor de un mes tras dos días de paseo. Un buen fin de semana de paseos por el bosque para protegerse cuatro semanas durante los catarros y resfriados. Interesante, ¿verdad? Y esos efectos no solo se deben al caminar (que también es bueno para la salud, ya lo sabemos): un tiempo de paseo equivalente en un medio urbano no tiene los mismos efectos que una marcha a pie por el bosque. Así pues, existe un beneficio concreto vinculado a la naturaleza y el verdor, sobre el que no se puede más que hacer hipótesis. ¿Y todo ello simplemente gracias a un entorno sereno y armonioso, y a la ausencia de agresiones visuales, olfativas o sonoras? Diferentes trabajos demuestran finalmente que el contacto con la naturaleza facilita la recuperación mental después de realizar tareas complejas y que mejora los resultados posteriores, reforzando la vigilancia, la atención, la memoria, etcétera.

La inmersión en la naturaleza satisfaría, pues, necesidades arcaicas legadas por la evolución de nuestra especie (los entornos verdes son desde siempre origen de alimentos y agua). Una prueba indirecta reside en el hecho de que nuestro cerebro es sensible, sin que seamos conscientes de ello, a la biodiversidad: el «mejor-estar» que experimentamos en la naturaleza ¡es proporcional a la multiplicidad de las especies de plantas y de trinos de pájaros! Y es lógico: hemos mantenido una memoria ancestral e inconsciente de lo que es bueno para nosotros en términos de recursos, tanto en cuanto a su abundancia como a su variedad. En pocas palabras, el *sequi naturam* («soy la naturaleza») de Aristóteles representa una verdadera cura de bienestar, cuantificable en laboratorio y... ¡en vivo! Pero esa constatación científica también reporta preocupaciones, sobre todo si se sabe que la disminución del vínculo con la naturaleza es el destino de la mayoría de los habitantes del planeta. En 2010, un ser humano de cada dos era urbano, y esa cifra no hace sino aumentar: ya es el 80% para los occidentales, que en la actualidad pasan más tiempo ante sus pantallas que en la naturaleza (*screen time* contra *green time*). Por ello resulta médicamente urgente y ecológicamente inteligente que los especialistas en salud pública se interesen de nuevo por la *vis medicatrix naturae* de los antiguos, la «fuerza curativa de la naturaleza». Y tal vez también deberían leer a Thoreau y su *Diario*: «Ningún hombre ha imaginado jamás hasta qué punto el diálogo con la naturaleza afectaría a su salud o sus dolores». Así pues, aunque vivas en una ciudad, busca el parque más próximo a tu casa y haz todo lo posible para pasear por allí regularmente a las horas más tranquilas para poder caminar o meditar escuchando el canto de los pájaros por encima del ruido de los coches. Y apúntate a un club excursionista,[2] incluso un único día de excursión al mes tendrá su efecto.

Negados Zen Muy a menudo tengo miedo de perder un tren, que finalmente siempre he logrado tomar en el último segundo. De vez en cuando también me ha sucedido perder realmente un tren. Pero no bajarme donde me tocaba, ¡eso todavía no me había sucedido! Es una experiencia nueva que he tenido recientemente... Iba con tres amigos a un seminario de meditación, que debíamos organizar cerca de Blois, en un monasterio Zen. A los cuatro nos apasionaba el tema y hablábamos sin parar de investigaciones y meditación. De vez en cuando observábamos un silencio y mirábamos desfilar el paisaje. En pocas palabras, un ambiente concentrado y tranquilo, sosegado, lento, Zen... Cuando nos acercamos a la pequeña estación de Onzain, cercana a nuestro destino, habíamos escuchado el anuncio de la siguiente parada, realizado por el revisor. Impregnados de calma, de Zen y de plena consciencia, nos incorporamos tranquilamente, recogimos tranquilamente el equipaje, salimos tranquilamente del compartimento y nos acercamos tranquilamente a la puerta de salida.

Y el tren volvió a emprender la marcha tranquilamente, antes de que tuviéramos tiempo de bajarnos. Bueno, lo cierto es que si las paradas tuvieran que durar cinco minutos, entonces dejaría de ser un tren y sería una tartana ¡Un minuto como máximo y puertas cerradas! Y henos ahí, cuatro tontos Zen, cuatro negados Zen, de camino hacia la siguiente estación... Un poco avergonzados, un poco divertidos y sobre todo atentos ¡para bajarnos a tiempo la próxima vez! Lo que hicimos. Así que tomamos el siguiente tren en dirección contraria, y llegamos dos horas tarde, nada grave. Solo una lección sobre la que meditar... Para que veas, la calma, el Zen, la plena consciencia... todo cuenta con muchas ventajas, y también con algunos inconvenientes. Si no, no tendría gracia.

Neuroplasticidad Es un descubrimiento consolador de estos últimos años en materia de funcionamiento cerebral. Contrariamente a lo que se pensaba desde hacía tiempo, el cerebro es plástico, y puede evolucionar y cambiar, anatómica y funcionalmente, a lo largo de la vida. Y no solo lo modelan los sucesos, sino también nuestros esfuerzos y su práctica regular. Numerosos estudios han demostrado que el funcionamiento cerebral puede modificarse, a través de la psicoterapia, la meditación, la psicología positiva, con tanta eficacia (aunque menos rápida) como con medicamentos, por ejemplo.

Nirvana Al igual que la palabra «zen», el término «nirvana» se utiliza en Occidente para designar una especie de éxtasis paradisiaco: «¡Es el nirvana!». En el budismo, las cosas son un poco más complicadas, pues el nirvana, aunque es un estado envidiable, pues significa el cese de toda forma de sufrimiento, consiste en una disolución definitiva de todo lo que compone nuestros apegos a la vida terrestre y al ciclo del *samsara* (nacimientos y renacimientos y vuelta al sufrimiento). La etimología de la palabra evoca la extinción, el sosiego, la liberación.

Me parece que está bastante alejado de nuestra concepción de la felicidad. Pero, no obstante, resulta bastante interesante para nuestro propósito: los momentos de mi vida en los que me parece comprender a qué podría parecerse el nirvana son esos instantes de meditación durante los cuales sentimos que la materia de nuestro ego y las barreras de nuestra consciencia están disolviéndose. Sentimos entonces una proximidad intensa, una fusión, con todo lo que nos rodea. Ninguna barrera entre nosotros y el mundo, solo vínculos. Nada extático, sino inmensamente apaciguador.

No juzgar Un día, en la calle, veo a un hombre muy pobremente vestido, casi como un sintecho, que lee atentamente los anuncios del escaparate de una agencia inmobiliaria. La compasión y la tristeza aumentan en mí: ¿qué puede pensar y sentir en ese instante, ya que parece no poder comprar ni alquilar lo que aparece en esa oficina? También me vienen a la mente otros escenarios: ¿qué es todo ese *prêt-à*-pensar, amigo mío? ¿Qué sabes realmente de ese hombre? Tal vez sea muy rico, mucho más que tú, y se vista así porque es original... Tal vez quiera vender uno de sus numerosos inmuebles, o tal vez quiera enterarse de los precios para alquilar uno de ellos. O quizá no sea en absoluto rico, y que no le importe, no sintiendo en ese momento ni desamparo ni envidia. Solo curiosidad: «¿Cuántas personas están dispuestas a pagar para poseer un piso o una casa? ¿Cuánta libertad están dispuestas a ceder para endeudarse durante años? ¡No me gustaría estar en su lugar!».

¡Tal vez sea eso lo que se esté diciendo! Y quizá yo no debería sentir compasión, sino admiración. Continúo con mis cavilaciones y, al llegar al final de la calle, me doy la vuelta: el hombre sigue frente a la vitrina, muy interesado. Le abandono con gran pesar de mi corazón, dejándole en su misterio. Y con reconocimiento porque, gracias a él, acabo de llevar a cabo un pequeño ejercicio de psicología positiva: sorprenderme pensando con clichés, darme cuenta, abrir la mente y abandonar las etiquetas respecto al hombre en cuestión; con el plus de un instante de gratificación.

No violencia La no violencia pertenece al registro social de las preocupaciones de la psicología positiva: ¿cómo aumentar no solo el bienestar de las personas, sino también el de los grupos? Y eso sin renunciar a la acción. En palabras de Martin Luther King: «El verdadero pacifismo no es la no resistencia al mal, sino una resistencia no violenta opuesta al mal... No es ni una sumisión ni una resignación. No es una estrategia que pueda uno contentarse a utilizar en función de las circunstancias; la no violencia es, a fin de cuentas, un modo de vida que los hombres abrazan por la simple razón de que es moral». Representa una manera de ser y de actuar frente a los conflictos o las injusticias, que consiste en decir tranquila y firmemente: «No puedo aceptar esto». Esa es la razón por la que requiere coraje (atreverse a ponerse en pie para hablar), lucidez (no es dejarse cegar por el deseo de venganza hacia quienes nos hacen daño) y dominio de uno mismo (la cólera frente a la injusticia es natural). También requiere inteligencia y empatía, que ayudarán a enfrentarse a las ideas, y no a las personas. Los individuos injustos, agresivos y violentos son sus propias víctimas. No son libres, sino esclavos: de su medio, de sus prejuicios, de su pasado. Esa no es razón para tolerar la agresividad o la injusticia: hay que oponerse con fuerza desde el primer momento. Pero es una razón para no odiar a las personas que perpetúan actos o palabras de violencia: oponerse a ellas sin violencia es la única manera de cambiar de forma duradera la sociedad y a las personas.

La no violencia también es un procedimiento que piensa en la reconstrucción tras el conflicto. En toda sociedad, en toda vida humana, los conflictos son inevitables, incluso necesarios. Pero la paz también lo es. ¿Qué hacer para que tras un conflicto sea posible? La no violencia lo permitirá más que cualquier otro enfoque: no es una renuncia al combate, es una manera de no olvidarse nunca de comportarse con dignidad y humanidad durante la lucha. Y de facilitar el perdón, la reconciliación y la acción posterior común; es decir, de pensar en la posguerra.

Noche fuera Un amigo me cuenta que un día perdió las llaves y que no se dio cuenta hasta la 1:00 de la noche, al regresar de una fiesta. Como es extranjero y acaba de llegar a Francia, donde no tiene familia, se sintió un poco remiso a molestar a una hora tan intempestiva a los amigos que acababa de hacer. Y como está tan pelado que no puede pagarse un hotel o un cerrajero, decidió pasar la noche fuera (y al día siguiente ir a pedir un juego de llaves a la agencia en la que alquiló el apartamento). Divertido al principio por la experiencia, no tardó en darse cuenta de que solo tenía gracia hipotéticamente: incluso en primavera, las noches son frías, y los que pasan por la calle suelen ir borrachos, colocados o a la deriva. En la calle, de noche, el tiempo pasa muy lentamente. Y como me comentaba tiempo después: «Cuando no se es feliz a diario, sin tener razones serias para ello, ¡pasar por la experiencia de una noche fuera te pone las ideas en su sitio!». Un buen ejercicio, efectivamente, para contrarrestar la habituación hedonista: pasar una noche en la calle. Lo ordinario se convertirá en mágico: disponer de una habitación, de una cama, de una ducha, de aseos y ropa limpia...

Nostalgia Es un estado de ánimo sutil, ligado a la evocación de nuestro pasado, donde felicidad y desdicha se encuentran armoniosamente mezcladas: felicidad de haber vivido ese momento, tristeza de saberlo pasado. Durante mucho tiempo, se ha considerado que la nostalgia implicaba problemas, que se trataba de una forma de tristeza y melancolía que podía resultar problemática. Los trabajos recientes tienden a rehabilitarla: en realidad, parece que pertenece al campo de las emociones positivas.[3] En la mayoría de las personas, implica por ejemplo sentimientos y consecuencias agradables, en términos de humor (moviliza buenos recuerdos), de autoimagen y de sentimiento de valor personal (muchos recuerdos nostálgicos conciernen a dificultades superadas). Ayuda a sentirse menos solo (muchos recuerdos tienen que ver con vínculos sociales), y las personas que suelen tender a la nostalgia se sienten más ligadas a las demás, más confiadas en el apoyo que pudieran recibir en caso de recibir un duro golpe. La nostalgia también desempeña un importante papel en la sensación de identidad personal, al establecer una continuidad entre pasado y presente. Las investigaciones contemporáneas sobre la nostalgia demuestran, finalmente, que los recuerdos nostálgicos son a menudo más realistas y sutiles que los recuerdos «simplemente» felices. ¡Cuidado, pues es necesario realizar un uso adaptado! Al igual que ciertas estrategias de psicología positiva, la nostalgia puede agravar la moral de personas depresivas: pedirles que evoquen buenos recuerdos les hace a veces sentirse más tristes.[4]

Nubes A menudo se comparan las preocupaciones a los nubarrones, que alteran el azul del cielo. Pero también se pueden observar las nubes de otra manera, como hace el poeta Christian Bobin: «Admiro cada día al salir de mi casa la enorme confianza de las nubes, su incansable candor que discurre por encima de nuestras cabezas, como si existiese un suministro de bien eternamente más grande que el del mal».[5]

Nutrición Una gran fuente de placer, señalada ya en, por ejemplo, la Biblia (Eclesiastés 9:7): «Anda, y come tu pan con gozo, y bebe tu vino con alegre corazón...». En primer lugar está el placer simple de nutrirse cuando se tiene hambre. Un placer del que nos privamos en parte, pues a menudo nos sentamos a la mesa simplemente porque es la hora, y muy a menudo sin hambre. Y después está la felicidad –que trasciende ese placer simple– de saborear con plena consciencia lo que se come. O también el de sentirse vinculado con otros seres humanos, con los que han hecho crecer esas frutas y verduras, trabajado el vino, amasado el pan. Solemos recomendar regularmente a nuestros pacientes una reconexión con ese poder de los alimentos: de vez en cuando, comer solo y lentamente, tomar consciencia del gusto de los alimentos y de todas las gracias que los han conducido hasta nosotros.

O de Optimismo

Es una actitud mental,
con consecuencias en el comportamiento,
en la aptitud mental.

Obligados a respirar «Hay dos procesos que los seres humanos no sabrán detener por mucho que vivan: respirar y pensar. En realidad, somos capaces de retener la respiración durante más tiempo del que podemos abstenernos de pensar. Si reflexionamos sobre ello, esta incapacidad de detener el pensamiento, de dejar de pensar, es una limitación aterradora.» Cuando el filósofo George Steiner habla de la obligación de respirar,[1] evoca una obligación biológica aterradora. El miedo a dejar de respirar y de morir asfixiado es frecuente en muchas personas ansiosas, a medio camino entre el miedo metafísico abstracto y el temor hipocondríaco concreto (en el que uno escruta las menores variaciones de la respiración).

Pero también es una molestia fecunda y paradójicamente liberadora, como muchas de ellas: nos torna conscientes de nuestra fragilidad, lo cual no es mala cosa, pues eso puede hacer que nos ocupemos de seguir adelante respetando el mundo que nos rodea, en lugar de espachurrando y avasallando. Y dirige nuestra atención hacia esa maravilla que representa nuestra respiración, sin duda la mayor fuente de sosiego que poseemos en nosotros mismos.

Ofensa de la felicidad La felicidad puede herir a quienes son desdichados. La felicidad ajena les hace sentir, por contraste, su desdicha con más intensidad, e incrementa la sensación de soledad. A veces, incluso su propia felicidad puede parecerles indecente (como en el duelo). Por eso, la resiliencia tiene mucho que ver con la felicidad: no consiste simplemente en sobrevivir a las violencias y las desdichas que nos alcanzan, sino que también necesitar dar a la felicidad el derecho de volver a existir en nosotros y a nuestro alrededor.

Oídos Ya conoces esa expresión que se utiliza cuando se habla (o se oye hablar) mal de alguien: «Le deben pitar los oídos». Pero entonces, ¿si los oídos pitan cuando se habla mal de nosotros, qué pasa cuando hablan bien? ¿Cantan entonces los oídos? ¿Nos acordamos repentinamente de una canción que nos gusta y que nos ponemos a tararear? ¿O simplemente son esos momentos en que nos sentimos felices sin razón aparente?

Me gusta la última posibilidad: cuando nos sentimos felices sin razón aparente, porque sí, con una felicidad como caída del cielo, es que alguien está hablando bien de nosotros. Una manera como otra de trabajar la gratitud, acordándonos de relacionar nuestros momentos de felicidad con otros seres humanos...

Olvidar la felicidad Dicho así, resulta extraño: «Ayer, me olvidé de ocuparme de mi felicidad», aunque es lo que suele pasar en nuestras vidas. Olvidarnos de ser felices debería perturbarnos. Debería ser como si un padre se olvidase de ir a recoger a su hijo al colegio. Y, en general, cuando nos sucede una u otra cosa, es porque estamos desbordados y agobiados. Porque estamos en lucha con la vida, ahogados en preocupaciones, más o menos reales, más o menos virtuales, acabando por olvidar lo esencial: a nuestro hijo o nuestra felicidad. ¡Consigamos que eso no nos suceda con demasiada asiduidad!

Onomatopeyas de bienestar La felicidad, difícil de expresar con palabras, suele «decirse» con onomatopeyas. Por ejemplo: «¡Ahh!», el suspiro de alivio, cuando algo que esperamos con impaciencia llega y nos maravilla (por ejemplo, la llegada de un buen plato en una comida en la que todo el mundo se aburre). O el «Mmmmm…» de la delectación, ese instante en el que se disfruta con intensidad la oportunidad de estar aquí o donde se esté, de vivir lo que se vive. También está el «¡Oh!» de admiración, y el «¡Uf!» de alivio. Y otras más, sin duda.

Optimismo Es una aptitud mental, con consecuencias en el comportamiento. Es la aptitud mental de suponer que, frente a un problema, existen soluciones. Las consecuencias en el comportamiento implican actuar para que esas soluciones aparezcan. Al principio, pesimismo y optimismo se apoyan en dos funciones cerebrales naturales: el pesimismo lo hace sobre la anticipación de los problemas y el optimismo, en la existencia de soluciones. Cuando estas dos funciones se equilibran, se es «realista». Si una se impone sobre la otra, se es optimista o pesimista. Por lo general, optimismo y pesimismo coexisten en todos nosotros. Es como ser diestro o zurdo: tenemos una mano preferida, pero también podemos utilizar la otra. Lo que ocurre es que es menos fácil y estamos menos acostumbrados. Necesitamos optimismo y pesimismo, igual que necesitamos ambas manos. Y también necesitamos escuchar ambas voces dependiendo de los momentos, o mejor, al mismo tiempo. ¡Lo ideal es finalmente ser a la vez pesimista (para ver los problemas) y optimista (para ver las soluciones)!

Existen muchos ejercicios para entrenarse en el optimismo,[2] cuya eficacia ha sido evaluada en personas vulnerables en materia de riesgo depresivo.[3] Sin entrar en detalles, diremos que todos giran alrededor de los mismos esfuerzos: por ejemplo, saber identificar en nuestras cabezas el *prêt-à*-pensar pesimista y derrotista, que a veces intenta colar sus ideas sin debate, bajo el pretexto de realismo; o bien, conocer la diferencia entre un proyecto (preciso) y una ensoñación (imprecisa). Un proyecto puede descomponerse en etapas y en una sucesión de objetivos; una ensoñación es una sucesión deshilvanada de imágenes de éxito a menudo desconectadas de los esfuerzos que han de llevar a cabo.

Paradójicamente, es el optimismo el que conduce al realismo, porque a veces empuja gustoso a afrontar la realidad, a comprometerse en la acción, para ver lo que sucede y, a partir de ahí, recopilar informaciones que nutrirán las acciones siguientes. El pesimismo suele ser irrealista, pues se alimenta de certezas preestablecidas («intentarlo es inútil») y de no implicarse en la acción. De ahí su resistencia al cambio, pues nuestros cambios se alimentan de acciones más que de intenciones. El optimismo reposa en la humildad («verdaderamente no sé lo que sucederá, solo espero que funcione y haré lo que haga falta para que así sea»), mientras que el pesimismo reposa en el orgullo («ya sé lo que pasará, es inútil hacer nada»), aunque ese orgullo esté teñido de tristeza.

Por lo general, nos burlamos de los optimistas: «Optimista es aquel que empieza los crucigramas directamente con un bolígrafo...». Y también con quienes preferimos irnos de vacaciones, ¡y no con esos aguafiestas de pesimistas!

Otoño Estación preferida de los poetas, que gustan de las cosas que finalizan, como Apollinaire: «Mi otoño eterno, oh mi estación mental».[4] La felicidad que procura la belleza del otoño es una felicidad sutil, que mezcla nostalgia del verano, pero quizá también un cierto cansancio de él (¡hartura de tanto calor!), y de expectativa frente a la llegada de la frialdad y las alegrías del invierno que se anuncia.

Oxímoros de la felicidad Esta figura retórica consiste en asociar dos términos en teoría opuestos o incompatibles. El oxímoron más célebre de la literatura francesa es, sin duda, este verso de Corneille, en su obra *Le Cid*: «Esta oscura claridad que cae de las estrellas».[5] Por mi parte, ya he puesto un ejercicio a mis pacientes, pidiéndoles que me cuenten su *peor felicidad*: es decir, un suceso que en ese momento consideraron una oportunidad, pero que finalmente les ocasionó muchos problemas. Por ejemplo, haber conseguido obtener un puesto profesional muy codiciado que después ha arruinado su vida familiar, a causa del estrés y el exceso de trabajo. Les pido que me cuenten a continuación su *desdicha más maravillosa*, según la bonita fórmula de Boris Cyrulnik:[6] dicho de otro modo, un suceso percibido a primera vista como una catástrofe y que, tomando distancia, les ha aportado mucho y bueno. Por ejemplo, cómo una dolorosa ruptura sentimental les ha llevado a conocer a una pareja con la que existe una armonía mucho mejor. Este tipo de ejercicio no resulta nada fácil: primero porque no nos gusta admitir que la vida es más difícil de descifrar de lo que parece, y porque tampoco nos gusta suspender nuestro juicio y esperar, antes de juzgar si un suceso es beneficioso o perjudicial. Además, porque al principio es difícil recordar sucesos de ese tipo, pues nuestra memoria funciona espontáneamente como nuestra mente, como una burócrata dicótoma y celosa, con los recuerdos clasificados en dos cajas: «buenos» y «malos». Y mira por donde le estamos pidiendo que cree una tercera caja, sutil y complicada: «ha cambiado con el tiempo». ¡Es trabajo extra! Y no obstante, la apertura de esta tercera caja para sucesos de la vida es una buena manera de desarrollar nuestra capacidad de tomar distancia y, por tanto, nuestra sabiduría.

P de Perdón

Perdona a los seres humanos, perdona al destino.
¿No puedes perdonar?
Entonces, libérate al menos del resentimiento.

Paciencia Comprender que lo que a veces nos parece perder el tiempo, cuando la vida nos obliga a esperar y tener paciencia, no es más que tiempo vivido. Y que, frente a él, no siempre es inteligente resistirse, ponerse nervioso o apresurarse. En una entrevista,[1] el poeta Christian Bobin respondía un día a la pregunta del periodista: «¿Cómo se puede esperar sin impacientarse?», de la siguiente manera: «Espero como el pescador al borde del agua. Sin prisa, sin nada, sin una onda sobre el agua, con la luz del cielo decreciendo y un poco de fresco, pero espero. Sé que nada es en vano, ni siquiera en la actualidad. Hoy en día, casi todos cometemos el mismo error: creemos que la energía es la verdad». Nada es en vano, pues lo que se nos ofrece es tiempo de vida: no habríamos podido estar ahí, como tantos otros que no han tenido nuestra oportunidad. Y un día, tampoco nosotros estaremos.

Palabras, palabras... No son anodinas, de ninguna manera. Nuestras palabras están relacionadas con nuestros sentimientos. A veces los traicionan: son los lapsus. A veces los traducen: lo que decimos, y sobre todo la manera en que lo decimos, refleja, sin que nos acabemos de dar cuenta, nuestra visión del mundo y nuestro equilibrio emocional. Un precioso estudio reciente, llevado a cabo con 299 pacientes en psicoterapia, mostró que su manera de expresarse se modificaba con sus progresos.[2] Se les pidió que redactasen un texto corto siguiendo este modelo: «Intenta describir tu vida: ¿qué tipo de persona eres? ¿Cómo llegaste ahí? ¿Cómo te encuentras en este momento? ¿Cómo te parece que continuarás?». Las tres versiones de este texto (antes de psicoterapia, al cabo de un año y al cabo de dos años) pasaron por la criba de un programa de análisis informático, que procesó detalladamente todas las maneras de hablar de su vida. Los investigadores obtuvieron resultados nítidos: los progresos realizados en la terapia iban acompañados de cambios mensurables en el uso de las palabras. Algunos de esos cambios eran previsibles y, por ello, esperados. Por ejemplo, cuanto más mejoraban los pacientes, menos usaban en sus relatos palabras que describían emociones negativas, y más expresaban emociones positivas, lo que se traducía en un reequilibrio de su estabilidad emocional. Del mismo modo, su mayor bienestar se tradujo también mediante el uso de verbos menos conjugados en tiempos pasados o futuros, y más en el presente, atestiguando una mayor capacidad de disfrutar del instante, en lugar de anticiparse o de cavilar. Se obtuvieron también resultados inesperados. Este, por ejemplo: el mayor bienestar venía acompañado de una disminución del uso del «yo» y de los pronombres en primera persona, que correspondía a una aptitud cada vez mayor a descentrarse y al olvido de la propia persona, para pasar a interesarse por todo lo que nos rodea. O este otro: la disminución de formulaciones negativas («no...», etcétera), que reflejan, según los autores del estudio, en el retroceso de la sensación de haber vivido ocasiones fallidas, renuncias, retrocesos y fracasos, tan frecuentes en las trayectorias existenciales de esas personalidades; o que reflejan una disminución de la no concentración en esos fracasos inevitables de nuestra cotidianidad. Esos resultados nos enseñan muchas cosas. Estamos en el buen camino cuando nos esforzamos: 1) en no encerrarnos en nosotros mismos, sino, en abrirnos, lo mejor que podamos, al mundo que nos rodea; 2) regresar incansablemente a la «presencia en el presente», cuando nuestras cavilaciones e inquietudes nos alejan también incansablemente, y 3) cultivar, una y otra vez, lo mejor que nos permita la vida, todas las emociones positivas posibles.

Panadera que sonríe   Estoy comprando el pan en una panadería lejos de mi barrio. Son las 19:25 y se acerca la hora de cierre. No hay mucho donde elegir. Frente a mí, una joven pregunta si puede llevarse solo la mitad de una *baguette* que queda. Y precisa: «Es solo para hacerme un bocadillo». Y la panadera le dice que no, aunque cerrará en cinco minutos y puede que acabe quedándose con la barra de pan. Lo que me sorprende es que lo ha dicho con una sonrisa muy amable, ni falsa ni provocadora ni avergonzada. Una sonrisa de verdad, donde cabe todo: que lo entiende muy bien, pero que no. Nada de justificaciones, nada de mal humor: solo un «no» tranquilo y sonriente. Francamente, en su lugar, me parece que yo le habría vendido la media *baguette*. Pero eso ya ha dejado de interesarme. La clienta, que no tiene aspecto de estar cómoda, parece un poco descontenta por la negativa y la sonrisa. Luego dice, también sonriendo: «Bueno, pues entonces me la llevo entera». Y se pone a hablar no sé de qué con la panadera. Pienso entonces en otra panadera, de mi barrio, a menudo arisca y poco sonriente (¡pero su pan es muy bueno!). Enfrentada a este tipo de situación también dice que no, pero con un aire realmente repleto de malhumor, de tal manera que su «no» se convierte en una agresión. Mientras que el «no» al que acabo de asistir, aunque plantea los mismos problemas materiales (llevarse el plan entero o nada), ¡encaja mejor en el plano relacional! Algunos dirán: sí, pero lo esencial es el pan. No estoy tan seguro: el vínculo también cuenta. Pan y vínculo, dos alimentos del ser humano. Y decir «no» con una sonrisa es una manera de atenuar, en quien recibe ambos –el no y la sonrisa–, el pequeño sufrimiento provocado por el rechazo.

Pantallas Fue en una larga conversación telefónica profesional. En un momento dado, mi interlocutora debe colgar y me dice que me llamará en dos o tres minutos para continuar la conversación. Como estoy sentado en mi despacho, delante del ordenador, mi primer reflejo es «aprovechar» para mirar los correos. Empiezo pues: ¡vaya!, si han llegado varios desde que empezamos a hablar; tal vez pueda leerlos y contestarlos, eso hará que gane algo de tiempo.

Mi mano se bloquea de repente sobre el teclado; mi mente se despierta y cambia de registro. Me doy cuenta de que sería mejor vivir esos pocos minutos de otra manera, en lugar de hacer varias cosas a la vez y de añadir estrés (rápido, contesta a algunos correos) al estrés (de esa conversación, que requiere bastante concentración).

Sería más conveniente que me dedicase a respirar, a relajar los hombros, a ponerme de pie y estirarme, a andar un poco en mi despacho. Sería mejor que continuase pensando con tranquilidad en la conversación, aunque se haya interrumpido momentáneamente. Sería mejor que me acercase a la ventana y contemplase el cielo, las nubes. En pocas palabras, sería mejor no pegarme al ordenador, ahora que me doy cuenta, de repente (pero que sin ese pequeño desajuste de mi consciencia, me aprestaba a pasar por alto), que estoy cansado y tenso. No mucho, solo un poco, por eso no lo había notado. Pero si no desconecto, si no dejo que mi cerebro y el cuerpo descansen, los forzaré más allá de la zona de comodidad y, sin duda, de eficacia.

Entonces, por supuesto, ahora que ya he comprendido, que todo está claro, hago, sin dudar, lo que hay que hacer en esos momentos: me acerco a la ventana, respiro tranquilamente, observo el cielo y tomo consciencia de todo lo que está presente en este instante y en mi vida.

Y espero a que el teléfono suene. Tranquilamente. Contento y consciente de existir, en lugar de seguir cerrado y crispado. Cuando suena, me doy cuenta de que no he reflexionado conscientemente en nuestra conversación, de que al dejar respirar a mi cuerpo y mi cerebro, me llegan un montón de ideas más claras. Y hoy, semanas después de ese micro-suceso, me acuerdo perfectamente de él como de un instante de vida agradable. Y siento una minúscula bocanada de felicidad al pensar en ese pequeño desfase que iluminó mi jornada, al igual que tantos otros...

«Papá, si te mueres...» No leo suficientes novelas, ni voy a menudo al cine, porque siempre me falta tiempo, pero también porque la vida en sí misma es apasionante, emocionante, instructiva, y asimismo conmovedora. Repleta de momentos increíbles e inolvidables. Por ejemplo, cuando mi hija pequeña, por entonces con seis o siete años, me dijo, una noche, justo cuando acababa de abrazarla: «Papá, ¡te quiero demasiado! Si te mueres, me suicido». ¡Qué sacudida! Me encontré totalmente sumergido en mi teoría de los estados de ánimo: conmovido por la dulzura (¡qué mensaje de amor!) y el dolor (¿qué inquietudes se ocultan tras ese mensaje? ¿Y qué riesgos reales para mi hija si mañana me espachurra un autobús?). Luego, como buen psiquiatra, me tranquilicé a mí mismo: «Bueno, alégrate de que te quiera tanto, y arréglatelas para no morirte. Eh... En todo caso, no demasiado pronto... Y además, sabes muy bien por qué piensa eso: acabamos de regresar de casa de los abuelos, donde ha visto a su viejo perro, lento, acostado en su rincón, y ella ha sentido que le llegaba su hora; como le quiere mucho, ha pensado en todos aquellos a los que ama, en la muerte, el duelo, en ti, y por eso...». Comprendo esa progresión, pero no obstante, me ha conmocionado mucho. Mi hija se ha hecho conscien-

te de nuestro destino como seres humanos, de ese camino que todos debemos emprender: amar la vida y luego abandonarla; amar
para luego separarse. Imposible permanecer impasible. Existir es
vibrar, amar, temblar. Antes de dejarnos, amémonos mucho.

Paradoja de Easterlin En 1974, el economista estadounidense Easterlin demostró un fenómeno perturbador: el crecimiento
económico, sobre todo durante las décadas de 1950 y 1960, no había conseguido que sus compatriotas se sintiesen más felices. ¡Un
fastidio, pues ya sabemos que los políticos se remiten de buena
gana al crecimiento para juzgar el éxito de su manera de gober-
nar! El artículo de Easterlin pasó desapercibido en su época, pero
a medida que fueron apareciendo nuevos estudios que confirma-

Renta nacional bruta y satisfacción general

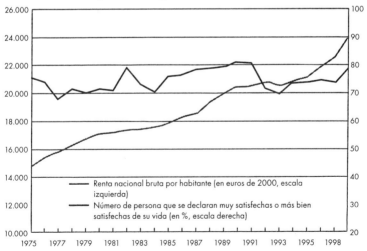

Fuente: Instituto Nacional de Estadística francés y Eurobarómetros.

Relación entre bienestar y renta.[3]

ron sus conclusiones, fue haciéndose evidente que el aumento
de la riqueza de un país no implicaba un aumento automático del
bienestar de sus habitantes. De ahí el gran movimiento de replanteamiento del uso del PIB (producto interior bruto) como índice
de progreso social. ¿No habría que utilizar también otras herramientas de evaluación, que integren no solo el aumento de la riqueza material, sino también el del bienestar? De ahí la proposi-
ción de Bután, en la ONU (en 1972), de desarrollar otros índices
que permitan evaluar la idoneidad de las políticas públicas: el FIB,
felicidad interior bruta.[4] Se ha hablado mucho al respecto, pero los
cambios son ¡incluso más lentos en política que en psicología!

Paraíso Desde hace mucho tiempo, los seres humanos creyeron
que se encontraba en la Tierra, y los pintores lo representaron con
mil y deliciosos detalles; en general, una naturaleza acogedora y
generosa, repleta de flores y frutos, donde se vivía desnudo, y en
el que todos los animales coexistían en paz. Más tarde, se consideró que el paraíso no se encontraba en la Tierra, y se le supuso en el
cielo; entonces, los pintores dejaron de querer describirlo y pasaron más bien a imaginar el instante del ascenso al cielo, hacia
grandes nubes sobre las que Dios y sus santos acogían las almas
de los mortales meritorios.[5] Después llegó Voltaire –«El paraíso es
donde estoy»– y lo hizo redescender a la Tierra, y más precisamente a nuestras cabezas. En todo caso, es aquí, en este mundo, donde
hay que empezar, aunque los creyentes crean que lo mejor venga
después.

El paraíso como sitio donde todo es grato y fácil: si soñamos
con él menos que nuestros antepasados, es quizá porque nuestras
propias vidas son más gratas. Para ellos, el paraíso era la paz, la
abundancia de alimentos, verdes praderas, un cielo azul, nada de
tareas agotadoras, y gentes a las que amaban a su alrededor. Pues
todo eso escaseaba, y nunca era al mismo tiempo. Ahora bien, no-

sotros podemos obtenerlo más a menudo que ellos. Para ellos, nuestras condiciones de vida les hubieran parecido paradisíacas. ¿Somos conscientes de ello? Cuando me tomo la molestia de releerla y meditarla, la frase del poeta Christian Bobin siempre me conmociona: «A cada instante de la vida entramos o salimos del paraíso».[6] A cada instante de nuestra vida nos hallamos así en una encrucijada: empezar a ser felices, o dejar de serlo. Y aunque no sea a cada segundo, a cada instante, se nos ofrece o impone esa elección –desde el corazón de nuestros sufrimientos y alegrías– muy a menudo, mucho más a menudo de lo que nos imaginamos.

Pareja Fuente de felicidad, ¡al menos estadísticamente!

Por término medio, las personas en pareja se sienten más felices que las demás, es decir, que las solteras, viudas o divorciadas. Lo que aporta la pareja a la felicidad de los seres humanos ha evolucionado con los años: al principio, el sentimiento amoroso; después, poco a poco, se añaden el afecto, el compañerismo, la seguridad, la diversidad alegre de una vida de familia con hijos, y, finalmente, la comodidad de no estar solo frente a la vida, la adversidad material o existencial.

¿Existe un modo de empleo de la felicidad en pareja? Habría muchas cosas que decir, pero entre las cuestiones menores, que no nos quitan el sueño, estaría la siguiente: saber disfrutar de lo bueno que le suceda al cónyuge. A menudo se piensa que hay que apoyarlo cuando tiene problemas, lo cual es cierto, y ha sido esta una de las principales funciones de la pareja. En los momentos en que la vida es dura, no estar solo en caso de enfermedad o de infortunio era vital. Hoy en día, cuando vivir solo es materialmente posible, y socialmente tolerado, se espera de la pareja otra cosa: que nos ilumine y nos haga felices, más felices que si viviésemos solos; si no, no vale la pena, pues en la vida de pareja también hay muchas desventajas. Los estudios demuestran que disfrutar activamente (no solo decir «sí, estupendo», sino expresar las propias emociones, hacer preguntas, etcétera) es un indicador muy bueno sobre la expectativa de vida de la pareja.[7] Otro factor que facilita la felicidad a dos, y por lo tanto la longevidad de la pareja, es pasar tiempo juntos de manera regular, fuera de casa, en entornos agradables. La rutina cotidiana tiene sus ventajas (saber que todas las noches, en casa, nos encontraremos con el cónyuge y los niños), pero todavía es más agradable si está sazonada con pequeñas dosis de lo inédito y de cambios. Si no, la pareja parece un plato sin sal y sin condimentos: contiene todo lo que nos hace falta, pero está un poco soso.

Parrillada Estoy en el jardín un anochecer de verano. Todo el mundo ha dejado la mesa y yo estoy solo, como a menudo, sin nada que hacer excepto mirar, escuchar y sorberme los mocos. Un rumor tranquilo discurre por encima de los muros y las vallas, salpicado de trinos de pájaros vespertinos y de palabras de final de comida. Huelo la parrillada. Me gusta ese olor aunque parrilladas no como casi nunca. Pero su tufillo, como en este momento, no me da ganas de comer ni de juzgar a quienes comen carne. Solo ganas de ser feliz: me recuerda montones de recuerdos de vacaciones alrededor de todo tipo de parrilladas, con todo tipo de gente, en toda clase de lugares. Y en este instante preciso, eso le basta a mi felicidad: justo olfatear el aroma de un plato que me ha gustado mucho. Me digo que he realizado progresos si un simple olor basta para hacerme feliz. Luego recuerdo que tengo la barriga llena y que probablemente sería otra historia si estuviese hambriento. Pero no pasa nada, sigo allí, olfateando el olor de barbacoa que invade poco a poco todo el jardín. Aparecen los primeros chillidos de los murciélagos que inician su caza de insectos.

Pasado La psicología positiva no solo es ¡disfrutar del instante presente (aunque sea lo más importante)! También es trabajar con el pasado:[8] recordar a menudo los buenos momentos para revivirlos, imaginarlos para saborearlos de nuevo, «volver a ver la película» para convertirlo en una fuente de placer. Y de vez en cuando, recordar los momentos difíciles para analizarlos, comprenderlos, darles sentido y extraer las lecciones, comprobar lo que nos han enseñado, a la luz de lo que hemos comprendido más tarde; ver también cómo no nos han impedido sobrevivir. Tal vez eso sea lo más difícil y más útil de cara a las adversidades del pasado: pensar en todas las ocasiones en que nos hemos sentido totalmente perdidos, a punto de ahogarnos. Cuando nos extraviamos durante un tiempo, para luego volver a hacer pie...

Pascal Lo que se denomina la "apuesta de Pascal" es la pirueta metafísica mediante la cual el filósofo nos incita a creer en Dios: creer en Él no entraña riesgo alguno; ni tampoco existe ningún interés en no creer. Este es el texto: «Tienes dos cosas que perder: la verdad y el bien, y dos cosas que comprometer: la razón y la voluntad, el conocimiento y la bienaventuranza; y tu naturaleza posee dos cosas de las que debe huir: el error y la miseria. Tu razón no resulta más perjudicada al elegir la una o la otra, puesto que es necesario elegir. Esta es una cuestión vacía. Pero ¿tu bienaventuranza? Vamos a sopesar la ganancia y la pérdida al eligir cruz (de cara o cruz) acerca del hecho de que Dios existe. Tomemos en consideración estos dos casos: si ganas, lo ganas todo; si pierdes, no pierdes nada. Apuesta a que existe sin dudar».

Esta es una apuesta que hago (o que al menos me esfuerzo cotidianamente en hacer, pero no es nada fácil) con la amabilidad, la benevolencia: no existe riesgo alguno en apostar por la dulzura; y por el contrario, son muchos los inconvenientes de no hacerlo (en la calidad de vida y la felicidad de existir, desde luego). Uno de mis inspiradores en este campo es el escritor Primo Levi, que hacía esta apuesta con la esperanza: «No sabría justificar esta esperanza en el futuro del ser humano que albergo. Es posible que no sea racional. Pero la desesperación sí que es irracional: no resuelve ningún problema, e incluso crea otros nuevos, y por naturaleza es sufrimiento».

Paz de Cristo Me gusta mucho ese momento de la misa en el que los asistentes se dirigen los unos a los otros para desearse «la paz de Cristo». Familiares, vecinos o desconocidos intentan en ese momento, a través de una mirada y una sonrisa, mediante un apretón de manos o un abrazo, transmitir un poco de amor incondicional a su prójimo. Me gusta ese gesto, que refuerza y encarna el discurso, que concreta la intención. Y que, me parece a mí, facilita a continuación la ocurrencia ulterior de gestos parecidos ya fuera de la iglesia.

Peatón Evidentemente, en esta no-naturaleza que es la jungla urbana, hay todo tipo de peatones.

Los disciplinados, que esperan para cruzar a que el muñequito se vuelva de color verde. Los apresurados-inquietos, que a veces cruzan cuando acaba de ponerse rojo, pero que observan a los automovilistas por el rabillo del ojo, dedicándoles una señal de agradecimiento preventivo, para disuadirlos de arrollarlos, acelerando para mostrar que saben que lo están haciendo mal y que no quieren abusar. Y luego están los que les da igual, que cruzan en el momento en que les conviene, sin mirar los coches que frenan, ni escuchar las bocinas; saben muy bien que nos los despachurrarán así como así; y que lo único a lo que se arriesgan es a que les riñan. A menudo, eso irrita a los conductores, que echan la culpa a la pérdida del respeto a las reglas del civismo, es decir, de las leyes. A veces, eso también me irrita a mí, cuando voy en *scooter*, tarde, y debo frenar en seco, creyendo ver desprecio y arrogancia en la actitud del peatón altivo que se me impone al cruzar lentamente, sin ni siquiera dedicarme una mirada. Esa «dictadura del débil» llega a veces a irritarme. Me parece que en algunos peatones de hoy en día existe el mismo abuso de poder que en algunos automovilistas de antaño: la misma ley del más fuerte, el mismo espíritu de «apártate que paso yo». Por otra parte, me digo que tampoco es grave, y que es más importante un peatón que un coche. Y luego, el otro día, estaba de tan buen humor que incluso me dije: ¿qué prefieres, una ciudad y una sociedad donde los peatones tengan mucho miedo de los coches, y donde tiemblen antes de cruzar?, ¿o una ciudad y una sociedad en las que, a fin de cuentas, los fuertes al volante de su montón de chapa, su máquina de matar, deban inclinarse ante los débiles que van a pie?

La elección está clara, ¿no te parece?

Pegarse las sábanas Un viernes por la noche, tras un intercambio de correos electrónicos de trabajo a una hora avanzada, un amigo me recomendó frenar y dejar que se me pegasen las sábanas ese domingo por la mañana. Pero no fue posible: no se me han pegado las sábanas ni una vez en mi vida. Por lo general abro un ojo con el día, sean cuales sean mis estados de ánimo. Cuando no estoy en forma, es la inquietud la que me despierta («Deprisa, haz todas las cosas que hay que hacer, para liquidarlas»), y cuando lo estoy, es la alegría, la fuerza vital («Rápido, vivir, ver el cielo, las estrellas, el sol, para disfrutar»). En todos los casos demuestro una imposibilidad radical para volver a dormirme o dar vueltas en la cama. Y no obstante, no soy hiperactivo, me gusta que las cosas vayan lenta y tranquilamente. También me gusta dormir, me chifla ese momento en que uno se acurruca en la cama y deja que desfilen los recuerdos de la jornada. Entonces, inmediatamente, contesto al amigo con otro correo: «¿Y a ti también se te pegan las sábanas?». No, a él tampoco se le han pegado nunca: sin duda somos dos incapacitados, incompetentes a la hora de comprender los misterios (y las alegrías) de la vagancia y del placer de dar vueltas en la cama.

Pendiente pronunciada y amistad Si te llevan al pie de un monte y te piden evaluar lo pronunciado de la pendiente, con vistas a una ascensión, tu juicio no será el mismo si estás solo o con alguien que conoces. En este último caso, la pendiente te parecerá menos pronunciada.[9] Y aunque tan solo te pidan que pienses intensamente en esa persona (mediante lo que un poco pomposamente se denominan técnicas de imágenes mentales), la pendiente te parecerá incluso menos pronunciada. Tres conclusiones: 1) si haces excursiones por la montaña, serán mucho más fáciles con amigos; 2) en la vida cotidiana, en el momento de anticipar grandes dificultades a las que habrá que enfrentarse, la presencia de personas próximas te dará más coraje, y 3) si no están a tu lado, sonríe, piensa en ellas, en tu afecto por ellas, y en el suyo hacia ti; ¡luego lánzate, con paso vivo y el corazón ligero, a la ascensión de la cumbre que te espera!

Perder (casi) el tren Sucede tras un coloquio que había durado todo el día y una velada, un hermoso coloquio donde aprendimos muchas cosas y vivimos muchos momentos conmovedores. Mi tren para regresar a París salía por la mañana temprano, a las 7:35. El amigo que había organizado todo aquello (junto con otros cuantos) se ofreció a pasar a recogerme para llevarme a la estación. Yo me había negado, diciéndole que ya se le veía lo suficiente cansado y que podía tomar un taxi. Al final, insistió tanto que acabé aceptando. Y además, me dijo, de esa manera podríamos charlar un poco más. Así que quedamos de acuerdo a la mañana siguiente, a las 7:10, delante de mi hotel.

A las 7:15 de la mañana siguiente no había llegado. Le telefoneé y me encontré con su contestador. A las 7:20 me aumentó el estrés y empecé a recorrer la calle para intentar tomar un taxi al vuelo (demasiado tarde para pedir uno en el hotel). Mi amigo llega a las 7:25, avergonzando, y me explica que no había oído el despertador, que no le había sucedido nunca, etcétera.

Me siento aliviado por su llegada, pero también tenso pues empiezo darme cuenta de que es tarde para llegar al tren. Le damos caña al acelerador mientras cruzamos la ciudad, y asisto a este espectáculo sorprendente de alguien que quema todos los semáforos en rojo con prudencia (ya sé que queda raro decirlo así), es decir, que, en cada ocasión, avanza poco a poco, comprueba que hay vía libre y cruza. No hablamos. Él por concentración y porque siente apuro. Yo para no desconcentrarlo, visto lo que está haciendo, y también porque toda mi energía está absorta en otro lugar.

Absorto durante todo el trayecto, me esfuerzo como un loco por calmarme, rechazando todas las oleadas de irritación contra él (la absurda e inútil necesidad de hacerle reproches: «¡Te dije que estabas cansado y que podía tomar un taxi!»), las relacionados con el estrés («Voy a perder el tren...») y las relativos a la culpabilidad («No te dejes llevar por ese estado por un simple tren; y además, no lo ha hecho queriendo...»). En pocas palabras, en el coche reina un silencio tenso y concentrado. La conversación afable será para otra ocasión. Llegamos frente a la estación a las 7:33. Galopada por los pasillos, búsqueda del andén (siempre más difícil si se tiene prisa y se está estresado), y salto al TGV (que salía con cinco minutos de retraso). Volvimos a hablar justo en ese momento, antes de que cerrasen las puertas: él para excusarse, y yo para desculpabilizarlo: «No te preocupes. Tendremos un bonito recuerdo, hablaremos de ello de aquí a unos años como si fuese una historia para partirse de risa. ¿Recuerdas cómo atravesamos Bruselas en menos de 10 minutos?».

En el tren, vuelvo a pensar en lo que acabo de vivir. Medito con regularidad, me vanaglorio de saber cómo gestionar el pro-

pio estrés, etcétera, pero todo eso no me ha impedido estresarme e irritarme. Ni sentir cólera hacia mi amigo, y demostrárselo
con mi cabeza y mi silencio. Lo mejor que podría haber hecho
era mantener esa cólera y el estrés a una distancia relativa, impedir que tuviesen tanto ascendiente sobre mí (y hacerle reproches inútiles).

De repente, no me quedaba ya energía para lo demás: podría,
por ejemplo, haber agradecido a mi amigo los riesgos que asumió
respecto a su carnet de conducir y darle las gracias durante el trayecto por sus esfuerzos, y no luego, a causa del resultado. Pero era
muy difícil. ¿Podré hacerlo algún día? No tengo ni idea; solo sé que
me queda muchísimo trabajo antes de alcanzar esa etapa. Es inútil
realizar esfuerzos para ser humildes (en el caso de que nos sintié-
semos tentados de vernos más fuertes de lo que somos): la vida se
encarga de recordarnos nuestros límites.

Perdón   Nos perdemos muchos momentos felices por nuestras dificultades para perdonar. Y eso que ni siquiera estoy hablando de
los perdones que resultan difíciles de otorgar, como en el caso
de alguien que nos ha agredido gravemente o causado un mal
extremo a un familiar. Me estoy simplemente refiriendo a los mi-
croperdones cotidianos: de palabras torpes, de negligencias, de
errores, etcétera. Perdonar no significa, pues, borrar lo que ha sucedido; olvidar es absurdo, sino decidir que no queremos ser prisioneros del resentimiento, que no deseamos que dure la pena,
que no deseamos hacernos sufrir. Aferrarse a la ofensa es aferrarse al sufrimiento. Es posible decidir perdonar a alguien sin tener
que reconciliarse con él, basta con decirse: «Muy bien, ya vale, no
quiero vengarme, ni castigarlo». El perdón es valorado por todas
las grandes tradiciones filosóficas y religiosas, pero tal vez sea el
budismo el que presente las imágenes más impresionantes y pe-
dagógicas, como esta parábola del Buda: «Aferrarse al odio y al re-

sentimiento es como agarrar una brasa ardiente para quemar a alguien; de pasada se quema uno mismo». Es importante no considerar el perdón como únicamente una renuncia (al castigo o a la venganza), sino como una liberación y un aligeramiento (del resentimiento). Por lo tanto, no hay virtud, personal y social, más que si se elige y concede con discernimiento; esos son los límites de la psicología positiva.

Perejil, ayuda mutua y pelotillas en la nariz Es la historia (verdadera, desde luego) de dos niñas en el colegio, que han puesto a punto un simpático sistema de ayuda mutua. Cuando una de ellas se suena, se vuelve hacia la otra levantando mucho el mentón hacia el cielo. Entonces, la amiguita se inclina y la observa por debajo, como para inspeccionarla; a veces dice: «Está bien», o a veces dice: «Problemas a la derecha», o: «Problemas a la izquierda». Las compañeras, compañeros y los profesores no entendían nada. Luego se dieron cuenta de que el dispositivo servía para detectar pelotillas en la nariz. ¡Qué cierto es que una gran pelotilla asomando por la nariz puede causar mucha vergüenza! Y nosotros, los mayores, ¿nos atrevemos a señalar a nuestros interlocutores todos esos fallos en nuestra imagen? Pelotillas en la nariz, briznas de perejil atascadas entre los dientes y tantas braguetas abiertas... ¿No? ¡Pues deberíamos!

Perfección de la felicidad Algunos días pienso que la felicidad perfecta no existe. Otros, por el contrario, me da la impresión de que existe, bastante a menudo: todas las alegrías intensas están en esencia y por definición cerca de la perfección, pues son estados terminales y completos, es decir, en los que no se desea nada más que lo que se tiene, aquí, en este instante, en este lugar. Creo, pues, que cuanto más aumenta la felicidad, cuanto más inmensa se torna y más nos conmueve... ¡más perfecta es!, y menos depende de nosotros. Pues según me parece a mí, obedece a esta serie de ecuaciones:

Felicidad = esfuerzos + suerte

Gran felicidad = un poco más de esfuerzo + mucha más suerte

Felicidad inmensa = o te has convertido en sabio entre los sabios, o por fin has llegado al paraíso.

Perogrulladas Los consejos sobre la felicidad suelen ser de una gran banalidad. Es raro que se realicen descubrimientos conmovedores al leer un tratado sobre la felicidad. En general, todos sabemos más o menos lo que nos hace felices. Nuestro problema es no hacerlo. En ese sentido, nos merecemos el severo juicio de Schopenhauer: «En general, es cierto que los sabios de todos los tiempos han dicho siempre lo mismo, y que los estúpidos, es decir, la inmensa mayoría de todos los tiempos, siempre han hecho lo mismo, a saber, lo contrario, y siempre será así».[10] No recuerdo qué filósofo evocaba así las «grandes perogrulladas»: todos los consejos dispensados por todas las tradiciones de sabiduría y de espiritualidad parecen, ciertamente, perogrulladas si se las considera desde un punto de vista puramente intelectual. Pero la cuestión no radica tanto en saber qué hacer: no se trata de preguntarme «si lo sé», sino «si lo hago».

Perplejidad Un día, en un taller de formación que daba sobre las emociones, me desconcertó la pregunta de una participante: «¿La perplejidad es una emoción? Y si lo es, ¿es positiva o negativa?». Me costó responder, pues nunca lo había pensado. ¡Yo mismo estaba perplejo!

La perplejidad es una sensación que describe el estado de una persona inmersa en la indecisión, en la incertidumbre sobre lo que debe hacer o pensar, que no sabe qué partido tomar ni qué comportamiento adoptar. En general, la mayoría de nosotros considera esa sensación más bien incómoda y negativa. Pero si lo observamos de más cerca, técnicamente, la perplejidad es un estado de ánimo que pertenece a la familia de la emoción de sorpresa, así pues, en su tonalidad *a priori* ni agradable ni desagradable. Nos enfrentamos a algo que no esperábamos. Y, en la perplejidad, no se sabe qué hacer ni qué pensar.

Pero a nuestra época no le gusta la perplejidad: frente a cualquier situación nueva nos entra una especie de impaciencia por pasar a la acción, víctimas de esa enfermedad contemporánea que denomino «reactividad crónica»: creemos que siempre hemos de reaccionar, ¡y con rapidez! Y para reaccionar con rapidez, hay que juzgar rápidamente. De ahí nuestra intolerancia frente a toda forma de incertidumbre: no nos gusta no saber, pues no nos gusta no actuar ni reaccionar. Aprender a tolerar y amar la perplejidad es aprender a soltar lo que no controlamos por el momento: obtendremos más serenidad (muchas de nuestras angustias provienen de nuestra intolerancia a la incertidumbre) y seremos más astutos (contrariamente a lo que se piensa en nuestra época, la reactividad no siempre es una cualidad y a menudo nos empuja a cometer estupideces).

Pesimistas El sol les hace pensar en la lluvia; la mañana, en la noche; el domingo, en el lunes. ¡Qué vida!

Pez «Feliz como un pez fuera del agua.» La frase, desconcertante, es de Bernanos.[11] Es como un test proyectivo en psicología: ¡lo que comprendemos dice mucho de nosotros! ¿Preferimos la felicidad aparentemente segura del mundo tal y como lo conocemos, o la de, aparentemente más arriesgada, de otro mundo del que ignoramos casi todo?

Pillado   La escena se produjo hace algunas semanas durante una de mis consultas en el Sainte-Anne. Recibo a una paciente que conozco hace mucho tiempo, médico jubilada, que tiene problemas complicados, y una personalidad igualmente complicada. Me ha pedido una cita de urgencia, pues sus preocupaciones han sufrido, vaya, un rebote. Al final de la consulta, reconfortada y consolada (al menos eso me parece), saca de su bolso un regalo bien envuelto: «Es para agradecerle que se ocupe de mí y por haberme recibido de urgencia. Ya sé que tiene usted mucho trabajo...».

Como médicos, de vez en cuando recibimos regalos de nuestros pacientes. Eso nos proporciona a la vez placer, evidentemente (porque es un regalo y un reconocimiento a nuestros esfuerzos), y molestia (no hemos hecho más que nuestro trabajo). Cuando recibo un regalo siento todo eso, y lo agradezco expresando sobre todo mi placer («es usted muy amable, etcétera»). Ese día, sin saber por qué, dije: «Muchas gracias, pero no hacía falta...». Y como mi paciente es un poco especial en su relación con los demás (aunque eso no le haya nunca molestado verdaderamente en su trabajo de médico), y como no es ninguna apasionada de los códigos sociales y los mensajes con doble sentido, observo perplejidad reflejándose en su rostro. Y comprueba el sentido de mis palabras: «¿Le molesta que le haga un regalo?». Yo: «Bueno, esto, un poco, sí. Le atiendo encantado y usted mejora. Ese es el mejor de los regalos». Ella: «Porque si le molesta, no quiero fastidiarle con mi regalo». ¡Pobre! No sabe qué hacer con su paquete, que todavía duda en sacar por completo de su bolso, desconcertada.

En ese momento me he sentido un poco tonto: ahora que ha traído ese regalo, que ha elegido para mí, lo cierto es que me gratifica. No pasa nada si se lo vuelve a llevar, no me molestará, pero no puedo rechazar un regalo, dejar que se marche con su caja, no sería ni amable ni respetuoso. Así que le digo: «No, no. Estoy encantado de que haya pensado en mí y que haya traído ese regalo, es muy amable por su parte». Me contento con un mensaje sencillo, con una sola información, me concentro en lo esencial y me olvido de las explicaciones sobre el porqué del comentario de la molestia. Aliviada, la mujer sonríe, me tiende el paquete y pasamos a otro tema mientras la acompaño a la puerta charlando.

Buena lección. Después, me pregunto si ella no me lo habría ofrecido deliberadamente, con más malicia de la que yo la creo capaz (del tipo: «Voy a tender una trampa a mi psiquiatra y a tomarle la palabra, para divertirme un poco»). No lo creo, no es su estilo. Pero vete a saber... En todo caso, para mí, está claro que cuando me vuelvan a ofrecer un regalo, no diré: «¡No hacía falta!». En psicología positiva, siempre hay que simplificar.

Pipí En un debate público sobre la felicidad.[12] Una joven me pregunta acerca de la diferencia entre placer y felicidad. Sin saber muy bien por qué, ofrezco entonces el siguiente ejemplo: «Cuando uno tiene muchas ganas de hacer pipí, es indudablemente un placer poder hacerlo, pero no obligatoriamente felicidad. El placer es, pues, más necesario, más orgánico, más breve, pero no impide la felicidad. Por el contrario, esta última requiere de un acto de consciencia: darse cuenta de que se dispone de la oportunidad de tener un cuerpo que funciona bien y de un lugar que nos permita hacer pipí. Entonces, la historia empezará a tomar tintes de felicidad...».

Después continúo mis explicaciones con el mismo impulso, seguro de que mi comparación urinaria no le ha chocado al público (¡al contrario!). Tras la conferencia se produce una tanda de dedicatorias y, entre todas las pequeñas conversaciones que permite con lectoras y lectores, se da –como casi siempre– un gran momento: una mujer me vuelve a hablar del tema del pipí: «Me ha afectado mucho su historia del pipí, ¿sabe por qué? Como consecuencia de una insuficiencia renal, he estado en diálisis durante años. Usted es médico, ya sabe lo que es eso. Y el día en que me pude beneficiar de un trasplante de riñón, volví a hacer pipí con normalidad. ¡No puede imaginarse hasta qué punto me sentí feliz! ¡Me ha chiflado su ejemplo!».

Y a mí me ha chiflado que ella me contase su historia. Me he interesado un poco por su caso: ya hace más de 10 años que vive sin problemas con sus nuevos riñones. Le he deseado muchos pipís felices en el futuro...

Piratas del Caribe Cuando mis hijas eran pequeñas, teníamos un ritual: cada año, el día de su cumpleaños, pasaba con ellas la jornada a solas. Muy a menudo me pedían ir a Disneylandia. Así que puede que haya estado una quincena de ocasiones (ya de grandes empezaron a preferir ir a otros sitios). El ambiente es muy particular: el buen humor y las sonrisas son manifiestamente obligatorias para el conjunto del personal, en todo caso para los asalariados en contacto con los visitantes. No resulta desagradable para dichos visitantes, que están de paso y que se alegran de que exista un lugar en el que se concentren tantas sonrisas, pero sin duda es algo más complicado para quienes trabajan allí: los trabajadores no tienen otra elección que mostrar el máximo esmalte dental posible. Salvo una atracción en concreto, donde tienen el derecho a tratar con rudeza a los clientes: se trata de *Piratas del Caribe*, una especie de tiovivo en barco que te permite visitar un Caribe de opereta, con piratas y corsarios librándose a batallas y cogorzas, naves fantasmas, tempestades y tesoros. Cuando los visitantes, tras una larga espera, llegan a la sala de embarque con sus barcuchos, son dirigidos por una panda de piratas que, para dar veracidad a su trabajo (los piratas eran tipos brutales y maleducados, como todo el mundo sabe), reprenden a los pasajeros, les dedican muecas, enarbolando sus sables para asustarlos. Lo hacen sobre todo a los adultos y a las bandas de adolescentes, evitando, claro, asustar a los pequeñines. Y uno se da cuenta de que eso les alivia, que les divierte, ¡que les sienta bien! Que debe tratarse de un empleo en el que tienen regularmente derecho a desahogarse cuando ¡estén hartos de sonreír! Me pregunto si todavía es así, allí en casa de Mickey, o si incluso los piratas sonríen ahora, estando serenos y siendo educados.

Placer Una fuente de felicidad respetable, pero en general limitada a la satisfacción de las necesidades corporales (alimentación, cuidado del cuerpo, sexualidad) o intelectuales (comprender, descubrir). Todo placer es un bien. Pero todo placer no es una felicidad (falta la consciencia) y una vida de placer no es una vida feliz (falta el sentido).

Plegaria Rezamos más a menudo en el dolor que en la felicidad. Según Cioran, nos equivocamos. Esto es lo que escribió en su obra *Del inconveniente de haber nacido*: «En un libro gnóstico del siglo II de nuestra era se dice: "La plegaria del hombre triste no tiene nunca fuerza para subir hasta Dios" [...]. Como solo se reza en momentos de abatimiento, se deduce que nunca ninguna plegaria ha llegado a su destino». Un día le hablé de esta frase a mi amigo Étienne, cristiano ferviente. Se enfadó un poco, algo que rara vez le sucede, y me explicó con ardor que era una estupidez: ¡todas las oraciones llegan a oídos de Dios! Pero no obstante, lo que nos dice Cioran me parece útil, y nos permite completar nuestra primera frase así: rezamos más a menudo con el dolor (para pedir) que en la felicidad (para agradecer). No nos olvidemos de agradecer: la plegaria de alabanza, de agradecimiento u otra son triplemente legítimas. Es un gesto de reconocimiento hacia nuestro Dios, si tenemos uno; nos ayuda a hacernos conscientes de lo que va bien en nuestras vidas; nos hace sentir gratitud, que nos sana.

Plenitud de felicidad La plenitud es vivir uno de «esos raros instantes en que se es feliz de todas partes», evocados por Jules Renard («6 septembre 1897», *Journal*). Se es entonces feliz de la cabeza y del cuerpo, de uno mismo y de los demás, de lo conocido y de lo desconocido. De todas partes y de todo. Inolvidable.

Poeta (en acción) Continúo con el mismo poeta. En esta ocasión, se trata de un encuentro con sus lectores, en París. Siempre tengo un poco de miedo cuando voy a escuchar a autores que me gustan, poetas o novelistas.

Tengo miedo porque, a menudo, lo suyo no es hablar de sus obras. Lo suyo es escribirlas, pero no explicarlas. Y, a veces, se sienten incómodos, liados, confusos, insignificantes y poco interesantes. Decepcionantes, en una palabra. Nos gustaron sus libros y nos damos cuenta de que la persona que los ha escrito es ordinaria, banal, al menos en el momento en que está frente a nosotros, al menos cuando se esfuerza en adoptar los hábitos del orador o del pedagogo. Lo habíamos idealizado; habíamos imaginado que su talento al escribir sería el mismo al hablar, que habitaría su presencia, su conversación. No deberíamos decepcionarnos, pues solo cuenta la obra. Pero siempre esperamos la perfección, incluso en los demás. Bueno, en pocas palabras, me sentía inquieto por el amigo Bobin: ¿sería igual de genial, conmovedor y apasionante que en sus libros? Fui a charlar un instante con él entre bastidores, antes de que el acto empezase: lo encontré tranquilo y un poco emocionado, preguntándose cómo iba a llenar esa hora de reencuentro con sus lectores, pero riéndose con toda su alma con nuestras bromas, con su risa desbordante, la risa de quienes han atravesado el sufrimiento. Cuando empezó a hablar, mis inquietudes se disiparon.

Fue un sortilegio. Alegre, vivaz, sonriente, contento de estar allí, Christian Bobin nos habló de poesía, pero sobre todo nos comunicó poesía. En directo, su cerebro y sus labios fabricaron poesía frente a nosotros. Los asistentes, boquiabiertos, los ojos de par en par y los oídos bien atentos. Una poesía todavía imperfecta (en varias ocasiones volvió a repetir, descontento con una palabra o un giro), pero poesía. Nunca había asistido de tan cerca y de manera tan clara al espectáculo de un autor hablando al mundo en el momento, en lenguaje poético. Me entusiasmé. Y luego estaba el fondo: su visión de la vida es sencilla, fuerte y justa. Pero esa noche, a mí me trastornó sobre todo la forma: la potencia de las palabras y las imágenes. Bobin cree en el poder y la dignidad de las palabras. Para él, la poesía no es una pequeña ornamentación de la cotidianidad, una cosita frágil, sino una fuerza importante e indispensable, como el Verbo de san Juan. Creo como él que las palabras que elegimos y reunimos pueden tener el poder de perforar, de penetrar nuestros caparazones, diluir nuestras certezas y llegarnos hasta el corazón, conmocionarnos, afectarnos, revolvernos. En un momento dado, mientras Bobin hablaba, uno de mis libros, que aparecía expuesto en las estanterías tras él, se ha caído al suelo, boca abajo. Homenaje estrellado y alegre prosternación.

Todos acabamos la velada de buen humor y animados.

Poeta (reencuentro) Una amiga me ha facilitado el conocer al poeta Christian Bobin, al que venero. Estaba en el séptimo cielo, emocionado y feliz, sin tener nada bonito que decir pero sin sufrir: verlo brevemente e intercambiar algunas banalidades me bastaban. No quitarle su tiempo ni privarle de su energía. Prefiero leerle que pesarle. Bobin observa a sus interlocutores con una mirada franca. En mi vida he conocido a muchos escritores o personas *conocidas*. Y ahora sé observar sus ojos. Sé quién finge mirar y escuchar, mientras simplemente espera que la formalidad o el rollo se acabe, y quién escucha o mira de verdad, aunque el intercambio no dure más que pocos segundos. Bobin mira y escucha de verdad.

Sin duda, por ello, los formulismos mundanos le cansan y necesita soledad. A quienes no miran ni escuchan no les cansan las superficialidades. Por la noche empecé a leer su libro, que me regalara mi amiga, su última obra: *L'Homme-Joie.* Llevaba una dedicatoria para mí que me encantó. No la diré para no gastarla y porque no quiero saber si es única o no. No tiene importancia, pues yo la leo como tal. Como era un bello ejemplar, numerado, en papel vitela, he cortado con cuidado las páginas para liberar las palabras, como se hacía antaño, con un cuchillo muy viejo de artesano, que hice afilar antes. Sí, lo sé, son placeres chapados a la antigua. Me gusta el pasado, porque nunca me aplasta, sino que me alimenta. El primer relato era tan increíblemente bello que he dejado de leer. La primera vez que hice eso en mi vida, una *lectio interrupta*, fue leyendo *La insoportable levedad del ser,* de Milan Kundera, en 1984. Detenerse para continuar al día siguiente. Y, durante la espera, releer y saborear en lugar de adelantarse y devorar el libro bajo la influencia del placer y la avidez de emociones. Mantener intacta la felicidad de descubrir cada página de un autor que nos asombra. En este libro hay 15 relatos. Disfrutaré de uno al día: pasaré dos semanas extraordinarias.

Policía En cierta época, para ganar algo de tiempo al ir a Sainte-Anne en *scooter,* tomaba prestados 10 metros de acera en una calle en dirección prohibida, para evitar tener que rodear una manzana llena de edificios enormes, con dos semáforos en rojo. Claro está, me preocupaba de no atropellar ni asustar a nadie, aunque nunca pasaban muchos peatones. Pero los *scooters* sobre la acera están prohibidos, y es lógico que así sea. El problema es que justo al lado del servicio en el que trabajo, está la enfermería especial de la policía. Y, por definición, hay muchos policías que van y vienen... Y, ese día, no puse atención y resulta que un coche camuflado descendía por la calle que yo recorría (despacio) por la acera. Se detuvieron dos policías, me hicieron una señal y se bajaron. Me pidieron papeles y explicaciones. Un tanto agobiado, les explico que soy médico en el servicio de ahí, precisamente, y que esta mañana llego tarde, así que me he permitido hacer esa maniobra, de manera excepcional, aunque sabía que estaba prohibida, pero que lo sentía mucho, etcétera. Me explico, pues no tengo ningunas ganas de pagar una multa por 10 metros de acera recorridos a 5 kilómetros por hora. El policía me escucha educadamente, con una sonrisa (¡debe haber pillado a un montón de gente haciendo lo mismo que yo!). Cuando acabo de hablar, me mira a los ojos en silencio, y luego me dice simplemente, al devolverme los papeles: «Está bien, puede marcharse, pero debería ser usted más bien un ejemplo, como médico...». Y se despide con un: «¡Hasta la vista, doctor!», un poco socarrón. Estados de ánimo de culpabilidad y de alivio, mezclados; también de reconocimiento. En todo caso, una mezcla muy eficaz para mí: nunca más volví a colarme por la acera. Y no estoy seguro de que una multa o que una reprimenda en toda regla hubieran funcionado tan bien pues, de repente, me habría quedado resentido y menos preocupado: habría refunfuñado en lugar de reconsiderar mi falta.

Y eso es lo que se denomina educación y prevención: existe y funciona. ¡*Chapeau* a ese policía anónimo! O mejor dicho: ¡gorra!

Política y psicología   A veces se critica la búsqueda de la felicidad en nombre de un riesgo de desafección política, considerando que la felicidad es acomodarse a la situación cuando en realidad habría que cambiarla. Como si existiese un antagonismo entre la política y la psicología: ocuparse de uno mismo equivaldría a perder interés por el mundo que nos rodea. ¿Son incompatibles ambas dimensiones? ¡Para mí es como si opusiéramos inspirar y espirar!

En realidad, la acción psicológica no impide la acción política. Hay momentos en la vida en que lo que importa es resistir, actuar y combatir, mientras que hay otros en los que hay que soltar, aceptar, es decir, simplemente aceptar las propias emociones. Eso no es pasar de todo, ni dejarse hacer, ni someterse, ni obedecer. Soltar, cuando se comprende de manera adecuada, es un programa en dos tiempos –aceptar la realidad y observarla, y luego actuar para cambiarla– que permite no sumergirse en la reacción o en el impulso, guiados por la emoción en bruto. Es una antecámara de descontaminación donde nos sondeamos, examinamos las emociones en un espacio mental lo más vasto posible para intentar decidir lo que es conveniente hacer, qué tipo de acciones cercanas a nuestros valores, a nuestras expectativas, podríamos llevar a cabo. La idea es *responder* a lo que nos llega con nuestra mente y corazón en lugar de *reaccionar* dejándonos llevar por la emoción. Una dictadura de nuestra época es querer que los individuos sean muy reactivos, que tomen decisiones importantes de inmediato, un poco como cuando los vendedores intentan estafarnos diciéndonos: «¡Si no se lo lleva ahora, esta tarde o mañana habrá desaparecido!». Nuestro mundo intenta estafarnos de esa manera, haciéndonos creer que la urgencia está en todo.

La felicidad y la serenidad consisten precisamente en rechazar esas falsas urgencias. Eso no es una espantada frente a la realidad, solo una herramienta de sabiduría y discernimiento. Estoy persuadido de que, si los seres humanos no se ocupan de su equilibrio interior, si lo dejan sin cultivar, no solo sufrirán más, sino que serán más impulsivos y también más manipulables. Trabajar en nuestra interioridad nos hace estar más presente en el mundo. Es lo que se denomina la «interioridad ciudadana»:[13] ocuparse de la propia interioridad nos convertirá en seres humanos más coherentes y más respetuosos, prestando atención a los demás y siendo menos injustos. Nos relacionamos con más tranquilidad, pero también con más tenacidad. Somos menos adoctrinables, más libres. Y además, la serenidad también permite mantener la distancia en los combates que entablamos. No podemos funcionar únicamente siguiendo el impulso, la cólera o el resentimiento. Los grandes líderes como Mandela, Gandhi, Martin Luther King han intentado apartarse de ello; todos han comprendido que el impulso conduce a la violencia, a la agresividad y al sufrimiento. El equilibrio interior permite mantener intacta nuestra capacidad de indignarnos y rebelarnos, pero de la manera más eficaz y adaptable posible.

¡Ponte derecho! Nuestro estado mental se expresa ampliamente a través del cuerpo. Por ejemplo, cuando se está triste, se tiene tendencia a bajar la mirada, a hablar más lentamente, con una voz más grave. Y lo que numerosos estudios científicos muestran también es que la postura que adoptamos (derechos o encorvados, etcétera) influye a su vez en nuestro estado mental. Si, por ejemplo, se hacen rellenar cuestionarios de satisfacción existencial a voluntarios, se obtienen resultados diferentes según se les haga rellenarlos en una mesita baja, que les obliga a encorvarse y encogerse, o sobre un pupitre bastante alto, que les permita mantener la cabeza y el cuerpo bien derechos. Rellenar el cuestionario en una postura replegada modifica la satisfacción a la baja y, por el contrario, hacerlo en una postura derecha empuja al alza. ¿Cuando tus padres te decían: «¡Ponte derecho(a)!», te entraba la risa tonta? ¿Tenías la impresión de que no servía de nada? Pues estabas equivocado. Por mi parte, he ocupado durante mucho tiempo un cuerpo que he encorvado, con un rostro tristón. Desde que ese tema me interesa, me pongo derecho, con una pequeña sonrisa. Me parece que eso me beneficia (así lo digo –*me parece*– para no hacerme el listo, pero de hecho estoy seguro). Y también me parece que beneficia a los demás: tengo la impresión (ingenuamente, tal vez) de que un psiquiatra que está derecho al consolar a sus pacientes y que les sonríe les está ofreciendo algo más, a través del cuerpo. Carezco de estudios científicos que apoyen mis palabras. Lo siento.

Posguerra No es nada fácil abandonarse a la felicidad cuando se ha pasado mucho tiempo luchando para resistir y sobrevivir. El filósofo Alexandre Jollien habla de la cuestión perfectamente en sus libros:[14] lo llama la «posguerra». Saber luchar contra la desdicha no prepara para disfrutar la felicidad, y la felicidad de los resistentes requiere que dejen las armas. Otro escritor, Éric Chevillard, escribió, por su parte: «Cuando por fin se reúnen las condiciones para la felicidad, estamos demasiado bien adaptados a las del infortunio: demasiadas durezas para las voluptuosidades prometidas a nuestras tiernas mucosas».[15]

Positivizar «Hay que positivizar» forma parte de las frasecitas que me indignan. Bueno, no. A veces no hace falta positivizar. En general, cuando nos dicen eso no hay necesidad de hacerlo o no se está preparado.

El papel de la psicología positiva no es impedir la aparición de estados de ánimo dolorosos, pues tienen su utilidad. Su papel es ayudarnos a salir con más rapidez (es inútil chapotear en ellos) y de manera más inteligente (extrayendo lecciones).

Postigos Sucedió un verano. Tras un día muy caluroso, la familia se durmió dejando todas las ventanas abiertas, para permitir que el frescor de la noche entrase en casa. Hacia las 3:00 de la madrugada, se desencadenó una enorme tormenta. Perfecta para refrescar, pero eso también quería decir, visto lo que caía del cielo, pequeñas inundaciones cerca de las ventanas abiertas. Mitad maravillado por la tormenta y por ese pensamiento (una sin el otro no habría bastado), me levanto y empiezo a recorrer las habitaciones para cerrar las ventanas. Y me cruzo con mi hija pequeña, que se había levantado con la misma idea. Le pregunto qué hace en pie a esas horas y me explica que también va a cerrar las ventanas. Somos los dos inquietos de la familia, así que nuestra presencia no tiene nada de extraño, pero, no obstante, dos cosas me llaman la atención.

La primera, que a su edad se sienta responsable de las ventanas de casa (pero ella es así, rápida para la responsabilidad y la empatía). La segunda, que, como quien no quiere la cosa, los ansiosos hacen favores a los demás en la sombra. Bueno, lo sé muy bien, pero ahora lo verifico: mientras que los tres «poco inquietos» duermen o se han vuelto a dormir, los dos «demasiado inquietos» patrullan y pasan la bayeta. Gracias a lo cual, podrán volver a dormirse. Mañana por la mañana, los tres dormilones estarán algo más en forma que nosotros y nos harán reír con sus bromas. ¿No es eso lo que se denomina combinación de talentos?

Prejuicios (recaída) Ayer por la mañana, en una callecita tranquila, cruzo por un paso de peatones (sin mirar el semáforo, lo reconozco). No había coches en el horizonte. Y de repente, ¡zas!, un 4x4 que sale zumbando de un cruce cercano y al que obligo a frenar para acabar de cruzar. Nada contenta, la conductora me envía un bocinazo, y me muestra que el semáforo está en rojo para los peatones, mediante un movimiento autoritario. Nada de insultos ni de gestos agresivos. Pero no obstante, eso me irrita. Sí, mi primer reflejo es la irritación: «¡Eh! No tienes más que circular despacio –me digo–. Yo ya cruzaba por el paso de cebra antes de que tú llegases corriendo! ¡Aunque esté rojo! ¡No he saltado delante aposta para molestarte!».

Luego recuerdo mis resoluciones en favor de los 4x4 (véase la entrada posterior). Y sobre todo me digo que no tengo razón. Que es más sencillo cohabitar en la ciudad si cada uno respeta las reglas. Y que esa mujer tiene razón, aunque circule en un pretencioso vehículo demasiado grande. Vale, vale, perdón... Ya me estoy pasando. Lo siento, señora, tiene usted razón, no debería haber pasado en rojo. Y si me hago merecedor de un bocinazo, lo acepto. Pero hubiera sido más chulo si me hubiera señalado el semáforo en rojo con una enorme sonrisa. Eso es: me habría mostrado mucho más sensible a esa pequeña «corrección fraternal», como dicen los cristianos, si me la hubiera administrado con la sonrisa en lugar de mediante un bocinazo y el entrecejo arrugado.

¿Pido demasiado? Tal vez. Pero si todos pusiéramos de nuestra parte, la vida sería un poco más agradable, sorprendente y enriquecedora, ¿no? Entonces me digo que si me vuelve a pasar, empezaré con mi parte del trato, haré un pequeño gesto de asentimiento a la mujer. Lo intentaré. Además, también puede que cambie de coche...

Prejuicios y 4x4   Tengo prejuicios. Montones de prejuicios. Como todo el mundo, vale, pero no obstante, me gustaría tener menos. Los 4x4 por ejemplo. Reconozco que los conductores de 4x4 ocupan los últimos lugares en la parrilla de salida de mi estima. Si son simpáticos, cambio de opinión. Pero parten en desventaja respecto a los conductores de coches pequeños. Vale, si te hablo de eso no dudas de que sea porque tengo una historia que contar. Se trata de lo siguiente: el otro día, cuando regresaba de dirigir un taller para colegas en el sur de Francia, el compañero que viene a buscarme a la estación lo hace en un magnífico y enorme 4x4. Glups... No sé cómo empezamos a hablar de ello, pero ya está, abordamos el tema: los conductores de 4x4. Le confieso mis opiniones negativas *a priori*. Y me dice: «Lo sé, lo sé; leo tu blog de vez en cuando...» (he escrito en ese blog algunas entradas críticas sobre los 4x4).[16] Me cuenta el porqué del cómo: de niño, soñaba con el París-Dakar, imaginándose piloto de *rally*. Luego, de mayor, ya convertido en médico, un día, en el momento de cambiar de coche, cometió un error fatal: fue a informarse, «así, como para saber», a un concesionario especializado en 4x4. Incapaz de negarse, superado y pillado en la trampa. De manera que salió de allí con un pedazo de coche. Y me recuerda cómo, con cierta asiduidad, otros conductores le fulminan con la mirada, le increpan irritados. Que no se perdona igual a los 4x4 que a los coches pequeños: bloquear una calle durante unos minutos para descargar el equipaje, aparcar sobre la acera... De repente, los pensamientos agresivos surgen, y a veces incluso las palabras: «¡Esos de los coches grandes creen que pueden hacer lo que les dé la gana!». Y me cuenta cómo, de repente, al sentirse categóricamente rechazado, intenta hacerlo lo mejor posible, precisamente, para conducir despacio, dejar pasar a los peatones, ceder el paso sin hacerlo a regañadientes, etcétera, para que se le perdone circular en su inmenso juguete.

Le escucho sonriendo. Bueno, es cierto, es necesario rechazar todos los prejuicios. A partir de ahora intentaré no juzgar demasiado deprisa a esos conductores. Y cuando hagan algo irritante, me preguntaré: «¿Dirías lo mismo si circulasen en un cochecín?».

Preocupaciones Las preocupaciones son el polvo de la ansiedad y de la inquietud que se posan incansablemente en nuestra mente: abramos las ventanas al resto de nuestra vida, y serán empujadas y expulsadas por el aire fresco de fuera.

Prescribir o proscribir Para progresar como ser humano, no te contentes con luchar contra tus defectos, y desarrolla también tus cualidades. Los estudios realizados acerca de las respectivas virtudes de la prohibición («no hacer») o de la promoción («realizar») muestran que los enfoques restrictivos pueden dar sus frutos (el niño adopta los valores propuestos por los padres o el entorno), pero no te vuelven más fuerte para resistir en caso de exposición a la tentación.[17] Por ejemplo: en lugar de animar a un niño a no ser egoísta («está mal»), enseñarle a comportarse de manera altruista (hacer el bien). Eso será: 1) más eficaz a la larga, y 2) menos costoso en términos de energía psicológica, pues para un ser humano es más fácil «hacer» que «no hacer».

Presente «Que cada uno examine sus pensamientos, los hallará ocupados en el pasado o el futuro. Casi nunca pensamos en el presente y, si lo hacemos, no es más que para poder disponer del futuro. El presente nunca es nuestro fin. El pasado y el presente son nuestros medios, solo el futuro es nuestro fin. Así, nunca acabamos de vivir, sino que esperamos vivir, disponiéndonos siempre a ser felices, es inevitable que no lo seamos nunca», nos dijo Pascal.[18] Jules Renard insistió en su *Journal*: «No deseo nada del pasado. No tengo en cuenta el futuro. Me basta el presente. Soy un hombre feliz, pues he renunciado a la felicidad».[19] Pues bien, tras todo esto, no voy a escribir más sobre el presente, sería presuntuoso.

Prevención La psicología positiva representa un interés en psiquiatría y en psicoterapia por la prevención de las recaídas: ayudar a las personas vulnerables a disfrutar mejor de su cotidianidad permite ayudarlas a afrontar mejor los momentos difíciles.[20] Pero no es una herramienta de cuidados, al menos por el momento no se ha demostrado nada, soplo mejoras en las tendencias depresivas ligeras.[21] Así que se ocupa sobre todo de las personas que están en remisión: que ya no están enfermas sino que presentan un riesgo de recaída.

Primavera La evidencia de la felicidad: el retorno de la vida, las flores, los trinos de los pájaros, el sol que vuelve a calentar. Y además, para los más ancianos, el eco lejano de su desaparición y resurrección, tal vez, un día, a imagen de ese árbol que se despierta de su sueño y se cubre de flores. O esas briznas de hierba anónimas que de repente surgen del mantillo donde sus antepasadas se descompusieron y recompusieron.

Primer beso El otro día, mientras hablaba con una pareja de viejos amigos. Él nos cuenta que no hace mucho se sintió muy apurado: al volver a su casa una noche, mucho antes de lo acostumbrado, vio de repente a su hija de 15 años en brazos de un chico, apoyados contra la puerta de un garaje de su barrio. Nos contó lo que sintió en esos momentos: «Me encontré en un estado de gran apuro, muy complicado de describir. Primero me sentí increíblemente molesto al verla por primera vez abrazar a un chico, y todavía más molesto al darme cuenta de que podía verme mientras los observaba. Así que aparté la mirada, bajé la cabeza y caminé durante 10 minutos sin volver la vista. Luego me detuve para recuperarme. Sentía una mezcla indescriptible de estados de ánimo: sorpresa, desde luego; molestia e incomodidad por haber observado la escena, aunque fuese fugazmente; nostalgia, sin duda, al darme cuenta de hasta qué punto había pasado el tiempo; tristeza también al comprobar que yo había sido destronado y que a partir de ahora habría otros hombres muy importantes en su vida...».

En pocas palabras, se trata de una turbación muy grande e interesante, de unos estados de ánimo tal y como a mí me gustan: complejos, sutiles, aspirando recuerdos de todos los rincones de nuestra historia. Y su esposa añadió a continuación: «A mí, lo que me ha sorprendido al contármelo es que, en ese momento, no te alegrases. Mientras que, por mi parte, junto a todos esos estados de ánimo de apuro y nostalgia, creo que también me habría sentido contenta ¡al ver que mi hija iba a descubrir el amor!».

Todavía no me ha tocado tener que enfrentarme a ese tipo de situación. Sucederá y estará muy bien. Pero aunque piense como la madre, seguro que actuaré como el padre: a fin de cuentas, ¡prefiero saber que ver! De todas formas, la vida será la que decida por mí.

Primos en la felicidad «El descontento es poco mirado. Se nutre indiferentemente de una cosa y de la contraria. De todas maneras, nada le conviene. Este absoluto es en suma a lo que más se parece el ideal inaccesible de la beatitud», escribió Chevillard.[22] Sí, los refunfuñones y los encantadores se parecen más de lo que aparentan: mismas certezas y misma voluntad de no ver del mundo más que uno de sus lados. ¿A quiénes preferimos frecuentar? ¿Y a quiénes nos parecemos?

Príncipe de Ligne Representante perfecto de la nobleza europea cosmopolita del siglo XVII, militar y hombre de corte, el príncipe Charles-Joseph de Ligne también fue un autor al que le gustó hablar de la felicidad. Nos dejó un delicioso programa con seis secciones principales:

«Al despertarse hay que preguntarse: 1) ¿Puedo complacer a alguien hoy? 2) ¿Cómo podría divertirme? 3) ¿Qué cenaré? 4) ¿Veré a alguien amable o interesante? 5) ¿Se lo pareceré a la señora... que tanto me gusta? 6) ¿Qué nueva verdad, picante, útil o agradable leeré o escribiré antes de salir? Y luego cumplir esos seis puntos si es posible». Su método también podía aplicarse a largo plazo: «Tomarse dos días a la semana para hacer balance de la propia felicidad. Examinar mi propia existencia. Me porto bastante bien... Soy rico, desempeño un papel, tengo consideración, se me quiere o aprecia... Sin esta recapitulación, uno se hastía de su feliz condición».

Tal vez nos haga reír, pues su vida nos parece una colección de privilegios, pero también puede emocionarnos: ese hombre no se contentaba con disfrutar de estos, sino que se preguntaba acerca de cómo utilizarlos de la mejor manera posible. Y sus motivos eran al fin y al cabo muy parecidos a los nuestros: «Me apresuraba a vivir, viendo que la guerra seguía viva y teniendo miedo de no disfrutar del placer suficiente antes de morir».

Probar Muchos de nuestros problemas con las «recetas» de la felicidad provienen de que ni siquiera las probamos. Y el resto, de que no se persevera.

Problemas Son una realidad, incluso para los afortunados. Por el contrario, otra realidad es que los agravamos casi siempre: ampliamos su influencia real en nuestras vidas, su duración, etcétera. Recordar siempre la cruel frasecita de Cioran: «Todos somos bromistas, sobrevivimos a nuestros problemas».[23] O bien esa otra, cuyo autor he olvidado: «En mi vida he escapado a centenares de catástrofes: contrariamente a lo que me temía, ¡nunca llegaron!».

Progresar Una discreta, aunque sólida, fuente de felicidad que compensa los inconvenientes del envejecimiento. Y que, por otra parte, es un medio excelente para envejecer bien: estar siempre aprendiendo, sentirse siempre como un principiante, un aprendiz, tener siempre ganas de continuar nutriéndose y llenándose de todo lo que nos falta por aprender.

Prueba La prueba es una adversidad que hace que tiemblen nuestros fundamentos, durante la que uno se pregunta si sobrevivirá, no sería pues –psicológicamente– más que un período en el que nos preguntamos si saldremos de ella definitivamente destrozados, rotos e incapaces de continuar adelante. Cada prueba que atravesamos ya ha sido atravesada por una infinitud de seres humanos. Eso no la hace menos terrible, pero nos recuerda que es una de las caras de la vida. La prueba es ese rostro terrible que puede adoptar la vida. Nos precipita a lo desconocido, al infierno. No podemos saber qué sucederá a continuación en ningún caso. Entonces no podemos sino afrontar la prueba misma con todas nuestras ganas, y no nuestras elucubraciones y cavilaciones. Lo mejor que podamos, pues nunca será perfecto. Después, otra cosa llegará y el dolor inquieto de no saber qué ni cuándo. Pero algo sucederá: «La vida tiene dos caras: una maravillosa y otra terrible. Cuando le has visto la cara terrible, la maravillosa se vuelve hacia ti como un sol».[24]

Psicoanalistas Cuando era interno y estudiaba psiquiatría, recuerdo que los psicoanalistas casi convertían en una cuestión de honor el no interesarse por la felicidad, sino por la lucidez. Me parecen, efectivamente, menos felices que la media, pero no obligatoriamente, o al menos no todos, más lúcidos; desapegarse de la felicidad no basta para acercarse a la sabiduría.

Psicodiversidad En cierta manera, es estupendo que en los seres humanos exista una cierta «psicodiversidad» que, como la biodiversidad en la naturaleza, los reinos animal o vegetal, sea una riqueza para nuestra especie; asegura una variedad de comportamientos que permiten afrontar numerosas y distintas situaciones, frente a las que un único y mismo perfil de personalidad no bastaría. En una población humana, todo el mundo puede desempeñar su papel. Cuando los vikingos atravesaron el Atlántico para llegar a América, a bordo de sus naves iban tipos inquietos y capaces de anticipar los problemas (llevar armas y alimentos suficientes), obsesivos capaces de atentas verificaciones del estado de la nave y de su posición respecto a las estrellas, intrépidos valientes que podían animar a sus camaradas a superar sus dudas y continuar adelante, etcétera. En una empresa, algunas personalidades paranoicas en los departamentos jurídico y legal, algunos histriónicos en el servicio comercial, algunos rasgos de personalidad narcisista en el director general, algunos estresados nerviosos en la producción y algunos pesimistas en los servicios financieros, pueden muy bien llegar a componer un equipo eficaz. Por eso, siempre que puedo me esfuerzo por no irritarme demasiado frente a las personas peñazo que me cruzo a veces en mi camino. Primero porque sé que yo también lo soy, al menos en ciertos momentos; y luego porque, en otras circunstancias, sus defectos pudieran convertirse en cualidades.

Psicología positiva En la actualidad sigue infravalorándose la importancia de este cambio de paradigma que representa la psicología positiva en nuestra disciplina, desde principios del 2000. Hasta entonces, lo esencial de la investigación en psicología clínica y en psicoterapia había tratado sobre los trastornos y desajustes. Pero en 1998, el presidente recién elegido de la poderosa Asociación estadounidense de Psicología, Martin Seligman, declaraba: «No solo debemos curar a los enfermos. Nuestra misión es más amplia: debemos intentar mejorar la vida de todos los individuos». La psicología positiva acababa de nacer en cuanto movimiento oficial. No se trataba únicamente de ayudar a nuestros pacientes a ser menos desdichados, menos ansiosos y menos deprimidos, sino de ayudarles, una vez superadas sus dificultades, a disfrutar de su existencia, a no recaer, en toda su vida, en sus sufrimientos. Se trataba de aprender a cultivar y desarrollar el bienestar psicológico, y a utilizarlo como una herramienta de prevención de recaídas. Evidentemente, esas intuiciones ya habían sido enunciadas hacía tiempo. Voltaire soltó su célebre máxima: «He decidido ser feliz porque es bueno para la salud». Pero a continuación recordó la dificultad de la búsqueda: «Todos buscamos la felicidad, pero sin saber dónde, igual que los borrachos que buscan su casa, sabiendo confusamente que existe...». La psicología positiva propone, con la ayuda de pruebas que así lo demuestran, ayudar a los seres humanos en esa búsqueda. Desde sus inicios, el número de trabajos y publicaciones científicas consagrados al «bienestar subjetivo», esa apelación prudente de la felicidad en boca de los investigadores, es considerable, y eso no es más que el principio. Por otra parte, ahí es donde reside la verdadera revolución, pues aunque la búsqueda de la felicidad es una historia antigua, que se inscribe tradicionalmente en la filosofía, los considerables medios aportados por la investigación científica moderna le han proporcionado un buen acelerón.

Psico-neuro-inmunología El otro día estuve enfermo, una fea sinusitis superinfectada, muy pesada. Dolor de cabeza, fiebre, cansancio. Telefoneo a casa del amigo donde debíamos ir por la noche para decirle que no podré asistir. Me siento triste, he dudado mucho, pues sé que también están invitadas otras personas a las que aprecio. Se muestra un poco decepcionado, pero me consuela con palabras amables. Al colgar, me digo que no, ¡que es una pena! Hace tiempo que no lo he visto, y realmente tengo ganas de ir. Sin duda, no es una buena elección desde el punto de vista de mi salud, en vista de mi fiebre de caballo, pero me motivo pensando en todos los trabajos de psico-neuro-inmunología. Es una disciplina nueva y apasionante de investigación que estudia la relación entre cerebro e inmunidad. El principio es que nuestro psiquismo influye en nuestro sistema nervioso, que a su vez influye en nuestra inmunidad. El estrés debilita, pues, nuestras defensas inmunitarias, y las emociones positivas las refuerzan.[25] Se suponía algo así desde hacía tiempo, pero en la actualidad está demostrado. Entonces me digo: salir con el frío que hace para ver a tu amigo, para ver a toda esa gente que tanto quieres, te reforzará un poco con el trancazo que tienes, pero si lo vives como una elección y no como obligación, te satisfará y compensará. Para ser honestos, mi plan psico-neuro-inmunólogo no funcionó tan bien como esperaba. Pero vamos, en absoluto. Los días que siguieron estuve tres veces más enfermo. En cualquier caso, los resultados de los estudios científicos nunca son trasladables con seguridad a la cotidianidad. Pero bueno, no me arrepiento de nada, pues me encantó volver a ver a mi colega. Y sobre todo, al cabo de un año continuaré recordando la velada, y no la sinusitis. En fin, espero, vamos a ver cómo se desarrolla mi historia...

Publicidad ¡Qué mundo este! El otro día vi la publicidad que hacían de una tarjeta de crédito de lujo, que permite a su poseedor acceder a un montón de ventajas, entre ellas: «La garantía exclusiva "Falta de nieve"» que indemniza a toda la familia «en caso de falta de nieve durante dos días seguidos o de malas condiciones climatológicas que impliquen el cierre de al menos el 50% de los remontes o de las pistas, durante al menos cinco horas». No tengo nada contra los seguros, y entiendo que resulte cabreante abrirse paso a través de las grandes trashumancias invernales hasta una montaña lejana, para acabar no pudiendo esquiar. Pero lo cierto es que en este caso estoy perplejo. ¿No tenemos cosas más importantes que asegurar que la frustración? ¿Hacia dónde nos empuja ese tipo de costumbres? El día en que podamos controlar la meteorología y hacer que nieve a voluntad, ¿nos sentiremos tentados a hacerlo, solo para darnos gusto? Lo que anuncia la aparición de ese tipo de seguros no resulta ni muy normal ni muy tranquilizador. O bien es que me estoy convirtiendo en un viejo gruñón refunfuñando contra su época. También es posible. Vuelvo a pensar en la frase del mayo del 68: «Disfrutar sin trabas», ahora reciclada por nuestra sociedad de hiperconsumo: «*Asegúrate* de poder disfrutar sin trabas». No tardaremos en estar expuestos a eslóganes de ese tipo: la felicidad asegurada, la felicidad garantizada... Pero no, lo que ocurre es que no me entero: ¡eso ya existe!

Puestas a punto positivas ¿Te acuerdas de la historia del restaurante, en la introducción de este libro? El hombre que llama al jefe para felicitarle... ¿Por qué no lo hacemos más a menudo? En general, cuando un cliente pide hablar con el jefe suele ser para quejarse, no para agradecerle nada. Como cuando un superior jerárquico convoca a un colaborador para un encuentro imprevisto: rara vez es para expresarle que está contento con él y que todo va bien. O cuando los padres organizan reuniones con uno de sus hijos adolescentes para aclarar las cosas. Las puestas a punto positivas se echan en falta; y probablemente serían mucho más motivadoras y eficaces que las negativas.

Q de Qohélet

Soy los caminos de tu corazón
y los deseos de tus ojos.

Qohélet Más conocido como Eclesiastés, es uno de los libros más desconcertantes de la Biblia. Antaño se pensaba que el autor de ese largo monólogo había sido el rey Salomón, del que suele conocerse el célebre himno: «Vanidad de vanidades, todo es vanidad y correr tras el viento». La paradoja del Qohélet, y su misterio, es la alternancia de largas secuencias melancólicas y nihilistas («Lo que fue, eso será, y lo que se hizo, eso se hará; no hay nada nuevo bajo el sol») con otras más reconfortantes («Sigue los impulsos de tu corazón y el gusto de tus ojos»).

La coexistencia de ambos discursos, que emanan de la misma persona, queda resumida en estas palabras que los unifican: «Goza de la vida con la mujer que amas, todos los días de tu vida fugaz». Qohélet, a pesar de su pesimismo sigue siendo un sabio (por otra parte, no deja de recordárnoslo) y, por ello, nos anima a disfrutar la vida, aunque esta carezca de sentido: «Porque no hay actividad ni propósito ni conocimiento ni sabiduría en el sepulcro adonde irás». En un comentario que ha hecho del texto,[1] el filósofo André Comte-Sponville subraya que *hével*, el término hebreo traducido como «vanidad» significa, etimológicamente, «vaho, vapor». Y el vaho, o el vapor, no son nada, ¡o casi nada! El mensaje de Qohélet podría pues ser: «Todo es vaho, vapor y perseguir el viento». Pues sí, la vida es algo así: casi nada. Pero de todos modos, algo...

«¿Qué has hecho hoy por los demás?» Una amiga me envió el otro día esta cita de Martin Luther King, una de mis personalidades favoritas (tengo su foto colgada en la pared de mi despacho): «La cuestión más perdurable y más urgente en la vida es: ¿qué haces por los demás?». Ese día, cuando leo el mensaje, la frase me conmueve e interpela. Me provoca esa molestia que tanto me gusta: el paso del saber al hacer. Al leerla, no me pregunto: «¿Ya lo sabía?», sino: «¿Lo hago?». Las palabras de Martin Luther King hacen algo más que enganchárseme intelectualmente («ah, sí, es verdad, es importante»), sino que no me abandonan en todo el día: «¿Y tú? ¿Qué has hecho hoy por los demás?». ¿Qué has hecho hoy por los demás? Durante algunos días, de manera regular, me duermo haciéndome esa pregunta. El resultado es muy interesante para mí.

Al principio, tengo la impresión de que es muy fácil, que nuestra vida nos permite hacer mucho por los demás, a diario. Podemos permitirnos mil y un gestos y palabras de consuelo, de ayuda, de amabilidad. Pero mi caso tiene truco. Tengo la suerte de ser médico: consolar, escuchar, tranquilizar y cuidar forman parte de la cotidianidad de las jornadas en que ejerzo en el hospital; algunos días eso me cansa y me pesa un poco, pero en general ejercer ese trabajo, que me permite ayudar a los demás, es una bendición para mí. Otra oportunidad: ser escritor y ayudar con mis escritos. Y todavía otra: tengo una familia y amigos, y estoy disponible para ellos, con la mejor de las voluntades. Demasiado fácil, pues...

Pero una vez que dejo de lado la ayuda que ofrezco como médico y autor, la que ofrezco de buena gana a mis familiares y amigos, descubro que es más complicado, que existen ayudas que hay que esforzarse para ejercerlas más allá de nuestros circuitos relacionales habituales. Y eso es difícil de aplicar en la cotidianidad, es duro decirse: «¿Qué has hecho hoy por los demás? ¿Por alguien a quien no conoces de nada?, no por un familiar, un vecino, un colega, un paciente o un lector, sino por un total desconocido?». Esas son mis certezas rebatidas y mi seguridad hecha añicos.

Para consolarme, me digo que ya es eso, que ya está bien con lo que hago regularmente: ayudar de buena gana, o lo mejor que puedo, a mi alrededor, a las personas que conozco o que me cruzo en el camino. Pero existen seres humanos que hacen más por sus semejantes. De repente, mi admiración por ellos, por los voluntarios y los santos, célebres o anónimos, por todos aquellos que recorren los caminos de la vida buscando desdichas que socorrer, se dispara. Y el ejercicio de la noche: «¿Qué has hecho hoy por los demás?», se torna menos cómodo, más perturbador. ¿He ido hoy más allá de mis costumbres, de mis círculos de conocidos? ¿Podría hacer más en los días venideros?

No sé nada, no soy un santo, solo un ser humano, un poco cansado algunos días.

Pero espero tener la fuerza y la constancia...

Quejas Jean, nuestro vecino, viudo de 85 años, no se queja nunca. En todo caso, nunca espontáneamente. Nunca te muestra sus quejas. Cuando le preguntamos acerca de su vida o su salud, confiesa sobriamente sus tristezas y miserias, pero no se eterniza. Elegancia y cortesía. Gracias al trato con él, y con algunos otros modelos, he resuelto no quejarme, no teñir la conversación con ese tema. ¿Qué se busca con la queja? En todo caso, ¿con la queja recurrente? ¿Una reparación? Pero si llega (lo cual no es seguro, sobre todo si uno se queja a menudo), no podrá compensar los daños y carencias de felicidad que se habrá uno infligido al lamentarse con demasiada frecuencia. Entonces, ¿con qué sustituir la queja cuando esa necesidad se manifieste en nosotros? ¿Cómo prevenir su aparición? No hay otro antídoto más que hablar de otra cosa, y empezar a interesarse por quien tenemos delante, en lugar de por nosotros mismos y por nuestros males.

«¿Quién nos hará ver la felicidad?» Este lamento figura en el Salmo 4 de la Biblia. Responde que será Dios, desde luego. A lo que yo añadiría con mucho gusto: o nosotros mismos. Lo cual no es una blasfemia, porque Dios nos ha creado a su imagen.

Quietismo En Europa, en el siglo XVII, existió una sorprendente corriente religiosa: el quietismo. De inspiración mística, consistía en acercarse a Dios a través de una forma de abandono confiado y sereno. Lo más importante era entrar en oración contemplativa; los rituales y los actos pasaron a segundo plano. La Iglesia no lo apreció y blandió el pecado de *deísmo*: pasar de los dogmas y las instituciones para establecer una relación directa con Dios. El quietismo buscaba una forma de verdad en el abandono, la inacción y la confianza en Dios. Fue objeto de críticas violentas que implicaron su desaparición en cuanto corriente constituida. Algunas visiones contemporáneas de la felicidad, como un abandono confiado en la providencia y en la vida, se le acercan. Y las críticas que suscitan (la felicidad como una abdicación frente a los necesarios combates de la vida) se parecen a las que suscitara el quietismo en su momento (fue defendido por Fénelon y atacado por Bossuet). Y no obstante, soltar y confiar representan tal vez las actitudes más inteligentes y adaptadas posibles, porque la adversidad está ahí, y cuando se ha hecho lo que había que hacer, más vale entonces el quietismo que el activismo.

R de Respirar

Pase lo que pase, respira.
Cuando admiras y cuando lloras, cuando todo y cuando nada.
Porque estás vivo, simplemente.

Raquetas en la nieve Un día, caminando solo por la montaña, atravesé un bosque con raquetas. Mi progreso es lento y difícil, pues hay mucha nieve reciente. El tiempo es magnífico, con esa luz de invierno fría y deslumbrante. De vez en cuando, me hundo repentinamente hasta la rodilla, en un bloque de nieve más blando. Luego reanudo mi dificultoso avance. Volveré a hundirme un poco más adelante, volveré a hundirme y me liberaré con esfuerzo. A menudo, agotado de tanto esfuerzo, me detengo a admirar la belleza del bosque, la pureza del cielo, para escuchar el silencio habitado de los lugares: el ruido de la nieve que de golpe cae de una rama, el canto de los pájaros. Me pregunto por qué estoy aquí, pasándolo mal para avanzar en esta nieve profunda. Luego llega la respuesta: porque todo lo que te rodea es bello. Mucho más bello que las pistas de las estaciones de esquí, mucho más bello que cualquier otra cosa. Y porque es a imagen y semejanza de nuestras vidas: nos esforzamos, echamos pestes, avanzamos hundiéndonos y dando traspiés. Y al detenerme para disfrutar de las vistas, comprendo la suerte inusitada que tengo al hallarme aquí.

Ratoncito Pérez Estados de ánimo de inefable culpabilidad todas las veces en que olvidé depositar un regalito o una monedita bajo la almohada de mis hijas, cuando se les caía un diente. El rostro triste y desconfiado por la mañana: «El ratoncito Pérez se ha olvidado de mí...». Y la impresión de haberles perjudicado por partida doble: decepción y desilusión. Después llegaba la reparación y el consuelo rápidos: su tristeza se disipaba con más rapidez que la mía, lo que se convertía en un buen ejemplo acerca del camino que se ha de seguir. Y su alegría a la mañana siguiente frente a la nota de disculpa del ratoncito: «Perdón, tenía tanto trabajo que no pude pasar ayer. ¡Pero ya está arreglado! Muchos besos».

Ravi Está presente en todos los pesebres provenzales: *lou ravi*, «el ravi», vestido pobremente, con los brazos levantados hacia el cielo, maravillado por el niño Jesús. Se ha convertido en objeto de burlas: que te llamen «el *ravi* del pesebre» significa en general que tus entusiasmos y acelerones se consideran demasiado sistemáticos para ser creíbles. Pero nos olvidamos de que el verbo *ravir* en francés significa, de entrada, «arrebatar»; el encantamiento psíquico designa, pues, un rapto de felicidad, un arrebato irresistible de alegría. ¡Me gustaría sentirme arrebatado más a menudo!

Recaídas Una cuestión de capital importancia: si al principio no estabas dotado para la felicidad, si has realizado esfuerzos y si, a resultas de esos esfuerzos, has progresado, recaerás.

Nada raro, pues todo el mundo pasa por ahí; los psicoterapeutas lo saben muy bien: el proceso de cambio psicológico no sigue una línea recta, sino una sinusoide orientada hacia lo alto. Con cada inflexión hacia el descenso de esta sinusoide, nos preguntamos qué sucede: ¿es señal de que todos nuestros esfuerzos han sido inútiles y de que estamos condenados para siempre a regresar al punto de partida, cual Sísifo empujando su roca? ¿O simplemente es señal de que nuestro cambio implica nuestros automatismos emocionales, y que estos se remanifiestan regularmente, por un incremento de las dificultades o de cansancios pasajeros?

Recordemos las etapas de todo cambio: primero los pensamiento (uno se dice lo que debería hacer), luego los comportamientos (esfuerzo por llevarlos a la práctica), luego las emociones (se tornan menos violentas). Esta última fase es la más tardía, la más larga e incompleta en su consecución. Durante toda nuestra vida continuamos sintiendo arrebatos de miedo, de desamparo, deseos suicidas o impulsos violentos. Lo que hemos de aprender a vencer no es su presencia, sino su influencia. Cioran dijo al respecto: «He vencido el apetito, no la idea, del suicidio».

No hay que dejarse llevar por el orgullo o las expectativas desmesuradas relativas a nuestro poder sobre las emociones dolorosas; regresarán siempre para asomar la punta de su nariz. Pero si no cedemos a esos regresos, acabarán también por pesar menos...

Recetas de felicidad Está bien visto despreciar las recetas y trucos para obtener la felicidad. A mí nunca me ha parecido que

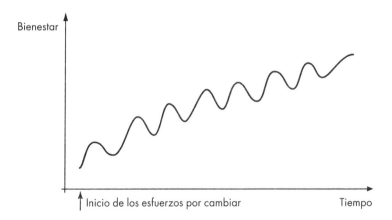

Nuestros progresos se efectúan, casi siempre, en forma de dientes de sierra, mediante avances y retrocesos...

los consejos, para funcionar bien, deban ser muy simples. Su simplicidad nunca me ha parecido simplismo. Es simple lo que resulta fácil de comprender y ejecutar. Pues, con las recetas de felicidad, la dificultad no existe en ellas, sino en la regularidad de su práctica.

Recogimiento La última vez que fui a recogerme a solas junto a la tumba de mi padre, observé atentamente lo que sucedía en mi cabeza. Nada que ver con la manera en que las cosas se desarrollan cuando somos varios: hay entonces más acciones (poner agua en las flores, limpiar un poco la tumba) y conversaciones. Cuando se está solo es muy distinto. Uno se ve frente a su mundo interior. Se dispone de tiempo para verse hacer, para escucharse pensar, para observarse sentir. Ese día, primero me apercibí de que me embargaban oleadas de pensamientos e imágenes que iban y venían en desorden. Recuerdos de infancia y recuerdos del final de su vida. No me aferré a ninguno, dejándolos aparecer y desaparecer, mientras continuaba en el momento presente, mirando la tumba, teniendo pensamientos parásitos, escuchando los sonidos de la vida a mi alrededor... Luego tuve necesidad de hablarle, de saludarle, de dirigirle mensajes desde este mundo. Ganas de recuperar un poco el control sobre ese desorden. Con la impresión de que en las últimas ocasiones en que acudí al cementerio no había «hablado» verdaderamente con mi padre. Que al menos ese día era necesario que no me contentase con dejar vagabundear mi mente pensando en él, sino que organizase el asunto un poco.

Entonces me concentré en la gratitud, agradeciéndole todo lo que me había aportado: el gusto por el esfuerzo, la preocupación por los demás, el amor por los libros, la prudencia con las quejas. Agradecerle el haber trabajado mucho a fin de permitirnos, a mi hermano y a mí, realizar los estudios que él nunca pudo hacer. Me he dejado embargar por ese sentimiento de gratitud. He sentido cómo me calentaba el pecho, he respirado un poco más hondo para ampliarlo por todo el cuerpo. He permanecido algunos minutos en conexión con mi padre a través de este canal de gratitud. Observé cómo los buenos recuerdos daban paso lentamente a los menos buenos, abrirse camino hasta la pantalla central de mi memoria y mis emociones. Y en ese momento sentí que era la mejor actitud. También tuve la extraña impresión de que en ese instante estaba transmitiéndole algo a mi padre; y que esa transmisión también me llenaba a mí. Sentí físicamente lo que se suele decir a propósito de los dones que enriquecen y nutren a la persona que da.

Y luego, poco a poco, regresé al cementerio. Volví a observar la tumba, mi mente volvió a vagabundear: recorriendo los otros nombres, los de mi abuelo y mi abuela.

Me fui alejando lentamente por alamedas, observando cada lápida, sintiéndome vinculado con todos los muertos que me rodeaban. Una sensación tranquilizadora de continuidad humana.

«Recuerda que te he amado» Se trata de nuestros vecinos, a los que el otro día invitamos a cenar con otros amigos y que, al final de la cena, cuentan un ritual de su vida de pareja. A menudo, cuando él se marcha por la mañana en su *scooter* para adentrarse en el tráfico parisino, y cuando está un poco depre, el marido abraza a su esposa y le dice: «Si me sucede algo, recuerda que te he amado». A ella, eso la emociona y la estresa, al mismo tiempo. Por otra parte, mejor decirse cosas así, pues es cierto que nunca se sabe. Pero bueno, no deja de tener gracia... La historia interesa o divierte a todos los invitados. Es fácil ver que gusta mucho a las mujeres presentes. Entonces, nuestro amigo añade: «Y también le digo a menudo: si me muero, puedes rehacer tu vida, nada de preocupaciones». Es otra prueba de amor, tal vez más bella si cabe: decir al otro a quien se ha amado tanto que se desea que su felicidad dure más allá de nuestra muerte, incluso sin nosotros. Incluso con alguna otra pareja.

Recuerdos y pasado Cuando era pequeño tenía recuerdos. Ahora que soy mayor, tengo un pasado. Es decir, un bloque de recuerdos más compacto y coherente, que cuenta una historia, la de mi vida. Recordar los recuerdos depende de nuestro estado emocional: si somos felices, entonces los que aparecen fácilmente son los recuerdos felices, mientras que si somos desdichados, los recuerdos tristes asoman las orejas. Eso se denomina congruencia emocional. Lo mismo vale para nuestro pasado, que podemos contarnos de manera luminosa o siniestra, insistiendo en nuestras venturas o desgracias. A fin de evitar esta dependencia de las emociones que se presentan a diario, ¿tal vez solo deberíamos escribir nuestra autobiografía de los días de felicidad, y releerla los días espesos?

Reencontrar Existen alegrías ligadas a la sorpresa y la incerteza, y también hay otras, más dulces, al reencontrar lo que ya se conoce y nos conmueve, o que incluso nos conmociona: regresar regularmente a un lugar que amamos, volver a ver con regularidad a amigos que viven lejos. No solo necesitamos novedades. A veces basta con referencias sencillas, cuya existencia verificamos regularmente, y que nos hacen sentir felices.

Refunfuñar y dejar de hacerlo Sucede en una bonita velada pasada en casa de unos amigos, con grandes conversaciones, buenos platos y buen vino. Llegamos pronto, como nos pidieron, para poder acabar antes de medianoche y no estar hechos polvo al día siguiente. Sin embargo, la conversación dura, dura y dura. La cabeza empieza a caérseme hacia adelante, y observo que a mi amigo también le pesan los párpados. Nuestras esposas están en plena forma y, a pesar de nuestras pequeñas señales de cansancio cada vez menos disimuladas, continúan pasando revista a todos los grandes temas de nuestras vidas. Acabamos marchándonos mucho más tarde de lo previsto. Tengo ganas de meterme en la cama y dormir. Ah, qué bien, qué delicia, ¡calentito bajo el edredón! Y de repente, me acuerdo.

Me acuerdo de que hace años, cuando me veía en ese tipo de situación (querer acostarme pronto tras una velada y poder meterme en la cama solo a la una de la madrugada), cuando me veía en ese tipo de situación, refunfuñaba por dentro: me irritaba marcharme demasiado tarde, me sentía cansado por adelantado por la vuelta a la realidad temprana de la mañana siguiente, un poco inquieto por no disponer de bastante tiempo como para recuperarme. Y observo que mi cerebro no refunfuña casi nada, que casi no se irrita. No pierde tiempo ni energías lamentando una velada demasiado larga. No se inquieta por la posible fatiga de mañana. Descarta con facilidad las tentaciones de gruñir y se concentra en lo esencial, en el instante presente: ¡qué bien se está en la cama bajo el edredón cuando se está cansado y solo se tienen ganas de dormir! Mi cerebro se consagra directamente al instante presente. Sabe que el resto es inútil. En todo caso, que gruñir en este momento es inútil. Este momento es para disfrutarlo y no para echarlo a perder.

Comprendo entonces que todas las sesiones de meditación y todas las secuencias de plena consciencia han empezado a modificar suavemente mi cerebro (la famosa neuroplasticidad, tan querida por los terapeutas), año tras año, sin que me diese cuenta. Lleva a cabo la tarea de la regulación emocional con enorme eficacia: a veces por sí misma, y a veces porque se lo pido. Gracias a todos los pequeños esfuerzos anodinos, y aparentemente improductivos en el momento, efectuados a lo largo de los años. Esfuerzos anodinos que nos convierten en mejores seres humanos:

en seres humanos que gruñen menos, que agreden menos, que disfrutan más, que son más felices, más capaces de escuchar sin ponerse nerviosos, de actuar oportunamente, sin añadir cólera ni autosatisfacción. Gratitud gigantesca, inmensa, cósmica, hacia todos los meditadores de todas las épocas y culturas, que la han puesto a punto desde hace milenios. Por mí mismo, nunca habría llegado...

Reír Rabelais se burlaba de las personas que nunca se ríen. A mí me gusta reír y hacer reír, pero siempre me siento incómodo ante imágenes o reportajes sobre los cursos de la risa o el yoga de la risa. Me gustaría sentir simpatía por esos sistemas, y pensar que sin duda son beneficiosos,[1] pero me siento confuso: dibujar una sonrisa en el rostro me parece estar al alcance de cualquiera que no sufra, pero obligar al cuerpo a reír me parece un acto contra natura. Me parece que es llevar demasiado lejos el voluntarismo. Aunque lo que aquí critico es una práctica que nunca he probado; así pues, me equivoco.

Religión En la mayoría de los estudios, la práctica de una religión, sea la que sea (en todo caso, existen datos relativos a las cuatro siguientes: catolicismo, islamismo, budismo y judaísmo), favorece el bienestar psicológico.[2] Existen diversas explicaciones al respecto: frecuentar un grupo de fieles crea un vínculo social y amistoso; el efecto pacificador y sosegante de la oración; el sentido que se le da a la existencia; la esperanza en un más allá tras la muerte; la práctica de un estilo de vida apartado de los excesos. Pero todo ello funciona únicamente en «dosis medianas»; en caso de integrismo, los beneficios desaparecen y se borran bajo el peso de las imposiciones y de la rigidez de los rituales y el pensamiento. Por otra parte, parece que cuanto más difíciles son las condiciones de la vida cotidiana, más intensos son los beneficios de la práctica religiosa,[3] y mayor es la implicación en los practicantes, cuantitativamente (son más numerosos) y cualitativamente (son más devotos). Por el contrario, cuanta más cómoda es la vida, menos importante es el compromiso: ¿está ligado a la competencia del materialismo? ¿O bien a necesidades menores en términos de certeza con respecto a un destino contrario? Para describir su efecto consolador, pero también políticamente anestesiante a sus ojos, Marx habló de la religión diciendo que era el opio del pueblo.[4] Hoy en día diríamos que es el «Prozac del pueblo». Y añadió: «La religión no es más que el sol ilusorio que gravita alrededor del ser humano mientras este no gravita alrededor de sí mismo». No estoy seguro de que tengamos interés en gravitar demasiado alrededor de nosotros mismos...

Renunciar Renunciar es un enfoque necesario para la felicidad. Pero se trata de renunciar a lo virtual y no a la realidad. Renunciar a querer vivir y sentir *todas* las felicidades y todas las fuentes de felicidad potenciales, y aceptar que nunca dispondremos del tiempo necesario para hacer todo lo que quisiéramos hacer, viajes, distracciones, encuentros. Pero sobre todo no renunciar de ninguna manera, con el pretexto de penas u ocupaciones diversas, a saborear cada pedazo de felicidad que nos pase por delante.

Replanteamientos Muchos de nuestros problemas mentales provienen de que realmente no hacemos lo que sabemos que es bueno para nuestra mente. Los replanteamientos, por ejemplo. Pocos seres humanos niegan que saber replantearse las cosas es algo bueno: si constato que me he equivocado, que he cometido un error, replantearse el razonamiento, las costumbres, las certezas que me han conducido a tal error será un procedimiento útil, e incluso indispensable. Pero ¿lo hacemos? ¿Lo hacemos de verdad? ¿Tal vez nuestros replanteamientos consisten simplemente en observar que nos hemos equivocado, para después pasar a otra cosa? En ese caso, no nos servirá de mucho: volveremos a hacer lo mismo en la próxima ocasión, y caeremos en los mismos errores, las mismas costumbres, las mismas certezas. Debemos contenernos: contemplar sincera y prolongadamente nuestros errores. Impregnarnos de ellos. No para darles vueltas y hacernos sufrir, sino para no olvidarlos, para hacerles verdaderamente un lugar perdurable en nuestra mente. No para flagelarnos, sino para progresar; para ofrecer más oportunidades a la felicidad, al despejar los errores manifiestamente repetitivos y, por lo tanto, manifiestamente autogenerados.

Reposar antes de dormir En el Sainte-Anne, en el grupo de meditación del lunes por la noche. Estamos hablando de un ejercicio que acabamos de realizar y durante el cual varios de los participantes, tanto pacientes como terapeutas, han sentido que empezaban a dormirse. Así que Michaël, el interno del servicio que participa en esta sesión, nos cuenta una historia que guarda relación. Se trata de su hermano pequeño que, una noche, está en el salón antes de acostarse. Se sienta en una butaca y empieza a dormitar. Michaël pasa junto a él y le pregunta:

—Pero ¿por qué no te vas a dormir a la cama?

—No estoy durmiendo. Estoy reposando.

—¿Ahora?

—Sí, ¡reposo antes de irme a dormir!

Lógica implacable: reposar y dormir no es lo mismo. Y reposar, descansar, antes de acostarse no es tan mala idea si por reposar entendemos calmarse, relajarse, abandonarse a un momento de plena consciencia: justo sentirse respirar, existir, estar aquí. Un tercer estado de consciencia, entre la vigilia y el sueño, un estado de presencia mental sin objeto preciso. Y si se le quiere dar un objetivo, puede elegirse evocar deliberadamente las pequeñas alegrías de la jornada, para así dormir con otra cosa en mente que no sean las preocupaciones.

Resiliencia No se trata únicamente de sobrevivir a las pruebas, sino de volver a ser feliz de inmediato: primero, trabajar para devolverse ese derecho; luego, para devolverse su disfrute.

Resoluciones «Es la hora de las resoluciones sanas. No volveré a pegar a los gorilas. Mordisquearé menos piedras. Andaré con ambos pies. Será difícil, pero ¿qué seríamos si no impusiéramos a nuestra voluntad esos desafíos que la refuerzan poniéndola a prueba?». Se trata del escritor Éric Chevillard, que se burla de ese modo de las buenas resoluciones en su blog *L'Autofictif*. A mí me gustan las resoluciones al empezar el año; nos acercan un poco a la acción, y cuentan al menos con el mérito de existir. Los escasos trabajos que se han desarrollado sobre el tema muestran, por otra parte, que funcionan mejor que la ausencia total de resolución («no llevo a cabo esfuerzo alguno, ni de reflexión o acción, para enmendar o limitar mis defectos»),[5] y esa es la razón por la que no me burlo y razono más bien como Jules Renard: «Os traigo mis más cordiales deseos. Gracias. Procuraré hacer algo».[6]

Respiración Nuestra respiración acompaña discretamente todas nuestras emociones, acelerando o aminorando, dependiendo de nuestras actividades o sensaciones. Pero no solo es testigo de nuestras emociones y de nuestras acciones, sino también una fuente de sosiego y una herramienta de felicidad.

Cuando nos cruzamos con la belleza, la paz y la dulzura hay que ser consciente de la respiración y respirar más hondo: para saborearlas mejor, hacer que entren en nosotros, y no solo reparar en ellas intelectualmente («mira, qué bonito, qué conmovedor…»). Ser consciente de la respiración y respirar más hondo cuando se sufre para no encerrarse en lo que nos hace daño. Ser consciente de la respiración y respirar hondo cuando no sucede nada en especial para recordar que se está vivo y que es una oportunidad increíble.

Adoptar un ritmo respiratorio lento y sosegado ofrece, pues, numerosos beneficios, pero ¿cómo se practica? A menudo se recomienda el enfoque denominado «del 365»: 3 veces al día, 6 ciclos respiratorios lentos por minuto (cada inspiración y espiración dura unos 5 segundos), durante 5 minutos. Y realizarlo 365 días al año, es decir, todos los días.[7]

Respiración, amor y benevolencia Las meditaciones centradas en la benevolencia hacia los demás aumentan claramente el bienestar de los practicantes regulares, sobre todo al aumentar la sensación de proximidad y fraternidad hacia el género humano y no solamente con respecto a sus seres más cercanos.[8] En estos ejercicios se suele recomendar sentir los vínculos entre la respiración y la benevolencia, recibida u ofrecida. Es lo que preconizaba la Madre Teresa en una de sus entrevistas: «Es fácil: ¡inspirar el amor, espirar el amor!».

Retroceso «Cuando un hombre dice: "Soy feliz", quiere decir lisa y llanamente: "Tengo problemas que no me afectan"» (Jules Renard, «20 janvier 1902», *Journal*). ¿No tener problemas? Imposible. ¿No dejar que te afecten? No siempre es fácil, pero a menudo es posible.

Revoluciones Artículo primero de la Constitución del 24 de junio de 1793: «El objetivo de la sociedad es la felicidad común». Que te guste la felicidad no es obligatorio para hacer la revolución. Suele ser la cólera la que, en general, empuja a ponerlo todo patas arriba; son los coléricos los que disponen de la energía para trastornarlo todo, no la gente amable. Por el contrario, estos últimos resultan útiles para la reconstrucción de un mundo mejor (aunque los enfadados no siempre estén dispuestos a hacerles sitio).

Riqueza tranquilizante Comprendo perfectamente el deseo de la mayoría de los seres humanos de ser ricos. No veo ninguna indicación de codicia o de deseo de poder, sino solo la expectativa de no tener que inquietarse más por las adversidades materiales de la vida. El dinero es un tranquilizante, potente y eficaz, un amortiguador de preocupaciones. ¿Que se estropea el coche? No hay problema, tenemos con qué pagar el arreglo. ¿Que se ha quemado la casa? Nada de preocuparse, compraremos otra, todavía más grande y bonita, para consolarnos. Pero claro, existen límites e inconvenientes: la dependencia y la adicción. Esta última, que consiste en habituarse a un producto, y en tener que aumentar la dosis para obtener los mismos efectos. ¿Que me aburro con mi vida? Me compro un bonito viaje o bellos objetos. ¿Que continúo aburriéndome? Compro otros nuevos, más numerosos y cada vez más caros. La dependencia, que hace que uno no pueda detenerse so pena de padecer un estado de carencia. Cuando uno se acostumbra a ahogar las preocupaciones en dinero, no poder seguir haciéndolo (porque no hay más dinero o porque algunas preocupaciones no se disuelven en dinero) nos revelará nuestra fragilidad, quedándonos más despojados que nadie.

El dinero es, pues, un ansiolítico excelente, pero que a veces nos debilita frente a ciertas recurrencias de la realidad y de la adversidad. Lo facilita todo, pero no garantiza nada. ¡Solo faltaría!

Rue des Champs-Pierreux Hay días en que el sufrimiento del mundo se nos cuela en la cabeza. Recuerdo una triste mañana gris de invierno, en la que me desperté con una imagen terrible en la cabeza, que traje de uno de mis viajes a la India: una niña de unos ocho años, con la que me crucé en los *ghats* de Benarés, hacia las 6:00 de la mañana, que llevaba a su hermanita de dos o tres años dormida en los brazos. Vuelvo a ver su rostro con claridad. Yendo en bici, de camino al hospital, en la bajada cerca de mi casa que conduce hasta el carril bici, me cruzo con otra niñita que llora, que va sola hacia el colegio, con la cartera sobre los hombros; su llanto me conmociona, tanto como las gotas de lluvia que chocan contra mi cara. Llegado a Sainte-Anne, respondo a mi correo: una paciente que me escribe vive en «rue des Champs-Pierreux» [calle de los campos pedregosos]. Mi mente se ve invadida por imágenes de llanuras áridas y desoladas. Se trata, claro está, de que la tristeza y la realidad del mundo han irrumpido por efracción en mi pequeña cotidianidad amortiguada, en caso de que tuviera tendencia a olvidarlas. Ese día, estoy verdaderamente en la misma onda que mis pacientes. Tal vez incluso más: siento más ganas de llorar con ellos que energía para insuflarles esperanza.

Rumiar   Rumiar, cavilar, es hacerse daño, al concentrarse, de manera repetida, circular, estéril, sobre las causas, el significado y las consecuencias de nuestros problemas, de nuestra situación y de nuestro estado. Cuando se rumia, cuando se cavila, se cree estar reflexionando, pero de hecho no hacemos sino liarnos y perjudicarnos. La cavilación amplifica nuestros problemas y sufrimientos, reduce nuestro espacio mental disponible para todo el resto de nuestra vida (en especial para las cosas buenas y los instantes felices). Y sobre todo, instala malos reflejos y malas costumbres. Frente a las dificultades, les da vueltas, en lugar de resolverlas (aunque sea de manera imperfecta) o tolera su existencia.

Para saber si nuestras reflexiones son cavilaciones, podemos plantearnos tres preguntas: 1) ¿Ha aparecido alguna solución desde que pienso en ese problema? 2) ¿Me siento mejor desde que pienso en ese problema? 3) ¿Tengo más claridad, me puedo distanciar más desde que pienso en ese problema? Si la respuesta (¡honesta!) a esas tres preguntas es «no», entonces es que no estoy reflexionando sino rumiando. En ese caso, suprema humillación, la solución no llegará de mi mente («piensa en otra cosa»), sino de la acción: vete a caminar, habla con alguien próximo. Debo esforzarme por cerrar la cuestión o, al menos, dedicarme a otra actividad para evitar que eso sea lo único que ocupe mi consciencia. Lo que agrava las cavilaciones son la inmovilidad y la soledad. Lo que las obstaculiza es el movimiento y los vínculos (pero cuidado, no buscar a alguien ¡para rumiar a dúo!). Otra solución: la meditación de plena consciencia. Aceptar que las cavilaciones estén presentes en mi mente, pero no dejarlas solas: acompañarlas de la consciencia de la respiración, del cuerpo, de los sonidos, de la consciencia de todo lo que soy y de todo lo que me rodea. Es más difícil que irse de paseo, pero también más eficaz, a condición de haberse entrenado antes...

Rumiar lo positivo Sucede en una consulta con un paciente en vías de curación. Estamos al final de la terapia, en la fase de perfeccionamiento, de los ajustes finos, del trabajo sobre los pequeños automatismos que restan. Es importante continuar acompañando un poco a los pacientes en estos momentos, desde una perspectiva de prevención de recaídas (los trastornos psicológicos nos exponen a veces a recaídas). Antes de esta fase hemos pasado por numerosas dificultades que había que mejorar: un trastorno obsesivo, ataques de pánico, ansiedad social. Junto a esos trastornos etiquetados, también existía una intensa tendencia a sentir vergüenza, apuro, a sentirse inferior, «siempre de más»; en pocas palabras, a ser parasitado por aprehensiones sociales (ligadas, entre otras cosas, a la vida de sus padres, pues ambos habían padecido enfermedades psíquicas; se conocieron en el hospital psiquiátrico). El paciente ha realizado grandes progresos en todas esas esferas, y por ello lo admiro. Pero todavía quedan pequeños reflejos inadecuados en distintos rincones de su mente. Ese día me cuenta una anécdota sucedida este otoño: una mañana se despertó muy griposo. Sin embargo, duda y vacila antes de ir al médico: «No iba a molestarle por eso, una simple gripe...». Luego se decide a ir. En la sala de espera continúa preguntándose: «¿Estoy suficientemente enfermo para merecer quitarle tiempo? Seguramente hay personas que están mucho peor...». Resiste el impulso de irse. La consulta va bien y el médico le confirma que ha hecho bien en acudir. Sale aliviado, tanto por contar con un tratamiento como por no haber tenido la impresión de molestar. En ese momento, le pido que se detenga:

—¿Qué es lo que se dijo en ese momento preciso, al cruzar el umbral de la puerta de la consulta del médico?

—Me decía: Lo ves, eres un tonto, no pasaba nada por venir.

—¿Y luego? –pregunté.

—¿Luego? Eh... Nada. Me marché y pasé a otra cosa...

Guardo silencio durante un momento prolongado, asintiendo con la cabeza y sonriendo. Comprende que, para mí, esa pequeña secuencia no es anodina, y él también empieza a sonreír.

Vuelvo a la carga:

—Si el médico le hubiera hecho una crítica o le hubiera parecido que estaba contrariado por su visita, ¿habría usted pasado página con tanta rapidez?

—No, no, seguro que me hubiera dado mucha vergüenza, ¡y que le habría dado vueltas como un loco!

—¿Y entonces no le ha dado vueltas a la buena noticia?

—No, ¡no tengo costumbre de rumiar lo que está bien! –bromea.

—¿Ni siquiera reflexionó sobre ello luego?

—La verdad es que no. Aquí es donde lo hago, ahora, con usted.

—¡Entonces vamos a trabajar en eso! Si después de miedos como ese, ligado a sus antiguos reflejos de pensamiento («No te mereces nada, etcétera»), no dedica algunos minutos a hacerse consciente de lo sucedido, le costará mucho tiempo extinguir esos viejos automatismos. Cuando acabe de vivir algo que invalida sus creencias negativas, debe tomarse el tiempo de saborear, de fijar el suceso en su memoria, de sentirlo físicamente, no solo percibirlo intelectualmente para luego pasar a otra cosa. Respire, dígase: «Esto es lo que acaba de pasar, fíjate cómo derrite tu mieditis. ¡Acuérdate de ello! Acuérdate... ». En este caso solo se ha dicho: «Eres un tonto por haber tenido miedo», y luego se ha dedicado a otra cosa. ¡Pues no! Trabaje a posteriori, es muy importante. Si no hubiera funcionado de esa manera, estaría rumiando y dándole vueltas a ese fracaso. Sus viejos demonios habrían bailado de alegría y celebrado su victoria: «¡Ya te habíamos dicho que no lo hicieras!». Así que, piense también en dedicar tiempo a celebrar su éxito.

Cuando las cosas funcionan bien en nuestras vidas, y sobre todo cuando marchan bien a pesar de nuestras predicciones o nuestras costumbres, tomémonos el tiempo de observar y disfrutar. De sentir. De conceder espacio mental a ese suceso favorable que conmociona nuestras creencias. Espacio, ahora, en el instante. Luego debemos almacenar ese recuerdo reconfortante en un lugar importante en nuestra memoria, para que pueda obstaculizar un poco nuestros viejos automatismos en la próxima ocasión.

S de Saborear

Ya sabes cómo afrontar la dificultad.
Pero... ¿invitar en ti la gracia y la belleza?
Detente diez veces a lo largo del día para celebrar
un pedacito de vida.

Sabiduría Existen vínculos muy estrechos entre la sabiduría y la felicidad. En particular el que subraya mi amigo el filósofo André Comte-Sponville, que define la sabiduría como «el máximo de felicidad con el máximo de lucidez».[1] Ser feliz, pero sin apartar la mirada de la realidad. Sin mentirse al respecto, sin olvidarse de reparar en la visión de la desdicha y prepararse para su llegada; toda búsqueda de la felicidad debe ser la de una felicidad lúcida.

Saborear Aprender a saborear, a disfrutar, de los buenos momentos de la vida puede parecerle extraño a algunos: ¡es como aprender a andar! Nuestro cerebro es muy capaz de disfrutar por sí mismo, ¡solo hace falta ponerle delante cosas sabrosas! Pero no, en realidad es más complicado. Saborear es a veces sencillo: cuando estamos tranquilos en un entorno sereno y agradable y nadie nos pide otra cosa aparte de que descansemos y aprovechemos lo que tenemos aquí. Pero ese tipo de situación no es el que más abunda en nuestras jornadas: a menudo no estamos tranquilos, tenemos montones de cosas que hacer o pensar, y el entorno nos exige ciertos comportamientos absorbentes (trabajar, conducir, ordenar, dialogar, etcétera).

Para disfrutar más la vida hay que aprender a saborear más los trozos pequeños. Y para eso, se imponen tres esfuerzos: dejar de hacer lo que se hace y hacerse presente en el instante; tomar consciencia de lo que está presente; tomarse el tiempo de respirar y sentirlo. Aunque todo ello no dure más allá de algunos segundos o minutos.

Saborear es, frente a un hermoso cielo o el canto de un pájaro, tomarse el tiempo necesario para detenerse, observar, respirar y sonreír, antes de continuar (en lugar de apuntar mentalmente lo bonito que es todo y continuar pasando a toda mecha). Saborear es ver a las personas que amo bajarse del tren o del avión, dirigiéndose hacia mí, ser consciente de que las amo y que tenemos mucha suerte de encontrarnos, una vez más. Saborear es, al despertarme por la mañana, sentir que mis manos se mueven, que las piernas se menean, que el cuerpo respira y el corazón late. Es tomarse el tiempo de sonreírle a todo eso, en lugar de saltar de la cama como un bicho apresurado.

Salida Una noche, tarde, en el Sainte-Anne. Tras una larga consulta, acompaño a mi último paciente hasta la puerta del despacho. Es la primera vez que viene: un «primo-consultante» en lenguaje médico-tecnocrático. A menudo, los pobres primo-consultantes están perdidos al final de la consulta: tras haberle contado al psiquiatra montones de cosas dolorosas, vuelven a encontrarse en un gran pasillo en el que todas las puertas se parecen y no reconocen el camino por el que llegaron. ¿Para salir, es a la derecha o a la izquierda? Este paciente está muy deprimido, es muy insomaníaco. Y también muy gracioso. La chufla le sirve, como ocurre a menudo, como antidesesperante, y antidepresivo. Entonces –mitología del Sainte-Anne obliga–, en ese instante preciso en que no sabe hacia dónde ir, en lugar de preguntar como haríamos cualquiera de nosotros, «¿Dónde está la salida?», me observa con su mirada sombría y burlona, y me dice: «¿Hay salida?». Río en mi cabeza todo el resto de la noche y también por la mañana. Gracias, querido paciente, por haber borrado en un segundo todo el cansancio de la jornada de consultas; a pesar de tus propia penas.

Salud Desde hace tiempo tenemos clara la relación entre felicidad y salud. En el sentido de la «felicidad proporciona salud» de Voltaire: «He decidido ser feliz porque es bueno para la salud». Y en el sentido «la salud proporciona felicidad» de Flaubert: «Ser tonto, egoísta y gozar de buena salud; esas son las tres condiciones necesarias para ser feliz».[2]

Es comprensible que tener buena salud facilite la felicidad. Aunque la ciencia contemporánea, a través de numerosos estudios, confirma esa relación en el otro sentido: las emociones positivas en su conjunto son beneficiosas para la salud y la longevidad.[3] Ese efecto no es despreciable, pues su intensidad es comparable a la del tabaco, en sentido inverso, desde luego.[4]

Dos precisiones importantes. La primera es que, si te cuesta sentir emociones positivas, si eres más bien del tipo refunfuñón, ansioso o pesimista, y si te interesa tu salud y longevidad, recuerda que existen otros muchos medios que te beneficiarán: la actividad física, el contacto regular con la naturaleza, una alimentación a base de fruta y verduras, etcétera (de paso, todo ello mejorará además tus capacidades de cara a las emociones positivas, un beneficio por partida doble).

La segunda precisión consiste en que esos datos entre felicidad y salud nos conciernen mientras no hayamos caído enfermos. Lo que demuestran los estudios es simplemente el poder preventivo de las emociones positivas. Una vez que se ha declarado una enfermedad, no existe en la actualidad prueba alguna de que tengan entonces un poder curativo. Aunque sea probable que tengan un efecto mejorador, no está demostrado hoy en día. Si estás enfermo y te cuesta sentir emociones positivas, no te atormentes: continúa viviendo y actuando lo mejor que sepas, siguiendo tus costumbres, y a ser posible, aquellas que te beneficien.

Sam'Suffit* Motivo de ironía, la casita sobre la que figura un cartel «Sam'Suffit», símbolo de una felicidad exigua. Pero ¿cómo saber si quien vive aquí no es en definitiva bastante más sabio que nosotros? ¿Si no es un discípulo de Epicuro que se contenta con los bienes necesarios (un tejado, alimentos, amigos) y que se ha apartado de los demás? Esta pequeña divisa, más que una proclamación satisfecha a cada transeúnte, ¿no será simplemente un programa ambicioso, expuesto por el habitante de la casucha para impregnarse de él a diario?

Sándwich El otro día, tiré un trozo de sándwich a la basura. No vale la pena añadir que no me gustó hacerlo. Y no obstante, me hizo reflexionar. Me dirigía a una conferencia ofrecida por la tarde, y debía tomar el tren de regreso a última hora, por la noche. Como disponía de algo de tiempo antes de la salida, me compré un sándwich en la cafetería de la estación. Era demasiado grande para el hambre que yo tenía, pero no había de tamaño pequeño. Una vez consumidas las tres cuartas partes, me di cuenta de que en realidad no tenía más hambre; lo sentí porque no hacía más que comer. En otras ocasiones, me como los sándwiches leyendo la prensa. En esta ocasión, no tengo ganas de hacer muchas cosas a la vez si no me veo obligado. Así que aprovecho el sándwich para penetrar un poco en el instante presente. La jornada había sido rica, densa y agotadora. ¿Qué interés podía tener en llenarme además la cabeza con otras informaciones? En pocas palabras, como estaba presente en lo que hacía, sentí que en un momento dado, mi estómago me decía: «¡Vale, ya está bien! Deja de comer. Aquí

---

* *Sam'Suffit:* sabiduría, felicidad minimalistas. Un concepto de moda en Francia, donde hay restaurantes, apartamentos, *spas*, vacaciones... Sam Suffit. También una película del mismo nombre realizada por Virginie Thévenet estrenada en 1992. Cuenta las peripecias de Eva, joven artista de *striptease* y sus intentos por salir de su marginalidad y crearse una vida normal. *(N. del T.)*

abajo estamos llenos, no queremos más...». En ese momento escuché las protestas del cerebro: «No, sigue, ¡acábalo!». He escuchado
un poco más antes de obedecerlo y esto es lo que me decían los
pensamientos: «¡Acábalo! Primero para llenarte, así estarás seguro de no pasar hambre más tarde. Si no, como estás cansado, podrías tener una hipoglucemia. Sabes que te da de vez en cuando,
precisamente porque no comes suficiente. Acábalo porque un bo-
cadillito para alguien de 1,87 metros y 80 kilos no es nada, es lo
mínimo. Acábalo, en fin, ¡porque no lo vas a tirar! Sería de idiotas
tirar algo que has pagado; e insultante para todos los que pasan
hambre». He escuchado bien al cerebro mientras me hacía partíci-
pe de todos esos pensamientos, pero he comprendido que no eran
más que clichés, *prêt-a*-pensar. En esta ocasión, mi estómago ha
sido más pertinente e inteligente que mi cerebro (que suele abusar
de su prestigio para llevarme a hacer cualquier cosa). Y a este último ha sido al que he acabado haciendo caso. He tirado el resto del
sándwich, con, es cierto, un poco de culpabilidad. He echado pestes en mi interior contra esta sociedad que nos sirve continuamente raciones demasiado grandes, nos incita continuamente a
comer demasiado para evitar las seudohipoglucemias tan airea-
das por la publicidad. Esta sociedad de la abundancia y de incitaciones, que nos obliga a perder energía para llevar a cabo ese tipo
de pequeños combates contra la sobrealimentación. Me he dado
cuenta de que se trataba de estados de ánimo de rico, y he intentado tranquilizarme diciéndome que para compensar ofrecería
un sándwich al próximo sintecho que viese. También me he dicho
que sería una estupidez, además de insuficiente, que había que
hacer algo más por los sintecho, aparte de tratar de desculpabili-
zarse dándoles un sándwich de vez en cuando. Luego me he dicho
que pensaría en todo ello más adelante. Que no iba a arreglar ese
enorme problema ahora mismo. Me he tomado tiempo para ver
cómo me sentía: nada feliz pero aliviado. Por haber: 1) resistido el

estúpido reflejo de comer sin fin; 2) resistido a una culpabilidad estéril en este momento; 3) tolerado no haber decidido si hice bien o mal. Al tirar (por primera vez) un trozo de sándwich «todavía bueno» a la basura, me sentí como un conejo que acaba de comprender cómo abrir la puerta de su conejera. Aunque su dueño lo atrape y lo vuelva a meter en ella, siempre podrá volver a escapar: ha pillado el truco.

Schadenfreude La alegría malévola de ver a los demás atravesando penalidades; sobre todo si consideramos a esos otros como competidores, adversarios, es decir, enemigos. Emoción vagamente positiva, pero malsana y que en general nos esforzamos en ocultar, pues se basa en el sufrimiento o la incomodidad del otro. A menudo, la *Schadenfreude* es un indicador de una mala autoestima: nos tranquiliza ver en dificultades a personas que nos perciben como adversarios o competidores.[5] ¡Mejor eliminarla, extirparla minuciosamente de nuestras mentes! Salvo si nuestros valores están basados en la idea de que la desgracia que les sobreviene a los demás puede ser un bien para nosotros, lo cual tampoco es que sea una idea estupenda...

Scrooge En su famoso *Cuento de Navidad*, Charles Dickens cuenta la historia de un detestable comerciante londinense, Ebezener Scrooge, duro e inhumano, que convierte en burla toda forma de disfrute y calor humano, en especial las que se dan la noche de Navidad, durante la que se desarrolla el cuento. Al regresar a su casa después de trabajar, un 24 de diciembre, Scrooge será atropellado por tres fantasmas, que le harán vivir numerosas aventuras, le abrirán los ojos a su dureza y le mostrarán su futuro si continúa viviendo como hasta ahora: una muerte siniestra y solitaria. Muy conmocionado por esas visiones, Scrooge decide modificar por completo su existencia y, simplemente ser bueno y amable. ¡Descubre enton-

ces hasta qué punto es agradable! Es difícil imaginar en la actualidad el éxito que tuvo este pequeño relato en la época de su aparición, en 1843. Sin duda, una de las claves es un fundamento de la
psicología positiva: cuando nos vemos enfrentados violentamen-
te a la perspectiva de nuestra muerte (y los espíritus de Navidad
mostraron a Scrooge su propio cadáver), las posibilidades de que
cambiemos de forma de vivir son muy elevadas. Como toda buena
historia de psicología positiva, que describe un cambio favorable
en el corazón de un ser humano, la de Scrooge va más allá de su
caso individual. Cuando la escribió, Dickens también deseó llamar la atención del público acerca de las desigualdades sociales de
su época (Scrooge rechaza toda forma de caridad y considera que
los pobres solo tienen lo que se merecen). Al final, y siempre teniendo presentes las reacciones que suscita a veces la psicología positiva, Dickens, fino conocedor del alma humana, también subraya que la conversión de Scrooge a la gentileza y la generosidad le
valieron muchas chanzas. Esto es lo que escribió: «Scrooge se convirtió también en tan buen amigo, en tan buen jefe, en tan buen
hombre como el burgués de la buena y vieja City, o de cualquier
otra buena y vieja ciudad, villa o burgo, en el buen y viejo mundo. Algunas personas se rieron de su cambio; pero él las dejó reír
y no se preocupó mucho, pues sabía lo bastante como para no ignorar que, en nuestro mundo, nunca ha sucedido nada bueno que
no haya empezado por hacer reír a ciertas gentes. Como es necesario que esas gentes sean ciegas, pensó que, después de todo, más
vale que su enfermedad se manifieste a través de las muecas, que
se les arruguen los ojos a fuerza de reír, en lugar de producirse bajo
una forma menos atrayente. Él también se reía en el fondo de su
corazón; esa era su venganza».

La primera motivación de Scrooge para ser virtuoso fue el miedo (a la muerte), luego fue la felicidad (hacer feliz hace feliz). Para
mí, no es solo otro cuento de hadas, sino una evolución lógica.

Secretos de la felicidad Cuando se les pregunta por el secreto de su felicidad a la gente muy feliz, no nos responden más que con generalidades. En realidad, esos secretos son algo que ellos mismos ignoran, o que al menos no los saben explicar.

Actúan siguiendo su instinto, como los grandes deportistas: su talento no radica en explicar sus gestos, sino en realizarlos a la perfección. Si quieres aprender la felicidad en el contacto con esos profesores, más vale observarlos que escucharlos hablar.

Sencillamente bueno El otro día, mientras desayuno, leo maquinalmente (intento no hacerlo en general, pero ese día piqué...) en el paquete que envuelve el pan de molde de mis hijas: «Este bollo en rebanadas es sencillamente bueno». Esta humildad publicitaria se me pega a la mente. La declaración de sobriedad viene seguida, no obstante, de un montón de palabrería sobre las diversas virtudes del susodicho pan... Pero el gancho funciona, pues ha captado mi atención, y todavía me acuerdo (de la frase, además de la marca del pan...). Es curioso cómo, tras haber agotado los superlativos –«delicioso, sabroso, maravilloso»–, se regresa a lo simple, a lo esencial, a lo elemental: «bueno». En definitiva, casi elemental: como suena duro limitarse a lo mínimo, se le añade al menos un superlativo, al «bueno»: «sencillamente bueno»... Me digo que hacemos un poco lo mismo con nuestros momentos agradables: en lugar de leer simplemente «es agradable», buscaremos «súper», «fantástico», «extraordinario», «genial» y otras formulaciones hiperbólicas del bienestar, variando en función de las modas. Pero tal vez tengamos una excusa: como debemos mantener una proporción de emociones positivas de al menos tres veces más numerosas que las negativas, ¿tal vez estemos tentados de vendérnoslas a nosotros mismos?

Sentidos de la vida Una de las dos grandes vías de acceso a la felicidad (la vía del eudemonismo) consiste en dar sentido a la propia vida. ¿Qué da sentido a nuestras vidas? En general, hacer el bien a nuestro alrededor: amar, proteger y embellecer las vidas de nuestros familiares y amigos, de los seres humanos, de los animales y de la naturaleza. Pero tal y como señala André Comte-Sponville: «Uno no se instala en el sentido de la vida como el que se sienta en un sillón. No se posee como si fuese un chisme decorativo o una cuenta en el banco. Se busca, se persigue, se pierde, se anticipa...».[6] El sentido que damos a nuestra vida está ligado a la persecución y creación de un ideal; a veces a su realización transitoria. El sentir de una vida que tiene sentido es, claro está, inestable: algunos días tristes tenemos, por el contrario, la sensación de que nada tiene sentido. O incluso peor: que lo que para nosotros tenía sentido, ha dejado de tenerlo y que tal vez en realidad nunca lo tuvo. Seamos sabios en esos momentos: dejemos de lado la felicidad, pero no la búsqueda de lo que tiene sentido para nosotros. Nos hemos extraviado durante un momento, pero no nos hemos perdido para siempre.

Sentirse orgulloso Emoción positiva un poco sobrevalorada, me parece a mí. Peligrosa, pues puede alimentar el sentimiento de superioridad (sobre los seres humanos o sobre la Naturaleza). Yo nunca me siento orgulloso de mí mismo, sino simplemente contento. No tengo ningún mérito, nunca he tenido que luchar contra las emociones de la expansión del yo, contra el orgullo, sus deslices y sus pretensiones, pues durante mucho tiempo he carecido de confianza en mí mismo. Una vez que la confianza llegó, también siguió en su puesto la desconfianza contra sus excesos, como un recuerdo de mi impotencia pasada para sentirme orgulloso de mí mismo. Nuestros límites, una vez superados, pueden transformarse en virtudes, sin que tengamos nada que ver conscientemente.

Ser admirado Ser admirado puede procurar placer o confusión. En la medida en que la admiración reconocerá en el objeto que admira una forma de excelencia o superioridad, es posible sentirse admirado erróneamente; como mucho, nos contentaremos con ser estimados, pues la estima puede dispensarse entre iguales, y no supone el reconocimiento de una superioridad.

El otro día, di una conferencia en la cripta de una iglesia. Al final del encuentro, los responsables de la asociación que me había invitado recogían las mesas y las sillas. Una vez que acabaron esa labor, me di cuenta de que algunos se aprestaban a pasar la noche allí mismo: su grupo ha establecido un servicio de asistencia, y se turnaban entre varios, para quedarse a dormir con los sintecho acogidos en sus locales, este invierno tan frío. Al haber frecuentado un poco, sobre todo como médico, al grupo de los sintecho, sé que ese tipo de noches raramente son placenteras: entre los que deliran, los que han bebido demasiado, los que son suicidas en potencia, los que están muy, pero que muy sucios, los que no abren la boca de lo mal que están de la cabeza... es más bien un sacerdocio. De repente, yo, a quien han venido a felicitar por mi charla, me siento como un impostor: no es a mí a quien hay que admirar, ¡sino a ellos! Y no obstante, sin duda he recibido en algunos instantes más felicitaciones por mi conferencia que las que todos estos voluntarios recibirán en un año por su altruismo. ¡Qué mundo más curioso! Aunque sé que no lo hacen para ser admirados. Por fortuna, algo me consuela y me desculpabiliza: la conferencia, a la que asistió mucha gente y que costaba muy poco, habrá reportado algo de dinero para sostener todas esas acciones benéficas. ¡Uf!, me dormiré con esas sensaciones: admiración hacia los voluntarios y el haberlos ayudado en la medida de mis posibilidades...

Serenidad Cualidad de bienestar embargado por la paz, la calma y la tranquilidad. No existe ningún problema en el interior ni en el exterior. Armonía. En nosotros. Entre el mundo y nosotros. Nos sentimos parte del mundo: como la superficie de un mar en calma, como una brisa templada de verano, como una montaña inconmovible, pero que apunta al cielo. La serenidad tiene algo que ver con la calma. Ambos son estados que me gustan mucho, aunque para mí de ninguna manera son equivalentes. No se trata tanto de una cuestión de intensidad (la serenidad sería una especie de calma perfecta y completa), sino de calidad. La serenidad está más allá de la calma; es a la calma lo que la felicidad al bienestar: una trascendencia. Trasciende lo que es exterior o superior al mundo tangible. La calma pertenece a nuestro mundo: calma del cuerpo y de la mente, del entorno. En ambos casos, la sostienen características físicas. Cuando hay calma en nosotros, el corazón late lentamente, la respiración es tranquila, los músculos están relajados, etcétera. Cuando la calma reina a nuestro alrededor, hay pocos ruidos, pocos movimientos, todo cambio se desarrolla de manera progresiva y suave. Cuando la serenidad nace en la calma, algo nuevo sobreviene. Una toma de consciencia de todo lo que está aquí, una sensación de resonancia entre la calma interior y la externa, la disolución de los límites entre el interior y el exterior. Seguimos estando aquí, pero con una puerta abierta a otra cosa. A dos dedos de caer al otro lado. Siempre aquí, pero no solo aquí. Ninguna palabra para describir lo que sucede y lo que entonces se siente. Salvo la de serenidad.

Sexualidad y felicidad, «¡ah, sí!» Una vez finalizada la redacción del manuscrito, se lo he enviado a mi director literario, que me ha hecho un montón de sugerencias pertinentes y un comentario sorprendido: «Qué extraño, nunca dices nada sobre la sexualidad. Me parece, no obstante, que es importante, ¡la relación entre el sexo y la felicidad!». Vale, vale, sí, amigo mío, es importante. Y sí, es cierto que casi nunca hablo de la sexualidad en mis libros o en la vida. Cuestión de pudor, sin duda un poco anticuado. Por otra parte, tengo la impresión de mantener con la sexualidad el mismo tipo de relación que tienen algunas personas con la felicidad: me cansa con mucha rapidez tener que hablar o tener que oír hablar del tema, así que prefiero vivirlo. Pero más allá de mi caso personal, ¿qué puede decirse de las relaciones entre sexualidad y felicidad?

En primer lugar, que revelan múltiples mecanismos. Sí claro, la sexualidad es ante todo un placer innato y necesario, que estamos biológicamente programados para sentir, pues es indispensable para la supervivencia de nuestra especie. Pero como ocurre con todos los placeres, también puede ser enriquecido (o totalmente destruido) por nuestra mentalidad: aprender a dejarse ir y a disfrutarlo ampliará este placer animal y podrá transformarlo en sensación de alegría y plenitud intensa. Otro mecanismo importante que vincula sexualidad y felicidad es que la actividad sexual nos absorbe y moviliza en general toda nuestra atención. En un estudio muy interesante e importante acerca de las relaciones entre atención y felicidad,[7] un equipo de investigadores demostró que la sexualidad era la única actividad humana durante la cual la mayoría de las personas estaban totalmente concentradas (en lugar de pensar en otra cosa o de mirar la pantalla de su portátil). Y ahora se sabe que esas capacidades de concentración facilitan el bienestar y lo que se denomina el *flow*, ese estado de intensa presencia mental en una actividad gratificante. Evoquemos un último mecanismo, el de la reciprocidad: la sexualidad es un intercambio, que nos satisface más cuanto más placer damos y recibimos. Esta dimensión de proximidad y reciprocidad también es fuente de felicidad. Por todas estas razones y otras más, sexualidad y felicidad están conectadas. Por otra parte, los picos de actividad sexual, tal y como se calculan a través de la venta de preservativos, se sitúan durante las vacaciones de verano, pero también en el período de

Navidad, es decir, en períodos del año en que se tiene tendencia a sentirse algo más feliz.[8]

Sexualidad y felicidad, «¡bah!» Todos los seres humanos, o casi todos, disfrutan y aprovechan los vínculos entre la sexualidad y la felicidad, claro está. Pero también hay excepciones.

En primer lugar, algunas personas no tienen necesidad de sexo para ser felices, incluso muy felices: se puede encontrar a muchas de ellas en las comunidades religiosas. Tanto si es por rechazo, por renuncia o simplemente porque la prioridad se otorga a otras felicidades que consideran más importantes, como la del compromiso religioso, lo cierto es que pueden ser muy muy felices sin vida sexual.

Otra cuestión es que el discurso sobre la sexualidad activa los estereotipos sobre las diferencias entre hombres y mujeres, como han demostrado numerosos trabajos:[9] así, evocar la sexualidad a voluntarios, tanto de manera visual o verbal, subliminal o abierta, dará como resultado sistemáticamente que ellos o ellas se percibirán y comportarán en función de su sexo de una manera más caricaturesca que de costumbre. Las mujeres tendrán una tendencia inconsciente a mostrarse más dulces y sumisas que de costumbre, y los hombres más afirmados y dominantes. La proliferación de los discursos e imágenes a propósito de las relaciones sexuales comporta, pues, efectos indeseables significativos y más bien contraproducentes con respecto a nuestra felicidad, sobre todo en la felicidad ligada a las relaciones entre hombres y mujeres. Pues esos estereotipos sexuales perturban enormemente nuestra visión y expectativas sobre la felicidad. En otro estudio,[10] los investigadores demostraron que entre distintas expresiones emocionales que mostraban a hombres desconocidos en una serie de fotografías, lo que hacía al hombre más sexy a ojos de la mayoría de las mujeres era la expresión de fiereza y dominio; y la expresión que convertía a los hombres de las fotos en menos atractivos era ¡la de felicidad! Moraleja: para seducir, a los hombres les interesa vacilar e hinchar el torso en lugar de sonreír con gentileza. A primera vista resulta gracioso, y un poco triste a segunda: muchas de las malas elecciones sentimentales por parte de las mujeres se basan sin duda en este mecanismo.

Sí, pero: ¡nunca más! Me he dado cuenta, ya hace bastantes años, que muy a menudo empezaba mis frases con «sí, pero». He visto que, al menos en mi caso, eso traducía una actitud vital inadecuada: centrarme prioritariamente en los puntos de desacuerdo, sobre todo en lo que venía después del «pero». Y que, de repente, el «sí» era una estafa: un pseudo-acuerdo de principio, antes de pasar a la contradicción. El «sí, pero» era un falso «sí», y un verdadero «no», que no se atrevía a decir su verdadero nombre. Por ello me puse a luchar con ese defecto, para dejar de decirlo, y pasar a decir primero solo «sí» (y todo lo de después). Después, en caso de ser necesario, podía expresar mis «no» (y todo lo de después, también). Ya no digo los dos al mismo tiempo, como solía hacer con mis «sí, pero».

Empezar con «sí» no significa decir «sí» a todo, sino «sí» a lo que acepto y me conviene. Eso permite que se preste más atención a nuestros «no» a continuación. Empezar diciendo «sí» a los interlocutores, cada vez que sea posible, antes de pasar a los «no», es como empezar sonriendo cuando nos encontramos con ellos, aunque sepamos que no estaremos de acuerdo con ellos en todo: es una prueba de respeto y de apertura, que no cuesta nada y lo cambia todo.

Silencio Para mí, el silencio tiene el sabor de la felicidad. El sabor de la atención respetuosa dirigida al mundo, el gusto por la lentitud, la humildad, el gusto de la apertura. Hay que callarse para dejar que la felicidad se aproxime, para escucharla atravesarnos.

El poeta griego Eurípides dijo: «Habla si tienes palabras que decir más fuertes que el silencio, si no, guarda silencio». Vivió, se dice, en una gruta de la isla de Salamina, rodeado de libros y contemplando a diario el mar y el cielo.[11] Cuando me siento feliz, sobre todo tengo ganas de callarme, pues ninguna palabra me parece adecuada para el momento. Ni tampoco más tarde: la felicidad es la emoción más difícil de expresar en palabras. O más bien de transmitir mediante palabras; leer un testimonio o un relato sobre la felicidad no te facilita ser feliz, y a veces incluso irrita. Por eso no se crean buenas historias, novelas o películas con la felicidad. La desdicha resulta más cautivadora a lectores y espectadores.

Simio de mal humor Cuando era más joven, me fascinó el título surrealista de un libro: *Soy como una cerda que duda*; se trataba del testimonio de un profesor que explicaba por qué había abandonado la Educación Nacional.[12] Y recientemente he leído un artículo de primatología[13] cuyo contenido es el que me ha fascinado en esta ocasión: habla de los estados de ánimo de un simio prisionero en un zoológico. Irritado por los visitantes humanos, se levanta todas las mañana al amanecer para hacerse con reservas de municiones (piedras, trozos de hormigón y otros proyectiles) que esconde en su recinto. Y cuando después, durante la jornada, hay demasiada gente, o demasiados gritos o peticiones para que haga el mono, se pone nervioso y apedrea a esos irritantes simios humanos del otro lado de la verja, que tratan de provocarlo en lugar de aprovechar su libertad.

Los primatólogos se han interesado por el caso de este chimpancé, por su capacidad de anticipar sus estados emocionales: sus cóleras no son solamente reflejos, sino reflexiones. Y por ello, piensa por adelantado y crea un plan de acción para expresarlas. Estados de ánimo de mono: se ha visto empujado a ese comportamiento por las cavilaciones sobre las irritaciones pasadas y las anticipaciones de las futuras. De ahí sus planes de acción. Y a mí, lo que me ha fascinado de esta historia es que me he sentido cercano al mono: me he dicho que si me encerrasen en un zoológico y me molestasen a lo largo del día, sería un pasatiempo correcto y bastante interesante hacer lo que él hace. ¿No sería esa una manera aceptable de transformar mi irritación en alegría, apedreando a esos visitantes berreantes? Seguro que permanecer en actitud Zen me proporcionaría más cacahuetes, pero sería menos divertido.

Sin la felicidad... Sí, claro está, nuestra vida es posible sin felicidad. Pero insípida y fea. Sin ella, solo nos resta la tristeza y el cinismo, que es lo que sentimos frente al mundo cuando estamos cansados o no somos lo bastante felices.

Smiling in the rain El otro día, al final de un taller de formación en psicología positiva que di para colegas, uno de ellos me pregunta: «Pero a ti, ¿qué es lo que más te ha ayudado personalmente de todas esas técnicas?». Al cabo de algunos segundos de reflexión (en general, no es el tipo de preguntas que se hacen entre profesionales, al menos en público), le contesto que no sé qué es lo que *más* me ha ayudado. Pero sí lo que me ha ayudado en estos últimos tiempos, y que no he aprendido a hacer más que hace poco, es a sonreír en la adversidad, en la tristeza, en la inquietud. Es el sonreír por la mañana, al amanecer, cuando se siente la preocupación de vivir asomándose por la nariz, que llega merodeando, para ver qué. Y no obstante, sonrío. Justo porque estoy vivo. Y sonreír puede entonces dar fuerzas, puede traer fantasmas de felicidades pasadas o futuras, promesas de felicidades posibles, un día, al menos: no se les ve con claridad, pero se siente su presencia, aquí, a nuestro lado. Es curioso la de tiempo que me hizo falta, no para comprenderlo, sino para hacerlo, de verdad: pensar en sonreír en la adversidad, en lugar de pensar en llorar.

Snoopy Palabras del perro Snoopy, en la tira cómica de Charles Schultz, *The Peanuts*, en 1959: «Algunos días, me siento de un humor extraño. Es como si no pudiese impedirme el morder a un gato. A veces, me parece que si no consigo morder a un gato antes de la puesta de sol, podría volverme loco. Así que respiro hondo y luego no lo pienso más. Eso es lo que llamo verdadera madurez». ¡Y yo también! Estoy de acuerdo con Snoopy: hay algo de madurez en esa capacidad, en ese esfuerzo de renuncia. Y, de repente, he pensado en lo que sería mi equivalente psicológico de la «necesidad de morder a un gato». Sin duda abandonarme a mis cavilaciones... ¿Y para ti?

Sócrates Un día, un hombre acudió a ver a Sócrates y le dijo:

—Escúchame, Sócrates, he de contarte cómo se ha comportado uno de tus amigos.

—Un momento, un momento –le interrumpió el sabio–. ¿Has pasado lo que tienes que decirme por los tres tamices?

—¿Los tres tamices? –respondió el hombre, perplejo.

—Sí, amigo mío, los tres tamices. Examinemos si lo que has de contarme puede pasar por esos tres tamices. El primero es el de la Verdad. ¿Estás seguro de que lo que vas a decirme es verdad?

—No, pero me lo han contado y...

—Vale, vale. Pero entonces, tal vez lo has pasado a través del segundo tamiz, el de la Bondad. Eso que vas a contarme, aunque no sea totalmente cierto, ¿es al menos algo bueno, o algo que hará el bien?

Dudando, el otro contesta:

—No, no es algo bueno, sino al contrario...

—Hummm... –dice el sabio, probemos con el tercer tamiz y veamos si resultará útil lo que has de contarme...

—¿Útil? Pues no precisamente.

—Bien –dijo Sócrates, sonriendo–, si lo que tienes que decirme no es verdad, ni bueno ni útil, prefiero no saberlo. Y en cuanto a ti, te aconsejo que lo olvides...[14]

No hay que cargar con cotilleos y malas noticias inciertas, malevolentes e inútiles. ¡Y la de espacio mental de que dispondrás para disfrutar la vida!

Sol Vuélvete hacia el sol: las sombras estarán siempre por detrás.

Soledad No es un obstáculo para la felicidad a condición de que sea elegida y no padecida. O que sea transitoria, como la soledad de una persona que es amada y está acompañada, pero que aprecia el poder apartarse del mundo y estar tranquila un día, una semana, un mes, sabiendo que a lo lejos continúan amándola y pensando en ella. Hay estudios que demuestran que las personas que han vivido siempre solas son tan felices como las que viven en pareja. Por el contrario, es más complicado para los divorciados, separados, viudos y viudas. La soledad como estado civil (el celibato) no se acompaña obligatoriamente de una soledad cotidiana: las personas que viven solas suelen tener más amistades que las que viven en pareja, más entretenimientos, etcétera. Una relación social rica, que se solicita y saborea, parece poder reemplazar, o al menos ofrecer, tanta felicidad como una vida en pareja.[15]

Solsticio de invierno Ese momento del año, en general el 21 de diciembre, en que el día deja de menguar en beneficio de la noche: a partir de la mañana siguiente, el tiempo de luz empieza a aumentar a costa del tiempo de oscuridad. Ese paso me alegra cada año: en pleno corazón del invierno, el sol va a molestarse en ayudarnos a alcanzar la primavera. Nos proporcionará más luz para que soportemos mejor el frío. Solo unos pocos minutos de más al día, imperceptibles. Pero saberlo es una delicia. Así ocurre en nuestras vidas: la salida a nuestros sufrimientos ya está naciendo, en el corazón de la tormenta que atravesamos. La luz del alba nace en el corazón de la noche. No desesperes nunca.

Soltar Es una actitud preciosa, pero más compleja de lo que parece. Soltar nos es útil cada vez que fracasamos y que sentimos aumentar el desamparo por ese fracaso. No consiste únicamente en renunciar o en descansar, sino en movilizar un conjunto de estrategias: 1) decidir dejar de esforzarnos tal como lo hacemos, dejar de forzar; 2) aceptar que no pasa nada, que ese camino está tapado, bien porque no es el buen camino, o porque tal vez no es el momento adecuado, o porque no es la manera adecuada; 3) observar el aumento de los estados de ánimo negativos (decepción, cólera, abatimiento, humillación), decirse que es normal, pero no deseable; 4) liberarse de la tarea o de la situación, salir de ella y concederse una bocanada de vida, decirse que lo intentaremos más adelante, o nunca, y 5) regalarse una buena cerveza. No, estoy bromeando: la quinta etapa es en realidad opcional al soltar.

Ejercicio: entrenarse en pequeñas renuncias, frente a pequeñas preocupaciones (la llave perdida que se busca por todas partes, la idea que no llega cuando hemos de redactar un correo o un informe, el interlocutor que discute por nimiedades). Tratar de observar si soltar el asunto, al menos durante unos minutos, aporta a nuestras emociones y a la situación algo interesante.

Sonreír Existen tres buenas razones para sonreír lo más a menudo posible. He dicho bien: lo más a menudo posible. No todo el tiempo, claro que no: es inútil obligarnos cuando tenemos preocupaciones de verdad, o cuando somos muy desdichados. Hablo de sonreír cuando todo va más o menos bien, cuando nuestras preocupaciones son de tipo normal, el pequeño alquiler de nuestras vidas.

La primera razón, sonreír nos pone de mejor humor. A menudo consideramos que cuando nuestro cerebro está contento manda sonreír al rostro. Es verdad, pero también ocurre en sentido contrario: cuando el rostro sonríe, el cerebro se alegra. Así lo han confirmado muchos estudios. Es lo que se denomina bucle de retroacción, y entre la sonrisa y los centros cerebrales del buen humor, también existe un bucle de retroacción.[16]

Por ello, la sonrisa no es únicamente la prueba de que somos felices, sino que también es cierto al contrario: sonreír con dulzura, al menos cuando no tenemos razones para llorar, mejora suavemente nuestro humor, pues nuestro cuerpo influye globalmente al cerebro. La manera en que respiramos, en que nos mantenemos más o menos derechos, ejerce una influencia en nuestros estados de ánimo, leve, pero que puede ser más intensa si es constante. Los estudios que evalúan la importancia de este impacto a largo plazo obtienen todos los mismos resultados: cuanto más sonreímos, más se facilita el acceso a la felicidad y la salud. Es una manera sencilla y ecológica de actuar con suavidad sobre nuestro bienestar. Pero es inútil pretender invertir el humor sonriendo si estamos muy tristes; solo funciona si no padecemos problemas enormes.

La segunda razón para sonreír: atrae cosas buenas a nuestra vida, en particular en lo tocante a otras personas, se nos acercan más, nos prestan más ayuda y atención. A menudo me paseo con una sonrisita en los labios y observo que muchas personas me dan los buenos días (algunas, sin duda, creen que nos conocemos, pero según lo veo yo, otras se sienten vinculadas conmigo sobre todo porque les sonrío).

La tercera razón: sonreír de entrada es un acto de dulzura y de gentileza hacia los demás. Poner mala cara hace que el mundo sea un poco más feo, y sonreír lo hace un poco más bello. Solo un poco, pero al menos un poco.

Soñar Un día, mi esposa me pasa un enlace de internet que propone vacaciones paradisíacas en un lugar maravilloso. Y yo le contesto, un poco alarmado: «Pero... ¡No podemos! Es muy caro, y en

este momento no tenemos dinero suficiente y ¡ninguna posibilidad de vacaciones!». Y ella me contesta: «Sí, pero no pasa nada.
¡Me ha encantado soñar durante un instante!». Tiene gracia la sorpresa que me he llevado. Uno cree conocer a su cónyuge, y siempre
existen momentos como esos en los que se descubre una faceta des-
conocida. Personalmente, yo no me abandono con facilidad a sueños que me parecen imposibles. No me interesa, y tal vez sea porque no quiero que me dejen un rastro de amargura. No quiero
exponerme, utilizo la prevención de la decepción, por así decirlo.
Pero mi esposa, que está bastante más dotada para la felicidad que
yo, no tiene miedo de abandonarse a los sueños, para luego aterri-
zar, y seguir sintiéndose feliz en su verdadera vida.

Spinoza Su nombre de pila era Baruch, el «bienaventurado».
Como Descartes, de quien fue contemporáneo, Spinoza se inte-
resó mucho por las emociones, y estuvo convencido de lo siguiente: «Un sentimiento no puede ser contrariado o suprimido más que
por un sentimiento opuesto y más intenso que el sentimiento al
que se opone».[17] Dicho de otro modo: para despegarse de una emoción dolorosa, más que la razón, lo que mejor nos liberará será la
emergencia de un emoción agradable. Spinoza hubiera estado sin
duda de acuerdo con los fundamentos de la psicología positiva, que
recuerdan que sería mucho más fácil sentir una emoción que hayamos «practicado» y suscitado con regularidad. Realizar el (pequeño) esfuerzo de disfrutar, cuando todo va bien, aumentaría considerablemente nuestras opciones de poder disfrutar (un poco)
cuando todo vaya un poco menos bien.

Spinoza no tuvo lo que podría considerarse una vida feliz: fue
expulsado de la comunidad judía de Ámsterdam en 1656, a los
23 años de edad, por razones nada claras, sin duda por criticar
ciertos dogmas religiosos. Poco después fue atacado por un desequi-
librado, que le asestó una cuchillada. Spinoza guardó mucho tiem-

po la prenda agujereada por el arma, como para no olvidar adónde podía conducir el fanatismo. Para subsistir pasó el resto de su vida puliendo lentes ópticas, para microscopios, y astronómicas, para telescopios (y su minucioso trabajo fue muy apreciado), a la vez que redactaba una obra filosófica compleja e importante cuyos fundamentos siguen empapando nuestro pensamiento muchos siglos después.

Stade Toulousain Me gusta el rugby y me encanta el Stade Toulousain, el equipo que, como todo el mundo sabe, ofrece el rugby más bello e inteligente de toda Francia, de Europa y tal vez del mundo (algunos días...). Así que tengo camisas, bañadores, camisetas con el escudo de mi equipo favorito. Sí, lo sé, es un poco tonto, pero me da igual. Un domingo acudí a una gasolinera para repostar gasolina, con una bonita camiseta del Stade (en eso se puede reconocer a un tolosano: no dirá el «Stade Toulousain», sino simplemente el «Stade»; para él, no hay ninguno tan importante, bueno y potente como para tener que precisar). El gasolinero de la caja observa mi camiseta, que lleva la inscripción «Toulouse Rugby» y exclama:

—¡A mí no me gusta nada el rugby! ¡Prefiero el fútbol!

Vaya... Estoy a punto de devolverle su gasolina. Debe notarlo en mi cara, porque añade:

—Salvo con África del Sur, ¡cuando hacen el *gnaka*!

E inicia un remedo del *haka* (esa danza maorí de antes de los partidos, que no ejecutan los Springbocks sudafricanos sino los All Blacks neozelandeses). Me da un ataque de risa, y a él también. De repente, me siento relajado y le digo:

—No me lo creo. ¡Es imposible que no le guste el rugby!

Y finalmente me decido a pagarle. Nos separamos como colegas, e incluso ensaya un último movimiento de *haka* para mí cuando dejo su negocio.

Es curioso cómo me acuerdo, al cabo de meses, de ese diálogo improbable y sin importancia y cómo, mirando hacia atrás, comprendo que mi camiseta ha desempeñado un papel útil de comunicación, cuando hubiera podido no existir. El gasolinero no hizo más que responder a mi declaración pectoral de amor por el rugby tolosano. Y eso nos ha dejado (al menos en mi caso) un recuerdo simpático.

¡Stop! ¡Detente y disfruta! Numerosos estudios han demostrado que una interrupción durante una actividad agradable aumenta la satisfacción que se extrae de ella.[18] Curioso, ¿no? Por ejemplo, una pausa de unos pocos minutos en medio de un masaje delicioso, un intermedio en medio de una película o de una obra de teatro que nos apasiona, la suspensión durante algunos instantes de una conversación apasionante, todo ello convertirá esa experiencia en algo más satisfactorio al final. El lado oscuro de esos estudios: los publicitarios se apoyan en ellos para explicar que al fin y al cabo las secuencias de publicidad durante las emisiones o las películas no fastidian el placer.[19] El lado luminoso: elegir nosotros mismos dejar de estar en la experiencia para tomar consciencia de esa experiencia, adoptando una distancia mental, representa sin duda un método todavía más potente de trascender nuestro placer que sufrir una secuencia de publicidad. ¡Siempre ese poder fascinante de la consciencia como gran amplificador del bienestar y la felicidad!

Suerte Los franceses son notorios refunfuñones y depresivos. ¿Tal vez se deba a la manera en que perciben la felicidad? En nuestra lengua, la palabra *bonheur* (felicidad) deriva de la yuxtaposición de *bon-heur*, designando *heur* la fortuna, la suerte. ¿La felicidad (*bonheur*) como un golpe de suerte? Una buena razón para disuadirnos de esforzarnos y alimentar nuestro lado pesimista y gruñón.

Pero estamos equivocados: los trabajos modernos sobre la suerte demuestran, en efecto, que no cae del cielo, sino que es resultado de un conjunto de actitudes y comportamientos muy reales, pero de los que no somos conscientes.[20]

Primer punto: la suerte es un estado mental, una manera de leer nuestra vida. Una prueba: vas al banco para retirar una chequera. Llega un enmascarado, blandiendo una pistola y reclama la caja. Al huir, para dar miedo a los presentes y evitar las persecuciones, dispara a ciegas y una bala te penetra en el brazo. ¿Has tenido suerte o mala suerte? Mala suerte, ¡dirán los tristes! Si hubiera llegado cinco minutos antes o después, no habría tenido ningún problema. Y además, he sido el único herido. Suerte, ¡dirán los alegres! Hubiera podido pasar 20 centímetros más cerca, por el corazón, pero por suerte, ¡mi ángel de la guarda velaba por mí!

Segundo punto: la suerte también es un conjunto de comportamientos que facilitan que nos sobrevengan cosas buenas. Las investigaciones han demostrado que las personas que se consideran afortunadas, cuando entran en una situación nueva, primero miran a su alrededor (y encuentran así billetes de banco tirados por el suelo por los investigadores, con motivo de un estudio) o entablan con más facilidad una conversación con desconocidos (recogiendo así informaciones, sonrisas, contactos, que resultan agradables en ese momento y que tal vez les resultarán de utilidad más adelante). Se crea así un círculo virtuoso entre la suerte y las emociones positivas: cuanto más feliz se es, más suerte se tiene; y cuanta más suerte se tiene, más feliz nos hace. También parece que el vínculo de causalidad más fuerte vaya en el siguiente sentido: sentirse feliz te hace más afortunado. La suerte como un efecto secundario de la felicidad...

Sufrimiento «No buscar el no sufrir, ni sufrir menos, sino no dejarse alterar por el sufrimiento», escribió Simone Weil.[21] Me parece una oración muy realista, y también un camino para nuestros esfuerzos. No es posible suprimir el sufrimiento, no se puede más que limitar su influencia, para que esta no impida la visita de la felicidad, a pesar de todo.

Suicidio Un día me encuentro con un amigo escritor, que llega tarde a un salón del libro al que ambos estábamos invitados.[22] Está conmovido, pues el tren que le traía estuvo bloqueado por un suicidio en las vías: «Te das cuenta, la mayoría de la gente pensaba en el retraso y las complicaciones por ese mismo retraso. Mientras que alguien acababa de matarse...».

Este año he viajado mucho y en un par de ocasiones me ha sucedido que el tren se ha detenido por un suicidio. Y en cada ocasión he tenido el mismo reflejo: primero el «¡Jolín! ¡Voy a llegar tarde!»; luego la vergüenza: «¿De qué te quejas? Tu pequeño retraso es una nimiedad comparado con la muerte de un ser humano, con una historia de desesperación absoluta».

Hablamos un poco con mi amigo de esos movimientos de nuestros estados de ánimo y de nuestra consciencia cuando la desdicha de los demás desemboca en nuestras pequeñas vidas tan organizadas. A la mañana siguiente, me envía un correo, con lo que él denominaba «cuestiones de novelista»: tras nuestra conversación, ha vuelto a pensar sobre la manera en que los pasajeros del Airbus de Air France, recientemente siniestrado en el Atlántico, debieron vivir sus últimos instantes. Le sorprende que los periodistas hablen de las condiciones técnicas del accidente, y no de la consciencia que esos seres humanos pudieron tener de los últimos minutos de su vida.

Para mí, no se trata de «cuestiones de novelista». Lo que ocurre es que los novelistas, seres muy sensibles, se las plantean a menudo con más constancia y violencia que los demás, porque les habita la compasión (incluso cuando intentan demostrar lo contrario), y junto con ella la sensibilidad y la curiosidad hacia todas las experiencias humanas; incluso espantosas, extremas y finales...

Superdotados de la felicidad Hay gente así, a la que la vida ha favorecido: buenos genes, buenos modelos parentales, posibilidades existenciales, inteligencia de la vida, también. ¿Cómo saberlo? En todo caso, el resultado está ahí: un verdadero talento para ser feliz. Se benefician de un perfil emocional perfecto: las cosas buenas de su vida les procuran felicidades rápidas, intensas, perdurables; las malas también los alcanzan, sin duda, pero no más de lo necesario, para después perderse en el olvido. Sin esfuerzo aparente por su parte; es lo que se denomina un temperamento feliz. Es inútil envidiarlos, su felicidad no le resta nada a la nuestra. Más vale observarlos para aprender, y frecuentarlos, para aprovechar. De la misma manera que las emociones son contagiosas, acabaremos atrapando un poco de su bienestar, igual que se atrapa un catarro. Un catarro de felicidad...

Supersticiones Tiene gracia que algunas personas alberguen supersticiones sobre la felicidad. Un poco como ocurre con la salud, cuando hay gente que no se atreve a contestar «estupendamente» cuando le preguntan «¿Qué tal estás?», por miedo a atraer mal de ojo y caer enfermos de inmediato. Pues yo tengo amigos a los que no les gusta nada confesar: «En este momento, soy totalmente feliz». Siempre con el temor de atraer la desdicha. De hecho, es probable que, tarde o temprano, cuando todo marche bien, nuestra salud encuentre problemas (grandes o pequeños) y nuestra felicidad disminuya. Pero evidentemente no existe efecto de causalidad: porque hayamos confesado nuestra felicidad y buena salud, las cosas se estropearán, sino porque esos fenómenos son el objeto de una ley clásica, la de la «regresión hacia la media».[23] Todo fenómeno que se sale de la media tiende a volver a ella, de manera natural. Los picos de felicidad y los abismos de desdicha obedecen a esta regla. Una razón de más para saborear la felicidad cuando está aquí, y para no desesperarse cuando se trata de la desgracia: ni la una ni la otra serán eternas.

Sur «¿Por qué abandonamos este lugar tan ideal, tan bello, tranquilo y rico en champiñones?», se interroga Freud, cuando pasa unos días en una pequeña localidad del sur del Tirol en septiembre de 1900, en compañía de su cuñada Minna. «Simplemente porque solo nos resta una semana, y porque nuestro corazón, como hemos constatado tiende al sur, hacia los higos, las castañas, el laurel, los cipreses, las casas ornadas de balcones, los anticuarios...».[24] Nuestro corazón europeo tiende hacia el sur, cuando es cuestión de felicidad. Por la suavidad de la noche, por el sol y las cigarras, por el olor del monte bajo, las conversaciones bajo las parras y el chapoteo tranquilo del Mediterráneo de madrugada.

Suspirar o no suspirar «Todo lo que se hace suspirando está manchado de negación», escribe Christian Bobin en *Les Ruines du ciel*. Recuerdo que a principios de año tomé la resolución de no hacer nada suspirando. No tenía necesidad de que hubiese demasiados momentos de negatividad en mi vida. Como no soy masoquista, primero me dediqué a rechazar lo que me hace suspirar: las invitaciones pesadas o demasiado frecuentes, las tareas de más que me caen. A veces, salir corriendo: abandonar un cine si la película me aburre demasiado. Pero cuando lo que me hace suspirar es inevitable, entonces me esfuerzo para hacerlo sin pesar, y no a regañadientes (expresión muy elocuente, ¿no?).

No actuar suspirando para no seguir tiñendo de negatividad instantes que son igualmente instantes de vida: lo mismo cuando uno se aburre, cuando hacemos algo que no tiene gracia (lavar los platos, sacar la basura), incluso cuando se estaría mejor en otra parte, todos esos instantes, no son la nada, sino vida. Estamos aquí, respiramos, escuchamos, vemos y sentimos, lo cual no está nada mal. Quizás a los muertos les gustaría estar viviendo lo que a nosotros, los vivos, nos hace suspirar.

Durante las vacaciones que siguieron a mi resolución, caí enfermo. Pasé varios días enfermo, con fiebre, dolorido, ralentizado, mientras todo el mundo salía a festejar, pasear y admirar. Caer (un poco) enfermo no es que me haya alegrado precisamente, pero no he suspirado por estarlo. He leído, he observado (obligado) aquello que nunca se mira (cómo cambia el cielo por la ventana, los transeúntes discurriendo por la calle, los objetos y muebles inmóviles), he escuchado los ruidos que no suelen oírse (el rumor exterior, el crujido del suelo de madera). Casi no he suspirado, pues, sino que he vivido lo mejor que he podido durante este período. Y hoy, extrañamente, tengo la impresión de que esas jornadas de enfermedad, en las que he observado el paso de las horas, han sido, al fin y al cabo, las más bellas y fecundas, porque han sido las más contemplativas. Las he vivido, sin suspirar, con más intensidad que celebrando fiestas, que visitando barrios o museos.

Por eso me apego hoy más a mi resolución, frente a lo que me pesa: nada de suspirar. Evitar, modificar o aceptar, pero nada de suspirar. Espero poder aguantar. Espero que cuando reviente (algo que acabará sucediendo), me dé cuenta enseguida, y me ponga a ello. Sin suspirar...

T de Tristeza

Acéptala, escúchala,
como una amiga que tiene razón pero que exagera.
Continúa adelante y viviendo.
Y luego date la vuelta: ya no estará allí.

Televisión Parece que el uso intensivo de la televisión nos hace un poco más insatisfechos y un poco más desdichados. A grandes rasgos, es lo que permiten deducir todos los estudios disponibles.[1] Claro está, esa causalidad funciona también en sentido inverso: cuando nos sentimos insatisfechos o desdichados, nos sentimos atraídos con más facilidad por la tele, que es un medio de pensar menos en lo que no funciona en nuestras vidas. En ambos casos, en ambos sentidos, este es un consejo, entre todos los que aparecen en este libro, muy fácil de aplicar: ¡mira menos la televisión! Camina, lee, habla. Es un programa mucho mejor para ocuparte de tu ánimo.

Terapia «¡Qué importa la terapia, siempre y cuando no haya angustia!». Esta máxima me la regaló uno de mis pacientes, Philippe, imitando a Alfred de Musset (recuerda: «Qué importa la botella, siempre que quede la embriaguez»). Fue en 2005, durante la «guerra de los psiquiatras», entre conductistas y psicoanalistas. Muy buena llamada al orden: la terapia no es más que una herramienta, y la prioridad es ayudar.

Ternura Estado de ánimo agradable frente a algo conmovedor y frágil (un niño, una pareja de ancianos, un gesto de gentileza imprevisto). «¡Qué monada!», exclaman hoy para expresarla. La ternura les es más fácil a las mujeres que a los hombres, que a menudo la menosprecian («¡Qué ñoño!»). Peor para ellos...

Tetrafarmakon Se llama así (en griego significa «remedio cuádruple») a la esencia de la doctrina del filósofo Epicuro, resumida en cuatro máximas por uno de sus discípulos, Diógenes de Enoanda, que se dice grabó en el frontón de un pórtico:

> *No temas a los dioses.*
> *No temas a la muerte.*
> *Puedes aprender a disfrutar.*
> *Puedes aprender a sufrir menos.*

Un programa que me va como anillo al dedo, ¡y que yo también grabaré encima de la puerta de entrada de mi consulta en el Sainte-Anne!

Tiempo para hacer lo que te gusta Sin duda es una de las recetas más potentes de la felicidad: disponer de tiempo para hacer lo que nos gusta.[2] Tan sencillo que resulta desconcertante, pero así ocurre siempre en psicología positiva. Una gran parte de nuestras actividades nos harían más felices si tuviéramos más tiempo para llevarlas a cabo; y nos hacen poco o nada felices porque precisamente carecemos de ese tiempo. Trabajar en el jardín, ocuparse de los hijos, hacer la compra, ciertos aspectos de nuestro trabajo: todo eso representa placer o estrés, dependiendo del tiempo del que dispongamos. Disponer del tiempo suficiente es un lujo infinito, puede adquirirse con dinero (los muy ricos consiguen que les hagan muchas cosas fastidiosas pagando a otras personas, disponiendo del tiempo para hacer lo que de verdad les gusta). También puede, a veces, obtenerse a través de la sabiduría, realizando ciertas elecciones vitales: trabajar menos o gastar menos, para disfrutar más.

Todo va bien Ser feliz cuando todo va bien: un programa nada absurdo. Como señalaría el filósofo Alain: «Debería enseñarse a los niños el arte de ser feliz. No el arte de ser feliz cuando la desdicha te cae encima, eso lo dejo para los estoicos, sino el arte de ser feliz cuando las circunstancias son pasables y toda la amargura de la vida se reduce a pequeñas molestias y malestares...».[3]

«Total happiness!» Un día, un paciente bipolar, que sufre, pues, unas veces de depresiones graves y, otras, de euforias enfermizas también muy graves, me telefonea y anuncia: «Doctor, es fantástico, nunca me he sentido tan bien. He decidido dejar mi trabajo y marcharme a Australia. Estoy en plena forma. Total happiness, doc!». Ese *total happiness*, que duraba desde algunos días, no presagiaba nada bueno, sino una hospitalización urgente contra su voluntad. Hubiera preferido para él *microhappiness*.

Trabajo y felicidad ¿El trabajo y la felicidad? La historia empezó muy mal, cuando en el Génesis, Dios, furioso, expulsa a Adán y Eva del paraíso (donde no tenían que trabajar), condenándolos a ganarse el pan con el sudor de su frente. La misma historia continuó igual de mal, con esa total injusticia de las sociedades preindustriales, que continuaron considerando el trabajo como una maldición y una infamia, en las que los ricos no trabajaban, pero hacían trabajar a los pobres en su lugar. Los cambios llegaron con las grandes ideas revolucionarias del Siglo de las Luces: la felicidad se consideró un derecho, y el trabajo, como un valor. Lo que se convierte en sospechosa es la ociosidad, mientras que el trabajo confiere felicidad y dignidad, como apuntaba el filósofo Helvétius: «El hombre ocupado es el hombre feliz».

Y el mismo Diderot se mostró moderado al respecto: «Tendría más confianza en las delicias de la jornada de un carpintero si fuese el carpintero el que me hablase de ellas»; la imagen del trabajador que podía amar su trabajo y desarrollarse gracias a él permanece inscrita en nuestras mentes. Lo que es nuevo es que en la actualidad se observan expectativas crecientes de desarrollo personal en el campo del trabajo. Lo ideal sería que no fuese únicamente un sustento, sino también un medio para crear vínculos y dar sentido a la vida, de aprender y realizarse. Sin duda, esa es la razón por la que, en una encuesta realizada entre 6.000 sujetos representativos de la población general,[4] una de cada cuatro personas citaba espontáneamente el trabajo como fuente de felicidad. La mitad de las personas consideraron que, en su trabajo, los aspectos positivos prevalecían; este porcentaje aumentaba con la cualificación (70% entre los directivos, 30% entre los obreros no cualificados) Finalmente, en ese estudio, aparecían las categorías más precarias (trabajadores temporales y parados) que consideraban el trabajo como una de las condiciones esenciales de la felicidad. Como suele suceder, cuando se nos retira o prohíbe una fuente de felicidad, percibimos su valor e importancia. Eso ocurre con el trabajo.

Trágico No hay que fiarse de las apariencias: la felicidad es un tema trágico. Nada de rosa pastel. La felicidad humana está ligada a un movimiento doble e indisociable de nuestra consciencia. La primera cara de este movimiento mira hacia el bienestar: la felicidad como acto de consciencia de sentirse existir agradablemente, en entornos favorables. La segunda mira hacia la muerte: todos somos *morituri*, los *que van a morir*, y sobre todo somos conscientes de ser mortales. Esa felicidad es, pues, nuestro antídoto al temor obsesivo de la muerte, ya que ofrece bocanadas de inmortalidad, de tiempo suspendido, detenido, incluso ausente. Pero también es un potente y desestabilizador mensaje de fugacidad: la felicidad acaba siempre desapareciendo y los seres humanos muriendo. La felicidad es, pues, un sentimiento «trágico», en el sentido en que lo trágico está asociado a esos momentos en que nos tornamos conscientes de un destino o de una fatalidad que nos pesan. Lo trágico es la aceptación y la integración de la adversidad de la condición humana: el sufrimiento, la muerte. Y la felicidad es la respuesta a este interrogante trágico: ¿cómo vivir con ello?

André Comte-Sponville[5] escribe que «lo trágico es todo lo que se resiste a la reconciliación, a los buenos sentimientos, al optimismo beato o quejumbroso». ¡Uy! Y: «Es la vida tal y como es, sin justificación, sin providencia, sin perdón». Vale, vale... Y finalmente, precisa: «Es la sensación de que la realidad debe tomarse o dejarse, unido a la voluntad alegre de tomarla». Uf, respiremos. Y añade en otra parte: «En cuanto a quienes pretenden que la felicidad no existe, eso demuestra que nunca fueron verdaderamente desdichados. Quienes han conocido la desdicha saben muy bien, por diferencia, que la felicidad también existe».[6] La pragmática de la felicidad y de la desdicha se experimenta en la carne... Sí, la vida es trágica, el mundo es trágico. Pero preferimos al menos sonreír y avanzar, lúcidos, no permanecer paralizados adoptando un rictus, incapaces de alegrarnos. Por otra parte, tal vez la felicidad no sea trágica, sino simplemente que esté *lastrada* de tragedia, y ese lastre es el que le da todo su valor, su sabor, y que nos recuerda su necesidad imperiosa.

Otro filósofo, Clément Rosset,[7] nos recuerda esto: «Todo el consentimiento de la realidad está en esta mezcla de lucidez y alegría, que es el sentimiento trágico [...] único dispensador de la realidad, único dispensador de la fuerza capaz de asumirlo, que es la alegría». Aspirar de forma duradera a la felicidad, a una felicidad que no impone retirarse del mundo en una torre de marfil, que no impone el embrutecimiento de nuestros estados de ánimo en el alcohol, las drogas, los videojuegos o el trabajo a destajo, requiere aceptar el mundo tal cual es: trágico. La felicidad no es una burbuja especulativa, en la que nos replegamos, basada en la apuesta de un universo que habría sido creado para la felicidad. La inteligencia de nuestros estados de ánimo nos ayuda a comprenderlo: no puede existir una introspección climatizada, sino únicamente una introspección viva, donde los estados de ánimo de sufrimiento demuestran la necesidad de los estados de ánimo de felicidad.

Tratados sobre la felicidad A menudo se piensa que nuestra época se lleva la palma en materia de libros y escritos que tratan sobre el arte de ser feliz. No estoy tan seguro; ese récord probablemente lo ostenta el siglo xvii: Voltaire, Rousseau, Diderot, Mme. du Deffand, Mme. du Châtelet, todas las grandes mentes de la época han hablado de la felicidad. Las causas históricas de este fenómeno son múltiples, pero son a la vez religiosas (el retroceso del todopoderoso catolicismo en la cotidianidad, y el retroceso de la búsqueda de la Salvación frente a la de la felicidad), filosóficas (el nacimiento del individuo moderno) y políticas (la democratización de la felicidad). Cada vez que retrocede el peso de las religiones, aumentan las libertades individuales, y cuando la democracia se extiende, cobra importancia la búsqueda de la felicidad. Siempre que eso dure...

Tres buenas cosas Es un ejercicio clásico de psicología positiva: por la noche, antes de dormirse, pensar en tres buenos momentos de la jornada. Nada de momentos excepcionales, solo momentitos buenos: unas risas con un ser querido, una lectura interesante, un cumplido, una música que nos ha conmovido, la sensación fugitiva entre 11:15 y 11:18 de que nuestra vida era bella, etcétera. Pensar intencionadamente y con intensidad. Es decir, nada de hacer aflorar el recuerdo de esos momentos en dos segundos y medio

para luego continuar con las preocupaciones de la jornada y de mañana. No, hacerles sitio de verdad: evocarlos, visualizarlos, sentir-
los de nuevo, en todo el cuerpo y no únicamente en la cabeza. Más
que reflexionar, mejor saborearlos. Practicarlo todas las noches durante algunas semanas mejorará nuestra moral y nuestro bienestar, y también el sueño. Y no obstante, ¿quién lo practica regularmente? Ni siquiera yo, que soy un convencido, que el ejercicio me
parece agradable e instructivo, y quien conoce todos esos trabajos;
debo reactivarme regularmente, «remotivarme», para ponerme a
ello. Toda la dificultad de la psicología positiva está ahí: en esa simplicidad que oculta la necesidad de una regularidad mucho más
exigente de lo que se cree.

Triple A antifelicidad La triple A designa la calidad de los em-
butidos, o la de la fiabilidad financiera de los Estados. También tiene
que ver con la felicidad: *(Avant, Après, Ailleurs* = antes, después, en
otra parte, en francés). La declinación de la triple A es anti-instan-
te presente. Y antifelicidad. Cuanto más se acostumbra mi mente
a evadirse antes, después o en otra parte, en lugar de permanecer
en el aquí y ahora, más disminuye mi bienestar. Eso nos ofrece además un mantra: «Si quieres ser feliz, ¡aléjate de la Triple A!».

Tristeza La tristeza es una fuente inagotable de inspiración, mucho más fecunda que el resto de emociones negativas (cólera, miedo, envidia, vergüenza). La razón es simple: nos acerca a nosotros
mismos, nos empuja a reflexionar sobre nuestra vida desde la perspectiva de sus insuficiencias y de sus dificultades Y (este «y» es indispensable); también es la emoción dolorosa que paradójicamente es la más cercana a la felicidad: nos acerca asimismo a un cierto
sosiego, nos empuja a frenar, a entregar las armas, a renunciar a
luchar con la vida (lo que a veces es buena idea). Entre las otras
emociones negativas, la cólera nos aleja, por el contrario, de la fe-

licidad. El miedo no nos lo permite más que cuando estamos encerrados con candado y enclaustrados en nuestras fortalezas antimiedo (nuestra casa, el cónyuge, las certezas o los sueños).

Pero la tristeza es otra cosa, su dulzura la convierte a veces en prima de la felicidad: fíjate, por ejemplo, en la melancolía, esa «felicidad de estar triste», según Victor Hugo. Por ambas razones, la tristeza puede ser a veces fecunda; aunque a la manera de una amiga un poco pesada, que a veces tiene razón, pero que siempre machaca y exagera. Cuando nos tira de la manga, siempre hay que escucharla y ver qué nos enseña. Luego hay que despedirla, pero no con prisas, no antes de haberla dejado hablar. Si no, regresará incansablemente y acabará ocupando toda nuestra vida, más allá de la esfera donde tiene legitimidad. «La tristeza desciende y cae como la noche, como la niebla, como la nieve, sobre todas las cosas, sin discriminación.»[8] El buen uso de la tristeza es, pues, una de las claves de la felicidad.

«Tú nunca me habías dicho eso» Sucede un mediodía, durante el almuerzo, con mi segunda hija, maravillada por la vida. Hemos decidido prepararnos una tortilla. Le digo: «Pues me vas a batir seis huevos». Y la veo detenerse y sonreír, con la huevera en la mano y la mirada viva de alguien cuyo cerebro está a punto de activarse. Ante mi mirada inquisitiva, me explica:

—Tiene gracia. ¡Nunca me habías dicho eso!

—¿El qué?

—Bueno, pues hay frases que me diriges a menudo, tipo: «¡Lávate las manos antes de sentarte a la mesa! ¡No olvides las llaves! ¡Felices sueños! ¿Qué tal has dormido?». Pero esta no la había oído nunca, ¡es la primera vez en mi vida!

Y nos reímos a carcajadas.

Tiene razón y una mente despierta: ¡a nuestros familiares, les decimos y repetimos a menudo las mismas cosas! Que acaban por no escuchar ni entender, sobre todo si siempre les discurseamos lo mismo (como suelen hacer los padres con sus hijos, con su deseo de educarlos). ¡Pero si no nos escuchan! Nos hemos convertido en máquinas de pronunciar palabras previsibles e inútiles. Luego, gracias a una situación un poco distinta, un poco inesperada, nuestras palabras suenan a novedad. Ese es el instante que el cerebro de mi hija, vivo y dichoso, acababa de atrapar al vuelo.

Ese día me sentí contento durante mucho tiempo, gracias a la frescura de su mente nueva: ¡ojalá pudiera también yo vivir a menudo en la plena consciencia de la vida y de lo que me dicen!

Tumba Junto a la tumba de mi padre, en un pequeño cementerio cerca de Toulouse, con mis hijas y mi esposa. Hemos llevado algunas flores, cambiado el agua de las que ya estaban allí. Ahora estamos de pie, los cinco, silenciosos. No es fácil hablar o rezar en voz alta, juntos. Pero no nos vamos a quedar así, tristes y azorados, sin decir nada. En esos momentos me siento el «cabeza de familia»: me toca hacer algo.

Entonces pido que cada uno(a) de nosotros piense en el abuelo, que dejen llegar a su memoria todos los buenos recuerdos que tenemos de él, todas las imágenes, las palabras, los gestos y atenciones que tenía cotidianamente. Los ojos se humedecen un poco, trago saliva, estoy contento de repasar esos momentos, y también muy triste de que hayan pasado. Uno se dice muchas cosas, se atropella, es complicado. Pero estamos en comunión y sentimos el amor y el afecto que existían en el vínculo que manteníamos con él. Él, que nunca se sentía muy cómodo, como tantas personas de su generación, a la hora de expresar su afecto. Pero finalmente, al pensar en ello hoy, lo cierto es que no dejaba de comunicárnoslo. Pienso en esa frase de Montherlant (leída la víspera; te lo aseguro, las frases de Montherlant no me vienen a la consciencia así como así en los grandes momentos): «Son las palabras que nunca pronunciaron las que hacen que los muertos pesen tanto en sus ataúdes». Luego, una de mis hijas dice una frasecita que hace reír a sus dos hermanas, un poco asfixiadas por la tristeza y la relativa solemnidad del momento. Estuvo bien. Muy bien. Me siento feliz.

Tumba, nieve... Una paciente me cuenta un sueño: su marido, muerto hace años, tiene una amante y es feliz con ella. Tiene este sueño cuando acaba de conocer a un hombre con el que concibe, por primera vez, volver a vivir en pareja. Al despertar, siente estados de ánimo de tristeza y alivio. Tristeza por esta «infidelidad» onírica; y alivio, pues ella también va a autorizarse una nueva vida en pareja. Espera que la relación de su marido, «allí arriba, en el paraíso», como me dice sonriendo, le haga feliz también a él. Cuando se marcha, permanezco algunos minutos lleno de su historia de duelo y amor, y observo la nieve que cae fuera, pensando en estos versos de Apollinaire (hemos hablado del bueno de Guillaume durante nuestra conversación):

> *¡Ah! Cae nieve.*
> *Cae y si solo*
> *tuviera entre mis brazos a mi bienamada.*

En este instante de mi vida, todo me parece suave y coherente, con un poquitín de tristeza. Instante de equilibrio maravilloso.

U de Urgente

Urgente, urgente, ahora todo es urgente.
Pero tú ya sabes lo que es importante.
observar cómo crece la hierba de tu vida.

Últimas veces En nuestras vidas, muchos «hasta la vista» son en realidad adioses que se ignoran. Eso nos evita sin duda ciertos desgarros. Ese lugar que se visita, ese amigo que se ha dejado: tal vez sean las últimas veces. Nos entristecería saberlo. Tal vez saberlo nos conmocionaría en otro sentido: el de la felicidad. En ese momento, cada segundo adoptaría el sabor excepcional de lo que jamás nos será concedido volver a vivir. Una vez que hemos admitido que nuestra existencia está atravesada de muchos de esos falsos «hasta la vista», entonces su sabor se convierte repentinamente en algo conmovedor. Comprendemos entonces que nuestra vida es única; lo comprendemos más con el corazón que con la mente, admitiendo que cada instante es único en sí mismo. Fuente perpetua de alegría.

¿Urgente o importante? Lo que es urgente suele oponerse en nuestras vidas a lo que es importante. Urgente es hacer lo que la vida nos pide hacer: trabajo, cursos, bricolaje, tiempo que ofrecer a los demás... Importante: caminar por la naturaleza, contemplar cosas bellas, destinar tiempo para hablar con viejos amigos...

Lo urgente suele ocupar el lugar de lo importante, que siempre puede esperar y que casi nunca es urgente. Lo sabemos en teoría, como siempre.[1] ¿Y qué hacemos en la práctica? En mi caso, todas las mañanas considero el combate entre lo urgente y lo importante: tras levantarme pronto, ¿qué hacer en esos momentos en que la casa sigue durmiendo? ¿Aprovechar para caer sobre lo urgente? ¿Adelantar mi trabajo atrasado, escribir correos, dedicarme a mis escritos pendientes? Resulta tentador, pues eso me aliviaría el fardo de las «cosas por hacer, pero nunca hechas». Después me sentiría algo mejor, y eso sería palpable enseguida. O bien decirme: «No, primero haz lo que es importante. Siéntate en tu banquito y practica al menos un cuarto de hora de meditación de plena consciencia. El resto vendrá por sí mismo. Y si ahora no haces lo que es importante, todo lo que es urgente se te tirará al cuello de inmediato, y llegará la noche y no habrás acabado. Así que, siéntate y concéntrate en el instante presente. Ya sabes hasta qué punto es importante». En ciertas épocas, lo consigo y siempre me encuentro bien. En otras me resulta más difícil; entonces me recupero concediéndome montones de momentitos de plena consciencia a lo largo de la jornada, paréntesis beneficiosos. Pero en lo más hondo de mí, me doy perfecta cuenta de que eso no es de ninguna manera lo mismo, que estoy privándome de algo importante... Todavía no he dado con la solución. Pero, no obstante, el mayor progreso que he realizado estos últimos años, en materia de meditación, es comprender que el combate entre lo urgente y lo importante empieza desde que me levanto por la mañana. Y que ese combate se producirá mientras yo exista. Que a veces me alinearé con lo importante, y a veces seré esclavo de lo urgente. Y que está bien así: es señal de que estoy vivo...

Útil En la psicología positiva existe toda una corriente que podría denominarse «utilitarista», que consiste en sopesar las ventajas y lanzarse en su búsqueda para beneficiarse de dichas ventajas. ¿Es la felicidad buena para la salud? Entonces, los médicos se interesan por la psicología positiva. ¿Que es buena para la productividad? Entonces, las empresas propondrán seminarios sobre el tema a sus asalariados.[2] Puede resultar irritante. Pero también puede uno decirse que hay maneras, pues es una de ellas, más vanas y menos útiles que estas. Una vez en el camino de la felicidad, sea cual sea la motivación de entrada, la gente llega a ser en general mejor de lo que era, pues la felicidad mejora la pasta humana. Aunque las razones por las que la perseguimos pudieran ser cuestionables.

Utopía Cuando estamos mal, la felicidad empieza a parecer una utopía, es decir, etimológicamente, un lugar que no existe. Pero la felicidad es como una pequeña brizna de hierba: incluso cuando la desdicha lo ha asfaltado todo, vuelve a brotar y encuentra un resquicio hacia el sol.

V de Virtud

Virtuoso: feliz.
Hacer el bien te sienta bien.

Vacuna La «aterradora» obligación de no dejar nunca de respirar... He conocido a pacientes muy ansiosos para quienes pensar en eso se convierte, a veces, en punto de partida de ataques de pánico. Me cuentan que lo imaginan desde pequeños, cuando tomaron consciencia de su dependencia del aire, de inspirar, espirar, y así hasta el final de los tiempos...

Recuerdo a una paciente para la que la peor pesadilla hubiera sido acabar en un pulmón artificial, esas enormes máquinas en las que antaño se metía a las personas que la poliomielitis había paralizado los músculos respiratorios. Siempre se necesitaba que alguien activase el fuelle. Luego, con la electricidad, funcionaba solo, pero no obstante...

Recuerdo que al principio la recuperé un poco de sus angustias a fuerza de escucharla y trabajar con ella sobre el tema, y que en una o dos ocasiones me desperté por la noche con la impresión de asfixiarme. Luego se me pasó, y a ella también. Desde que practico la meditación de plena consciencia, creo que no me ha sucedido nunca. Recuerdo que el término «pulmón de acero» me impresionaba a mí también de pequeño. Estoy encantado de que se inventase la vacuna contra la polio, y me siento muy agradecido hacia sus responsables.

Vagabundeo mental Un bonito estudio sobre el vagabundeo mental ha demostrado, entre varios y apasionantes resultados, los siguientes puntos: 1) cuando se explora al azar los contenidos mentales de un gran número de personas en distintos momentos de la jornada (en este caso, casi 5.000 voluntarios de todas las edades, con seguimiento durante varias semanas), una vez de cada dos su mente se había abandonado al vagabundeo mental (pensar en otra cosa distinta de la actividad en curso); 2) cuanto más vaga la mente, menos posibilidades hay de que sea feliz (se evaluó también el humor en el momento del sondeo), y 3) aunque sean agradables, las emociones sentidas en los momentos en que nuestra mente está en otra parte, nunca lo son más que cuando permanecemos atentos a lo que hacemos, aunque estemos soñando despiertos con cosas agradables. Conclusión de los investigadores, que la convirtieron en el título de su publicación científica: «Una mente que vagabundea es una mente desdichada».[1] Y otra conclusión, en forma de consejo: estar concentrado en lo que se hace, aunque sea trabajar, nos hará siempre más felices que pensar en otra cosa, aunque esa otra cosa sea agradable. Esta correlación es también una causalidad: no solo porque somos desdichados nuestra mente vagabundea (por ejemplo, en sombrías cavilaciones), sino también al contrario: como no sabemos estabilizar nuestra mente y estar presentes en lo que hacemos, a menudo disminuyen nuestras capacidades de ser felices. Es una de las razones por las que la meditación aumenta las emociones positivas: desarrolla nuestra capacidad de permanecer en el presente y de estabilizar la mente.

Vagón de la bella durmiente En un tren que ha partido muy de mañana, media hora después de salir, aparto la cabeza de mi libro y descubro un espectáculo sorprendente: todo el mundo está dormido. Todo el vagón duerme. Nunca había visto nada parecido. Con la mirada busco otros insomnes como yo, pero no, en este preciso instante, soy el único que está despierto. Entonces me dedico a admirar el espectáculo (no estoy seguro de que me vaya a ocurrir muy a menudo en la vida): algunos tienen la cabeza echada hacia atrás, con la boca abierta; otros la apoyan en la mano, con el codo doblado; y hay otros en los que oscila al ritmo de sus sueños y de las sacudidas del tren. Sensación divertida, pero también de benevolencia hacia todos esos rostros y cuerpos uniformemente abandonados al sueño. Y casi una sensación de responsabilidad con respecto a ellos, como si estuviese observando dormir a mis hijas cuando eran pequeñas. Espero que nadie atraviese el vagón en un rato. Me encanta ser el único que está despierto, es como levantarse muy temprano para meditar o trabajar, cuando todo el mundo sigue durmiendo. No se trata de una sensación de superioridad, sino más bien de algo que colma mi carácter de solitario social: estoy solo y tranquilo, mientras que los demás no están lejos, y no me piden nada. Felicidad de soledad y conexión.

Vajilla rota Nuestros universos mentales nos acompañan discretamente, a través de cada uno de nuestros actos, sin que nuestros seres queridos se den cuenta. A menos que no los expresemos...

La escena sucede hace un tiempo, en casa, en la cocina. A mi segunda hija le toca meter los platos en el lavavajillas, y lo hace en silencio mientras el resto de la familia quita la mesa y ordena. De repente, observo que su rostro se ilumina con una sonrisa de esas que indican que acaba de pensar en algo gracioso o interesante, y entonces exclama: «A propósito, ¡hace tiempo que no se ha roto nada!». Toda la familia se echa a reír. Es cierto que regularmente se rompe un vaso o un plato, pero lo gracioso es que le suele pasar a ella. Y por ello, solo a ella podía ocurrírsele, viendo que todavía no había roto nada, y ser consciente de que todo iba bien, ¡y alegrarse por ello! Ese día, mi hija nos dio una lección doble.

La primera fue una lección de psicología cognitiva: todo lo que hacemos va acompañado de una cháchara interior, que mezcla lo que pasa y nuestras experiencias y expectativas sobre lo que pasa. Lo que vivimos exteriormente se parece a lo que todos los demás viven pero, interiormente, solo nos pertenece a nosotros. La segunda era una lección de psicología positiva: disfrutar de que las cosas vayan bien, incluso cuando se trate de cosas sencillas.

Y también hubo, para mí, incluso una tercera lección: una mañana en la que acababa de romper un vaso (al no prestar suficiente atención a sus gestos), recordé la escena e inmediatamente frené mi reflejo de refunfuñar, para mirarla sonriendo y decirle: «¿Puedes prestar un poco más de atención?». Recordé mis risas de los días precedentes, un verdadero regalo, y me dije que bien valía un poco de vajilla rota de vez en cuando...

Valhalla   El paraíso de los vikingos. Interesante únicamente si eres un guerrero valiente y agresivo, y si has muerto en combate. En el Valhalla, se come jabalí, se lucha todas las mañanas hasta que se muere. Luego, resucitado por Odín, se festeja durante el resto de la jornada. Reservado, pues, a algunos aficionados...

Valor   Un valor es un objetivo existencial que estimamos prioritario, y que, teóricamente, incluimos en nuestras prioridades cotidianas: amor, compartir, justicia, generosidad, benevolencia, simplicidad, disponibilidad, solidaridad, respeto por la naturaleza, los animales, franqueza, etcétera. Actuar de acuerdo con nuestros valores, y fomentarlos, nos proporciona felicidad pase lo que pase, aunque nuestros comportamientos no sean «recompensados» o reconocidos. A largo plazo, todas las investigaciones muestran que practicar esos valores aporta felicidad.

Vasto mundo Un día, pregunté a una de mis hijas por SMS a qué hora calculaba que regresaría a casa (para saber si la esperábamos o no para cenar). Y a mi mensaje: «¿Dónde estás?», me respondió con malicia e inteligencia: «¡Estoy en el mundo, *baby*!». En general está siempre muy alegre, y así me lo transmitía en su mensaje, haciéndome renunciar a enterarme de la hora de su llegada: volverá cuando vuelva, y eso será estupendo.

¿Velcro o teflón? Mira qué curioso (y molesto): frente a nuestros pensamientos, es como si el cerebro tuviese dos caras, una de velcro y otra de teflón.[2] La cara de velcro atrae los pensamientos negativos, que se aferran sólidamente y no abandonan nunca nuestra mente. Es el cavilar. La cara de teflón es amante más bien de los pensamientos positivos, que resbalan por nuestra consciencia y luego desaparecen: ¡una pena ese desperdicio! ¿Y si pensásemos más a menudo en invertir nuestro funcionamiento mental, dejando resbalar las preocupaciones y cavilando sobre nuestras alegrías?

Vengador enmascarado El Zorro, ese personaje improbable, vengador enmascarado con una capa negra, es uno de los grandes recuerdos de alegría infantiles, cuando no había más que una cadena de televisión, en blanco y negro, y cuando las aventuras del Zorro llegaban el jueves por la tarde (entonces no íbamos al cole los jueves por la tarde, pero en cambio el sábado, sí). Recuerdo una felicidad de la extrañeza: el acceso libre, permanente y abundante a las imágenes para la juventud no era una realidad como en la actualidad. Me parece que era mejor, sin duda porque soy viejo. Lo que sí es seguro es que era más fácil para nosotros, antiguos niños de esa época de los años 60: es más sencillo disfrutar de lo raro y ocasional que de lo que se nos ofrece a chorro libre.

Ver el lado positivo del otro De mis años de infancia, en los que me solía acomplejar frente a los demás (que solían parecerme más inteligentes, más guapos y dotados que yo), me ha quedado una gran facilidad para continuar viendo en los demás lo que es admirable o estimable.

En este aspecto, de esos años solo me he quedado con lo mejor: alegrarme de las cualidades ajenas. Me deshice de lo peor: puedo admirar sin por ello sentirme obligado a devaluarme al hacer comparaciones. Y tuve una gran suerte: nunca tuve necesidad de pasar por la caja «complejo de superioridad» (no admirar, ni siquiera despreciar para no acomplejarme).

Verdad Para un filósofo, más vale una verdad que destroza que una mentira que consuela. Por mi parte, esa postura me cuesta, pero reconozco que es difícilmente refutable; es porque soy un médico incorregible. Mi querido André Comte-Sponville, hablando a propósito de esa diferencia entre nosotros, lo resumió perfecta y amablemente: «Christophe, como buen médico, quiere que sus pacientes o lectores alcancen la salud; yo quisiera que los míos se acercasen un poco más a la verdad, la lucidez, la sabiduría... Pero hay mentiras o ilusiones que sientan bien, y verdades que hacen daño. Así es: para el filósofo, más vale una verdad que hace daño que una ilusión que beneficie, más vale una verdad que mate (a condición de que ¡solo me mate a mí!) que una mentira que ayude a vivir. Para el médico es, claro está, distinto. Eso simplemente confirma que filosofía y medicina son dos cosas distintas, ambas evidentemente legítimas y necesarias. La ilusión que a veces genera el «desarrollo personal», es dejar creer que filosofía y medicina son una sola y única cosa, que la filosofía cura, que la salud puede provenir de la sabiduría, o bien bastar con ella. Yo no lo creo».[3] ¿No se siente feliz tu cerebro al leer palabras tan sencillas, iluminadoras e inteligentes?

Viajes tristes Todos esos viajes en los que se va hacia la tristeza y la pena: visita a un familiar muy enfermo, entierro de un amigo. La tonalidad del viaje es grave, dolorosa, pero también extraña, lastrada de una pesadez inhabitual en nuestras vidas. El viaje se parece a entrar en un bosque donde no canta pájaro alguno; ningún paso es ligero ni anodino, todos nos acercan al sufrimiento, y a la muerte, temida o llegada, de la persona que se quiere, y un poco de la nuestra también. Todos los detalles nos conmueven, todos los encuentros son intensos. El rostro de la recepcionista del hotel donde dejamos la maleta, la mirada de la enfermera que nos recibe en el hospital y nos indica la habitación, el olor del pasillo, la entrada y la primera mirada. O el atrio de la iglesia, luego el sonido de la grava en los caminos del cementerio.

Poner buena cara, no añadir tristeza a la angustia. Sentir suavemente qué es posible –tal vez necesario– hablar. Cuáles son los buenos gestos, las buenas palabras. No poner cara indiferente, pero tampoco llorar cuando habría que consolar, no añadir gravedad donde habría que hablar del cielo, del sol, de la vida. Sentir todo eso, estar intensamente presente.

Se vive cada segundo. Cada palabra, cada silencio, pesan toneladas. Una palabra amable nos calienta el corazón más allá de lo imaginable. Una palabra cruel nos perfora y nos destroza. Nada ligero. Gusto de tragedia en cada respiración; tragedia: todo lo que nos recuerda que el sufrimiento y la muerte nunca están lejos de las risas y de la vida. Mezcla indecible de estados de ánimo: tristeza, incredulidad, sensibilidad extrema a los detalles, permeabilidad ante todo. Se respira un aire llegado del mundo de los muertos, se camina al borde de abismo. Y los pájaros siguen cantando, a nuestro alrededor. Las nubes siguen pasando por el cielo, allá arriba.

Luego el viaje de regreso. Ningún alivio, solo un respiro, la presión es menos intensa, tal vez. Se está tan atropellado de recuerdos que se es totalmente incapaz de organizar para crear un relato, recuerdos animales y crudos: imágenes, sonidos, olores, impresiones, vértigos, emociones. Ningún sentido en nada de todo ello. Solo sufrimiento sordo, con puntas violentas a veces, que nos obligan a respirar más hondo, a observar más atentamente todo lo que desfila por la ventana del tren, para reconectarnos a la vida.

Luego, la lenta digestión de todo lo que se ha vivido. Impresión de que será imposible o muy complicado retomar el curso de la propia existencia. Y no obstante, certeza de que se logrará: la acción es antálgica, la acción es amnesiante. Esa facilidad para regresar a la vida tras haber frecuentado el mundo de la muerte es a la vez tranquilizadora e inquietante.

En un momento dado, llega un resplandor que lo ilumina todo. La sonrisa sin expectativas de un desconocido, el movimiento regular de nuestra respiración, que nos reconforta y nos sosiega. Se levanta la cabeza, se observa el paso de las nubes. Y es la rendija por donde entra el sol...

Vicio Los vicios, según Aristóteles, son de dos tipos: vicio por exceso y vicio por defecto (la temeridad y la cobardía, la avaricia y la prodigalidad). ¿Cuáles son los vicios en la búsqueda de la felicidad? Sin duda, por un lado, el del *demasiado*, la obsesión perfeccionista: «¿Soy suficientemente feliz? ¿Tanto como quienes me rodean ¿Soy lo más feliz posible?». Del otro, la negligencia, tanto si tiene el rostro de la indolencia («la vida no me favorece») o el de la hiperactividad («demasiado ocupado para ser feliz»). Aristóteles añade que entre ambos extremos se sitúa el ideal del justo medio, que no hay que percibir como una zona de compromiso, sino como un camino por la cresta entre dos abismos.[4] Y La Rochefoucauld añadió: «Los vicios entran en la composición de las virtudes igual que los venenos entran en la composición de los remedios. La prudencia los reúne y templa, y los utiliza contra los males de la vida». Identificador de ilusiones, La Rochefoucauld nos recuerda que hemos de ser modestos hasta en la práctica de nuestras virtudes. Es cierto que a veces está presente una pizca de orgullo en la modestia, tal y como advierte Jules Renard: «Me enorgullezco de mi modestia...». Es cierto, por ejemplo, que algunos actos de generosidad no son insensibles a la opinión social favorable sobre estos, etcétera. Pero se trata de una cuestión menor. ¡Lo importante es practicar los actos virtuosos!

Vida La vida es bella. La vida es dura. Estas dos afirmaciones son verdaderas. Es inútil tratar de establecer una media. Más vale admitir que obtendremos bofetadas y caricias.

Viejo maestro Es uno de mis maestros de felicidad. Hoy también es un señor anciano y enfermo. Lo he vuelto a ver hace algunos días y hemos pasado algunos momentos juntos. Me emociono frente a este hombre que tanto me ha enseñado desde hace 25 años. Y me siento inquieto por él: es mayor y sufre de una enfermedad amenazadora e incapacitadora. ¿Cómo afrontará ambos escollos? Un poco inquieto también por mí, lo confieso: inquieto por saber cómo mi modelo de felicidad inteligente preferido pasará este *crash-test* de la enfermedad y la muerte cercana, ya al final del camino.

Entonces, lo escucho, lo observo. Ha envejecido y es más lento, menos chispeante. Por momentos, el sufrimiento lo perfora, señalando su rostro y cuerpo. La lasitud también; he visto que renuncia discretamente a ciertos gestos (recoger un objeto caído al suelo) o a ciertas palabras (explicar algo complicado). Pero en otros muchos momentos, todo se despierta: su rostro se ilumina, su voz se aclara, su mirada vuelve a brillar. La felicidad regresa, como el sol que atraviesa las nubes, o como el viento que infla de repente las velas de una gran nave ralentizada, devolviéndole alegremente aliento y rapidez. Entonces se alegra, se interesa, su mente centellea, esparce su gentileza y benevolencia. Vuelve a ser él, tal y como le conocí, amé y admiré. Pronto llegará el fin, su fin, pero no ha renegado de nada, no ha cambiado, bajo el polvo de los años. Los mismos valores (la existencia siempre vale la pena y es mucho más bella cuando sonríe cada vez que es posible) y las mismas felicidades (alegrarse de ver la vida en sí y a su alrededor). Ha vivido su existencia, en el mejor de los casos. Ha vivido feliz y hecho feliz todo lo que ha podido. Sabe que su historia en este mundo no tardará en acabar. Eso le torna un poco desdichado, pues ha amado mucho vivir, pero no le impide continuar siendo felicidad.

Siento una mezcla de ternura y gratitud. Me siento tranquilo y apaciguado. Más motivado que nunca para seguir su programa: hazlo lo mejor que sepas y no te olvides de ser feliz, cada vez que la vida te lo permita.

Viejo psiquiatra Orphée, uno de mis ahijados, está de invitado en casa con una de sus hermanas, Aurore. Les propongo cambiar el agua de los peces de una de mis hijas, mientras intentan atraparlos con una pequeña redeña antes de vaciar el acuario. Evidentemente, se pelean. Orphée, que es un chico delicado y cuidadoso, considera que Aurore se comporta de manera demasiado brusca: «¡Con cuidado! ¡Asustas al pez grande! Es viejo, además. Y no hay que asustar a los viejos: ¡eso los mata!». ¿Cómo decirlo? Después de hacerme reír, me ha conmocionado un poco: ¡me he identificado con el viejo pez en lugar de con los niños! Luego me he dicho que tenían razón, que el miedo no era bueno para mi corazón (ni para el de nadie) y que esta pequeña y graciosa secuencia era un buen recordatorio y un buen consejo para mi salud: «¡Ya lo sabes, viejo! ¡Continúa trabajando para disminuir tu ansiedad!».

Viejos hábitos Cuando murió mi padre, vaciamos el armario de su ropa, y mi madre se emocionó mucho; yo también. Lo que me ha aportado un poco de consuelo es quedarme algunas de sus prendas para continuar llevándolas. Al escribir estas líneas, por ejemplo, llevo puesto un pantalón de tela escocesa que le pertenecía y que estuvo de moda en los años 80, creo. Mis hijas aúllan cuando me los pongo, mi mujer suspira y sonríe. Seguro que no estoy a la vanguardia del buen gusto indumentario con la ropa de mi padre. Pero eso satisface dos tendencias fundamentales en mí: no tirar la ropa «todavía en buen estado» y pensar a menudo en «mis» muertos, hasta frecuentarlos físicamente. Cada uno con sus neurosis: esta ropa vieja calma las mías, y aunque no me hacen feliz, al menos sí que me siento contento y coherente.

Viento de otoño Un día que no acababa de tener un momento para encontrarme con un amigo budista venido de lejos, este me responde a mis excusas de occidental atareado y poco disponible: «Gracias por tu respuesta, Christophe. El viento de otoño sopla suavemente sobre nuestros rostros. Así nos encontramos en este momento. Paz en cada paso...».

Al leer estas líneas me he sentido tan totalmente conmocionado por la sabiduría, la dulzura, la simplicidad y la generosidad de su mensaje, que a punto estuve de anular todas mis citas tan importantes, antes, para encontrarme con él al menos un breve instante...

Virtudes La virtud designa el conjunto de esfuerzos que realizamos para comportarnos de acuerdo con nuestros valores. Ser virtuoso es hacer el bien, no por azar o por obligación, sino por voluntad propia. Esos esfuerzos no impiden el placer ni la satisfacción de comportarse bien: al contrario, las emociones positivas experimentadas al llevar a cabo comportamientos virtuosos expresan sinceridad (no finjo) y la autenticidad (verdaderamente corresponde a un valor personal). Por ello, el desarrollo de virtudes forma parte integral del trabajo de la psicología positiva: conducen a la persona y sus entornos hacia más felicidad. Los investigadores que han trabajado en esas dimensiones han realizado una importante labor a través de todas las culturas para inventariar, a partir de los libros sagrados de cada religión y de los tratados de filosofía o de modales, todo lo que la humanidad considera deseable. Al recopilar el conjunto de esos datos, llegaron a identificar seis virtudes denominadas «de nivel superior»: sabiduría, coraje, humanidad, justicia, moderación, trascendencia. Cada una de ellas asociada a «fuerzas» cuya práctica regular permite realizarlas; por ejemplo, para la moderación, las fuerzas que hay que practicar son el dominio de uno mismo, la prudencia y la humildad. Todo ello todavía se está evaluando, mediante numerosos trabajos de investigación, y sin duda evolucionará en el futuro.[5] Pero, una vez más, la psicología positiva reúne las convicciones de la filosofía griega, y la reflexión de Aristóteles: «Para el ser humano, el bien consiste en una actividad del alma en conjunción con la virtud».

Visage   Tiene gracia, me doy cuenta de que (al menos en la versión francesa de este abecedario) la palabra *visage* (rostro) precederá en el libro a la palabra *vitrina*. Sin que lo haya querido, aunque me alegre. El rostro es la vitrina/escaparate de nuestras emociones. Claro que podemos aprender a cultivar la impasibilidad en toda circunstancia, lo que los norteamericanos denominan *poker face*: el rostro impasible del jugador de póquer, que espera que sus adversarios no adivinen lo que siente, si acaba de recibir buenas o malas cartas. Si consideras la vida como una vasta partida de póquer, donde se trata de farolear y de llevarse el resto, trabaja tu *poker face*.[6] Si no, invierte tus esfuerzos en otra cosa y permite que tus emociones respiren libremente en tu rostro. No te olvides de que lo mismo sucede en nuestro cerebro: nuestra mente cavila con más facilidad con lo negativo que con lo positivo; y nuestro rostro hace lo mismo, mantiene más tiempo la frente arrugada de preocupación que los ojos alegres de la felicidad. ¡Reequilibrémoslo!

Vitrina He aquí un recuerdo de mi infancia, ¡un pequeño gran momento! En Ganges, en su ciudad de Cévennes, frente al Café Riche, donde mi abuelo me llevaba a menudo a beber una granadina, había una de esas tiendas que en la época se llamaban «bazar», es decir, que más o menos se encontraba de todo lo que no era alimentación ni ropa. Había escobas, cartuchos, cazos, lejía, peines... ¡y juguetes! Montones de juguetes, una verdadera cueva de Alí Babá. En esa época, se tenían menos juguetes que los niños de ahora, y por lo tanto fascinaban más. Un día que dábamos una vuelta con mi abuelo, llegamos frente a la vitrina, el escaparate de la tienda, que acababan de cambiar: ¡fabuloso! Representaba una escena del Oeste, con muchos «soldaditos», un poblado indio con una tienda y guerreros a pie y a caballo; más lejos, vaqueros que se acercaban, con una diligencia; y todavía más alejado, un fuerte de madera que recordaba a Fort Apache. Mi abuelo y yo nos paramos y comentamos la escena durante un largo momento. Después, en el instante en que nos disponíamos a reemprender el paseo, me miró con una extraña sonrisa y me dijo: «Ven, entremos en la tienda». Como él conocía a todo el mundo en Ganges, me dije que iría a charlar con el dueño. Pero una vez dentro, le oí decir: «¡Nos llevamos todo el escaparate, para el pequeño!». Y nos fuimos con una enorme caja donde la vendedora había empaquetado todo cuidadosamente...

Tiene gracia cómo la bocanada de la felicidad intensa que me impregnó ha fijado para siempre ese recuerdo en mi memoria. Evidentemente tengo otros muchos de mi abuelo, pero, con la distancia, siempre es este el que más me impresiona y maravilla. Porque él no era rico, ni mucho menos. Y seguramente ese día tuvo que romper la hucha, solo para prolongar ese instante de maravillamiento infantil que acabábamos de compartir los dos...

Gracias por todo, abuelito, ¡fue fantástico conocerte!

Voluntad La voluntad ya no está de moda en psicología. Lo está un poco más en psicología positiva. El filósofo Alain apuntó en sus *Propos*: «El pesimismo es humor, el optimismo, voluntad».[7] Para Alain no había dudas, el fondo del ser humano es triste, igual que el fondo del aire es fresco: «Todo ser humano que se suelta es triste», «el humor, hablando con precisión, siempre es malo», etcétera. Si nos abandonamos a nuestro natural, en muchos de nosotros, la pendiente nos conducirá hacia abajo. Gide, que fue contemporáneo de Alain, recomendó en su *Diario*: «Está bien seguir la caída siempre que sea subiendo». Estar dispuesto a realizar algunos esfuerzos, de perseverancia y humildad, es una de las manera de aumentar la felicidad. Existen otras, que dependen menos de nosotros, como contar con la suerte o la buena voluntad de los demás. Las necesitamos todas.

W de Walden

Thoreau el filósofo vivió dos años cerca de un estanque,
en una cabaña en lo profundo de los bosques.
Sueño con ir: ¿es buena idea?
El sueño es mucho más bello si es inacabado...

Walden «Cuando escribí las páginas que siguen, o más bien la mayoría de ellas, vivía solo en los bosques, a una milla de distancia de cualquier vecino, en una casa que yo mismo había construido, a orillas de la laguna de Walden en Concord (Massachusetts), y me ganaba la vida únicamente con el trabajo de mis manos. En ella viví dos años y dos meses. Ahora soy de nuevo un morador en la vida civilizada.»

Así empieza *Walden*, relato autobiográfico del escritor estadounidense Henry Thoreau, que puede leerse como un apasionante tratado sobre la felicidad a través del desapego de todo lo que no es indispensable. Con un techo, alimentos y algunos encuentros con otros seres humanos, y sobre todo un contacto cotidiano con la naturaleza, en eso consistió la vida de Thoreau durante sus dos años pasados en los bosques. Y se sintió profunda y serenamente feliz. Ese libro culto ha fascinado a generaciones de lectores, desde Proust a Gandhi, y sigue siendo una fuente de inspiración para los movimientos ecológicos contemporáneos, y su culto del «decrecimiento feliz». Me gusta de principio a fin, y la última frase del relato (antes del capítulo de conclusión) es un modelo de sobriedad: «Así finalizó mi primer año pasado en los bosques, el segundo fue parecido al primero. Abandoné definitivamente Walden el 6 de septiembre de 1847».

Wall Street «Hice una carrera en la azotea con una hormiga y me ganó. Entonces me senté al sol y pensé en los esclavos millonarios de Wall Street.» Evidentemente, el que ha escrito esta luminosa llamarada[1] sobre la felicidad de la vida sencilla, y la alienación de la carrera para enriquecerse, es Christian Bobin.

Weil Estoy volviendo a leer *La gravedad y la gracia*, de Simone Weil. En su hermoso prefacio, el filósofo Gustave Thibon recuerda que ella no era una persona fácil, era muy exigente e idealista. Pero también era igualmente genial en su absolutismo. Los grandes espíritus suelen ser así: difíciles a la hora de convivir con ellos y asombrosos a la hora de leerlos.

Thibon recuerda que Simone Weil consideraba que la elección es «una noción de bajo nivel»: «Es necesario ser indiferente al bien y al mal, pero verdaderamente indiferente, es decir, proyectar igualmente sobre uno y otro la luz de la atención. Entonces, el bien gana por un fenómeno automático». Luego, más adelante: «Mientras mantenga el equilibrio entre hacer y no hacer una mala acción (por ejemplo, poseer o no a esta mujer que se me ofrece, traicionar o no a este amigo), aunque elija el bien, no me elevo mucho por encima del mal que rechazo. Para que mi «buena» acción sea realmente pura, es necesario que domine esa oscilación miserable y que el bien que alcance más allá sea la traducción exacta de mi necesidad interior». Nada fácil, ¿verdad? Pero mientras esperamos a ser capaces de realizar, tal vez, buenas acciones «puras», podemos intentarlo con buenas acciones impuras. Las personas que se beneficiarán no serán tal vez tan miradas acerca de su pureza...

Worry Una amiga me ha dado hace poco un llavero donde figuraba esta máxima en inglés que parece mía (de ahí el regalo...): «*Live. Believe. Worry a bit*». Traducción casera: «No te olvides de vivir. Mantén la fe. Preocúpate un poquitín». Se parece a una receta de cocina con el ingrediente principal (vivir), un ingrediente secundario (tener fe) y un condimento que da más sabor al conjunto, indispensable y útil a condición de que sea en pequeñas dosis (preocuparse). Una receta y unas cantidades que me convienen de todas todas...

X de Anónimo

La desdicha crea buenas novelas,
vidas interesantes que contar, pero no que recorrer.
¿Son aburridas las vidas felices?
Claro que no, solo alegres y silenciosas.

X La X es la letra del anonimato. Tengo suerte, pues a menudo soy objeto de gestos de gentileza anónima por parte de mis lectores y lectoras. En una semana de noviembre de 2011, recuerdo que me cayeron dos del cielo. El primero fue una postal grande, que reproducía el *Jardin de Vétheuil*, de Claude Monet; una lectora que firmaba Georgette, seguida de su apellido y del nombre de la ciudad (en Suiza) me daba las gracias con mucha amabilidad por la ayuda que le había proporcionado mi libro sobre *Los estados de ánimo*. Pero no me daba su dirección. El segundo fue un sobre depositado en la mesa donde acababa de firmar dedicatorias en mis libros, una pequeña conferencia con Matthieu Ricard. Me percaté de su presencia cuando ya se había ido todo el mundo: allí estaba, con mi nombre, dispuesto a ser olvidado. Contenía un CD y dos postales de agradecimiento por mis libros. El CD era una recopilación de los fragmentos musicales que habían acompañado desde hacía años los estados de ánimo de esta lectora discreta hasta la invisibilidad. Tampoco dirección alguna, solo un nombre, Sandrine. Siempre me emocionan esas palabras y esos gestos, y su anonimato, hasta hacerme sentir un poco incómodo al no poder agradecérselos. Me pregunté cuáles serían las causas de esa modestia: ¿era una especie de costumbre del anonimato, una renuncia dolorosa, un reflejo de no querer molestar al otro? ¿Anónimos para no obligarme a contestar y agradecer? ¿O un enfoque de total humildad: solo agradecer, sin esperar nada a cambio. Un enfoque de sabiduría, siguiendo la lógica del olvido y de la humildad (de la que todavía estoy muy lejos para mi gusto). Y me ha hecho feliz decirme que mis dos lectoras estaban más avanzadas que yo en ese camino.

Gracias a Georgette y Sandrine por la lección.

X en acción Realizar actos de gentileza totalmente anónimos se considera un muy buen ejercicio de psicología positiva. Muy bueno para la persona que realiza el gesto, y para la que se beneficia de él, claro (es agradable decirse que hay personas que desean solo nuestro bien, no nuestro reconocimiento, al menos expresado directamente). Se puede, por ejemplo, dejar una propina (solo si se está satisfecho con el servicio) aunque no se vuelva nunca más al restaurante o al bar: el criterio no debe ser la utilidad («dejando propina repararán en mí y me será útil si vuelvo»), sino el beneficiar al otro. Una colega estadounidense contaba también que de vez en cuando, si estaba de buen humor, le pagaba el peaje a la persona que iba detrás en la autopista.[1] Sin haber llegado nunca a conocer a esa persona, ni claro, recibir su agradecimiento. Hacer el bien de forma anónima es una buena idea para mejorar los ánimos y embellecer el mundo: eclipsar el ego en la virtud, en beneficio del colectivo.

Xenismo Extranjerismo, tomar prestada una palabra de otra lengua. Resulta sorprendente la de xenismos que existen en el vocabulario del bienestar y la felicidad: *cool, zen, top*... Esta reputación de los franceses refunfuñones y poco dotados para la felicidad ¡resulta aparente incluso ahí, en sus límites lingüísticos!

Xerófilo Una planta xerófila es aquella que puede vivir en un lugar seco. La felicidad también debe ser a veces xerófila, como un camello, y contentarse con poco. Es lo que en nuestras vidas se denomina las travesías del desierto (que son lugares muy secos, como todos sabemos): poco reconocimiento, poco éxito, tal vez incluso poco amor y afecto (lo que representa la carencia más dura, y de lejos). Entonces, no debemos olvidarnos de ser felices y saciarnos incluso con el agua fresca de las pequeñas felicidades.

Y de Yin y Yang

Felicidad en la desdicha: cuando se te consuela.
Desdicha en la felicidad: el último día de verano.
Ambos se suceden y alimentan tu vida.
Todo está bien.

Yate Algunos días me gustaría tener un yate. No me sucede muy a menudo, solo cuando en verano paseo por los muelles de un puerto deportivo. En esos momentos tengo ganas de tomar también yo el aperitivo en el puente de mi embarcación, a la puesta de sol, con el tintineo de los obenques y el aire templado de la noche de verano. Pero se me pasa enseguida, y no me perjudica. Soñar algunos minutos con esa bocanada de lujo me contenta sin dejar amargura en mi mente. ¿Envidiar a los ricos? Escuchemos primero a san Agustín: «Los ricos: solo veis lo que tienen, pero no lo que les falta».

Yes man Es el título de una película cómica, donde el protagonista, encarnado por Jim Carrey, encerrado en sí mismo tras su divorcio, responde «no» a todo lo que le proponen (salidas, actividades). Encarna la protección máxima frente a toda novedad y el empobrecimiento progresivo de la existencia dominada por el rechazo de todo lo que no es la rutina, tranquilizadora y asfixiante. Tras la reprimenda de uno de sus amigos, se apunta a un seminario que celebra las virtudes y la fuerza del *sí*. Y su vida se tambalea: montones de sucesos, no todos agradables, le sobrevienen y se encadenan, llevándose por delante todas sus referencias e introduciendo finalmente en su existencia muchas alegrías y también mucho estrés. Caricaturesca, pero con un mensaje perfecto: muy a menudo, el «no» nos protege, pero no nos alimenta; y el «sí» nos sacude, pero enriquece nuestra vida.

Yin y yang Los dos grandes principios que, en la filosofía taoísta china, rigen el mundo, en total complementariedad e interdependencia (uno no puede existir sin el otro). El yin corresponde al principio femenino, el yang, al masculino. La psicología positiva ha retenido la lección del *Tao*,[1] y también recuerda que en el corazón de la felicidad puede sobrevenir la desdicha, y viceversa. La vida nos empuja regularmente a constatar que ambas no solo se suceden, sino también que son intrincadas, o que pueden serlo.

A veces existe felicidad en la desdicha, al menos con el tiempo: lo que hoy parece un fracaso, mañana demostrará ser una suerte; o bien con motivo de los funerales de un familiar, la felicidad de estar juntos en la desdicha de estar de duelo.

Y a veces existe desdicha en la felicidad: todos los instantes en que somos conscientes de que nuestras felicidades se modificarán y alterarán, e incluso alejarán. La felicidad de los padres cuyos hi-

El taiji-tu, símbolo de la dualidad, pero también de la interdependencia e interpenetración entre el yin y el yang.

jos dejarán pronto el hogar: felicidad de ver que sus hijos son capaces de alejarse y volar con sus propias alas. Y una ligera desdicha de saber que pronto estaremos separados de ellos a diario.

Yo No estoy dotado para la felicidad. Siempre me ha faltado una pieza. No aprendí de pequeño: mis propios padres tampoco estaban dotados para ella, pues sus infancias no fueron fáciles. Así que se fijaron otras prioridades, como la de asegurar la seguridad material de nuestra familia. La felicidad vendría luego, si es que llegaba. Resulta que yo he razonado de la misma manera durante mucho tiempo, considerando igualmente que la aptitud para la felicidad era algo innato; pensando, por otra parte, en el fondo de mí que la felicidad era una ilusión óptica, un error de apreciación, y que los felices eran unos ingenuos o unos irresponsables; o que no era más que un respiro entre dos preocupaciones. Pero he acabado comprendiendo que la felicidad podía aprenderse. Así que he hecho lo mismo que antaño en el colegio: he sido un buen alumno, me he esforzado y he progresado. Sin duda, también he tenido suerte en mis encuentros, y me he cruzado con algunos buenos maestros, cuyos mensajes estaba listo para escuchar, así como para observar sus actitudes. Así pues, mi historia con la felicidad es banal y ordinaria, y me acerca a una buena parte de la humanidad, y a mis padres. Comprendo sus deseos de ser felices, sus dificultades para serlo, sus temores de no poder serlo cuando llegase el momento: ¡yo tengo los mismos!

¡Yupi! La divisa del entusiasmo, que ya nadie dice, salvo en los libros malos y las películas malas. De origen incierto, pero sin duda un xenismo, como tantos en la psicología positiva: del inglés *whipee*, o del americano *yippee*, ambos gritos de entusiasmo. Y tú, ¿cuál es tu grito –interno o externo– de entusiasmo?

Z de Zen

El camino del Zen: trabaja para aligerarte.
No busques resolverlo todo,
deja que los nudos se disuelvan.
Siéntate todos los días de tu vida,
contempla, medita. Sé.

Zapatero Ya conocemos el proverbio francés: «Los zapateros siempre van mal calzados». En tanto especialista en psicología positiva, me suelen preguntar si soy un hombre feliz, si soy un zapatero con buenos zapatos. Respondo que soy un zapatero que tiene los pies delicados y que cuida de sus zapatos. No estoy muy dotado para la felicidad. Tengo tendencias ansiosas y depresivas, como tanta gente. No es, claro está, por casualidad por lo que me he interesado en los sufrimientos psíquicos y en su prevención. Soy el principal usuario de todos los métodos que aconsejo a mis pacientes. El proverbio equivalente en inglés dice: *The cobbler's children go barefoot* («Los hijos del zapatero van descalzos»). No ha sido mi caso, al menos eso creo. Sabiéndome poco dotado para la felicidad, hice todo lo que pude para encontrar una compañera dotada en ese campo, la convencí para que se casase conmigo y transmitiera a nuestras hijas el gusto por la felicidad y su búsqueda.

Zapear Al principio, los telespectadores zapeaban para huir de la publicidad. En inglés, *to zap* significa de entrada «matar, freír a tiros, eliminar». Luego, el término se utilizó para describir una manera rápida y superficial de saltar entre cadenas, no solo por la publicidad, sino cuando el ritmo decaía o el interés aflojaba (de repente, los realizadores elaboran minuciosamente programas en que las imágenes cambian cada tres segundos, y donde debe darse una reanudación cada tres minutos). Finalmente, zapear ha acabado queriendo decir cambiar de idea o de tema en cuanto nuestra atención disminuye. Todos los estudios relacionados con este tema confirman que esta costumbre del záping mental es muy mala para nuestra atención, inteligencia y felicidad.[1]

Zen En verdad, el Zen, rama del budismo Mahayana, no tiene mucho *fun* que ofrecer, ¡ni es nada *cool*! Nada *zen*, en definitiva. ¿Cómo es posible que en nuestro imaginario y vocabulario se haya asociado con algo relajado? Tanto si se trata de la escuela Soto, en la que se medita durante horas con los ojos semicerrados cara a la pared, o la Rinzai, que popularizó los koan, esas aporías paradójicas que no pueden resolverse, sino solamente dejar disolverse en la vaciedad del insentido, el Zen, en realidad, no es tan guay, sino muy exigente. No obstante, en lo que coincido con él respecto a mi visión de la felicidad, es que profesa, como toda la corriente budista Mahayana, que todos los seres humanos poseen en ellos la necesidad de realizar la iluminación. Solo realizar y descubrir eso. Liberarse de lo inútil y de lo que obstruye nuestra vida y nuestra mente. Como sugiere Saint-Exupéry: «Parece que la perfección se alcanza, no cuando no hay nada más que añadir, sino cuando no hay nada más que suprimir».[2] ¿También con la felicidad?

Zoom Una tarde de verano, perfecta, no demasiado cálida, un poco de viento templado, nada de moscas peñazo revoloteando a mi alrededor. Estoy tendido en la hierba del jardín, con la intención de leer un poco o de hacer una siesta. Pero antes observo el espectáculo a ras del suelo: una alegre jungla, una increíble mezcla vegetal de hierbas y flores silvestres, con mucha «gente» en su interior: insectos de paseo o hacia el trabajo. Toda una vida invisible a la mirada presurosa o estresada, que hierve y vibra de energía. Mi mente me murmura: «Es precioso», y mi cuerpo me dice: «Está bien». Ambos me piden que me quede aquí un buen rato, con la nariz pegada al suelo. Siento que no solo estoy admirando o relajándome, sino conectando con la fuerza de la Vida. No hay palabras definidas para describir esto. Pienso en Rimbaud y en su poema «Sensación», ¿quieres que terminemos nuestro abecedario así?:

> *Iré, cuando la tarde cante, azul, en verano,*
> *herido por el trigo, a pisar la pradera;*
> *soñador, sentiré su frescor en mis plantas*
> *y dejaré que el viento me bañe la cabeza.*
>
> *Sin hablar, sin pensar, iré por los senderos,*
> *pero el amor sin límites me crecerá en el alma.*
> *Me iré lejos, dichoso, como con una chica,*
> *por los campos, tan lejos como el gitano vaga.*

Conclusión
En el momento de mi muerte

«En esta gasolinera acribillada por el chubasco, esperando que se llene el depósito del coche, recordé repentinamente que estaba vivo y la gloria ha transfigurado de un golpe todo lo que veía. Nada era ya feo ni indiferente. Conocí lo que les retiraban a los agonizantes. Lo probé por ellos, les ofrezco silenciosamente este esplendor espantoso de cada segundo.»

CHRISTIAN BOBIN, *Les Ruines du ciel*

A menudo pienso en mi muerte.

Recuerdo muy bien mi primer encuentro con ella. Fue durante una angustia nocturna, terrible, fulminante. En mi mente de chavalín, la irrupción brutal de este pensamiento: un día morirás, desaparecerás y no volverás nunca más a este mundo. Recuerdo exactamente esa noche de verano, la habitación, mi cama. Recuerdo mi desamparo y mi insondable soledad. No recuerdo palabras de tranquilidad de mis padres, despertados por mis lágrimas. Esta angustia que me ha embargado y luego soltado, como un terrible puño de hierro, seguro de su fuerza, que suelta, no obstante, a un gorrión despreocupado que ha atrapado en pleno vuelo: «No hay prisa, pajarín; volveré a buscarte». Esta angustia no me ha dejado desde entonces. Y mi trabajo me ha enseñado, además, que no abandona a nadie, a ningún ser humano. A ninguno.

A menudo pienso en mi muerte. Como todo el mundo. Por eso me gusta tanto la felicidad. Como a todo el mundo, también. Es un antídoto extraordinario de esa consciencia, discreta pero permanente, de nuestra futura desaparición. Dinero, fama, reconocimiento y admiración no son más que mediocres filtros de olvido. Como esas bebidas demasiado azucaradas que no acaban de apagar verdaderamente la sed. La felicidad es como un elixir, el único que da el gusto de la vida y la fuerza de saber presente la muerte. Es como un agua fresca que consuela. Esa agua fresca corre siempre en alguna parte de nuestras vidas y nuestros días.

Es una mañana de primavera.

Este año, el invierno ha sido duro, rudo, y a veces incluso muy triste. Han muerto algunos familiares. He estado enfermo. Esos dos sucesos no tienen la misma importancia, pero llegaron a la vez. «Nuestras enfermedades son los ensayos de la muerte», escribió Jules Renard en su *Journal*. Y así llega la edad en la que uno se siente viejo: desde hace tiempo, nuestras enfermedades han dejado de ser ocasiones para no ir al colegio, que siempre acaban sanando. Son como las balas perdidas de una batalla que se acerca. Que nos hieren sin matarnos. Que nos anuncian el fin de una historia. Y nos murmuran: «Prepárate para partir». Solo podemos escucharlas, sonreír y continuar adelante.

Esta mañana es primavera, y en cada célula de mi cuerpo tengo esa impresión, intensa y clara, de la primavera.

Las ventanas están abiertas al aire y la luz de una mañana de domingo. A su música. Reconozco entre mil el rumor tranquilo de las mañanas de domingo. Hace sol, un poco de viento, todavía fresco, que se apresta a convertirse en templado. Todo el mundo está ocupado en casa. Las niñas juegan y se oyen sus palabras y sus risas desplazándose sin cesar de un sitio a otro. A lo lejos, un organillo toca una pieza algo triste, de una tristeza inteligente, que da ganas, no obstante, de vivir y sonreír.

Mis amigos llegarán pronto para comer, beberemos buen vino y charlaremos. En un momento dado, me retiraré de las conversaciones, con el rostro sonriente y ausente. Seré consciente del canto de los pájaros, del rumor de los insectos libando las flores del jardín. Observo a la abeja saliendo hacia atrás de una flor, cubierta de polen. Pensaré en el milagro de la miel. Dejaré de oír las voces a mi alrededor, como murmullos alegres de felicidad, sin ni siquiera desear comprender el sentido.

Suenan las campanas de la iglesia vecina.

No necesito nada más. Puedo morir ahora, en este instante. Habré conocido la felicidad. A menudo he adivinado su rostro, sentido su presencia. Con frecuencia, la he escuchado respirar a mi lado, o justo por detrás. Puedo partir. Puedo dejar mi sitio a los demás. He tenido mi parte del pastel. Todo lo que me suceda ya será como una serie de gracias inmerecidas, pero que aceptaré y saborearé con un maravillamiento creciente. Acabaré por morir de alegría.

Me pregunto qué encontraré al otro lado...

Notas

Introducción
«¡Llame al jefe!»

1. Renard J., «21 de septiembre de 1894», *Journal* 1887-1910, París, Gallimard, «Bibliothèque de la Pléiade», 1965.
2. Lecomte J. (dir.), *Introduction à la psychologie positive*, París, Dunod, 2009.
3. Weil S., *La Pesanteur et la Grâce*, París, Plon, 1948, pág. 15.
4. Véase por ejemplo Lucas R. E. *et al.*, «Reexamining adaptation and the set point model of happiness: Reactions to changes in marital status», *Journal of Personality and Social Psychology*, 2003, 84, págs. 527-539; Lucas R.E., Clark A.E., «Do people really adapt to marriage?». *Journal of Happiness Studies*, 2006, 7, págs. 405-426; Stutzer A., Frey B.S., «Does marriage make people happy or do happy people get married?», *Journal of Socio-Economics*, 2006, 35, págs. 326-347.
5. Lyubomirsky S. *et al.*, «Becoming happier takes both a will and a proper way: An experimental longitudinal intervention to boost well-being», *Emotion*, 2011, 11, págs. 391-402.
6. Bobin C., *Prisonnier au berceau*, París, Mercure de France, 2005.

A de Abertura

1. Seligman M.E.P. *et al.*, «Positive psychology progress. Empirical validations of interventions», *American Psychologist*, 2005, 60 (5), págs. 410-421.

2. *Manuel d'Épictète*, París, Garnier-Flammarion, 1964, V.
3. Para una síntesis, véase Haidt J., *L'Hypothèse du bonheur. La redécouverte de la sagesse ancienne dans la science contemporaine*, Bruselas, Mardaga, 2010, sobre todo el capítulo 7: «Des usages de l'adversité», págs. 161-181.
4. Seery M.D. *et al.*, «Whatever does not kill us: Cumulative lifetime adversity, vulnerability, and resilience», *Journal of Personality and Social Psychology*, 2010, 99 (6), págs. 1.025-1.041.
5. Garland E.L. *et al.*, «Upward spirals of positive emotions counter downward spirals of negativity: Insights from the broaden-and-build theory and affective neuroscience on the treatment of emotion dysfunctions and deficits in psy-chopathology», *Clinical Psychology Review*, 2010, 30 (7), págs. 849-864.
6. Bastian B. *et al.*, «Feeling bad about being sad: The role of social expectancies in amplifying negative mood», *Emotion*, 2012, 12 (1), págs. 69-80.
7. Daly M.C. *et al.*, «Dark contrasts: The paradox of high rates of suicide in happy places», *Journal of Economic Behavior & Organization*, 2011, 80 (3), págs. 435-442.
8. Chozen Bays J., *Manger en pleine conscience. La méthode des sensations et des émotions*, París, Les Arènes, 2013.
9. Freeman M.P., «Nutrition and psychiatry», *American Journal of Psychiatry*, 2010, 167 (3), págs. 244-247.
10. Kiecolt-Glaser J.K. *et al.*, «Omega-3 supplementation lowers inflammation and anxiety in medical students: A randomized controlled trial», *Brain, Behavior and Immunity*, 2011, 25 (8), págs. 1.725-1.734.
11. Lespérance F. *et al.*, «The efficacy of omega-3 supplementation for major depression: A randomized controlled trial», *Journal of Clinical Psychiatry*, 2011, 72 (8), págs. 1.054-1.062.
12. Van der Spek V., Bernard A., *Nutrition et bien-être mental. Pourquoi et comment notre alimentation influence notre cerveau?*, Bruselas, De Boeck, 2009. Y también: Suglia S.F. *et al.*, «Soft drinks consumption is associated with behavior problems in 5-years-old», *Journal of Pediatrics*, 2013, 163 (5), págs. 1.323-1.328.
13. Lake J.H., Spiegel D, *Complementary and Alternative Treatments in Mental Health Care*, Washington DC, American Psychiatric Publishing, 2007.
14. Lecomte J., *La Bonté humaine*, París, Odile Jacob, 2012.
15. Para una síntesis, véase Ricard M., *Plaidoyer pour la bienveillance. La Force de l'altruisme*, París, NiL 2013.

16. En su poema «Le Chat», en *Le Bestiaire* (*Alcools suivi de Le Bestiaire*, París, Gallimard, «Poésie», 1966).

17. Bobin C., *La Part manquante*, París, Gallimard, pág. 13.

18. Para una síntesis, véase Barofsky I., Rowan A., «Models for measuring quality of life: Implications of for human-animal interaction research», en C.C. Wilson, D.C. Turner (ed.), *Companion Animals in Human Health, Thousand Oaks* (CA), Sage Publications, 1997.

19. Mitchell T.R. *et al.*, «Temporal adjustments in the evaluation of events: The 'rosy view'», *Journal of Experimental Social Psychology*, 1997, 33, págs. 421-448.

20. Harmer C.J. *et al.*, «Increased positive versus negative affective perception and memory in healthy volunteers following selective serotonin and no-repinephrine reuptake inhibition», *American Journal of Psychiatry*, 2004, 161 (7), págs. 1.256-1.263.

21. Rosset C., *Le Réel et son double. Essai sur l'illusion*, París, Gallimard, «Folio Essais», 1993.

22. *Troïlus et Cressida*, acto I, escena II.

23. Para una síntesis, véase este artículo de referencia: Fredrickson B.L., Braningan C., «Positive emotions broaden the scope of attention and thought-action repertoires», *Cognition and Emotion*, 2005, 19 (3), págs. 313-332.

24. Fredrickson B., Braningan C., «Positive emotions broaden the scope of attention and thought-action repertories, *Psychological Science*, 202, 13, págs. 172-175.

25. *Ibídem.*

26. Weich S. *et al.*, «Mental well-being and mental illness: Findings from the Adult Psychiatric Morbidity Survey for England 2007», *British Journal of Psychiatry*, 2011, 199, págs. 23-28.

27. Renard J., «21 de septiembre de 1894», *Journal* 1887-1910, op. cit.

28. Kahneman D., *Système 1, système 2. Les deux vitesses de la pensée*, París, Flammarion, 2012.

29. Killingsworth M.A., Gilbert D.T., «A wandering mind is an unhappy mind», *Science*, 2010, 330, pág. 932.

30. Baumeister R.F. *et al.*, «Does high self-esteem cause better performance, interpersonal success, happiness, or healthier lifestyles?», *Psychological Science in the Public Interest*, 2003, 4 (1), págs. 1-44.

31. Bobin C., *Ressusciter*, París, Gallimard, «Folio», 2003, pág. 27.

32. Luhmann M. *et al.*, «Subjective well-being and adaptation to life events: A meta-analysis», *Journal of Personality and Social Psychology*, 2012, 102, págs. 592-615.

B de Benevolencia

1. Schwartz R.M., Caramoni G.L., «Cognitive balance and psychopathology: Evaluation of an information processing model of positive and negative states of mind», *Clinical Psychology Review*, 1989, 9 (3), págs. 271-274.
2. La Brosse O. de, Henry A.-M., Rouillard P. (dir.), *Dictionnaire des mots de la foi chrétienne*, París, Cerf, 1968.
3. http://www.toujourspret.com
4. Gabilliet P., *Éloge de l'optimisme. Quand les enthousiastes font bouger le monde*, París, Saint-Simon, 2010.
5. Loiselet C., Deschamps P., *Démerdez-vous por être heureux! Le Bel Espoir du père Jaouen*, París, Glénat, 2011.

C de Cementerio

1. Para una síntesis, *véase*, Todorov T., *Face à l'extrême*, París, Seuil, «Points», 1994, en particular págs. 83-89.
2. Frankl V., *Un psychiatre déporté témoigne*, Lyon, Éditions du Chalet, 1967.
3. Buber-Neumann M., *Déportée a Ravensbrück*, París, Seuil, 1988.
4. Sapolsky R.M., *Why Zebras Don't Get Ulcers*, Nueva York, Holt Paperbacks, 2004, 3ª edición.
5. Grinde B., *The Biology of Happiness*, Londres, Springer, 2012.
6. Damasio A., «La science en 2050», *Pour la science*, janvier 2000, pág. 81.
7. Estos aforismos aparecen en *Syllogismes de l'amertume*, París, Gallimard, «Folio», págs. 75, 151, 131.
8. Bobin C., *La Lumière du monde*, París, Gallimard, 2001, págs. 44-45.
9. Redelmeier D.A., Kahneman D., «Patient's memories of painful medical treatments: Real-time and retrospective evaluations of two minimaly invasives procedures», *Pain*, 1996, 66, págs. 3-8.
10. André C., «Se connaître pour moins se tromper», *Cerveau & Psycho*, 2013, 58, págs. 10-11.

11. Wirtz D. *et al.*, «What to do on spring break? The role of predicted, online, and remembered experience in future choice», *Psychological Science*, 2003, 14 (5), págs. 523-524.

12. Lyubomirsky S., Ross L., «Hedonic consequences of social comparison», *Journal of Personality and Social Psychology*, 1997, 37 (6), págs. 1.141-1.157.

13. Camus A., *L'Envers et l'Endroit*, in *Oeuvres complètes*, t. I: *1931-1944*, París, Gallimard, «Bibliothèque de la Pléiade», 2006, pág. 71.

14. Renard J., «9 octobre 1897», *Journal 1887-1910, op. cit.*

15. Fowler J.H., Christakis N. A., «Dynamic spread of happiness in a large social network: Longitudinal analysis over 20 years in the Framingham Heart Study», *British Medical Journal*, 2008, 337, a2338, págs. 1-9.

16. Bobin C., *Prisonnier au berceau, op. cit.*, pág. 102.

17. Langer E.J., Rodin J., «The effects of choice and enhanced personal responsibility for the aged», *Journal of Personality and Social Psychology*, 1976, 34, págs. 191-198.

18. Friedman R.S., Forster J., «The effects of promotion and prevention cues on creativity», *Journal of Personality and Social Psychology*, 2001, 81 (6), págs. 1.001-1.013.

19. Véase por ejemplo Afsa C. y Marcus V., «Le bonheur attend-il le nombre des années?», en *France, portrait social*, París, La Documentation française, «Insee Références», 2008.

20. Rozin P., Royzman E.B., «Negativity bias, negativity dominance and contagion», *Personality and Social Psychology Review*, 2001, 5, págs. 296-320.

21. Baumeister R.F. *et al.*, «Bad is stronger than good», *Review of General Psychology*, 2001, 5, págs. 323-370.

22. Schaumberg R.L., Flynn F.J., «Uneasy lies the head that wears the crown: The link between guilt proneness and leadership», *Journal of Personality and Social Psychology*, 2012, 103 (2), págs. 327-342.

D de Don

1. Es también el título de un magnífico libro de entrevistas de Tzvetan Todorov: *Devoirs et délices. Une vie de passeur*, París, Seuil, «Points», 2002. En cuanto a la frase de Rousseau, está extraída de *Lettres philosophiques*

(carta a Sophie d'Houdetot, 17 de diciembre de1757), y ella dijo exactamente: «Se hace todo por un amigo como por uno mismo, no por deber sino por delicia».

2. Véase para un resumen: Diener E., Suh E. M. (ed.), *Culture and Subjective Well-Being*, Cambridge (MA), Bradford, MIT Press, 2000.

3. Veáse Davoine L., «Institutions, politiques et valeurs», en *Economie du bonheur*, París, La Decouverte, 2012.

4. Delerm P., *Le Bonheur. Tableaux et bavardages*, Mónaco, Éditions du Rocher, 1986.

5. Hoffman B.M. *et al.*, «Exercise and pharmacotherapy in patients with major depression: One-year follow-up of the SMILE study», *Psychosomatic Medicine*, 2011, 73, págs. 127-133.

6. Quoy-Bodin J. L., *Un amour de Descartes*, París, Gallimard, 2013.

7. Descartes R., «Lettre au marquis de Newcastle», fechada el 23 de noviembre de 1646, en *OEuvres et lettres*, París, Gallimard, «Bibliothèque de la Pléiade», 1953.

8. Comte-Sponville A., *Le Bonheur, désespérément*, Nantes, Pleins Feux, 2000.

9. Bruckner P., *L'Euphorie perpétuelle. Essai sur le devoir de bonheur*, París, Grasset, 2000.

10. Inglehart R. *et al.*, «Development, freedom and rising happiness: A global perspective (1981-2007)», *Perspectives on Psychological Science*, 2008, 3 (4), págs. 265-285. Véase también, para el caso particular de Dinamarca: Biswas-Diener R. *et al.*, «The Danish effect: Beginning to explain high well-being in Denmark», *Social Indicators Research*, 2010, 97 (2), págs. 229-246; Christensen K. *et al.*, «Why Danes are smug: Comparative study of life satisfaction in the European Union», *British MedicalJournal*, 2006, 333, págs. 1.289-1.291.

11. Diener E. *et al.*, «The relationship between income and subjective well-being: Relative or absolute?», *Social Indicators Research*, 1993, 28, págs. 195-223.

12. Thibon G., *L'illusion féconde*, París, Fayard, 1995, pág. 98.

13. Bobin C., *Les Ruines du ciel*, París, Gallimard, 2009, pág. 75.

14. Bobin C., entrevista en un número especial de la revista *La Vie, Vivre le deuil*, 2013

E de Esfuerzos

1. Véase para un resumen: Linley A., Harrington S., Garcea N. (comp.), *Oxford Handbook of Positive Psychology and Work*, Nueva York, Oxford University Press, 2010.

2. Losada M., Heaphy E., «The role of positivity and connectivity in the performance of business teams: A nonlinear dynamics model», *American Behavioral Scientist*, 2004, 47 (6), págs. 740-765.

3. Heerdink M.W. *et al.*, «On the social influence of emotions in groups: Interpersonal effects of anger and happiness on conformity versus deviance», *Journal of Personality and Social Psychology*, 2013, 105 (2), págs. 262-284.

4. Mata J. *et al.*, «Acute exercise attenuates negative affect following repeated sad mood inductions in persons who have recovered from depression», *Journal of Abnormal Psychology*, 2013, 122 (1), págs. 45-50.

5. Para una síntesis de todos estos trabajos sobre la elación, leer: Haidt J., *L'Hypo-these du bonheur*, Bruselas, Mardaga, 2010, págs. 224-231.

6. Para una síntesis, véase: Schwarz B., *Le Paradoxe du choix. Comment la culture de l'abondance eloigne del bonheur*, París, Michel Lafon, 2006.

7. Schwarz B. *et al.*, «Maximizing versus satisficing: Happiness is a matter of choice», *Journal of Personality and Social Psychology*, 2002, 83 (5), págs. 1.178-1.197.

8. Dambrun M., Ricard M., «Self-centeredness and selflessness: A theory of self-based psychological functioning and its consequences for happiness», *Review of General Psychology*, 2011, 15 (2), págs. 138-157.

9. Dunn E.W. *et al.*, «Misunderstanding the affective consequence of everyday social interactions: The hidden benefits of putting one's best face forward», *Journal of Personality and Social Psychology*, 2007, 92, págs. 990-1005.

10. Delerm P., *Le Bonheur. Tableaux et bavardages, op. cit.*

11. *Nueva York Times Magazine*, 1 de diciembre de 2004, pág. 37.

12. Renard J., «19 juin 1899», *Journal 1887-1910, op. cit*

13. Lucas R.E., Gohm C.R., «Age and sex differences in subjective well-being across cultures», en E. Diener y E.M. Suh, *Culture and Subjective Weil-Being*, Cambridge (MA), Bradford, 2000, págs. 291-317.

14. Cioran E.M., *Pensées étranglées* précédé de *Le Mauvais Demiurge*, París, Gallimard, 1969.

F de Flojo

1. Csikszentmihalyi M., *Vivre. La psychologic du bonheur*, París, Robert Laffont, 2004.
2. Lyubomirsky S., *Comment être heureux... et le rester*, París, Flammarion, 2008.
3. Lyubomirsky S. *et al.*, «Pursuing happiness: The architecture of sustainable change», *Review of General Psychology*, 2005, 9, págs. 111-131.
4. Seligman P., *S'épanouir. Pour un nouvel art du bonheur et du bien-être*, París, Belfond, 2013.
5. André C., *Vivre heureux. Psychologie du bonheur*, París, Odile Jacob, 2001.
6. Cabrel C., canción «Elle dort», en el álbum *Les Beaux Dégâts*, Columbia, 2004.
7. Freud S., *Malaise dans la civilisation*, París, Payot, 2010.
8. Peterson C., *A Primer in Positive Psychology*, Nueva York, Oxford University Press, 2006.

G de Gratitud

1. Herzog H., «The impact of pets on human health and psychological well-being. Fact, fiction, or hypothesis?», *Current Directions in Psychological Science*, 2011, 20 (4), págs. 236-239. Véase también: Sable P., «Pets, attachment, and well-beingacross the Life Cycle», *Social Work*, 1995, 40 (3), págs. 334-341.
2. Lyubomirsky S. *et al.*, «Pursuing happiness: The architecture of sustainable change», art. cit.
3. Post S. *et al.*, *Why Good Things Happens to Good People*, Nueva York, Broadway Books, 2008.
4. Renard J., «1er février 1903», *Journal 1887-1910, op. cit*

H de Hedonismo

1. Según Alain de Botton, *Consolations de la philosophie*, París, Mercure de France, 2001.

I de Ilusión

1. Citado en Mauzi R., *L'Idée du bonheur dans la littérature et la pensée françaises au* XVIII*^e siècle*, París, Colin, 1979, pág. 538.
2. Damasio A.R., *Spinoza avait raison. Joie et tristesse, le cerveau des émotions*, París, Odile Jacob, 2003, pág. 89.
3. Kurz J.L. *et al.*, «Quantity versus uncertainty: When winning one prise is better than winning two», *Journal of Experimental Social Psychology*, 2007, 43, págs. 979-985.
4. Wilson T.D. *et al.*, «The pleasures of uncertainty: Prolonging positive moods in ways people do not anticipate», *Journal of Personality and Social Psychology*, 2005, 88, págs. 5-21.
5. Gibson B., «Can evaluative conditioning change attitudes towards mature brands. New evidence from the implicit association test», *Journal of Consumer Research*, 2008, 35, págs. 178-188.
6. Westermann R. *et al.*, «Relative effectiveness and validity of mood induction procedures: A meta-analysis», *European Journal of Social Psychology*, 1996, 26, págs. 557-580.
7. Audiberti J., *Race des hommes*, París, Gallimard, «Folio», 1968.
8. Comte-Sponville A., *Dictionnaire philosophique*, París, Presses universitaires de France, 2013 (2.ª edición).
9. Maeterlinck M., *La Sagesse et la Destinée*, París, Fasquelle, 1898.
10. Houellebecq M., *Rester vivant*, París, Flammarion, 1997.
11. En su *Faust II*. Goethe J.W. von, *Faust I* y *II*, Flammarion, París, 1999.

J de Jardinero

1. Jeremías 15, 17, *Bible de Jerusalem*, París, Cerf, 1961.

K de Karma

1. Thibon G., *L'Illusion féconde, op. cit.*

L de Lazo

1. Kotsou I. *et al.*, «Emotional plasticity: Conditions and effects of improving emotional competence in adulthood», *Journal of Applied Psychology*, 2011, 96 (4), págs. 827-839.

2. Para una síntesis, véase André C., «Regrets d'hier et d'aujourd'hui», *Cerveau & Psycho*, 2005, 9, págs. 32-36.

3. Ware B., *Les 5 regrets des personnes en fin de vie*, París, Tredaniel, 2013.

4. Apollinaire G., «À la Santé», *Alcools, op. cit.*

5. Comte-Sponville A., Delumeau J., Farge A., *La Plus Belle Histoire du bonheur*, París, Seuil, 2006.

6. Citado por Éric Wilson, en su libro *Contre le bonheur*, París, L'Arche, 2009, pág. 146.

7. Thoreau H.D., *Walden ou la Vie dans les bois*, París, Aubier-Montaigne, 1967, pág. 79.

8. Gibson B., Sanbonmatsu D. ML, «Optimism, pessimism, and gambling: The downside of optimism», *Personality and Social Psychology Bulletin*, 2004, 30, págs. 149-160.

9. Gordon K.C. *et al.*, «Predicting the intentions of women in domestic violence shelters to return to partners: Does forgiveness play a role?», *Journal of Family Psychology* 2004, 18, págs. 331-338.

10. Diener E., Chan M.Y., «Happy people live longer: Subjective well-being contributes to health and longevity», *Applied Psychology: Health and Well-Being*, 2011, 3 (1), págs. 1-43.

11. Kaplan H.R., «Lottery winners: The myth and reality», *Journal of Gambling Studies*, 1987, 3 (3), págs. 168-178.

12. El escritor Éric Chevillard, en su blog L'Autofictif, lunes 3 de junio de 2013.

M de Mamá

1. Es del escritor Henri Calet, y está extraída de las últimas líneas de su novela inacabada, *Peau d'ours*, que Calet ecribió dos días antes de su muerte en 1956: «Es en la piel de mi corazón donde encontrarán arrugas. Me he ido ya un poco, estoy un poco ausente. Haz como si no estuviera. Mi voz ya no tiene fuerza. Morir sin saber qué es la muerte, ni la vida. ¿Hay que des-

pedirse ya? No me sacudas. Estoy lleno de lágrimas» (París, Gallimard, «L'imaginaire»).

2. Mandela N., *Un long chemin vers lu liberté*, París, Fayard, 1995.

3. Renard J., «1 aout 1899», *Journal 1887-1910, op. cit.*

4. Bobin C., *La Dame blanche*, París, Gallimard, 2007, pág. 120.

5. Marc Aurèle, *Pensées pour moi-même*, París, Arlea, V, 39.

6. King M.L., sermón del 3 de mayo de 1963, en *Minuit, quelqu'un frappe a la porte. Autobiographie* (textos reunidos por Clayborne Carson), París, Bayard, 2000.

7. Kasser T., *The High Price of Materialism*, Cambridge (MA), Bradford/MIT Press, 2002.

8. Véase para un resumen: Davoine L., *L'Économie du bonheur, op. cit.* Y también: Frank R.H., *La Course au luxe. L'économie de la cupidité et la psychologie du bonheur*, Ginebra, Markus Haller, 2010.

9. Brown K.W., Ryan R.M., «The benefits of being present: Mindfulness and its role in psychological well-being», *Journal of Personality and Social Psychology*, 2003, 84 (4), págs. 822-848.

10. Larson R., Csikszentmihalyi M., «The experience sampling method», *New Directions for Methodology of Social and Behavioral Sciences*, 1983, 15, págs. 41-56. Véase también: Kahneman D. *et al.*, «A survey method for characterizing daily life experience: The day reconstruction method», *Science*, 2004, 306, págs. 1.776-1.780.

11. Csikszentmihalyi M., LeFevre J., «Optimal experience in work and leisure», *Journal of Personality and Social Psychology*, 1989, 56 (5), págs. 815-822.

12. Killingsworth M.A., Gilbert D.T, «A wandering mind is an unhappy mind», art. cit.

13. Brown K.W, Ryan R.M., «The benefits of being present: Mindfulness and its role in psychological well-being», *Journal of Personality and Social Psychology*, 2003, 84 (4), págs. 822-848.

14. Davidson R.J. *et al.*, «Alterations in brain and immune function produced by mindfulness meditation», *Psychosomatic Medicine*, 2003, 65, págs. 564-570.

15. Falkenstrom F., «Studying mindfulness in experienced meditators: A quasi-experimental approach», *Personality and Individual Differences*, 2010, 48, págs. 305-310.

16. Segal Z., Bieling P., Young T. *et al.*, «Antidepressant monotherapy vs sequential pharmacotherapy and mindfulness-based cognitive therapy, or

placebo, for relapse prophylaxis in recurrent depression», *Archives of General Psychiatry*, 2010, 67 (12), págs. 1.256-1.264.

17. Jeanningros R., André C., Billieux J., «Effects of mindfulness-based cognitive therapy on cognitive emotion regulation and impulsivity», comunicación presentada en el Congreso de la European Association of Behavioural and Cognitive Therapies, Ginebra, 2012.

18. Nielsen L., Kaszniak A.W, «Awareness of subtle emotional feelings: A comparison of long-term meditators and nonmeditators», *Emotion*, 2006, 6 (3), págs. 392-405.

19. Fredrickson B.L., «The role of positive emotions in positive psychology: The broaden-and-build theory of positive emotions», *American Psychologist*, 2001, 56 (3), págs. 218-226.

20. Killingsworth M.A., Gilbert D.T, «A wandering mind is an unhappy mind», art. cit.

21. Dambrun M., Ricard M., «Self-centeredness and selflessness: A theory of self-based psychological functioning and its consequences for happiness», art. cit.

22. Hollis-Walker L., Colosimo K., «Mindfulness, self-compassion, and happiness in non-meditators: A theoretical and empirical examination», *Personality and Individual Differences*, 2011, 50, págs. 222-227.

23. Shankland R., André C., «Pleine conscience et psychologie positive: incompatibilité ou complémentarité?", *Revue quebecoise de psychologie*, 2014 (pronta publicación), 35 (2).

24. Camus A., *L'Envers et l'Endroit, op. cit.*, págs. 47-48.

25. Cunnigham M.R., «Weather, mood and helping behavior: Quasi experiments with the sunshine Samaritan», *Journal of Personality and Social Psychology*, 1979, 37 (11), págs. 1.947-1.956.

26. Lucas R.E., Lawless N. M., «Does life seem better on a sunny day? Examining the association between daily weather conditions and life satisfaction judgments», *Journal of Personality and Social Psychology*, 2013, 104 (5), págs. 872-884.

27. Klimstra T.A. *et al.*, «Come rain or come shine: Individual differences on how weather affects mood», Emotion, 2011, 11 (6), págs. 1.495-1.499.

28. Renard J., «20 de septiembre de 1905», *Journal 1887-1910, op. cit.*

29. Renard J., «6 mai 1899», *Journal 1887-1910, op. cit.*

30. Teilhard de Chardin R, *Sur le bonheur. Sur l'amour*, París, Seuil, «Points», 1997.

31. Ferris T., *La Semaine de 4 heures*, París, Pearson, 2010.
32. Entrevista en un número especial de la revista *La Vie*, op. cit.

N de Naturaleza

1. Algunos estudios interesantes sobre este tema: Logan A.C. y Selhub E.M., «Vis Medicatrix naturae: does nature 'minister to the mind'?», *BioPsycho-Social Medicine*, 2012, 6, pág. 11; Mitchell R., Popham F, «Effect of exposure to natural environment on health inequalities: An observational population study», *The Lancet*, 2008, 372 (9650), págs. 1.655-1.660; Park B.J. *et al.*, «The physiological effects of Shinrin-Yoku (taking in the forest atmosphere or forest bathing): Evidence from field experiments in 24 forests across Japan», *Environmental Health and Preventive Medicine*, 2010, 15, págs. 18-26; Thoreau H.D, *Journal*, 1.1: *1837-1840*, Bordeaux, Fini-tude, 2012; Ulrich R.S., «View through a window may influence recovery from surgery», *Science*, 1984, 224, págs. 420-421.
2. http://www.ffrandonnee.fr.
3. Van Tilburg W.A.P. *et al.*, «In search of meaningfulness: Nostalgia as an antidote to boredom», *Emotion*, 2013, 13 (3), págs. 450-461. Véase también: Wildschut T. *et al.*, «Nostalgia: Contents, triggers, functions», *Journal of Personality and Social Psychology*, 2006, 91, págs. 975-993. Y además: Zhou X. *et al.*, «Couterac-ting loneliness: On the restaurative function of nostalgia», *Psychological Science*, 2008, 19, págs. 1.023-1.029.
4. Joormann J. *et al.*, «Mood regulation in depression: Differential effects of distraction and recall of happy memories on sad mood», *Journal of Abnormal Psychology*, 2007, 116 (3), págs. 484-490.
5. Bobin C., *Prisonnier au berceau, op. cit.*, p 109.

O de Optimismo

1. Steiner G., *Dix raisons (possibles) à la tristesse de pensée*, París, Albin Michel, 2005.
2. Seligman M., *La Force de l'optimisme*, París, InterÉditions, 2008.
3. Shapira L.B., Mongrain M., «The benefits of self-compassion and optimism exercises for individuals vulnerable to depression», *The Journal of Positive Psychology*, 2010,5(5), págs. 377-389.

4. En el poema «Signe», de la antología *Alcools*, *op. cit.*

5. Corneille P., *Le Cid*, acto IV, escena III.

6. Cyrulnik B., *Un merveilleux malheur*, París, Odile Jacob, 1999.

P de Perdón

1. Bobin C., entrevista con Francois Busnel, France Inter, 2013. Transcripción escrita en: http://www.lexpress.fr/culture/livre/christian-bobin-nous-ne-sommes-pas-obliges-d-obeir_ 1219139.html#sOQreU4JiTqiDQst.99.

2. Arntz A. *et al.*, «Changes in natural language use as an indicator of psychotherapeutic change in personality disorders», *Behaviour Research and Therapy*, 2012, 50 (3), págs. 191-202.

3. Afsa C. y Marcus V., «Le bonheur attend-il le nombre des années?», en *France, portrait social, op. cit.*

4. Véase también Stiglitz J. *et al.*, *Richesse des nations et bien-être des individus. Performances économiques et progrès social*, París, Odile Jacob, 2009.

5. Comte-Sponville A., Delumeau J., Farge A., *La Plus Belle Histoire du bonheur, op. cit.*

6. Bobin C., entrevista en la revista *Clés*, abril-mayo de 2011, n.° 70, págs. 92-94.

7. Gable S.L. *et al.*, «What do you do when things go right? The intraper-sonal interpersonal benefits of sharing positive events», *Journal of Personality and Social Psychology*, 2004, 87, págs. 228-245.

8. Lyubomirsky S. *et al.*, «The costs and benefits of writing, talking, and thinking about life's triumphs and defeats», *Journal of Personality and Social Psychology*, 2006, 90, págs. 692-708.

9. Schnall S. *et al.*, «Social support and the perception of geographical slant», *Journal of Experimental Social Psychology*, 2008, 44, págs. 1.246-1.255.

10. Schopenhauer A., *Aphorismes sur la sagesse dans la vie*, Presses universitaires de France, «Quadrige», 2011, p VIII.

11. Assouline P., «Bernanos, électron libre», en su blog La République des Livres, 12 de octubre de 2013.

12. Era con Pascal Bruckner, con motivo de un foro del periódico *Libération* en Rennes, en 2010.

13. D'Ansembourg T., *Qui fuis-je? Où cours-tu? À quoi servons-nous? Vers l'intériorité citoyenne*, París, Éditions de l'Homme, 2008.

14. Jollien A., *La Construction de soi. Un usage de la philosophie*, París, Seuil, 2006.
15. Éric Chevillard, en su blog L'Autofictif, 24 de septiembre de 2010.
16. http://psychoactif.blogspot.fr.
17. Sheikh S., Janoff-Bulman R., «Paradoxical consequences of prohibitions», *Journal of Personality and Social Psychology*, 2013, 105 (2), págs. 301-315.
18. Pascal B., «Pensee 172-47», *Pensées*, París, Flammarion, 2008.
19. Renard J., «9 avril 1895», *Journal 1887-1910, op. cit.*
20. Wood A.M., Joseph S., «The absence of positive psychological (eudemo-nic) well-being as a risk factor for depression: A ten years cohort study», *Journal of Affective Disorders*, 2010, 122, págs. 213-217.
21. Seligman M.E.R *et al.*, «Positive psychotherapy», *American Psychologist*, 2006, 61, págs. 774-788.
22. En su blog L'Autofictif, 18 de marzo de 2013.
23. Cioran E.M., *Syllogismes de l'amertume, op. cit.*, pág. 32.
24. Bobin C., entrevista en el número especial de la revista *La Vie, Vivre le deuil, op. cit.*
25. Para una síntesis, véase: Rapoport-Hubschman N., *Apprivoiser l'esprit, guérir le corps. Stress, émotions, santé*, París, Odile Jacob, 2012

Q de Qohelet

1. Entrevista en *Philosophie Magazine*, 2012, n.º 60.

R de Respirar

1. Cosseron C., *Remettre du rire dans sa vie*, París, Robert Laffont, 2009.
2. Hackney C.H., Sanders C. S., «Religiosity and mental health: Meta-analysis of recent studies», *Journal for the Scientific Study of Religion*, 2003, 42, págs. 43-55.
3. Diener E. *et al.*, «The religion paradox: If religion makes people happy, why are so many dropping out?», *Journal of Personality and Social Psychology*, 2011, 101 (6), págs. 1.278-1.290.
4. Marx K., *Contribution à la critique de la philosophie du droit de Hegel*, París, Entremonde, 2010.

5. Norcross J.C. *et al.*, «Auld lang syne: Success predictors, change processes, and self-reported outcomes of New Year's resolvers and nonresolvers», *Journal of Clinical Psychology*, 2002, 58 (4), págs. 397-405.
6. Renard J., «28 Janvier 1901», *Journal, op. cit.*
7. O'Hare D., *5 minutes le matin. Exercices simples de méditation pour les stressés très pressés*, Thierry Souccar Éditions, 2013.
8. Hutcherson C.A. *et al.*, «Loving-kindness meditation increases social connectedness», *Emotion*, 2008, 8 (5), págs. 720-724.

S de Saborear

1. Comte-Sponville A., *Dictionnaire philosophique, op. cit.*
2. Flaubert G., carta a Louise Colet, 13 de agosto de 1846.
3. Diener E., Chan M.Y., «Happy people live longer: Subjective well-being contributes to health and longevity», *Applied Psychology: Health and Well-Being*, 2011, 3 (1), págs. 1-43.
4. Veenhoven R., «Healthy happiness. Effects of happiness on physical health and the consequences for preventive health care», *Journal of Happiness Studies*, 2008, 9, págs. 449-469.
5. Van Dijk W.W. *et al.*, «Self-esteem, self-affirmation, and schadenfreude», *Emotion*, 2011, 11 (6), págs. 1.445-1.449.
6. Comte-Sponville A., *Dictionnaire philosophique, op. cit.*
7. Killingsworth M.A., Gilbert D.T, «A wandering mind is an unhappy mind», art. cit.
8. Wellings K. *et al.*, «Seasonal variations in sexual activity and their implications for sexual health promotion», *Journal of the Royal Society of Medicine*, 1999, 92, págs. 60-64.
9. Hundhammer T., Mussweiler T., «How sex puts you in gendered shoes: sexuality-priming leads to gender-based self-perception and behavior», *Journal of Personality and Social Psychology*, 2012, 103 (1), págs. 176-193.
10. Tracy J.L., Beall A.T., «Happy guys finish last: The impact of emotion expressions on sexual attraction», *Emotion*, 2011, 11 (6), págs. 1.379-1.387.
11. Snodgrass M.E., *Cliffs Notes on Greek Classics*, Nueva York, John Wiley & Sons, 1988, pág. 148.
12. Duneton C., *Je suis comme une truie qui doute*, París, Seuil, 1976.

13. Osvath M., «Spontaneous planning for future stone throwing by a male chimpanzee», *Current Biology*, 2009, 19 (5), R190-191.

14. Me ha sido imposible hallar la fuente de esta historia. No he encontrado nada parecido en Platón, el portavoz de Sócrates. Así que imagino que se trata de un cuento edificante sin autor conocido.

15. Para una síntesis véase: Lyubomirsky S., *Qu 'est-ce qui nous rend vraiment heu-reux? Ce que la science nous révèle*, París, Les Arènes, 2014, y sobre todo el capítulo 4: «Je ne peux pas être heureux quand... je n'ai pas de partenaire».

16. Sttrack F. *et al.*, «Inhibiting and facilitating conditions of the human smile: A nonobstrusive test of the facial feedback hypothesis», *Journal of Personality and Social Psychology*, 1998, 54, págs. 768-777.

17. Descartes R., *Éthique*, IV 7.

18. Nelson L.D. y Meyvis T., «Interrupted consumption: Disrupting adaptation to hedonic experiences», *Journal of Marketing Research*, 2008, XLV, págs. 654-664.

19. Nelson L.D. *et al.*, «Enhancing the television viewing experience through commercial interruptions", *Journal of Consumer Research*, 2008, 36, págs. 160-172.

20. Véase Wiseman R., *Comment mettre la chance de votre côté!*, París, Inter-Éditions, París, 2012.

21. Weil S., *La Pesanteur et la Grâce, op. cit.*

22. Se trata de Gilles Leroy, novelista sutil, premio Goncourt 2007 por su magnífica *Alabama Song*, París, Mercure de France, 2007.

23. Para una explicación detallada, véase D., *Système I, système 2. Les deux vitesses de la pensée, op. cit.*, págs. 214-225.

24. Freud S., *Notre cœur tend vers le Sud. Correspondance de voyage, 1985-1923*, prefacio de E. Roudinesco, París, Fayard, 2005.

T de Tristeza

1. Desmurget M., *TV lobotomie*, París, Max Milo, 2011.

2. Kahneman D., *Système I, système 2. Les deux vitesses de la pensée, op. cit.*, págs. 470-478.

3. Alain, 8 de septiembre de 1910: «L'art d'être heureux», in *Propos*, t. 1: *1906-1936*, París, Gallimard, «Bibliothèque de la Pléiade», 1956.

4. Baudelot C., Gollac M., *Travailler pour être heureux?*, París, Fayard, 2003. Véase también: Cottraux J. *et al.*, *Psychologie positive et bien-être au travail*, París, Masson, 2012.
5. Comte-Sponville A., *Dictionnaire philosophique, op. cit.*
6. Entrevista en *Philosophies Magazine*, noviembre de 2007, n.° 14, págs. 52-55.
7. Rosset C., *Le Monde et ses remèdes*, París, PUF, 1964.
8. Éric Chevillard, en su blog L'Autofictif, 14 de octubre de 2009.

U de Urgente

1. Rosa H., *Aliénation et accélération. Vers une théorie critique de la modernité tardive*, París, La Découverte, 2012.
2. Brunel V., *Les Managers de l'âme. Le développement personnel en entreprise, nouvelle pratique du pouvoir?*, París, La Découverte, 2004.

V de Virtudes

1. Killingsworth M.A., Gilbert D.T., «A wandering mind is an unhappy mind», art. cit.
2. Imagen utilizada por Rick Hanson en su libro, *Le Cerveau de Bouddha*, París, Les Arenes, 2011.
3. «Christophe André, médecin des âmes», entrevistado por Marie Auffret-Pericone, *La Croix*, sábado 5 y domingo 6 junio de 2010.
4. Citado en Comte-Sponville A., «Médiocrité», *Dictionnaire philosophique, op. cit.*
5. Peterson C., Seligman M.E.P., *Character Strengths and Virtues: A Handbook and Classification*, Oxford, Oxford University Press, 2004.
6. Pero adoptar un rostro impasible implica, por otra parte, múltiples inconvenientes, como el de ser menos apto para descifrar las emociones en los rostros de los demás. Véase Schneider K.G. *et al.*, «That "Poker Face" just might lose you the game! The impact of expressive suppression and mimicry on sensitivity to facial expressions of emotion», *Emotion*, 2013, 13 (5), págs. 852-866.
7. Alain, 29 de septiembre de 1923: «Il faut jurer», in *Propos*, t. I: *1906-1936, op. cit.*

W de Walden

1. Bobin C., *L'Homme-Joie*, París, L'Iconoclaste, 2013, pág. 173.

X de Anónimo

1. Lyubomirsky S., *Comment être heureux... et le rester, op. cit.*, pág. 142.

Y de Yin et Yang

1. Lao Tseu, *Tao Te king*, traducido y comentado por Marcel Conche, París, Presses universitaires de France, 2003.

Z de Zen

1. Desmurget M., *TV lobotomie, op. cit.*
2. Saint-Exupéry A., «L'avion», *Terre des hommes*, París, Gallimard, 1939, capítulo III.

editorial Kairós

Puede recibir información sobre nuestros
libros y colecciones o hacer comentarios
acerca de nuestras temáticas en:

www.editorialkairos.com

Numancia, 117-121 • 08029 Barcelona • España
tel +34 934 949 490 • info@editorialkairos.com